Silvia Dirnberger-Puchner

Werden wir wie unsere Eltern?

Silvia Dirnberger-Puchner

Werden wir wie unsere Eltern?

Die Kunst, sein Leben zu verändern

Der Verlag und seine Autoren sind für Reaktionen, Hinweise oder Meinungen dankbar. Bitte wenden Sie sich diesbezüglich an verlag@goldegg-verlag.com.

ISBN Print: 978-3-902903-14-3
ISBN E-Book: 978-3-902903-15-0

© 2013 Goldegg Verlag GmbH
Friedrichstrasse 191 • D-10117 Berlin
Telefon: +49 800 505 43 76-0

Goldegg Verlag GmbH, Österreich
Mommsengasse 4/2 • A-1040 Wien
Telefon: +43 1 505 43 76-0

E-Mail: office@goldegg-verlag.com
www.goldegg-verlag.com

Layout, Satz und Herstellung: Goldegg Verlag GmbH, Wien
Druck und Bindung: Theiss GmbH

Vorwort

Schon seit vielen Jahren beschäftigte mich der Gedanke, ein Buch zu schreiben. In meiner psychotherapeutischen Praxis begegneten mir im Laufe der Jahre so viele unterschiedliche Menschen mit einer unglaublichen Vielfalt an Themen, die sie zu bearbeiten hatten. Dabei ist mir etwas klar geworden: So unterschiedlich sich die Patientenbilder auch darstellten – eine Sache haben und hatten meine Klienten alle gemeinsam: Wer und wie sie heute sind, mit allen Stärken und ihren problematischen Seiten, ist das Abbild ihrer individuellen Geschichte, der Prägungen ihrer ersten Bezugspersonen (in den meisten Fällen die Eltern) und der in der frühen Kindheit erlebten und erlernten Verhaltens-, Denk- und Handlungsweisen.

Bevor Sie sich hingesetzt und dieses Buch aufgeschlagen haben, was haben Sie da getan? Vielleicht noch die gesamte Hausarbeit erledigt, nach der Devise „Erst die Arbeit – dann das Vergnügen"?

Oder wissen Sie jetzt schon, dass sich heute maximal ausgeht, das Vorwort zu lesen, weil Sie sich wieder einmal zu einem Vorhaben überreden ließen, das Ihnen eigentlich völlig gegen den Strich geht und zu dem Sie überhaupt keine Lust haben?

Mein Buch habe ich für Sie geschrieben, die Sie gerne besser verstehen wollen, wie Ihre Geschichte Sie geprägt hat. Mein Buch ist für jene Menschen, die lernen möchten, mit ihrer Vergangenheit Frieden zu schließen und ungeliebte, ungesunde Verhaltensweisen und Gewohnheiten hinter sich zu lassen. Mein Buch ist für Menschen, die sich auf der Suche nach einem erfüllten, freien und selbstbestimmten Leben immer wieder selbst im Weg stehen und nicht wissen, weshalb das so ist. Mein Buch ist für Menschen, die immer wieder vergessen, dass sie einzigartig sind und unglaublich reich an Fähigkeiten und Kompetenzen, die sie im Laufe ihres Lebens entwickeln mussten, konnten und durften. Und ich habe es für all jene geschrieben, die vielleicht immer wieder an sich selbst zweifeln und die Hoffnung nicht aufgegeben haben, dass es einen Weg gibt, persönlich erfolgreich und zufrieden zu werden – im Frieden mit ihrer Geschichte, mit ihrem Umfeld und besonders mit sich selbst.

Nun ist es so weit – Sie halten es in Händen. Ich gehe davon aus, dass Sie mein Buch nicht zufällig gekauft haben, sondern eine Absicht, vielleicht sogar ein konkretes Ziel oder eine Hoffnung mit Ihrer Kaufentscheidung verbunden ist.

Während des Lesens werden sich viele von Ihnen auf individuelle Weise angesprochen fühlen, sich vielleicht in den Beispielen wiedererkennen, ungesunde Denk- und Handlungsweisen an sich entdecken oder an ungeliebte Verhaltensweisen erinnert werden. Da kann sich durchaus so etwas wie Betroffenheit einstellen, aber diese kann neben all den unangenehmen Gefühlen, die sie zuerst einmal auslöst (Scham, Schrecken, Wut, ...), sehr erhellend sein und in unterschiedliche Erkenntnisse und später sogar erfolgreiche Veränderung münden. Vielleicht werden Dinge angesprochen, die wir alltäglich tun, die sich möglicherweise normalisiert haben und sich jetzt als ausgesprochen kontraproduktiv oder unnötig herausstellen.

Es gibt keinen wirklich guten Grund, sich vor „Betroffenheit" zu fürchten, denn sie ist ein sehr erwachsenes Gefühl und aus ihr heraus wächst die Motivation, die uns als Mensch immer wieder lernen, reifen und wachsen lässt.

Die meisten Entscheidungen, die wir jeden Tag treffen, mögen sich wie das Resultat eines sorgfältigen Abwägens und bewusster und selbstbestimmter Entscheidungen anfühlen, aber das sind sie nicht immer. Nennen wir es einmal „schlechte Angewohnheiten" – die meisten von uns kennen sie. Der eine raucht oder trinkt zu viel, der andere arbeitet zu viel, obwohl er längst weiß, dass es ihn krank macht. Die eine sagt jedes Mal wieder „Ja" auch wenn sie „Nein" meint, und sie tut das, trotzdem sie sich doch so fest vorgenommen hat, es beim nächsten Mal anders zu machen. Wieder andere können nicht genau festmachen, worauf sich ihre Unzufriedenheit begründet und was der Grund dafür ist, dass sie mit sich und mit ihrer Umwelt einfach nicht so gut zurechtkommen, wie sie sich das wünschen. „Es kommt nichts Besseres nach!", heißt ein weit verbreiteter Glaubenssatz. Gehören Sie vielleicht auch zu jenen, die fest an diese Aussage glauben und deshalb in ihrem Leben immer wieder auf Veränderung verzichtet haben, in der Angst, es könne „danach" „noch" schlechter werden?

Wer etwas Ungeliebtes an sich selbst oder in seinem Leben verändern will, scheitert häufig an seinen Verhaltens-, Denk- und Handlungsweisen, aber diese sind kein Schicksal. Sie können verändert werden. Dazu müssen wir aber wissen, wofür sie stehen.

Sind Sie bereit? Sind Sie bereit, sich mit sich selbst (noch einmal) genauer auseinanderzusetzen? Mit Teilen Ihrer Lebensgeschichte?

Denn genau diese unsere Geschichte ist es, die uns einerseits so reich ausgestattet hat, uns andererseits aber oft den Blick auf diesen Reichtum verstellt: Unsere Erziehung, unsere Glaubenssätze und die Vorbilder auf unserem Lebensweg, allen voran unsere Eltern und Lehrer, haben uns dabei geprägt und hindern uns gleichzeitig oft daran, ein autonomes und glückliches Leben zu leben. „Hauptsache, das Leben verläuft ruhig", „Irgendwie muss man sich arrangieren", „Nur keine zu hohen Ansprüche stellen, dann wird man nicht enttäuscht", „Bloß nicht auffallen" – Kommt Ihnen etwas davon bekannt vor? Angepasst sein, es möglichst allen recht machen, ja, aufbegehren wäre sogar verderblich. Selbstachtung kommt dabei irgendwie nicht wirklich vor. Übrig bleibt eine leidenschaftsgebremste Selbstverhinderung, häufig verbunden mit „Opfersein".

Verschiedene Kompensationsstrategien, die wir uns im Laufe unseres Lebens bewusst oder unbewusst aneignen, führen letztlich sogar zu ganz ansehnlichen Leistungen – aber wo bleiben Zufriedenheit, echte Lebensfreude und wirklich nährender Erfolg?

Mit all diesen Themen setzt sich der Inhalt dieses Buches auseinander. Es erwartet Sie ein spannender Mix aus wissenschaftlichen Erkenntnissen, theoretischen Grundlagen, Wissen und Erfahrungen aus meiner psychotherapeutischen Praxis sowie Erzählungen und Beobachtungen aus Coaching- und Seminarprozessen in der Wirtschaftswelt. Aber auch mein eigenes Leben, meine eigenen vielen Umwege, die ich auf der Suche nach dem ersehnten Glück und dem gewünschten Erfolg gegangen bin, finden sich in meinen Betrachtungen wieder. Eine Suche, die im Außen, bei anderen Menschen sowie im Geltungsbedürfnis begonnen hat und die letztlich bei mir selbst endete. Ein Weg mit Tiefen und Sinnkrisen, ein Weg, der über eine schwere Krankheit und mithilfe ganz besonderer Lebensbegleiter letztendlich doch zum Ziel geführt hat. Dabei ist mir heute klar: Nicht wer ich bin oder was ich erreicht habe – sondern *zu schätzen,* wer ich bin und was ich geleistet habe, das macht persönlichen Erfolg aus.

Es ist nie, wirklich nie zu spät, und auch unsere soziale Herkunft spielt dabei keine Rolle. Jeder kann persönlichen Erfolg haben! Dabei kommt uns unser nahezu unbegrenzt lernfähiges Gehirn zugute, das seine Funktion durch Erfahrungen und unser tägliches Tun ständig weiterentwickelt.

Aber ich muss Sie auch warnen. Dieses Buch soll kein Rezeptbuch sein, in dem geschrieben steht „nehmen Sie ein wenig dies und ein bisschen das", sondern es setzt sich mit unterschiedlichen Lebensthemen und Strategien auseinander, die Sie zum Nachdenken- und Verändernwollen anregen sollen. In diesem Sinne fühle ich mich auch voll verantwortlich für jedes geschriebene Wort, keinesfalls aber kann ich die Verantwortung dafür übernehmen, welche Bedeutung Sie dem Geschriebenen geben – dafür tragen Sie selbst die Verantwortung.

Mir ist bewusst, dass es nicht möglich ist, alle Seiten des facettenreichen Phänomens der Eltern-Kind-Beziehung beziehungsweise des Erwachsenwerdens hier zu beleuchten und dass die beschriebenen Fälle lediglich eine subjektive Auswahl darstellen können, ohne jeglichen Anspruch auf Vollständigkeit möglicher Beweggründe, Ausformungen und Auswirkungen. Das vorliegende Buch kann nicht alle Spielarten der Folgen von Erlebtem erfassen und auch nicht die ganze Bandbreite der Entwicklungsmöglichkeiten von Menschen darstellen, und so bleibt vieles unvollständig.

Ich habe versucht, Beispiele herauszugreifen und mögliche Muster aufzuzeigen, welche die innere Dramaturgie unverständlich erscheinender Handlungen bei uns selbst oder bei anderen erklären können, und ich habe versucht darzustellen, welche Erfahrungen, Gedanken und Gefühle einer Handlung vorangehen könnten.

Ich lade Sie ein, eine selbstreflektierende Reise zu beginnen, sich den eigenen blinden Flecken und den damit verbundenen Gefahren zu stellen. Erinnerung und Erkenntnis können unangenehm und schmerzhaft sein. Für Erkenntnis und Veränderung braucht es Mut, Willenskraft und Geduld. Nur wenn Sie dazu bereit sind, wenn Sie bereit sind, etwas Risiko einzugehen, dann lohnt es sich weiterzulesen.

Dr. Silvia Dirnberger-Puchner

9

Inhaltsverzeichnis

Werden wir wie unsere Eltern?

„Das Leben der Eltern ist das Buch,
in dem die Kinder lesen.“
(AURELIUS AUGUSTINUS)

„Du bist wie deine Mutter!“, heißt es häufig im Verlauf einer Meinungsverschiedenheit, und in den seltensten Fällen ist das als Kompliment gedacht. Viele Menschen betrachten es als etwas Negatives, so zu sein wie ihre Eltern. Wenn wir von jemandem zu hören bekommen: „Du bist genau wie dein Vater!“, fragen wir uns doch zuallererst (Hand aufs Herz!), wie in aller Welt denn das gemeint sei und auf welche negative Eigenschaft unser Gegenüber denn eigentlich genau anspielt. Dass es sich um ein Kompliment handeln könnte, kommt uns nicht als Erstes in den Sinn. Positive Rückmeldungen an unser gutes Benehmen, unsere musikalische Begabung, unser Stehvermögen nach einem Rückschlag, unsere Einsatzbereitschaft im Job oder unsere Fähigkeit, eine starke Meinung zu vertreten, quittieren wir in den seltensten Fällen mit: „Das habe ich meinen Eltern zu verdanken!“, obwohl genau das sehr häufig der Fall ist.

Was wäre eigentlich so schlimm daran, zu werden wie unsere Eltern? Die Frage ist angebracht, denn bestimmt gibt es Menschen, denen nichts lieber wäre als das. Ich würde aber die Wette eingehen, dass die Anzahl derjenigen überwiegt, denen beim Anblick meines Buchtitels blitzartig ein „bitte nicht!" in den Sinn kam und die es vielleicht sogar deshalb gekauft haben. Ich begegne sehr häufig Menschen, welche die Ansicht vertreten, Familie sei Schicksal, man könne sich nicht aussuchen, in welche Familie man hineingeboren wird und in welcher Familie man aufwächst. Sie sind der Meinung, dass man sich aber durchaus aus diesem Schicksal befreien könne, indem man – wenn man dies aus welchen Gründen auch immer für richtig und wünschenswert erachtet – die Verbindung zu seiner Familie gänzlich kappt oder den Kontakt auf einzelne Familienmitglieder reduziert.

Nun, ganz so einfach ist es nicht. Ohne klärendes Gespräch beziehungsweise ohne wirkliche Auseinandersetzung bleiben beide Teile in belastender Weise miteinander verbunden. Selbst wenn wir uns von einzelnen, mehreren oder gleich allen Mitgliedern unserer Herkunftsfamilie abwenden und sie vermeintlich aus unserem Leben verbannen, sind und bleiben sie ein Teil von uns: in Form von Prägungen und Bindungen, die durch das Aufwachsen und im Zusammenleben mit unserer Familie entstanden sind. Auch wenn wir diese Prägungen und Verbindungen nicht ununterbrochen wahrnehmen, auch wenn sie uns nicht allgegenwärtig erscheinen und sie uns nicht bewusst sind, so sind sie doch ein ganz wesentlicher Teil unserer Persönlichkeit und projizieren unsere Geschichte in Form von Verhaltensweisen, Gefühlsreaktionen und Einstellungen. Viele unserer Verhaltensweisen und Einstellungen haben wir von unseren Eltern übernommen, vieles haben wir aus Angst vor Ablehnung und Schuldgefühlen gegen unseren Willen gemacht, und eine ganze Reihe unserer Verhaltensweisen haben wir entweder aus Anpassung oder aus Auflehnung entwickelt.

Als Kind, und ganz besonders als Kleinkind, ahmen wir aufgrund der ständigen Nähe innerhalb der Familie und dem daraus resultierenden Effekt der Anpassung eifrig und ganz selbstverständlich das Verhalten der Eltern nach. Weder kennen wir die Möglichkeit, noch haben wir in diesem Alter die Fähigkeit dazu entwickelt, Verhaltensweisen oder Handlungen zu hinterfragen und nach Alternativen zu suchen.

Eine Dreijährige wird nicht von alleine auf die Idee kommen, ihre Schuhe zur Schonung des neuen Teppichs im Vorraum auszuziehen, wenn die gesamte Familie prinzipiell mit den Schuhen durch das Haus läuft. In manchen Fällen wird ein mehrmaliges Bitten der Mutter reichen, die Schuhe im Vorraum abzustellen, aber viel wahrscheinlicher ist es, dass die Dreijährige dem Vorbild der Familie folgen wird, und wenn alle anderen ihre Schuhe im Vorraum abstellen, wird die Kleine das Gleiche tun.

Eine US-Studie zeigt beispielsweise, dass Kinder bereits im Alter von zwei Jahren massiv davon beeinflusst werden, ob ihre Eltern regelmäßig trinken und/oder rauchen. Vorgelegt wurde die Untersuchung von Madeline Dalton vom Dartmouth College in Hanover/New Hampshire. Die Wissenschaftlerin hatte in ihrer Versuchsanordnung Kinder dazu angehalten, für ihre hungrige Spielzeugpuppe „einzukaufen". Es zeigte sich, dass Kinder von rauchenden Eltern mit viermal größerer Wahrscheinlichkeit Zigaretten auswählten. Jene jungen Probanden, deren Eltern mindestens einmal pro Monat zu Alkohol griffen, legten dreimal häufiger alkoholische Getränke in ihren Einkaufskorb. In Summe wählten von den insgesamt 120 Testkindern 28% Zigaretten und 62% Alkohol aus.

Etwa ab dem Kindergartenalter orientieren wir uns an den Wertvorstellungen der Eltern, aber auch an den Wertvorstellungen anderer sozialer Systeme wie Kindergarten, Schule, Freunde und so weiter. Wertvorstellungen wie Achtung, Höflichkeit, Freundlichkeit oder Hilfsbereitschaft übernehmen wir in dieser Zeit weitgehend unreflektiert, genauso wie beispielsweise die Bereitschaft, Opfer zu erbringen und zum Wohle anderer auf das eigene Wohlergehen zu verzichten oder die eigene Meinung besser für sich zu behalten, wenn das Gros eine andere Ansicht vertritt. Kinder orientieren sich dabei nicht so stark daran, was ihre Eltern ihnen *sagen*, sondern daran, was sie ihnen *vorleben*.

Als Kinder sind wir erst einmal auf unsere Eltern angewiesen, sie sind unsere ersten Lehrer, und wir sind als Kinder auf „Nachahmen" programmiert. Ein kleiner Junge, der immer wieder sieht, wie dem Vater der Mutter und seinen Geschwistern gegenüber „die Hand ausrutscht", wird in der Sandkiste eher mit der Faust um den Lieblingsbagger kämpfen, als ein Gleichaltriger, der noch nie mit körperlicher Züchtigung konfrontiert war und sie auch am eigenen Leib noch nie erleben musste.

„Hätte ich nur eine bessere Kindheit gehabt, dann hätte ich als Erwachsener jetzt nicht diese vielen Probleme!"

Diesen Ausspruch höre ich sehr oft in meiner Praxis, und er stimmt in gewisser Weise. Aber es gibt einen ganz wesentlichen Unterschied zwischen unserer Kindheit und der Gegenwart: Heute haben wir die Wahl. Wir können entscheiden, wie unser Leben weitergeht. Niemand außer uns selbst wird nachvollziehen oder verstehen können, was wir als Kind erlebt haben und wie uns dieses Erleben geprägt hat, aber es ist unsere ureigene Entscheidung, wie wir mit unserer Geschichte umgehen. Wir können genauso schlecht mit uns umgehen wie diejenigen, die uns in der Kindheit schlecht behandelt haben: Wir können uns beschimpfen, wir können uns selbst verletzen, wir können unsere Bedürfnisse vernachlässigen, wir können unsere Sehnsüchte und Wünsche missachten. Oder wir können besonders liebevoll und wertschätzend mit uns umgehen, verständnisvoll und achtsam.

Die meisten Menschen, deren Kindheit unglücklich verlaufen ist, tappen in die Falle, dass sie im Erwachsenenleben die Verantwortung für Fehlschläge, Enttäuschungen oder Beziehungsschwierigkeiten ihrer als so schlimm erlebten Kindheit zuschreiben. Wäre man unter anderen Voraussetzungen groß geworden, hätte man viele negative Erfahrungen nicht gemacht und dafür viel positive und nährende Erfahrungen mit ins Erwachsenenleben genommen. Wie schon gesagt, stimmt das in gewisser Weise. Aber wir können das Geschehene nicht im Nachhinein verändern. Deshalb ist es so wichtig, nicht länger die Schuld an unseren heutigen Problemen in die Vergangenheit zu schieben oder unseren Eltern zu geben, denn dadurch wird nichts besser, und nichts verändert sich dadurch zum Guten oder zum Besseren. Geben wir weiterhin die Schuld an allen unseren Schwierigkeiten unseren Eltern, behalten sie die Macht über unser Denken und unser Handeln, und wir rauben uns damit die Möglichkeit, unser Leben zum Positiven zu verändern und unsere Probleme zu lösen.

Wie auch immer wir unsere Eltern erlebt haben, ob wir vorwiegend positive oder negative Erinnerungen an sie und unsere Kindheit haben – vergessen dürfen wir dabei eines nicht: Ohne unsere Eltern gäbe es uns nicht. In meiner Praxis gab es Klienten, die an dieser Stelle ungläubig fragten: „Soll ich jetzt auch noch dankbar sein für alles, was meine Eltern mir angetan haben!?" Vielleicht geht es dem einen oder anderen von Ihnen beim Lesen ebenso, und Sie fragen sich angesichts der unangenehmen Erinnerungen an Ihre Kindheit auch, weshalb Sie Ihren Eltern dafür dankbar sein sollten, dass die Sie in die Welt gesetzt haben. Ich kann sehr gut nachvollziehen, dass Dankbarkeit nach einer schlimmen oder vielleicht sogar traumatisierenden Kindheit ein besonders schwer abzurufendes Gefühl ist. Aber es ist besonders wichtig, dass es uns gelingt, diese Perspektive der Dankbarkeit einzunehmen, und daher sage ich es noch einmal: Ohne unsere Eltern gäbe es uns nicht. Ohne unsere Eltern wären wir nicht auf der Welt. Mit allen unseren Stärken und Schwächen. Durch unsere Eltern sind wir ein Stück weit geworden, was und wie wir sind – und das Gleiche gilt auch für unsere Eltern, denn auch sie wurden geprägt durch das Erleben in ihrer Kindheit.

Selbst mit schwer traumatisierten Patienten ist es während der Therapie gelungen, winzig kleine Momente in ihrer Kindheit zu finden, die sie als glücklich empfunden haben. Ich bin sicher, wir alle haben solche Augenblicke erlebt, aber es fällt uns schwer, uns an sie zu erinnern, besonders dann, wenn wir im Zorn und voller Enttäuschung auf unsere Kindheit und insbesondere auf unsere Eltern zurückblicken.

Wir haben es selbst in der Hand, wie wir in der Gegenwart auf unsere Eltern schauen. Manche dieser Sichtweisen stärken uns in unserem Selbstbewusstsein und im Gefühl, mit uns selbst im Reinen zu sein. Andere wiederum schwächen uns, denn in der Regel geht die Wertschätzung unserer Eltern mit der Wertschätzung uns selbst gegenüber einher. Wenn jemand seine Eltern hasst, geht das ganz häufig mit Selbsthass einher. Wenn jemand sich für seine Eltern schämt, schämt sich derjenige oft für sich selbst.

Es gibt Ereignisse wie zum Beispiel Missbrauch oder Misshandlungen, die man nicht verzeihen *kann* und die man auch nicht verzeihen muss. Viele Menschen, die zu mir in die Praxis kommen, haben den Kontakt zu den Eltern abgebrochen, weil sie schlimme Erlebnisse in ihrer Kindheit und das Gefühl hatten, durch diesen Kontaktabbruch ihre Autonomie wiederzuerlangen. In den meisten Fällen waren diese Abbrüche die Basis dafür, dass es diese Menschen geschafft haben, wieder auf eigenen Beinen zu stehen. Durch die Distanz zu den Eltern ist es ihnen gelungen, den Fokus auf den eigenen Verstehens- und Heilungsprozess zu richten, und danach hat sich in diesen Fällen gezeigt, dass sich mit dem Gefühl der wiedererlangten Selbstbestimmung auch das Verhältnis dieser Klientinnen und Klienten zu ihren Eltern wieder zum Positiven verändert hat. Klienten, bei denen es ohne genauere Auseinandersetzung beim Abbruch blieb und die mit ihren Eltern überhaupt keinen Kontakt mehr haben, zahlen einen sehr hohen psychischen Preis, denn diese fehlende Auseinandersetzung kostet viel Lebenskraft und Energie, und es fehlt ein Abschluss.

Selbst wenn wir meilenweit und bereits jahrelang von unseren Eltern getrennt leben, tragen wir die Handlungs- und Verhaltensmuster, die wir in unserer Ursprungsfamilie übernommen haben, in unsere neue Partnerschaft oder Familie hinein. Manche Muster bemerken wir gar nicht, andere hingegen sind uns bewusst, und wir versuchen, sie beizubehalten oder aber uns von ihnen zu befreien. Das kann dahingehend sein, dass wir das, was wir als so unglaublich unangenehm erlebt haben, um jeden Preis zu verhindern versuchen und wir einen beträchtlichen Teil unserer Lebensenergie für diese Abgrenzung aufwenden. Es kann aber auch passieren, dass wir *genau das* tun, was wir bewusst ganz anders machen wollten als unsere Eltern. Dass wir plötzlich erkennen und mit Schrecken feststellen, dass wir genauso handeln wie unsere Eltern, obwohl wir uns geschworen haben, selbst niemals und um keinen Preis so zu handeln. Das ist häufig eine bittere Erkenntnis, aber wenn wir uns den langen Zeitraum und die Häufigkeit vor Augen halten, in dem sich bestimmte Muster unbemerkt in uns manifestieren konnten, ist dies dann doch wieder nicht so verwunderlich.

Elisabeth und Norbert kamen vor ein paar Jahren in meine Praxis. Die beiden waren sechs Jahre verheiratet und stritten sich oft, weil Elisabeth sich von Norbert kontrolliert und bevormundet fühlte. Die vielen Streitigkeiten waren der Anlass für die beiden, sich bei mir in eine Paartherapie zu begeben.

Während ich die beiden im Zuge unserer Sitzungen etwas näher kennenlernte, stellte sich heraus, dass Elisabeth aus Prinzip das tut, was ihr Mann ihr sagt, selbst dann, wenn sie eigentlich ganz etwas anderes möchte. Das äußerte sich in der Wahl des Urlaubsziels, bei der Auswahl ihrer Frisur („Norbert will nicht, dass ich sie abschneiden lasse") bis hin zur Freizeitgestaltung, der Häufigkeit der sexuellen Begegnungen und dem Freundeskreis, den Elisabeth pflegte (beziehungsweise pflegen durfte). Auf mein Nachfragen, weshalb sie nicht mehr auf ihre eigenen Bedürfnisse achten und für das eintreten würde, was sie selbst gerne möchte, erklärte sie mir, dass sie schlicht und einfach nicht daran gewöhnt war, zu sagen, was sie möchte. Sie war es gewöhnt, nicht gehört zu werden. In ihrem Elternhaus stand absoluter Gehorsam an der Tagesordnung, und für die Bedürfnisse der Kinder war kein Platz („Wo kommen wir denn da hin, wenn jeder tut, was er möchte!").

Elisabeth konnte in diesem elterlichen Umfeld natürlich überhaupt kein Selbstwertgefühl entwickeln und fühlte sich ihrem Mann unterlegen, was automatisch dazu führte, dass sie alles tat, was Norbert von ihr wollte.

Als Erstes arbeitete ich mit Elisabeth daran, ein besseres Selbstwertgefühl zu entwickeln. Sie sollte sich trauen, auszusprechen, was sie möchte, und lernen, „Widerstand zu leisten", wo es notwendig ist, weil es ihr wichtig ist („Ich wollte mir schon seit Jahren die Haare abschneiden lassen!").

Norbert muss Ihnen sogar nach den wenigen Sätzen, die Sie über ihn gelesen haben, vorkommen wie ein fürchterlicher Despot, nicht wahr? Er stammt aus einer Familie mit einem sehr dominanten Vater, der die Mutter unterdrückte und in allem kontrollierte. Er hatte seinen Vater dafür zwar immer kritisiert und fand es unerträglich, wie jener mit der Mutter umgegangen war, erkannte aber in der Therapie zunehmend, dass er dieses Verhalten des Vaters komplett übernommen hatte, was Norbert wirklich zutiefst erschütterte und betroffen machte.

Mit ihm arbeitete ich daran, sein Kontrollverhalten zu verändern und zu lernen, die Grenzen zu akzeptieren, die ihm seine Frau setzte. Letztendlich gelang es über diesen Weg des gegenseitigen Verstehens des Ursprungs ihrer Handlungsweisen, eine gleichberechtigte und respektvolle Beziehung zu entwickeln.

Die (zu) hohen Erwartungen, die Eltern an ihre Kinder stellen, sind ein besonders häufiges Muster, dessen Auswirkungen sich bei den Betroffenen im Erwachsenenalter zeigen:

Sabine, 38, kam mit einem Burn-out-Syndrom zu mir in die Praxis. Sie war Chefsekretärin in einem international tätigen Unternehmen und seit fast zehn Jahren in dieser Position. Im Zuge der Therapie stellte sich heraus, dass Sabines Eltern immer ausgesprochen hohe Anforderungen an ihre Tochter gestellt und sie damit regelmäßig überfordert hatten. Das Gefühl der Überforderung zog sich durch Sabines ganze Kindheit und Jugend, wie sie mir schilderte. „Lob und Anerkennung waren Fremdwörter", erzählte sie mir, und ihre Eltern hätten den Grundsatz verfolgt: „Wenn man nicht schimpft, ist das schon Lob genug."

Sabine hatte durch dieses Verhalten ihrer Eltern gelernt, dass sie Leistung zu erbringen und perfekt zu sein hat, und erst wenn ihr das wieder einmal über die Maßen gut gelungen war, gab es so etwas wie „wohlwollende Beachtung".

Wenn Sabines Vorgesetzter sie lobte, hatte sie deshalb große Schwierigkeiten, dieses Lob anzunehmen. Immer quälten sie die Gedanken, nicht gut genug zu sein. Sie schaffte es nicht, sich über Anerkennung und Lob zu freuen, weil sie daran ja nicht gewöhnt war, und so entkräftete sie positive Rückmeldungen von wem auch immer sofort mit Bemerkungen wie „Das ist doch selbstverständlich!" oder „Das ist doch nichts Besonderes!".

Während Sabines Therapie wurde sehr gut sichtbar, dass dieses Verhalten ein unbewusstes Wiederholen dessen war, was sie in ihrer Familie erlebt hatte. Sabine empfand es als unverzeihlich, wenn ihr einmal ein Fehler unterlief, und Schwäche zu zeigen kam für sie überhaupt nicht in Frage, selbst dann nicht, wenn es ihr ganz schlecht ging. Ihre ganze Daseinsberechtigung definierte sie über das Prinzip Leistung, ein Umstand, der sie letztlich in das Erschöpfungssyndrom führte.

Meine Klientin musste lernen, dass sie auch eine Daseinsberechtigung hatte, wenn sie nicht mindestens 150% Leistung erbrachte, und sie musste lernen, Lob anzunehmen. Man könnte beim ersten Hinsehen denken, „nicht ganz so hohe Ansprüche an sich stellen" und „Lob annehmen" wären zwei relativ einfache Übungen. Das ist aber leider nicht der Fall. Aus meiner Erfahrung kann ich Ihnen sagen, dass es ein sehr weit verbreitetes Bild ist, dass Menschen denken, sie seien nur wertvoll, wenn sie absolut fehlerfrei und perfekt sind. Ich kenne mehr Menschen, denen es schwerfällt, Lob nicht mit einer abwehrenden oder abschwächenden Bemerkung zu begegnen als

welche, die dankend und voller Freude sagen „Ja! Danke!" –
und fast immer hat das mit dem Erleben in der Kindheit zu tun.

Der Umgang mit Geld, der Umgang mit Gefühlen und
Ordnungsmuster sind drei weitere Bereiche, in denen sich bei
den meisten von uns Muster aus der Kindheit manifestiert
haben und wir Zwängen der Regeln aus der Ursprungsfamilie
folgen. Warum gerade diese drei? Nun, sie sind praktisch allgegenwärtig, und es vergeht kaum ein Tag, an dem wir nicht mit
den Themen Geld, Gefühle oder Ordnung konfrontiert werden.
Je öfter wir ein Verhalten/ein Muster beobachtet und geübt
haben, desto geläufiger ist es uns und desto automatischer läuft
es in uns ab:

Wie großzügig gehen wir mit Geld um? Zu großzügig vielleicht? Gönnen wir uns hin und wieder etwas oder halten wir
panisch unser Geld zusammen? Können wir noch klar unterscheiden zwischen ökonomischer Sparsamkeit und Geiz?

Wie sehr tragen wir unseren Ärger nach außen? Verbergen
wir unsere Tränen oder lassen wir ihnen freien Lauf?

Können wir den Stapel Bügelwäsche liegen lassen und uns
ohne schlechtes Gewissen eine halbe Stunde entspannen? Gehen
die Kinder automatisch davon aus, dass sie mit dem Haushalt
nichts zu tun haben?

Petra und Christian waren seit 25 Jahren verheiratet. Petra hatte
nach den beiden Kindern ihren Job aufgegeben, Christian war
somit Alleinverdiener. Petra stammte aus einer finanziell recht
begüterten Familie, in der Großzügigkeit einen besonderen Wert
darstellte, natürlich auch und vor allem deshalb, weil man sich
das leisten konnte. Dieses Verhalten hatte Petra geprägt, und sie
hatte es in ihr jetziges Leben mitgenommen: Sie war großzügig,
wenn es um Geburtstags- und Weihnachtsgeschenke ging, und
freute sich, wenn sie den Kindern oder einem Familienmitglied
einen Wunsch erfüllen konnte. Sie drehte beim Einkaufen
für ihre Familie nicht jeden Euro um, sondern griff zu den

qualitativ hochwertigen Produkten, sie dekorierte mehrmals im Jahr das Haus mit neuen Lampen, Kerzen oder Skulpturen um, und sie gönnte sich auch regelmäßig ein schönes Paar Schuhe oder einen Cocktail mit Freundinnen.

Christian war in eher ärmlichen Verhältnissen aufgewachsen. Er erzählte in der Therapie, dass es in seiner Familie oft so gewesen war, dass am Monatsende kaum noch Geld übrig blieb. Für ihn war klar, dass daher sein über die Maßen ausgeprägtes Sicherheitsbedürfnis kam und er deshalb immer einen gewissen „finanziellen Polster" zu seiner Beruhigung im Hintergrund wissen musste.

Aber es lag gar nicht an seinem Sicherheitsdenken, dass diese Beziehung so unglaublich schwer belastet war, sondern an seinem Geiz, den er aus seiner Familiengeschichte heraus entwickelt hatte und der sich im Laufe der Jahre extrem zugespitzt hatte, besonders seit er Alleinverdiener war. Petra belastete Christians Geiz, und er machte sie wütend. Wann auch immer sie wofür auch immer Geld ausgab, wusste sie schon im Vorhinein, was sie beim gemeinsamen Abendessen erwartete: Christian würde ihr vorrechnen, ob sich die Ausgabe gelohnt hatte, was in seinen Augen so gut wie nie der Fall war, und sie würde sich schuldig fühlen, dass sie schon wieder unnötig Geld zum Fenster hinausgeworfen hatte. Sie würde noch wütender auf ihren Mann werden, weil er ihr die Freude an den neuen Platztellern oder an den neuen Schuhen wieder einmal gründlich verdorben hatte.

Eines der wichtigen Dinge in dieser Paartherapie war es, die jeweiligen Muster aus der Herkunftsfamilie genau zu betrachten, zu analysieren und zu erkennen, dass es hier Verhaltensweisen gab, welche die beiden in ihre Ehe mitgebracht hatten. Mit diesem gegenseitigen Verständnis gelang es beiden, diesen recht unterschiedlichen Zugang zum Thema Geld nicht weiter zum permanenten Streitpunkt zu machen und beiderseits Handlungs- und Denkmuster anzupassen, bei denen die beiden erkannt hatten, dass sie nicht weiter nötig waren.

Der Apfel fällt nicht weit vom Stamm

„Der Apfel fällt nicht weit vom Stamm" heißt es im Volksmund. Dieses Sprichwort deutet an, dass ein Kind Eigenschaften und Verhaltensweisen von den Eltern übernimmt und schließt auf eine bedrohlich endgültige Weise die Möglichkeit zur Veränderung aus. Denn der Apfel ist mit seinem Stamm untrennbar verbunden, und recht viel weiter, als das rechnerische Verhältnis aus Höhe, Gefälle, Gewicht und Windverhältnis es zulässt, wird unser Apfel wohl nicht fallen – der physikalisch mögliche Radius ist unveränderbar. Der genetische Fingerabdruck unseres Apfels wird einwandfrei auf seinen Baum und seinen Stamm zurückzuverfolgen sein.

Das ist auch bei uns Menschen so. Es gibt genetische Anlagen, die eindeutig auf unseren Elternstamm zurückzuführen sind, zum Beispiel unsere Haarfarbe, unsere Augenfarbe und unsere Größe. In unserem Handeln jedoch – und das vergessen wir immer wieder – sind wir frei wie ein Vogel: Wir können die Dinge anders machen als unsere Eltern, oder wir können sie *bewusst* so machen wie unsere Eltern. Um diese Wahl treffen zu können, ist die intensive Auseinandersetzung mit uns selbst notwendig, mit unseren Handlungs- und Verhaltensweisen, mit unserer Herkunftsfamilie und mit unserer Geschichte: Was haben wir an Erbgut mitbekommen, was haben wir alles erlebt und wer beziehungsweise welche Umstände haben uns geprägt, während wir dort oben am Stamm baumelten? Es ist manchmal ganz erhellend, wenn man seine eigenen Handlungsweisen einer kritischen Prüfung unterzieht und dabei herausfindet, dass eine ganze Reihe davon denen der eigenen Eltern frappierend ähnelt. Manche von ihnen sind absolut nützlich und sinnvoll, denn unsere Eltern haben auch vieles richtig gemacht, aber möglicherweise stoßen Sie während Ihrer Überlegungen auch auf Verhaltensmuster, die in Ihrem heutigen Leben, in Ihrer erwachsenen Welt gar nichts mehr verloren haben und Ihnen im Grunde das Leben erschweren und Sie unfrei sein lassen. Das sind meistens jene Verhaltensmuster, mit denen wir uns abgrenzen wollen, oder welche, die uns dabei helfen, irgendwo dazuzugehören. Während Sie diesen Satz lesen, stellt sich bei Ihnen vielleicht schon ein kleines Unwohlsein ein, denn das würde ja bedeuten, dass wir nicht (immer) aus freien Stücken handeln, fremdbestimmt sind, und genau das ist so häufig der Fall, meist ohne dass wir es merken.

Warum sonst sind so viele von uns so sehr bemüht, es immer allen recht zu machen, einerlei, ob das mit den eigenen Bedürfnissen einhergeht oder nicht?

Auf den ersten Blick ist es schwer verständlich, weshalb manche Erwachsene immer wieder in ein kindliches Trotzverhalten kippen, wenn sie sich in irgendeiner Form abgrenzen möchten. Sie agieren, wie sie als Kinder agiert haben, obwohl sie als Erwachsene jederzeit die Freiheit hätten, zu sagen, was ihnen gegen den Strich geht.

Es lohnt sich daher, (noch) einmal genau zu betrachten, wer wir sind und woher wir kommen, auch wenn wir denken, dass wir das längst wissen. Unser Leben ist im Grunde immer eine Fortsetzungsgeschichte, wir können nicht jeden Tag völlig von vorne anfangen, denn unsere Vergangenheit ist ein Teil von uns, in jeder Minute unseres Lebens. Deshalb ist ein Blick auf unsere Geschichte gerade in jenen Zeiten so wertvoll, in denen wir vielleicht spüren, dass uns eine Richtungsänderung, eine neue Erkenntnis oder eine Auseinandersetzung mit einem Thema in unserem Leben weiterbringen und sich als wertvoll, lehrreich und vielleicht heilsam erweisen könnte. Das sind viele Dinge auf einmal, aber man kann durchaus manchmal auf der Suche sein, ohne genau zu wissen, wonach man eigentlich sucht, und ganz häufig werden wir dabei in unserer Vergangenheit fündig.

Wenn wir der Auseinandersetzung mit ihr ausweichen, kann das individuell verschiedene Auswirkungen auf unser Leben haben, etwa indem wir in unserer Partnerschaft ähnliche (gute oder weniger gute) Verhaltensmuster zeigen, wie wir sie von den eigenen Eltern erlebten, wir besonders angepasst sind oder rebellieren und irgendwann sogar vergessen haben, wogegen wir uns eigentlich auflehnen. Es kann sein, dass wir uns selbst ablehnen, weil wir uns von unseren Eltern abgelehnt fühlen, oder aber wir trauen uns nichts zu, weil wir Eltern hatten, die uns auch nichts zugetraut haben oder uns gar für Versager hielten (weil vielleicht sie wiederum von ihren Eltern das Gefühl mitbekommen haben, nichts wert und Versager zu sein). Es kann sein, dass wir uns bevormundet oder kritisiert fühlen, weil wir dieses Verhalten so oft von unseren Eltern erlebten und bei dem geringsten Zeichen von Kritik reagieren wir empfindlich, manchmal sogar aggressiv. Es mangelt uns an Selbstbewusstsein, weil unsere Eltern zwar viel gefordert, aber wenig Anerkennung gezeigt haben und in ihren Augen nie gereicht hat, was wir geleistet haben. Wir waren materiell gut versorgt, aber emotional verkümmert und kämpfen in unseren zwischenmenschlichen Kontakten immer wieder mit der Unfähigkeit, zu vertrauen, uns fallen zu lassen und Empathie zu zeigen. Oder wir klammern uns an geliebte Personen, weil wir fürchten, verlassen zu werden, weil wir uns von unseren Eltern verlassen fühlen. Wir misstrauen anderen oder gar uns selbst, weil unsere Eltern uns auch nicht vertrauten, oder wir schlagen zu, weil unsere Eltern auch zugeschlagen haben.

Wenn wir diese Auseinandersetzung nicht auf uns nehmen, wird es uns vielleicht gar nicht auffallen, dass wir unseren Kindern oder anderen Menschen in unserem Leben gegenüber längst das gleiche ungeliebte Verhalten zeigen, unter dem wir früher selbst zu leiden hatten, oder uns treibt tagtäglich der selbst auferlegte Druck vor sich her, nur ja *nicht* in das verhasste Muster zu verfallen.

Manche Menschen gehen aus Angst vor schlechten Erfahrungen keine Partnerschaft ein, entweder weil sie das Scheitern der Beziehung ihrer Eltern miterlebt haben oder selbst schlechte Erfahrungen gemacht haben, weil sie den Mustern folgten, die schon die Ehe ihrer Eltern in den Ruin getrieben haben.

Manche Menschen haben massive Angst davor, Fehler zu machen und sich Fehler zu verzeihen, weil Fehler in ihrem damaligen Elternsystem katastrophale Auswirkungen gehabt haben. Sie entwickeln einen ungesunden Perfektionismus, weil sie in den Augen ihrer Eltern so gut wie nie etwas richtig gemacht haben. Viele schämen sich für ihre Eltern und geben ihren Eltern die Schuld an allem, was in ihrem Leben nicht wunschgemäß läuft.

Viele Menschen, die den Blick auf ihre Elterngeschichte ausgespart haben, haben als Erwachsene unglaubliche Schwierigkeiten, mit Autoritätspersonen umzugehen.

Wie zum Beispiel Sandra, die Oberärztin in einem Krankenhaus ist. Sandra ist eine ausgesprochen attraktive Erscheinung, ihre Ausbildung hat sie mit einer Auszeichnung nach der anderen und in Mindestzeit gemeistert, jede Zusatzausbildung bereitet ihr sichtlich Freude, sie liebt ihren Beruf und ist äußerst beliebt bei Kollegen und Patienten. Aber es gibt etwas, das ihren beruflichen Alltag trübt: Sie wagt es nicht, ihrem Vorgesetzten zu widersprechen, schon der Gedanke daran lässt ihr Herz rasen, und sie spürt, wie ihre Hände feucht werden. Sie widerspricht selbst dann nicht, wenn sie fachlich Schwierigkeiten hat zu akzeptieren, was er sagt oder anweist.

„Ich habe mir so fest vorgenommen, auszusprechen, was ich denke. Als ich dann vor ihm stand, war alles weg, nichts ist mir mehr eingefallen!", erzählte sie mir in der Therapiestunde.

Auch das ist kein seltenes Phänomen, im Gegenteil. Es gibt sehr viele, denen es wie Sandra geht. Menschen, die sich zum Beispiel bei einer Behörde nicht trauen, ihre Anliegen vorzutragen, oder die lieber auf die (berechtigte!) Reklamation einer Ware verzichten, weil sie sich vor der Situation und/oder den Konsequenzen fürchten. Viele trauen sich nicht, den Nachbarn wegen seines Komposthaufens anzusprechen, der im Laufe der Jahre zunehmend auf ihr eigenes Grundstück gewandert ist, obwohl sie sich mittlerweile tagtäglich darüber ärgern. Dahinter steckt in den allermeisten Fällen die Angst vor Ablehnung, eine

Erfahrung, die aus der Kindheits-(Eltern-)Geschichte stammt und die noch nicht aufgearbeitet ist.

Ich erlebe immer wieder in meiner Praxis, dass Klienten sich große Vorwürfe machen, weil sie sich „nicht rechtzeitig" mit ihren Eltern auseinandergesetzt beziehungsweise nicht das Gespräch mit ihnen gesucht haben. So sehr sie sich möglicherweise „zu Lebzeiten" vor dieser Auseinandersetzung gescheut haben, so sehr fehlt ihnen dann nach dem Ableben der Eltern der Abschluss ihrer gemeinsamen Geschichte. Vielleicht wäre eine Versöhnung möglich gewesen, vielleicht hätten die Eltern ihnen gesagt, dass sie sie lieben, selbst wenn sie das vorher noch nie getan haben? Vielleicht hätten sie sich entschuldigt für all das, was ihnen in der Erziehung nicht so gut gelungen ist, wer weiß? Diese Ungewissheit stellt oft eine große Belastung dar.

Häufig passiert es, dass sehr viel Zeit – oft unnötig viel – vergeht, bevor es zur heilsamen Auseinandersetzung mit den Eltern – der Kindheitsgeschichte – kommen kann. Auch das ist ein Umstand, mit dem Menschen dann häufig hadern und sich wünschen, sie hätten diese Auseinandersetzung früher gesucht, weil sie der Lebensenergie nachtrauern, die sie über Jahre hinweg investiert haben, und ihnen wird bewusst, wie viel Lebensfreude und Lebensqualität sie das gekostet hat.

Das Wort Auseinandersetzung weckt bei vielen auf der Stelle den Gedanken an einen lautstarken Streit – seien Sie unbesorgt. Ich meine mit Auseinandersetzung die eingehende, intensive Beschäftigung mit einem Thema, welche alleine, in Ihren Gedanken oder genauso gut gemeinsam mit Ihren Eltern oder anderen Vertrauenspersonen stattfinden kann. Für das persönliche Gespräch mit Ihren Eltern über Ihre gewonnenen Einsichten und vielleicht aufgetauchten Fragen möchte ich Ihnen später einige Gedanken mitgeben und Sie einladen, diese in das Gespräch mitzunehmen. (Siehe dazu das Kapitel „Mit den Eltern reden".)

Die Beschäftigung mit unserer Herkunftsfamilie und unserer persönlichen Vergangenheit ist deshalb so wichtig, weil sie der Schlüssel zur Erkenntnis ist, weshalb wir uns vielleicht manchmal selbst im Weg stehen und immer wieder scheitern beim Versuch, ein selbstbestimmtes Leben zu führen. Sie ist auch der Schlüssel zur Erkenntnis darüber, weshalb wir uns bisweilen schwertun, gute und gesunde intime wie freundschaftliche Beziehungen zu führen. Nicht selten ist dieser Teil unserer Geschichte auch die Ursache für Erkrankungen von Körper und Seele. Und dieser Teil unserer Geschichte ist auch der Schlüssel am Weg, uns selbst mit all unseren Stärken und Schwächen anzuerkennen, uns wertzuschätzen, uns mit unserer Vergangenheit zu versöhnen, zu lernen, uns selbst zu achten und uns selbst ein wahrhafter Freund zu sein. Erst wenn uns das gelingt, sind wir auf einem guten Weg zu einem freien, selbstbestimmten und glücklichen Leben.

Was meine ich mit einem freien, selbstbestimmten Leben? Wir können doch ohnehin alle tun und lassen, was wir wollen – oder etwa nicht?

Haben Sie sich schon einmal ganz kritisch gefragt, wie frei und selbstbestimmt Ihr Sein tatsächlich ist?

„Schon lange nichts mehr von dir gehört, warum meldest du dich nie?"

„Was sollen denn die Leute denken?"

„Weihnachten, oje, da graut mir schon, vier Pflichtbesuche an einem Abend, sonst ist wieder die halbe Verwandtschaft beleidigt."

Schon bei diesen vermeintlichen Kleinigkeiten müssen wir zugeben, dass es mit unserer Freiheit und mit unserer Selbstbestimmung nicht so weit her ist, wie wir möglicherweise annehmen. Die Meinung der anderen – einer der größten Feinde der Selbstbestimmung und Freiheit.

Unfreiheit und fehlende Selbstbestimmung schlagen aber nicht nur in jenen, vielleicht alltäglichen, Situationen in unserem Leben zu, in denen wir dann gerne von „Kompromissen" sprechen, „die man einfach hin und wieder eingehen muss, weil wir schließlich nicht allein auf der Welt sind". Sie treffen uns in weitaus größerem Umfang und ohne dass wir auch nur merken, dass wir eigentlich eine Wahl gehabt hätten, und ohne dass wir auch nur auf den Gedanken kommen, dass es *unser* Leben ist, in dem wir selbst die Entscheidungen treffen und selbst bestimmen sollten, was gut für uns ist – und niemand anderer.

„Ich wollte gerne einen künstlerischen Beruf ergreifen, aber mein Vater hat mich ausgelacht und gefragt, womit ich dann mein Leben finanzieren will. Deshalb habe ich etwas Ordentliches gelernt und gerade seine Notariatskanzlei übernommen."

„Mein Job macht mich krank und meine Arbeitskollegen auch. Aber ich wäre ziemlich dumm, so eine tolle und gut bezahlte Position aufzugeben."

Freiheit und Selbstbestimmung, Worte, die oft verwendet werden und so oft so Unterschiedliches ausdrücken. Für den einen bedeutet Freiheit, ungehindert Grenzen passieren zu können, für jemand anderen bedeutet Freiheit, sich mit seiner Vergangenheit zu versöhnen. Für den einen bedeutet Selbstbestimmung, zu Weihnachten statt vier Besuchen nur zwei zu absolvieren oder zum Jahreswechsel einfach nur zu Hause zu bleiben. Für den anderen bedeutet Selbstbestimmung, sich über die Familienregel „Schuster, bleib bei deinen Leisten!" hinwegzusetzen, entgegen der Familientradition eine Führungsposition anzunehmen und sich gegen die Zweifler von außen und die eigenen Ängste zu stellen – ganz unabhängig davon, ob die Bilanz dieses Wagnisses später „Sieg" oder „Niederlage" heißt.

Zukunft braucht Herkunft

Laut neurowissenschaftlichen Forschungen werden die grundlegenden Überzeugungen, Einstellungen und Verhaltensweisen tief in den synaptischen Verbindungen unseres Unterbewusstseins verdrahtet und steuern uns für den Rest unseres Lebens, wenn wir uns ihrer nicht bewusst werden. Synapsen sind die Kontaktstellen zwischen zwei Nervenzellen, mit denen Informationen von einer Nervenzelle auf die andere übertragen werden. Diese Speicherung in unserem Hirn geschieht sehr früh, und sie geschieht ganz automatisch. Aus der Summe dieser Programmierungen wird ein Lebensskript („Drehbuch"), das unsere Sicht der Welt und unser Selbstbild prägt.

Einstellungen und Überzeugungen helfen uns bei der Bewertung von Gegenständen, Ereignissen und unserer Umwelt. Sie helfen uns bei der Bewertung, was sowohl aus individueller als auch aus sozialer Sicht richtig, falsch, wünschenswert oder unerwünscht ist. Sie betreffen im Grunde alle Fragen und Bereiche des Lebens wie Freiheit, Sicherheit, soziale Anerkennung, Ehrlichkeit, Verantwortungsbewusstsein – um nur einige zu nennen. Einstellungen und Verhaltensweisen sind immer aus unserer Kindheit geprägt, denn niemand kann völlig isoliert von allen Einflüssen aufwachsen. So könnten wir gar nicht überleben.

Grundlegende Überzeugungen sind ethischer und religiöser Natur, beziehen sich auf konkrete Sachverhalte wie Wirtschaft oder Glaubensfragen, und auch sie werden in unserer Kindheit geprägt. In der Regel genießen wir die gleiche religiöse Erziehung wie unsere Eltern, und ein Blick auf die Parteibücher unseres Landes sagt uns, dass das in den meisten Fällen auch für die politische Einstellung gilt, die innerhalb eines Familiensystems vorherrscht.

Vereinfacht könnte man sagen: Aus unseren Werten werden Einstellungen und Überzeugungen, und aus ihnen werden Verhaltensweisen.

In der heutigen Gesellschaft ist „Leistung" zweifelsfrei ein verbreiteter Wert, der in unseren Hirnen neurologisch gebahnt ist. Je nachdem, welchen Stellenwert „Leistung" in unserer

Kindheit und Jugend hatte und was uns in Bezug auf „Leistung"
vorgelebt wurde, ist diese Bahn(ung) bei jedem von uns unterschiedlich ausgeprägt. Bei sehr vielen Menschen existiert die
Einstellung, dass hohe Leistungen einhergehen mit sozialer
Anerkennung und Akzeptanz in ihrem Umfeld. Es gibt auch
Menschen, die sich diesem Leistungsprinzip bewusst entziehen,
einige davon, weil sie diese Haltung von ihren Eltern übernommen haben oder um es ganz bewusst anders zu machen. Andere
wiederum weil sie der Leistungsdruck krank gemacht hat und
sie sich deshalb daraus befreit haben.

Wer als Heranwachsender eine Rezession erlebt, entwickelt
andere Einstellungen und Überzeugungen als Menschen, die in
der Ära einer boomenden Wirtschaft heranwachsen. In wirt-
schaftlich schwierigen Zeiten verlieren Menschen ihre Arbeit
oder zittern um ihre Jobs, sie verdienen weniger Geld, sind
auf staatliche Unterstützung angewiesen oder müssen auf ihr
Erspartes zurückgreifen. Die Ökonomen Paola Giuliano von
der Universität von Kalifornien und Antonio Spilimbergo vom
Internationalen Währungsfonds haben untersucht, was geschieht, wenn ein Mensch in den prägenden Jugendjahren (als
prägend definieren sie dabei die Jahre zwischen 18 und 25) eine
Rezession erlebt. Die Ergebnisse zeigen eindeutig: Wer in seinen
prägenden Jahren eine tiefe Rezession erlebt hat, befürwortet
zum Beispiel eine Umverteilung deutlich stärker als Menschen,
die diese Erfahrung nicht gemacht haben.

Wenn ein Unternehmer die Einstellung und die Überzeugung
hat, Mitarbeiter wären lediglich Mittel zum Zweck (der
Zweck ist es in dem Fall, Erträge zu erwirtschaften), wird
sich das in seinem Verhalten den Mitarbeitern gegenüber nie-
derschlagen. Er wird, um nur ein Beispiel zu nennen, möglicherweise nicht viel Wert auf einen wertschätzenden Umgang
mit ihnen legen. Im Mittelpunkt seiner Betrachtungen steht
der Unternehmenserfolg beziehungsweise sein eigener Erfolg,
zu dem, nach seiner Überzeugung, seine Mitarbeiter beitragen müssen, denn schließlich werden sie davon und dafür ja

bezahlt, wozu soll er dann besonders wertschätzend sein oder ihnen dafür noch großartig danken? Die meisten von uns haben zum Beispiel gelernt, dass man grüßt, und wir wissen auch, wen und wann. „Sei freundlich und grüße!" wird zu einer Einstellung, sie verankert sich in unserem Hirn, und wenn wir Menschen begegnen, auf die bestimmte Kriterien zutreffen (wir kennen sie oder unsere Eltern kennen sie), dann grüßen wir – und zwar ganz automatisch.

Jeder von uns hat seine eigene, einmalige Geschichte und unser Handeln ist das Ergebnis dieser früheren Umstände. Als Kinder entwickeln wir durch bestimmte Botschaften oder unangenehme, erschreckende, beängstigende, demütigende oder abwertende Erlebnisse mit Eltern oder Bezugspersonen Lebensskripte und Überzeugungen. Wenn jemand als Kind oder als Jugendlicher ständig gehört hat, er sei ein Taugenichts, ist es wahrscheinlich, dass sich diese Information neurologisch bahnt und sich beim Betroffenen Selbstzweifel und Versagensängste breitmachen, die sich natürlich auf sein Leben auswirken.

Das Gleiche gilt selbstverständlich auch für positive, angenehme, ermutigende oder motivierende Erlebnisse, aber sie sind in der Regel weniger stark ausgeprägt, da unsere Schutzmechanismen („Rückzug!") stärker sind als alle positiven („vorwärts!") Programmierungen. Deshalb wenden wir uns bei Gefahr auch instinktiv ab und suchen Schutz, anstatt geradewegs in sie hineinzulaufen, was unserem gesamten menschlichen Naturell widerspräche. Aus der Summe unserer Erlebnisse entstehen unsere grundlegenden Denkmuster, die durch die Variationen der Ereignisse immer wieder ergänzt und adaptiert werden.

Andreas, 38, kommt in die Therapie, weil er mit seinem 10-jährigen Sohn immer wieder heftige Auseinandersetzungen hat und den Ursachen dafür gerne auf den Grund gehen möchte, da die gesamte Familie sehr unter den ständigen Streitigkeiten leidet. Im Zuge der Therapie erzählt er, dass er einen sehr strengen, pessimistischen Vater hatte. Jedes Mal, wenn Andreas seinem Vater etwas erzählt hatte, hatte dieser seine Erzählungen abgewertet: „So einen Unsinn kannst natürlich nur du von dir geben" oder „Das ist ja von Vornherein zum Scheitern verurteilt". Selbst wenn es nur um ganz alltägliche, banale Erzählungen ging, gehörte eine abschließende abwertende Bemerkung sozusagen zwangsweise zum Geschehen: „Hast du nichts Besseres zu tun, um das du dich kümmern könntest?", „Was soll ich jetzt mit dieser Information anfangen?" oder „Das interessiert doch keinen Menschen!" Was auch immer Andreas tat oder sagte, wurde mit einem negativen Kommentar versehen. Obwohl Andreas seinen Vater deshalb extrem ablehnte und enorme Wut auf ihn entwickelt und sich geschworen hatte, niemals so zu werden wie sein Vater, hatte ihn die Art des Vaters doch so konditioniert, dass er im Grunde genau so geworden war wie er. Andreas, der seinen Sohn von Herzen liebte, wertete diesen nämlich permanent ab und traute ihm nichts zu, wie sich im Zuge der Therapie herausstellte. Dieses Verhalten war auch der Grund für die häufigen und heftigen Konflikte zwischen Vater und Sohn. Diese Erkenntnis traf Andreas einerseits schwer und er verachtete sich selbst richtiggehend dafür, andererseits kam ihm plötzlich der Gedanke, dass ihn sein Vater möglicherweise doch auch geliebt hatte („denn ich liebe ja meinen Sohn auch, obwohl ich ihn abwerte. Diese Erkenntnis ist ganz fürchterlich für mich, und ich will das unbedingt in den Griff bekommen. Am Ende meint Sebastian auch, dass ich ihn nicht liebe.")

Obwohl Andreas seinen Vater bisher innerlich so abgelehnt hatte, hatte er doch sein Leben lang versucht, ihm zu beweisen, dass er etwas konnte und sich immerzu um seine Aufmerksamkeit bemüht. Er hatte unglaubliche Leistungen erbracht, in der Hoffnung, dass sein Vater etwas Würdevolles oder Anerkennendes zu ihm sagen würde, aber das war nicht passiert.

Auch bei diesem Klienten war die erste Aufgabe, seine Muster zu entschlüsseln und zu einem Verständnis zu finden, woher sie rührten, und es waren in der Folge sehr rasch positive Fortschritte im Umgang zwischen Vater und Sohn erkennbar, wie Andreas und seine Frau mir in den weiteren Sitzungen schilderten.

Ein etwas anders gelagerter Fall war der von Bettina. Sie hatte sich bei mir in Therapie begeben, um zu reflektieren, ob sie als Mutter ihre Tochter in einer konstruktiven Weise unterstützte oder ob es etwas gäbe, das sie dabei besser machen könnte. Anlass für ihre Auseinandersetzung mit diesem Thema waren die massiven Schulschwierigkeiten ihrer Tochter. Vom Thema Lernschwierigkeiten kamen wir jedoch relativ schnell ab, denn Bettina erzählte von vielen und belastenden Konflikten mit ihrem Mann, deren Anlass die Tochter war. Während sie versuchte, ihre Tochter positiv zu bestärken, übte ihr Mann wegen ihrer schulischen Probleme massiven Druck auf die Tochter aus, und das führte immer wieder zu Uneinigkeit und Streit. Bettina beschrieb die Beziehung zu ihrer Tochter als sehr gut, es war ihr wichtig, ihrer Tochter das Gefühl von Rückhalt zu vermitteln, so wie sie das auch von ihrer eigenen Mutter kannte. Auch wenn in der Schule oder im Leben einmal etwas danebengegangen war, hörte sie von ihrer Mutter: „Du kannst das!" oder „Du schaffst das!" Diesen Optimismus hatte sie von ihrer Mutter übernommen, und sie zeigte sich im Verhalten ihrer Tochter gegenüber sehr ähnlich, unterstützte sie, machte ihr Mut, respektierte ihre Entscheidungen und Wünsche.

In einer unserer Sitzungen erzählte sie mir, ihre Tochter hätte die Schule abgebrochen, und der Vater wäre völlig außer sich. Bettina hingegeben blieb ruhig. „Man muss nicht alles beim ersten Mal schaffen", sagte sie und unterstützte sie bei der Jobsuche.

Ein paar Jahre später besuchte mich Bettina in der Praxis, nicht als Klientin, sondern um mir zu erzählen, dass ihre Tochter damals für kurze Zeit als Hilfsarbeiterin in einem Unternehmen gearbeitet hatte, aber dann gemerkt hatte, dass sie sich ihr Leben doch anders vorgestellt hatte. Sie hatte eine Abendschule begonnen und dort mit ausgezeichnetem Erfolg maturiert. Ich bin überzeugt, dass der tolle Erfolg der Tochter sehr viel mit Bettina zu tun hatte. Bettina hatte immer wieder versucht, ihre Tochter aufzubauen, ihr die positiven Seiten ihres Lebens aufzuzeigen, und sie vor dem Vater und seiner negativen und pessimistischen Grundeinstellungen in Schutz genommen. Bettinas Verhalten ihrer Tochter gegenüber – positiv bestärkend, ermutigend, mitfühlend – ist ein wunderbares Beispiel dafür, wie man erlebtes und vorgelebtes Verhalten in der Kindheit später an die eigenen Kinder weitergeben kann.

Sehr geehrte Leser und Leserinnen, nur wer Fragen stellt, bekommt auch Antworten. Und die wertvollsten Fragen sind jene, die wir uns selbst stellen – vorausgesetzt, wir schummeln bei der Antwort nicht.

„Machen Sie sich manchmal etwas vor?"

„Nein, eigentlich nicht."

„Sicher nicht?"

„Nein, warum sollte ich?"

Ja, warum sollten Sie? Vielleicht um sich selbst zu schützen? Das wäre nämlich ein ganz natürliches Verhalten.

Eine Autorin erzählte mir einmal, sie würde an einem Roman arbeiten, in dem sie über die Hauptfigur ihre eigene Geschichte erzählen wollte, insbesondere wie sie gelernt hatte, sich von den Fesseln der Vergangenheit zu befreien und von einer Kindheit Abschied zu nehmen, die sie in keiner guten Erinnerung hatte. Als der Roman fertig war, gab sie ihn einer Handvoll Testlesern und war am Boden zerstört über deren Rückmeldungen. Sie selbst hielt den Roman für gut, aber damit hatte sie nun überhaupt nicht gerechnet:

„Über die Hauptperson habe ich gar nicht wirklich viel erfahren!"

„Die Sache mit ihrer Kindheit verliert sich in Andeutungen, da bleibt vieles offen, das eigentlich interessant gewesen wäre!"

„Ich hätte gerne mehr über ihre Gefühle und ihre Gedanken erfahren!"

„Sie wird vom Erzähler irgendwie mit Samthandschuhen angefasst – hat sie wirklich nichts zum Geschehen beigetragen?"

„Die Hauptperson ist für mich nicht greifbar, so ein Opferlämmchen ..."

Sosehr sie die Rückmeldungen der Testleser trafen, wusste sie doch genau, was gemeint war, und musste sich eingestehen, dass sie die schmerzhaften und wirklich unangenehmen Teile ihrer Geschichte aus Selbstschutz einfach sehr oberflächlich behandelt und beschrieben hat. „Schreiben muss manchmal weh tun, wenn man jemanden erreichen und berühren will, das habe ich gelernt ...", erzählte sie mir, und ich fand das sehr berührend, denn es trifft in vollem Maße auch auf die Selbstreflexion zu. Wer über sich selbst schreibt, tut ja im Grunde nichts anderes, als über sich selbst zu reflektieren. Was war bei „meiner Autorin" passiert? Sie wollte sich auf der einen Seite ihre Geschichte von der Seele schreiben, stellte dann aber fest, dass das stellenweise eine sehr schmerzhafte Aufgabe war, die sie sich da selbst auferlegt hatte. Darum hatte sie sich in Andeutungen verloren und war, wo es besonders wehgetan hatte, mit ihren Erzählungen an der Oberfläche geblieben.

„Besonders gut habe ich meine Kindheit nicht in Erinnerung, aber andere haben noch viel Schlimmeres erlebt. Ich wurde wenigstens nicht sexuell missbraucht", ähnlich doppeldeutig und damit vage waren ihre Sätze. Wer Fragen stellt, bekommt Antworten, aber nur wenn er ehrlich ist. Die Wahrheit kann schmerzhaft sein, aber in den meisten Fällen auch heilsam. Ihre Aussagen wurden immer eindeutiger und klarer:

„Es hat in meiner Kindheit wirklich schlimme Momente gegeben. Eine der schlimmsten Erinnerungen war, als ich alleine im Krankenhaus aufgewacht bin, nach einer Blinddarmoperation. Es war dunkel, und ich war alleine. Ich wusste gar nicht, wie viele Arten von Schwarz es gibt. Als sich meine Eltern am Ende der Besuchszeit verabschiedeten, brach in mir Panik aus, und ich habe geweint und getobt, das war meinen Eltern vor den Schwestern peinlich, und deshalb haben sie sich etwas besonders Schlaues ausgedacht, wie sie dieser Peinlichkeit entgehen könnten. Sie versprachen mir, im Krankenhaus-Shop nur schnell ein Geschenk für mich zu kaufen und dann gleich wieder da zu sein. Wiedergekommen sind sie erst am nächsten Tag, und die Schwester hat mich ausgelacht, als ich ihr sagte, ich könne noch nicht schlafen gehen, weil meine Eltern jederzeit wiederkommen würden. Das ging jeden Tag so. Wenn ich so darüber nachdenke, zieht sich das Verhalten meiner Eltern durch einen großen Teil meiner Kindheit. Ich konnte mich nie auf meine Eltern verlassen, und das war und ist auch heute noch ein schreckliches Gefühl. Vielleicht tue ich mir deshalb so schwer, Hilfe anzunehmen …"

Das klingt schon anders als „Besonders gut habe ich meine Kindheit nicht in Erinnerung, aber …", nicht wahr? Wenn Sie, liebe Leserinnen und Leser, etwas Schmerzliches erlebt haben, reden Sie sich bitte nicht ein, es sei „nicht der Rede wert, eine Kleinigkeit, so etwas passiert doch jedem Kind, und was wäre denn dann mit denen, die wirklich schlimme Dinge erlebt haben". Vergleichen Sie Ihre schmerzlichen Erfahrungen nicht mit anderen, noch schmerzlicheren Erfahrungen. Erlauben Sie mir dazu einen Vergleich: Jemand hat sich das Bein gebrochen, lässt es aber nicht behandeln, weil er der Meinung ist „Im Vergleich zu jemandem, der an Leukämie erkrankt ist, ist das nicht der Rede wert, da darf man nicht so wehleidig sein". Der Bruch wird vielleicht, und das ist nicht gesichert, irgendwie verheilen, aber er wird immer an den Folgen dessen, dass er nicht professionell versorgt wurde, leiden. Eventuell muss er nun tagtäglich durch sein Leben humpeln. Die Anerkennung des Leids des an Leukämie Erkrankten wird weder diesem Menschen helfen, noch wirkt es sich günstig auf die eigene Verletzung aus.

Aus diesem Grund wäre es günstig, wenn Sie die Fragen der Selbstreflexion wirklich an Sie heranlassen. Lesen Sie nicht einfach drüber, sondern denken Sie an die oben beschriebene

Autorin bzw. den Beinbruch. Überarbeiten Sie noch einmal ihre Erinnerungen und tauchen Sie etwas weiter in die Tiefe. Gelungene Selbstreflexion enthüllt Antworten darauf, warum wir geworden sind, was wir sind, und sie ist gleichzeitig der unaufhörliche Versuch, diese Erkenntnisse immer wieder auf den neuesten Stand zu bringen.

Wer sich selbst gut kennt, kennt seine Stärken, weiß um seine Schwächen und deren Ursprung und warum er in bestimmten Momenten emotional reagiert, möglicherweise angesichts der Situation sogar unangemessen emotional. Wer sich selbst gut kennt, dem wird (ist) auch bewusst, wo sich vielleicht Lücken im Wissen um seine Vergangenheit befinden. Wer Zugang zu den versteckten Motivationen seines Verhaltens und Handelns hat, wird, obwohl er verletzt ist, noch den klaren Blick für den Ursprung dieser Kränkung haben und wissen, dass es nicht die reine Bosheit des Gegenübers ist, die ihm da so wehtut, sondern vielmehr, dass jemand mit einer unbedachten Äußerung schlicht und einfach einen wunden Punkt in ihm getroffen hat.

Michael, einer meiner Klienten, war in einer Familiensituation groß geworden, in der seine Eltern ihm offen zeigten, dass sie sich eigentlich einen anderen Sohn gewünscht hätten, kein „Sensibelchen" wie ihn, sondern einen, der etwas Außergewöhnliches repräsentierte und der „härter im Nehmen" war, wie Michael mir das beschrieb. Er litt sehr darunter, seinen Eltern nicht zu genügen, und sie ließen ihn auch deutlich spüren, dass sie mit seiner Art, sein Leben zu gestalten, überhaupt nicht einverstanden waren und gerne einen Sohn hätten, „auf den sie stolz sein könnten". Michael war Krankenpfleger, eine Berufswahl, die seine Eltern mit dem Attribut „Frauenberuf" versehen hatten, denn sie empfanden es als „nicht normal", als Mann Krankenpfleger zu werden, und hatten Angst, Michael könnte „am Ende auch noch homosexuell sein". Alles, was Michael tat, hatte den bitteren Beigeschmack, es sei nicht gut genug und würde seine Eltern nicht stolz machen.

Michael war beruflich erfolgreich und hatte eine Beziehung zu einer Frau, die er von Herzen liebte. Irgendwann sollte Michael die Eltern seiner Freundin kennenlernen, und er freute sich schon darauf. Sonjas Eltern waren begeistert, endlich den Partner ihrer Tochter kennenzulernen, Sonja stellte sie einander vor, und ihr Vater sagte hocherfreut zu Michael: „Dich haben wir uns ja ganz anders vorgestellt!" Eine Aussage, die Michael durch Mark und Bein ging, was er kaum verbergen konnte. In ihm kamen augenblicklich die altbekannten Gefühle hoch, nicht zu genügen, nicht gut genug zu sein. „Dich haben wir uns ja ganz anders vorgestellt!" Schöner? Stärker? Hübscher? Größer? Besser? Reicher? All das lief in ihm ab, und er war daher den ganzen Abend sehr zurückhaltend, denn er war mit seinen eigenen negativen Gefühlen viel zu sehr beschäftigt.

Es war eine Allerweltsbemerkung der Schwiegereltern, wahrscheinlich diente sie nur dazu, kein Schweigen aufkommen zu lassen, aber sie hat Michael geradezu in seinen Grundfesten erschüttert.

Heute hat Michael übrigens eine ganz liebevolle Beziehung zu seinen Schwiegereltern, die ihn sehr mögen und die im Gegensatz zu seinen eigenen Eltern sehr schätzen, was er beruflich macht. In der Gegenwart seiner Schwiegereltern fühlt sich Michael wohl, er hat dort das Gefühl, er ist in Ordnung, so wie er ist.

All die Erkenntnisse, die wir über unser Innenleben in Erfahrung bringen, führen allerdings nicht automatisch zu einer Veränderung. Wir haben zwar dann eine Ahnung davon, warum wir unausgeglichen und aggressiv oder dauernd nervös, ängstlich und launisch sind, aber wir schaffen es deshalb nicht automatisch, das abzustellen, unser Verhalten zu korrigieren oder neu zu programmieren. Die neu erworbene Selbsterkenntnis mündet nur selten von allein in ein angebrachtes Verhalten oder richtiges Handeln. Unsere Vergangenheit ist festgeschrieben, aber die Bilanz unserer Geschichte nicht für alle Zeiten festgelegt. Wie wir unser weiteres Leben gestalten wollen, können wir alleine bestimmen, und deshalb verlagert sich unsere Aufgabe von der Erkenntnis nun dahin, uns an die Arbeit zu machen.

Der erste Schritt, Veränderung herbeizuführen, gelingt uns, wenn wir verstehen, warum wir so reagieren, wie wir reagieren. Unsere Entstehungsgeschichte zu begreifen ist dabei das Wichtigste und steht vor allen anderen Dingen, denn unser Verhalten hat meistens einen „guten" Grund.

Der zweite Schritt ist es, unsere Verhaltensweisen wertzuschätzen, sie anzuerkennen und gleichzeitig zu überprüfen, ob sie weiterhin nötig oder angebracht sind.

Der dritte Schritt ist, über Handlungsalternativen nachzudenken und unser Verhaltensangebot zu erweitern. Das geht nicht von heute auf morgen, dafür braucht es Zeit, vielleicht sogar den einen oder anderen „Rückschlag", wo wir wieder in alte Denk- und Verhaltensmuster zurückfallen. Aber das macht nichts, denn jedes Stolpern führt dazu, dass wir noch ein wenig aufmerksamer weiterlaufen und letztendlich erfolgreich sein werden in unseren konsequenten Bemühungen zur Veränderung.

„Ich bin, was ich denke.
So wie ich die Dinge sehe bzw. höre, so sind sie für mich.
So wie die Dinge für mich sind, so fühle und so handle ich.
Das bestimmt die jeweilige Situation und damit mein Leben."
(Silvia Dirnberger-Puchner)
Ich meine damit, dass ich ab einem bestimmten Alter wählen kann.
Ich kann auch als Erwachsener nicht alles beeinflussen, was in meinem Leben passiert, aber ich kann wählen:
Wie reagiere ich auf das, was passiert?

Natürlich ist es so, dass es viele Menschen gibt, die schlimme Dinge erlebt haben, Dinge, die sie nicht beeinflussen konnten:

ständige Abwertungen der Eltern, Demütigungen, permanenter Pessimismus in der Familie, notorisches Nörgeln, alles und jeder wird schlechtgemacht, gewalttätige Angriffe auf die eigene Person beziehungsweise Gewalterfahrungen in der Kindheit, körperliche oder sexualisierte Gewalt in der Familie. Aber auch schwere Erkrankungen, vielleicht sogar Behinderungen, die man im Laufe seines Lebens erlebte oder welche die Eltern betrafen. Der Verlust eines Elternteils oder eines Familienmitglieds, ein schwerer Unfall, den man selbst oder ein Familienmitglied durchgemacht hat.

Martina erzählte zum Beispiel in meiner Praxis, dass ihre Mutter unter schweren und langwierigen Depressionen gelitten hatte und deshalb nie die Kraft fand, Interesse für ihre Kinder zu zeigen und sich um deren Bedürfnisse zu kümmern. Das war ein Umstand, den Martina sich nicht aussuchen konnte, sie war dieser Situation ausgeliefert. Schon früh musste sie sich um ihre Geschwister kümmern, weil die Mutter durch die schwere Krankheit nicht präsent war. Obwohl ihr in ihrer Kindheit enorm viel zugemutet worden war und obwohl sie es wirklich nicht leicht gehabt hatte, sah Martina sich überhaupt nicht als Opfer ihrer Vergangenheit. Sie war eine selbstbewusste Frau, die bei mir in der Praxis war, um zu lernen, dass auch sie Hilfe annehmen durfte und nicht für alles zuständig war, was auf der Welt anfällt. Auf meine Frage, wie es ihr damals gelungen war, trotz dieser Widrigkeiten so optimistisch zu bleiben, sagte sie mir, es hätte immer Menschen gegeben, die für sie wichtig gewesen waren, wie zum Beispiel eine ihrer Lehrerinnen, die sie in allem bestärkt und immer einen guten Rat für sie parat gehabt hatte.

Martina sah die Erkrankung ihrer Mutter und die daraus resultierenden Entwicklungen als Teil ihrer persönlichen Geschichte, aus denen sie viel gelernt hatte. Ihr war aber auch bewusst, dass sie aus ihrer Situation heraus Defizite entwickelt hatte, wie zum Beispiel keine Hilfe annehmen zu können.

Martina ist ein sehr gutes Beispiel für jemanden, der sich

dessen bewusst ist, Defizite zu haben, und sich auf die Suche begibt, einerseits nach den Ursachen zu forschen und andererseits nach ihren Ressourcen Ausschau zu halten. Nachdem es Martina alleine nicht gelungen war, dahinterzukommen, was ihr das Leben immer wieder schwer machte, hatte sie sich zu mir in die Praxis begeben, wo wir relativ schnell auf die für sie wesentlichen Punkte kamen.

Wer das Gefühl hat, in der Kindheit etwas „nicht bekommen" oder Defizite zu haben, muss sich mit der Frage auseinandersetzen: Wo bekomme ich in der Gegenwart das, was mir fehlt, und welche Fähigkeiten haben sich denn aus diesem Defizit entwickelt?

Um beim Beispiel meiner Klientin zu bleiben: Martina konnte nur schwer Hilfe annehmen, sie dachte, sie müsste alles alleine schaffen, weil sie nie gelernt und erfahren hatte, dass sie Hilfe und Unterstützung (von der Mutter) bekommt. Das war eines ihrer Defizite.

Genau daraus resultierend, war sie eine ausgesprochen selbstbewusste Persönlichkeit, die ihr Leben selbst gestaltete und in jeder Hinsicht auf eigenen Beinen stand. Sie brauchte niemanden, der ihr die Autoreifen wechselte, und sie benötigte niemanden, der sie zum Arzt fuhr, auch wenn sie wegen ihres Hexenschusses die Kreuzung nicht ganz so gut im Blickfeld hatte wie üblich. Sie merkte jedoch, dass ihr dieses „bloß keine Hilfe annehmen" im Weg stand und in ihrem Leben vieles leichter gehen würde, wenn sie das könnte. Sie hatte ihre Wahl getroffen, sie wollte ihr diesbezügliches Defizit ausgleichen.

Diese Wahl haben wir immer, aber die Verantwortung zur Veränderung liegt bei uns selbst. Wir können resignieren und uns als Opfer sehen, oder wir können aufstehen und uns fragen, was wir tun müssen, um mit der Situation bestmöglich umzugehen. Wir können uns die Frage stellen:

Wozu fordert mich das Geschehene jetzt in meinem Leben auf?

Was kann ich aus dem Geschehenen lernen?

Das ist nicht leicht, denn meistens sind es Überlebensregeln, denen wir folgen. Regeln und erlernte Verhaltensweisen, die uns einladen, den Weg des Opferseins zu wählen und die uns von der Erkenntnis abhalten, dass die Verantwortung für Veränderung und Heilung bei uns liegt und wir es großteils selbst in der Hand haben, dass es uns wieder gut geht.

Unsere Herkunftsfamilie: ein hochsensibles, geschlossenes System

Wenn ich von unserer Herkunftsfamilie und von Familie spreche, dann haben Sie, liebe Leserinnen und Leser, für sich sofort einen bestimmten Personenkreis im Kopf, den Sie in Gedanken als Ihre Familie um sich versammeln. Das hat mit Ihren Prägungen und Bindungen zu tun. Merken Sie, wie präsent sie sind und wie gut sie funktionieren? Sie haben auf der Stelle alle Personen im Kopf, die im Verlauf dieses Buches für Ihre Überlegungen relevant werden. Ihre Kernfamilie, aber auch andere Personen oder Verwandte, die irgendwann für kurze Zeit in Ihrer Familie gelebt haben, zu denen Sie eine unterschiedlich intensive Bindung haben, die Sie geprägt haben und umgekehrt.

Ob verwandt oder verschwägert, mit einem Augenzwinkern ausgedrückt ist eine Familie ein zufällig zusammengewürfelter Haufen einzelner Mitglieder, von denen *nicht* jedes tun kann, was es will oder für richtig und angebracht befindet, auch wenn es viele Familien gibt, in denen genau das passiert.

Familien sind sensible und komplexe Systeme, und wir alle werden in eine Familie hineingeboren, in der wir als Kinder zuerst einmal vollkommen abhängig sind. Das Leben in dieser Familie ist für uns eine wichtige Erfahrung und starke Prägungszeit, denn in dieser Zeit entwickeln wir ein großes Stück unserer Persönlichkeit und später ausgeprägte Verhaltensweisen.

Familiensysteme sind hochempfindliche Gebilde. Alles, was jemand tut, hat eine Auswirkung auf alle anderen Familienmitglieder. Das ist uns häufig im Miteinander gar nicht so bewusst. Jeder in diesem Gebilde entwickelt in diesem Miteinander eine eigene Persönlichkeit. Die Familie ist infolgedessen ein Konglomerat von Persönlichkeiten, die viel mehr sind als die Summe ihrer einzelnen Mitglieder, denn jede Persönlichkeit hat sich in Reaktion auf eine andere Persönlichkeit innerhalb dieser Familie entwickelt, und diese gegenseitige Beeinflussung besteht ein Leben lang. Auch wenn wir dort nicht mehr unmittelbar leben oder sogar den Kontakt abgebrochen haben – auch das hat eine Auswirkung, die wieder eine Reaktion nach sich zieht, die wieder eine Auswirkung hat und so weiter und so weiter.

Familien sind geschlossene Systeme. Selbst wenn die Mitglieder darin nicht ununterbrochen dieselben sind, sondern durch Geburt oder Tod dazukommen oder wegfallen, ist der Kreis durch verwandtschaftliche Beziehungen und durch die Tatsache, wer mit wem unter einem Dach lebt, klar definiert und automatisch festgelegt. Wie von selbst entstehen imaginäre Mauern, und es steht fest, wer dazugehört und wer nicht. Der Kreis der Familie ist wie ein Internat, wie eine Glaubensgemeinschaft, eine eingeschworene Gesellschaft also, ein elitärer Kreis, und so ist es einfach, sich vorzustellen, warum es innerhalb dieses Kreises so häufig körperliche und seelische Gewalt gibt und weshalb davon so selten und so schwer etwas nach außen dringt. Die Mitglieder fürchten, nicht mehr dazuzugehören, wenn sie diesen Kreis erst einmal verraten haben. Wir Menschen sind nicht dazu gemacht, allein zu leben, wir sind voneinander abhängig, und aus dieser Perspektive ist es vielleicht leichter nachzuvollziehen, dass wir lieber wo dazugehören, als uns als anklagender Außenseiter zu positionieren.

Mehr und weniger geliebte Kinder

Jedes Familienmitglied, jeder Elternteil, jedes Geschwister in der Familie erlebt die Familie anders. Kein Elternteil verhält sich zu jedem Kind gleich, und je nachdem, an welcher Stelle in der Geschwisterreihe ein Kind geboren ist, ist das Erleben in ein- und derselben Familie ein völlig unterschiedliches. Die Situation, in die ein Kind geboren wird, ist immer anders, selbst wenn jedes Kind im selben Krankenhaus, im selben Kreißsaal, mithilfe derselben Hebamme zur Welt gekommen ist. In dieselbe Welt geboren, im selben Kulturkreis, in derselben Familie – und doch wird sich jede dieser Dimensionen für jedes einzelne dieser Kinder völlig unterschiedlich gestalten.

„Als das erste Kind kam, hatten wir noch nicht einmal einen Fernseher, wir hätten uns gar keinen leisten können."

„Beim zweiten Kind waren wir noch so richtig verliebt, und da hat Oma auch noch nicht bei uns gewohnt."

„Beim dritten Kind ging schon alles ein wenig einfacher. Die beiden anderen waren groß genug, sodass ich sie auch mal kurz vor den Fernseher setzen konnte, wenn ich mit dem Baby beschäftigt war."

Das ältere dieser drei Kinder wird völlig andere und sich ständig verändernde Gegebenheiten vorfinden und Situationen schon deshalb unterschiedlich erleben, weil es sie zuerst „konkurrenzlos" kennt und später mit seinen Geschwistern neu er- und durchlebt.

Jedes Kind erhält eine bestimmte Rolle in der Familie. Die Rolle des Erst- und des Letztgeborenen ist von Natur aus gegeben und birgt sofort eine Reihe ungeschriebener Gesetze.

„Du bist der Älteste, du musst doch schon klug genug sein, um wegen so einer Kleinigkeit nicht zu streiten!"

„Du kannst das nicht, dafür bist zu noch zu klein!"

„Gib das Spielzeug der Kleinen, du bist dafür ohnehin schon zu groß!"

Aber es gibt auch eine flexible Seite dieser Rollenverteilung, nämlich die, die der Ausprägung der jeweiligen Persönlichkeit folgt. Kinder, die einem Elternteil besonders ähnlich sind, haben häufiger Konflikte mit diesem Elternteil, während Kinder, die sich von den Eltern in ihrem Verhalten unterscheiden, weniger Projektionen auslösen, das heißt, dass dem Elternteil weniger eigene Verhaltensweisen gespiegelt werden, die konfliktträchtig sein können. Zwar ist dies keine Regel, die auf wirklich alle Familien anwendbar ist, da in diesem Spiel der Rollenverteilung eine Menge weiterer Parameter zählen. Dennoch erlebe ich diese Konstellation in meinem therapeutischen Alltag sehr häufig.

Wie zum Beispiel die Mutter, die extreme Probleme mit ihrer extrovertierten Tochter hat, die völlig unbekümmert durchs Leben geht. Extrovertiertheit, Unbekümmertheit – all diese Eigenschaften kennt die Mutter sehr gut, sie ist der gleiche Typ Mensch, Schüchternheit ist ihr ein Fremdwort. Es kann vielfältige Gründe haben, weshalb dieses Mutter-Tochter-Gespann nicht ganz so gut miteinander klarkommt. Vielleicht sind die genannten Eigenschaften welche, die die Mutter das eine oder andere Mal in Schwierigkeiten oder in unangenehme Situationen gebracht haben, und sie sieht sie deshalb nicht so gerne an ihrer Tochter und macht sich Sorgen.

Es kann sein, dass Eltern bei ihren Kindern die eigenen Fehler (ein Maß an Extrovertiertheit, das von anderen als geschmacklos und distanzlos empfunden wird?) wiederentdecken, die sie lieber verdrängen.

Ein Kind, das keine Ordnung halten kann, spiegelt den Eltern möglicherweise die eigene Unfähigkeit wieder, Ordnung zu halten. Das macht Mutter oder Vater sehr ärgerlich, und das Chaos im Zimmer wird mit unverhältnismäßiger Wut und Sanktionen bestraft.

Ein schüchternes oder ungeschicktes Kind spiegelt Eltern möglicherweise die eigenen Eigenschaften wieder, die ihnen so unangenehm sind, sie immer wieder in Schwierigkeiten gebracht haben und für die sie sich vielleicht sogar schämen.

Die meisten Eltern haben natürlich den Wunsch und nehmen

sich auch fest vor, alle Kinder gleich zu lieben, und trotzdem ist es so, dass man sich dem einen Kind näher als dem anderen fühlt. Es ist beinahe ein Tabu, das zu behaupten, aber mittlerweile gibt es auch eine Reihe von Studien, die diese Tatsache belegen: Eltern lieben *nicht* alle ihre Kinder gleich.

Bitte denken Sie jetzt nicht, Sie seien schlechte Eltern, weil Sie beim Lesen festgestellt haben (oder es Ihnen schon vorher bewusst war), dass auch Sie ein „Lieblingskind" haben! Es ist eine Illusion zu glauben, man könne als Vater oder Mutter allen Kindern emotional gleich nahestehen. Es könnte aber, liebe Leser und Leserinnen, auch zu einer echten Chance werden, wenn Sie an Ihren Kindern Charaktereigenschaften feststellen, die Sie an sich selbst ablehnen, denn das birgt auch gleichzeitig die Möglichkeit, an den eigenen ungeliebten Seiten zu arbeiten. Das wäre sogar sehr wichtig, denn wie Sie bereits wissen, ahmen Ihre Kinder Ihre Verhaltensweisen nach und werden von Ihren Charaktereigenschaften geprägt.

Für Eltern ist die Tatsache meist schwer anzuerkennen, dass es in den Gefühlen zu ihren Kindern Unterschiede gibt. Eltern möchten gerne glauben, sie verhielten sich zu allen ihren Kindern gleich und sie liebten alle ihre Kinder gleich, und alles andere wäre nicht nur ungerechtfertigt, sondern auch ein Beweis dafür, dass sie denkbar schlechte Eltern seien.

Fakt ist aber, und ich wiederhole mich jetzt, dass wir fast immer als Eltern einem Kind näherstehen als dem anderen und dass sich diese Tatsache sowie unsere jeweilige Lebenssituation zwangsläufig auf unser Verhalten auswirkt.

„Zu meinem zweiten Kind habe ich ein besonders inniges Verhältnis. Da war auch die Schwangerschaft nicht so kompliziert."

„Die Beziehung zum ersten Kind ist nicht so gut, die Depressionen nach der schweren Geburt; man ist damals wegen so was wie Depressionen ja auch nicht zum Arzt gegangen."

Vielleicht ist es Mutter, Vater oder vielleicht sogar beiden gut gelungen, sich dem ersten Kind besonders zu widmen, während die Mutter nach dem zweiten Kind gelassener war oder wieder zu arbeiten begonnen hat bzw. die Arbeitssituation des Vaters sich verändert hat. Dieses Kind erlebt eine ganz andere Situation in der Familie als das Kind zuvor. Es gibt kein Kind, das die gleiche Prägung erlebt und erfährt. In dem Moment, in dem ein Familienmitglied hinzukommt oder wegfällt, ist die Situation eine völlig neue und damit auch das Verhalten, Erleben und die Erfahrung aller Familienmitglieder wieder gänzlich anders und neu. So steht in einer Familie alles jederzeit und immer zueinander in Verbindung und wirkt in sich und aufeinander.

Im Fall einer meiner Klientinnen zeigte sich zum Beispiel sehr anschaulich, dass Geschwister eine ganz unterschiedliche Wahrnehmung von ihrer Familie haben können:
Vier Jahre Altersunterschied trennten die beiden Schwestern. Die Älteste der beiden erfuhr erst viele Jahre, nachdem sie selbst eine Familie gegründet hatte durch die jüngere Schwester von den Seitensprüngen ihres Vaters und war fassungslos darüber, dass sich all das sozusagen unter ihren Augen ereignet haben sollte. Das Gespräch kam eher zufällig darauf, und die Jüngere war beinahe amüsiert darüber, dass die Ältere davon an diesem Tag zum ersten Mal hörte.
„Ich soll nicht bemerkt haben, dass meine kleine Schwester Stunden damit verbracht hat, Mama zu trösten und sie von einer Scheidung abzuhalten?!"
„Papa würde doch Mama niemals betrügen! Wann überhaupt, so viel wie der arbeitet?"
Mit solchen Geschichten könnte ich ohne Schwierigkeiten ein eigenes Buch füllen. Betroffene Personen sind meistens fassungslos darüber, was ihnen innerhalb ihrer eigenen Familie alles verborgen geblieben ist, und doch ist das nicht weiter ungewöhnlich.

Wie Prägungen unser Leben beeinflussen

Unsere Prägungen sind ein Teil von uns, sie sind das, was wir gemeinhin als Wesensart bezeichnen, als unser Naturell. Sie beginnen bereits in den ersten Tagen unseres Lebens, ja, in den ersten Minuten, nachdem wir das Licht der Welt erblickt und unseren ersten Schrei getan haben.

Je kleiner und schutzbedürftiger ein Menschenkind, desto abhängiger ist es von seiner unmittelbaren Umwelt. Es ist unser Überlebensinstinkt, der uns anhand der Inputs aus unserer Umwelt bestimmte Verhaltensweisen ausprägen und in unser Verhaltensrepertoire übergehen lässt, und zwar so dauerhaft, dass uns manche davon später als angeboren erscheinen. Tatsächlich aber sind es erlernte Verhaltensweisen, die durch bestimmte Schlüsselreize aus unserer Umwelt irgendwann automatisch in uns ablaufen und uns auf eine bestimmte Weise reagieren lassen.

Denken Sie an eine ganz neue, leere CD. Ein Kind kommt praktisch als „Rohling" auf die Welt. Ein Rohling, der langsam und nachhaltig geprägt wird durch die Art und Weise, wie seine Familie miteinander ihr Leben gestaltet. Wie bei dem CD-Rohling brennen sich Furchen hinein, die unsere Werte, Haltungen, Glaubenssätze und Einstellungen darstellen.

Die Art der Botschaften, die wir verinnerlicht und uns eingeprägt haben, ist von einer immensen Vielfalt und grundsätzlich individuell unterschiedlich. Viele von uns werden sich in den zwei folgenden, sehr häufig vorkommenden Prägungen wiederfinden:

Dass wir nicht liebenswert sind oder zumindest nur dann, wenn wir perfekt sind und das tun, was andere von uns erwarten.

Dass wir in irgendeiner Weise unzulänglich sind und uns das permanente Gefühl umgibt, nicht gut genug zu sein.

Whitney Houston, eine der größten Sängerinnen unserer Zeit, kämpfte ihr Leben lang mit dem Gefühl, nicht gut genug zu sein. Das ist kaum zu glauben, nicht wahr? Ein Freund schloss seine Rede bei ihrem Trauergottesdienst mit den Worten: „Wenn du da oben stehst vor deinem Schöpfer, mach dir keine Sorgen, du wirst gut genug sein …"

In meiner Praxis begegnen mir unglaublich viele Menschen mit wunderbaren Kindern, tollen Karrieren, einem großen Freundeskreis – mit einem Bilderbuchleben, möchte ich fast sagen. Genießen und wertschätzen können sie all das Erreichte allerdings nicht, sie schreiben es der Tatsache zu, „eben ein Sonntagskind zu sein" und „viel Glück" gehabt zu haben. Sie sind in dem festen Glauben, nicht gut genug zu sein, mit ihrem Erfolg selbst nicht unbedingt viel zu tun zu haben, nicht zu genügen, und sie schrauben ihre Erwartungen an sich immer weiter nach oben, sodass ein Erreichen des angestrebten Levels nie möglich sein wird.

Ich habe einen Mann therapeutisch begleitet, in dessen Familie der Satz „Erst die Arbeit, dann das Vergnügen!" immerwährend präsent war. Sein Tinnitus, der laut seinen Ärzten nicht organisch begründet, sondern stressbedingt war, hatte ihn zu mir in die Praxis geführt.

Immer und immer wieder war er als Kind darauf hingewiesen worden, dass er erst etwas leisten musste, bevor er sich seinem Spiel widmen konnte. Immer dann, wenn er als Kind und später als Jugendlicher etwas zu seinem Vergnügen tun wollte, wurde er aufgefordert, zuerst sein Zimmer in Ordnung zu bringen, und gefragt, ob er alle Hausaufgaben schon erledigt hatte.

Seine Eltern lebten ebenfalls nach dieser Philosophie: Vergnügen war ein Fremdwort, denn die beiden waren immerwährend am Arbeiten, und daher blieb so gut wie keine Zeit für die positiven Dinge des Lebens. Seine wichtigsten Bezugspersonen lebten also jahrelang dieses genussverweigernde Prinzip vor, und so war es nicht erstaunlich, dass ich in meiner Praxis einen Mann kennenlernte, der völlig außerstande war, jemals etwas für sich, geschweige denn zum Genuss zu tun, der beinahe zwangsartig immer wieder neue Hürden und neue Aufgaben suchte und auch fand, die es noch zu erfüllen galt, um nur ja nicht in die Verlegenheit des Nichtstuns oder des Genießens zu geraten.

Auch das ist ein sehr weit verbreitetes Muster: Es fällt vielen unendlich schwer, es sich gut gehen zu lassen, womöglich sogar ohne konkreten Anlass wie etwa als Belohnung für eine besondere Leistung. In der Realität dieser Menschen scheint es (unbewusst) nicht in Ordnung zu sein, etwas für sich zu tun, oft aus dem Gefühl heraus, das gar nicht zu verdienen, und auf die innere Stimme hörend, die nicht aufhört zu kritisieren, zu verurteilen und immer mehr zu verlangen.

Solche Furchen zu löschen und neue zu gestalten ist keine einfache Aufgabe. In der Neurobiologie spricht man von neurologischen Bahnungen in unserem Hirn, die bei manchen wie Autobahnen entwickelt sind. Es ist nicht schwer, sich vorzustellen, dass in so eingefahrenen (Auto-) Bahnen immer wieder das gleiche Programm abläuft und es kein leichtes Unterfangen ist, diese Autobahnen in unserem Hirn durch einen kleinen Pfad abzulösen und später aus diesem kleinen Pfad eine neue Autobahn zu bauen, welche irgendwann die alte in unserem Hirn ablöst.

Wir können zwar (versuchen,) Menschen ab(zu)schütteln, nicht aber die Prägungen, die sie bei uns hinterlassen haben. So eine unverrückbare Tatsache klingt immer ein wenig bedrohlich, nicht wahr?

Was ist, wenn es sich um negative Prägungen handelt?

Was ist, wenn es um Prägungen geht, von denen wir uns gerne lösen wollen?

Löschen können wir unsere Prägungen nicht, aber wir können unsere dadurch entstandenen Verhaltensweisen ändern, indem wir sie durch neue ablösen. Wenn wir unsere angelernten Verhaltensweisen, unsere individuellen Prägungen intensiver betrachten und lernen, sie zu verstehen und anzuerkennen, dann können wir entscheiden, ob wir etwas verändern, etwas korrigieren, etwas dazulernen oder etwas beibehalten wollen. Das bessere Verständnis und die Akzeptanz unserer eigenen Prägungen dienen nicht zuletzt auch einem besseren Verständnis für die Prägungen der anderen. Damit will ich nicht sagen, dass wir uns um die Prägungen anderer Menschen kümmern sollen, aber allein das Wissen ist hilfreich, dass es für bestimmte Verhaltensweisen von Menschen in unserer Umwelt auch immer eine (plausible) Erklärung gibt, die sehr oft nicht wirklich etwas mit uns zu tun hat.

Ein Beispiel. Stellen Sie sich, liebe Leserinnen und Leser, Folgendes vor: Sie schenken jemandem ganz ehrlich Lob oder Anerkennung für eine erbrachte Leistung. Der Empfänger bagatellisiert nun diese positive Resonanz: „Ich weiß nicht, was du hast, das ist doch eh ganz normal." Es kann sein, dass der wahre Grund dieser Bagatellisierung darin liegt, dass dieser Mensch einfach nicht gelernt hat, Anerkennung anzunehmen, während Sie darüber irritiert sind, weil Ihr Lob, welches wirklich von Herzen kam, so heruntergespielt wird. Die meisten Menschen sprechen im Übrigen eine solche Reaktion oder ihre Irritation darüber (leider) gar nicht an. Sie wundern sich zwar, vielleicht hören sie auch auf, Anerkennung auszusprechen, aber es wird nicht thematisiert.

In einer Supervision habe ich erlebt, wie eine Kollegin der anderen ein Kompliment machte und diese darauf sagte: „Sibylle, mach dich über jemand anderen lustig!" Die Frau war völlig irritiert, weil das Kompliment völlig ernst gemeint war. Als wir die Situation genauer analysierten, stellte sich heraus, dass diese Kollegin so gut wie nie derart positive Rückmeldungen erfahren durfte und wenn, dann waren sie (speziell vonseiten ihres Vaters) eher zynisch gemeint oder stand mit einer Gegenleistung in Verbindung.

Wir nehmen oft nur die irritierende, enttäuschende, ärgerliche Wirkung wahr, die eine Reaktion oder Verhaltensweise anderer in uns hervorruft. So geht es anderen im Übrigen durchaus auch manchmal mit uns! Oft hatte jemand einfach nur einen schlechten Tag oder ist mit dem falschen Fuß aufgestanden, oder wir sind unserem Gegenüber einfach unsympathisch, weil wir jemandem ähnlich sehen, den er oder sie nicht mag. Vielleicht erinnern wir unser Gegenüber an ein Familienmitglied, dem früher regelmäßig „die Hand ausgerutscht" ist?

Unser Gegenüber sieht unser konstruktives Feedback als Bedrohung? Vielleicht, weil er sein ganzes Leben lang von seinen Eltern nur auf Erfolg und Perfektion getrimmt wurde, niemals gehört hat, wenn er etwas gut gemacht hat, sondern immer nur zu hören bekam, was er hätte noch besser machen können?

Die Liste ließe sich endlos fortsetzen.

Diese Geschichten sollten nur beispielgebend sein, um noch einmal zu veranschaulichen, wie wichtig es ist, eigene Prägungen besser zu verstehen und zu akzeptieren, um auch ein besseres Verständnis für die Prägungen und das daraus resultierende Verhalten der anderen zu entwickeln. Stefan Zweig brachte es ziemlich auf den Punkt: „Wer einmal sich selbst gefunden, kann nichts auf dieser Welt mehr verlieren. Und wer einmal den Menschen in sich begriffen, der begreift alle Menschen."

In einer Paartherapie lernte ich Roland und Bernadette kennen. Roland machte einen sehr eloquenten Eindruck und war sehr sprachgewandt. Bernadette war eine elegante und attraktive Erscheinung, sie machte aufs Erste einen sehr selbstbewussten Eindruck, tat sich aber beim Sprechen extrem schwer, vor allen Dingen, wenn es um ihre eigenen Befindlichkeiten ging. Sie konnte nicht sagen: „Es geht mir schlecht." Was maximal aus ihr herauszubekommen war, war ein „Es war schon besser, vielleicht, aber …", und selbst das verursachte ihr beinahe körperliche Beschwerden. Dass Bernadette nicht in der Lage war, über ihre Gefühle und über ihre Wünsche zu sprechen, war einer der Punkte, der Roland nach eigenen Erzählungen buchstäblich zur Raserei trieb. Selbst auf wüsteste Beschimpfungen und Beleidigungen im Zuge einer ihrer unzähligen Streitereien kam von seiner Bernadette: nichts. Keine Erklärung, keine Signale von Verletztheit, einfach nichts.

Im Zuge der Therapie stellte sich heraus, dass Bernadette in ihrem Familiensystem gelernt hatte, Konflikte um jeden Preis zu vermeiden, Gefühle zu unterdrücken und sich bedingungslos dem Vater und seiner Meinung unterzuordnen. Bernadettes Familie stammte aus altem Adel, und ihr Vater hatte sie auf eine „standesgemäße Partie" vorbereitet. Neben dem katholischen Internat gab es an drei Tagen in der Woche Benimmunterricht vom Profi: Mit einem Buch auf dem Kopf lief Bernadette durch die Räume, mit einem Stock zwischen den Ellenbogen aß sie zu Abend (um die Ellbogen beim Essen schön am Körper zu halten). Sie lernte, schön auszusehen und sich tadellos zu benehmen, aber über ihre Gefühle zu sprechen hatte sie nie gelernt. „Ich weiß meine Gefühle nicht einmal einzuordnen, wie soll ich sie dann in Worte fassen?!" Diese Erzählungen berührten auch Roland in einer besonderen Weise, zudem er diesen Teil der Geschichte seiner Frau noch nie gehört hatte. Plötzlich waren ihm Bernadettes Verhaltensweisen sehr gut nachvollziehbar, und er schämte sich über seinen ihr gegenüber oft so unverhältnismäßig ausgedrückten Ärger. Das wiederum berührte Bernadette sehr und machte ihr gleichzeitig Mut, ihr devotes Verhalten zu verändern.

Bernadette musste mühevoll und langsam lernen, zunächst einmal wahrzunehmen, dass „das jetzt unangenehm ist", und das später außerdem noch auszusprechen. Nach einigen Jahren Auseinandersetzung mit sich selbst, ihren unbewussten Mustern gelang ihr das schließlich. Das entlastete nicht nur ihre Beziehung, sondern stärkte auch ihr Selbstvertrauen und ermöglichte ihr eine gelungene Form von Autonomie.

Liebe Leserinnen und Leser, ich möchte Sie gerne einladen, sich auf die Suche nach Ihren eigenen Verhaltensmustern und Prägungen zu machen. Schreiben Sie die, die Ihnen ad hoc einfallen auf ein Blatt Papier. Denken Sie zum Beispiel an die

Bereiche Geld, Gefühle, Ordnung. Was sind so ganz typische Verhaltensweisen an Ihnen? Was ist typisch für Sie? Vielleicht haben Sie anhand meiner bisherigen Erläuterungen und der Erzählungen über meine Klienten schon die eine oder andere Facette entdeckt, die Ihnen bekannt erscheint?

Bei welchen dieser Verhaltensmuster lohnt es sich, sie aufrechtzuerhalten, und welche könnten eine Erklärung für Konflikte oder Komplikationen in Ihrem Alltag sein? Denen sollten Sie sich genauer – vielleicht mit einem guten, konstruktiven Gegenüber – widmen.

Sicher oder unsicher gebundene Kinder

In der Entwicklungspsychologie kommt dem Begriff „Bindungsforschung" eine große Bedeutung zu. Die Bindungstheorie beschreibt das Bedürfnis des Menschen, eine enge und von intensiven Gefühlen geprägte Beziehung zu seinen Mitmenschen aufzubauen.

Bindungsverhalten entwickelt sich im ersten Lebensjahr, und bis zur sechsten Lebenswoche kann die Bindungsperson beinahe beliebig wechseln. Dann entsteht – etwa gleichzeitig mit dem ersten personenbezogenen Lächeln – eine zunehmend festere Bindung zu einer oder mehreren Personen. Das individuelle Bindungsverhalten eines Neugeborenen entsteht durch Anpassung an das Verhalten der zur Verfügung stehenden Bindungspersonen. Unter Anpassung sind in diesem Fall die Strategien im Umgang mit Belastung und emotionaler Verunsicherung zu verstehen. Ein Kind organisiert sein Verhalten und Denken so, dass die Bindungsbeziehung, die ja zum Überleben ganz wichtig ist, aufrechterhalten bleibt. Das Kind lächelt, klammert sich fest, schreit, krabbelt zur Bindungsperson (Mutter, Vater etc.), sucht Blick- oder körperlichen Kontakt und so weiter. Je nachdem, wie die

Bindungsperson auf die Aktionen des Kindes reagiert, organisiert dieses sein weiteres Verhalten (passt es an). Ein Kind, das daran gewöhnt ist und erlebt, dass die Bindungsperson auf sein Weinen oder Schreien reagiert, auf es zukommt und es tröstet, wird diese Strategie beibehalten, weil sie zum gewünschten Resultat führt. Wenn ein Kind eine Bindungsperson vorfindet, die auf sein Schreien nicht reagiert oder den Blickkontakt des Kindes nicht erwidert, wird es sich an dieses Verhalten anpassen, indem es beispielsweise damit beginnt, sich allein zu beschäftigen oder nur dann weint, wenn es unbedingt notwendig ist, weil es sich beispielsweise verletzt hat. Hierbei bilden die ersten sechs Lebensmonate die Phase stärkster Prägung.

Die Bindungstheorie geht von der Hypothese aus, dass es ein sogenanntes *erworbenes Bindungssystem* gibt, das aktiviert und entwickelt wird, sobald sich ein Mensch von einer inneren oder äußeren Gefahr bedroht fühlt. Wenn es sich um eine Gefahr handelt, in welcher ein Kind aus eigenem Vermögen nicht in der Lage ist, sich selbst zu schützen, sucht es Schutz bei einer Bindungsperson. In unserer Gesellschaft ist dies im Allgemeinen die Mutter, aber ein Kind wendet sich auch anderen Menschen zu, zum Beispiel dem Vater, der Großmutter, der Pflegemutter, oder geht zu sonstigen Personen eine Bindungsbeziehung ein, insbesondere dann, wenn die Mutter nicht präsent ist.

Schon in den ersten Monaten nach der Geburt, insbesondere in der Zeit, in der das Neugeborene in besonderer Weise auf Fürsorge angewiesen ist, werden von ihm Erwartungen an die Bindungsperson gestellt. Es will gefüttert, gewickelt und gepflegt werden. Wir wissen heute, dass es nicht ausreicht, wenn wir mit Nahrung oder Bekleidung versorgt werden, sondern dass zu einem gesunden Gedeihen Gefühlszufuhr notwendig ist.

Die Qualität dieser Bindung wird dabei nicht vom Kind geprägt, sondern von der Person, die als Bindungsperson zur Verfügung steht, und hier prägen sich die Verhaltens- und Fühlweisen von uns Menschen insbesondere dann, wenn wir in äußerer oder innerer Not sind und Schutz suchen. Die

Qualität der Bindung zu einer Bindungsperson hat somit gravierende Auswirkungen auf die Ausbildung der Fühl- und Handlungsweisen des Kindes und später des Erwachsenen.

Die wissenschaftliche Forschung stellt vier Bindungsmuster dar: sichere, unsichere, ambivalente sowie desorientierte/desorganisierte Bindungsmuster.

Ein *sicheres Bindungsmuster* kann dann entstehen, wenn das Verhalten der Mutter oder Bindungsperson vorhersehbar und angemessen auf das Kind wirkt. Das heißt, diese Person nimmt auf das Kind Bezug. Es wird auf emotionale Bedürfnisse eingegangen, das Kind bekommt Zuwendung und kann sich auf seine Bindungsperson(en) verlassen.

Wenn die Bindungsperson auf die Bindungsbedürfnisse vorhersehbar, jedoch unangemessen reagiert, entwickelt sich beim Kind ein sogenanntes *unsicheres Bindungsmuster*. Dieses Muster entsteht, wenn die Bindungsperson auf den Versuch des Kindes, Bindungsbedürfnisse zu befriedigen, nicht eingeht. Nehmen wir an, die Mutter ist die Bezugs- sprich Bindungsperson: Das Kind schreit, und sein Schreien wird ignoriert, das Kind versucht, Kontakt aufzunehmen, und die Mutter sieht weiter fern. Wenn dieses Verhalten die Regel ist, wird ein solches Kind eine Bindungsstrategie entwickeln, wo es versucht, alle bindungsrelevanten Situationen zu vermeiden, weil es eben nicht erwarten kann, dass in Not auch Schutz geboten wird.

Diese Kinder entwickeln eine „Pseudo-Unabhängigkeit" von der Bezugsperson, sie vermeiden auffällig den Kontakt (auch zu anderen) und beschäftigen sich im Sinne einer Stresskompensationsstrategie mit sich selbst oder mit ihren Spielsachen. Wenn die Bezugsperson weggeht oder sie von der Bezugsperson (wenn die Eltern auf Urlaub fahren oder die Mutter zur Arbeit geht) getrennt werden, zeigen sich diese Kinder nach außen hin eher unbeeindruckt. „So ein braves Kind!", hört man da oft.

Ein sicher gebundenes Kleinkind würde weinen oder sich

kurzfristig irritiert zeigen, wenn die Mutter es verlässt, allerdings lässt es sich von der Großmutter oder der Kindergartenpädagogin dann relativ rasch beruhigen, es spielt weiter und freut sich, wenn die Mutter zurückkommt und es abholt.

Bei Kindern mit einem unsicheren Bindungsmuster zeigt sich einerseits ein besonders starker Wunsch nach Nähe und Aufmerksamkeit, aber es reagiert regelmäßig mit Ärger oder Wutausbrüchen, wenn die Bezugsperson nach der Trennung wieder auftaucht. Unsicher gebundene Kinder haben den Wunsch nach Nähe, reagieren aber auf Nähe oder Körperkontakt (Küsse oder Streicheln) sehr häufig mit Aggression oder mit Strampeln gegenüber der Bindungsperson.

Sicher gebundene Kinder scheinen sich im Vergleich zu unsicher gebundenen gleichaltrigen Kindern sozial viel kompetenter, leistungsfähiger, selbstsicherer und autonomer zu entwickeln. Sichere Bindung schafft eine gute Basis für Selbstverantwortlichkeit bei Belastungen, während bei unsicherem Bindungsverhalten beim späteren Erwachsenen typischerweise wenig Austausch über Gefühle stattfindet und es einen sehr selbstbezogenen Umgang bei Belastungen gibt. Das heißt, es fällt diesen Menschen schwer, Hilfe anzunehmen, was bei sicher Gebundenen eher selten bis gar nicht der Fall ist – sie haben keine Schwierigkeiten, sich Hilfe und Unterstützung zu organisieren.

Kinder, deren Bezugspersonen manchmal angemessen und manchmal unangemessen reagieren, entwickeln *ambivalente Bindungsmuster*. Diese Kinder entwickeln ganz besonders empfindliche Antennen dafür, was sie tun müssen, wie sie sich verhalten müssen, damit Bezug auf sie genommen wird.

Sie ähneln in ihrem Verhalten sehr stark den unsicher gebundenen Kindern, entwickeln aber zusätzlich eine breite Palette an Strategien, denn ihre Bezugspersonen agieren völlig unvorhersehbar. Es kann sein, dass die Mutter auf weinerliches Betteln im Supermarkt an einem Tag verständnisvoll reagiert, dem Kind das gewünschte Spielzeug kauft und sich zu Hause sogar am Spiel beteiligt, während das Betteln des Kindes am anderen Tag eine sofortige Ohrfeige an Ort und Stelle zur Folge hat. An einem wieder anderen Tag gibt es vielleicht sogar eine Kombination aus beidem: Die Mutter kauft das Spielzeug, und zu Hause gibt es eine Ohrfeige, um sozusagen im Nachhinein noch das Vergehen des ständigen Bettelns beim Einkauf zu ahnden.

Ambivalent gebundene Kinder zeigen als Erwachsene häufig einen übersteigerten Gefühlsausdruck, sind wenig kompromissbereit und agieren wenig selbstverantwortlich bei Belastungen, indem sie die Verantwortung für ihre Probleme bei anderen suchen, sich in Schuldzuweisungen üben und selbst wenig Initiative zeigen, eine unbefriedigende Situation zu lösen.

Ein *desorientiertes/desorganisiertes Bindungsmuster* entwickelt sich dann, wenn es unverarbeitete Bindungstraumata gibt. Zum Beispiel ein niemals verarbeiteter Verlust einer wichtigen Bezugsperson vor dem Erreichen des vierzehnten Lebensjahrs. Besonders schlimm kann sich so ein Verlust in einem Zeitraum von zwei Jahren nach der Geburt auswirken, wenn keine andere Person diesen Verlust kompensiert. Verlustängste, Angst, sich auf Beziehungen einzulassen, weil es die Gefahr gibt, diese wieder zu verlieren etc. können die Folge sein.

Zu einem desorientierten Bindungsverhalten kommt es meistens dort, wo es körperliche oder sexuelle Misshandlungen gab und dahingehend ein richtiges Trauma des Bindungsmusters besteht. Menschen, die mit ihren Eltern oder mit den Bindungspersonen ein derart ungelöstes Bindungstrauma haben, reagieren im Erwachsenenalter auf Stress besonders leicht mit einem Verhalten, wo sie unter anderem bestimmte Erlebnisinhalte aus dem Bewusstsein abspalten (verdrängen), um damit einen psychischen Konflikt zu lösen.

Bei der hoch unsicheren beziehungsweise desorientierten/desorganisierten Bindung fehlen die vorher beschriebenen Strategien zur Anpassung. Hier brechen die kindlichen Bewältigungsstrategien zusammen, und die Kinder verhalten sich gegenüber Bindungspersonen bizarr anmutend. Ein ganz typisches Muster bei kleineren Kindern mit solchen Bindungsmustern sind unkontrollierte und unkontrollierbare Schreianfälle, die aus heiterem Himmel und ohne erkennbaren Grund stattfinden, oder sogenannte Stereotypien wie Schaukeln oder unkontrollierte Kopfbewegungen. Ältere Kinder mit desorganisiertem Bindungsverhalten zeigen massiv kontrollierende Strategien, sie kontrollieren alles, sie sind misstrauisch, sie beobachten alles. Meistens tritt Furcht oder Angst als durchgängige Beziehungserfahrung auf, wobei sich Furcht vor der Bindungsperson naturgemäß häufig bei Misshandlung oder Missbrauch zeigt. Die kleinen Wesen haben einen fast unmenschlichen Konflikt auszutragen zwischen dem Bedürfnis nach Sicherheit *durch* die Bindungsperson und gleichzeitiger Furcht *vor* ihr. Solche Kinder zeigen die ersten Verhaltensprobleme in der frühen Kindheit, im Kindergarten verhalten sie sich auffällig aggressiv und legen ein feindseliges Verhalten anderen Kindern und Erwachsenen gegenüber an den Tag oder ziehen sich völlig zurück („ich bin gar nicht da"), um keine Gefahr zu laufen, „angegriffen" zu werden. Im Jugendalter verzögert sich sehr oft die kognitive Entwicklung solcher Kinder, was dazu führt, dass sie sehr lange sehr kindlich wirken und reagieren.

So entwickeln wir alle je nach Erleben in unserer Herkunftsfamilie eines dieser Bindungsmuster, das zunächst konstant bleibt, sich in der Folge von veränderten Lebensumständen jedoch wandeln kann. So ein Wandel findet durch neues Erleben und neue Erkenntnis statt, und aus dieser neuen Erfahrung kann (gewollte) Veränderung resultieren.

Die wenigsten Menschen haben das Glück, eine gelungene Bindung erlebt zu haben. Der überwiegende Teil von uns hat ambivalente oder unsichere Bindungsmuster erlebt. Erst durch die moderne Pädagogik wurde die Relevanz der Bindungsmuster bekannt, die wenigsten Eltern hatten Zugang zu dieser Art von Wissen, und die Tradition der Familie hat sich in den letzten drei Generationen ebenfalls fundamental geändert. (Siehe dazu auch im Anhang: „Die Vater- und die Mutterrolle im Wandel der Zeiten").

Unsere ersten Beziehungen sind die Basis für alle weiteren. Die Qualität der emotionalen Bindungen innerhalb der Familie beeinflusst nicht nur unsere Fähigkeit, auch zu anderen Menschen Bindungen aufbauen zu können und uns in ihnen sicher zu fühlen. Es hat auch unmittelbaren und großen Einfluss auf die Entwicklung unseres Selbstwerts, ob wir in einer Familie groß geworden sind, in der sich insbesondere die Eltern auch wirklich mit uns befasst haben und auf uns Bezug genommen haben. Dies wiederum hat Einfluss auf unsere psychische Entwicklung, auf die Fähigkeit, empathisch zu sein, und wirkt insbesondere dort, wo es um spätere Beziehungsgestaltung geht.

Die Fähigkeit, vertrauensvolle und/oder intime Bindungen aufzubauen, verfügt über ein großes Reservoir an Glücksmöglichkeiten, an Trost und Unterstützung in schlechten Zeiten. Diese Bindungsfähigkeit entscheidet darüber, wie wir auf die Welt zugehen und wie wir sie für uns erobern. Wahrscheinlich wirkt sie sich auch unbewusst auf unsere Partnerwahl aus. An den Graden der Intimität mit verschiedenen Menschen können wir ablesen, welches Maß an Vertrauen wir aufbringen, wie sehr wir uns öffnen, wie viel wir preisgeben und uns damit verletzlich machen. Nicht zuletzt beeinflusst unsere persönliche Intimitätsbilanz die Fähigkeit, den Stress in unserem Alltag viel besser zu bewältigen. Das erste Stressbewältigungssystem, das wir nämlich im Laufe unseres Lebens erwerben, ist die Bindung, die wir als Kind zu einer fürsorglichen Bezugsperson, also der Mutter, dem Vater oder aber auch zu einem anderen Familienmitglied oder einer Vertrauensperson, aufbauen können.

Wer in seiner Familie beziehungsablehnendes Verhalten erlebt hat, scheut sich häufig davor, Unterstützung und Hilfe in Situationen zu organisieren, in denen er schwach und hilfsbedürftig ist. Solche Menschen haben gelernt, sich auf sich selbst zu verlassen, sie lehnen jede Form von Abhängigkeit (unbewusst) ab, und es fällt ihnen häufig schwer, „vertrauensvolle" Beziehungen einzugehen und echte Nähe zuzulassen. Erst permanente Konflikte, immer wieder scheiternde Beziehungen und Hinweise aus dem wohlgesinnten Umfeld dieser Menschen führen sie zu einer bewussten Auseinandersetzung mit dieser Tatsache, denn in den wenigsten Fällen ist jemandem bewusst, dass es ihm nicht gelingt, sich in einer Beziehung fallenzulassen. In den meisten Fällen merken die Betroffenen gar nicht einmal, dass es ihnen offenbar nicht gelingt, wirkliche (!) Nähe zuzulassen, denn ihnen fehlt ja in dem Sinn nichts. Ich halte die „Dunkelziffer" daher für sehr hoch.

Wächst ein Kind in einer Familie auf, in der Gefühle kaum oder gar nicht gezeigt werden und es Abwertung in Momenten erfährt, in denen es Gefühle nach außen kehrt, lernt es, seine Gefühle zu unterdrücken oder nicht zum Ausdruck zu bringen.
„Ein Indianer kennt keinen Schmerz!"
„Reiß dich zusammen!"
Wer Sätze wie diese im Kindesalter häufiger zu hören bekam und damit verbunden ablehnende, wütende, unverständnisvolle Verhaltensweisen zu sehen bzw. zu spüren bekam, bei dem spielt das sehr oft im Erwachsenenalter eine bedeutende Rolle. Das zeigt sich auch in der mangelnden Fähigkeit, Gefühle zum Ausdruck zu bringen, oder darin, dass sich jemand nach außen unbeeindruckt und stark zeigt, während er innerlich mit Wut und Tränen kämpft.
Wächst ein Kind in einer Familie auf, in der es Zuwendung nur dann erfährt, wenn es Leistung bringt oder sich völlig angepasst verhält, wird dieses Kind ganz leicht eine Verbindung zwischen diesen beiden Größen herstellen und die Idee entwickeln: „Leistung = Ich bin wertvoll" oder „Anpassung = Ich bin wertvoll" und nach dieser Philosophie sein Leben gestalten.

In meiner psychotherapeutischen Praxis habe ich ein Paar betreut, wo der Mann enorme Schwierigkeiten hatte, mit Kritik umzugehen: Kritik von seiner Frau im Besonderen, aber generell bereitete ihm Kritik jeder Art und egal aus welcher Quelle große Probleme. Im Laufe seiner Erzählungen stellte sich heraus, dass dieser Mann eine Mutter hatte, die ihn immer und bei allem, was er tat, kritisiert hatte, die ihm seitenweise die Hausaufgaben aus dem Heft herausgerissen hatte, während er dabei zu hören bekam: „Du bist dumm", „Du kannst das ohnehin nicht", „Jetzt mach das endlich ordentlich", „Was soll nur aus dir werden".

Dieses Erleben in seiner Kindheit hatte diesen Mann so geprägt, dass es bei jeglicher Kritik zur Projektion dieser alten Gefühle kam („Ich bin dumm", „Ich kann das ohnehin nicht", „Darum ist nicht mehr aus mir geworden"). Sobald er nur den leisesten Tadel oder Vorwurf ortete, kam es in der Folge zu heftigem und unverhältnismäßigem Streit, in dem der Mann zuerst mit Aggression und später mit Rückzug reagierte.

Unsere Ursprungsfamilie prägt die Art und Weise, wie wir über uns selbst, über die anderen und über unsere Umwelt denken. Wo und wie wir als Mensch unser Glück suchen und ob wir fähig sind, öfter Zufriedenheit als Unzufriedenheit zu empfinden, verrät viel darüber, wie wir das in unserer Ursprungsfamilie erlebt haben. Zufriedenheit und Glück sind Zustände, die in hohem Maße davon abhängen, wie wir denken. In der Beurteilung und Bewertung von Erlebnissen sowie in der subjektiven Einschätzung dieser Erfahrungen liegt der eigentliche Ursprung von Stimmungen und Gefühlen, und bestimmte Denkstile können uns in eher positiven oder eher negativen Stimmungen fixieren. Unser Denken wird von Gewohnheiten und Einstellungen geprägt, und ob wir in der Lage sind, ein selbstbestimmtes, autonomes und glückliches Leben zu führen, hängt natürlich nicht nur, aber doch in hohem Maße davon ab, wie wir unsere Erfahrungen deuten und einordnen.

Sehen wir uns als Opfer unseres Schicksals, als Spielball der Ereignisse? Sehen und fühlen wir uns stark und mutig genug, das Drehbuch unseres Lebens umzuschreiben und ein gänzlich neues zu entwickeln? Trauen wir uns das zu? Muten wir uns das zu?

Die Verhaltensvorschriften unseres Lebens

Regeln sind wichtig, und wir brauchen sie, weil sie das Zusammenleben innerhalb eines sozialen Systems (Familie, Beruf, Teams, Organisationen und so weiter) steuern. Wenn alle sich an die Regeln halten, dann wahrt dies das Gleichgewicht in der Familie und innerhalb anderer sozialer Systeme. Jede Familie hat Regeln: implizite, das heißt, nicht ausgesprochene, und explizite, ausgesprochene, Regeln. Die ständige Wiederholung dieser Regeln lässt sie zu Mustern werden, die vergleichbar sind mit einer „Strategie". Die Regeln lenken, wie wir uns unter bestimmten Umständen zu verhalten haben, sie ordnen, was erlaubt ist und was nicht. Die Regeln definieren, wie wir uns zu verhalten haben, wie wir sein müssen, um dazuzugehören. Die Regeln definieren auch, welche Folgen es hat, gegen Regeln zu verstoßen.

Die ausgesprochenen Regeln machen uns weniger Schwierigkeiten, jeder kennt sie, wir können offen über sie sprechen und sie nötigenfalls ändern, wenn sie nicht mehr passend sind:

„Komm pünktlich zum Mittagessen um zwölf Uhr!"
„Iss dein Mittagessen auf!"
„Sitz aufrecht, wenn du isst!"
„Sprich nicht mit vollem Mund!"
„Widersprich deinem Vater nicht!"
„Sei dankbar!"
„Gib deiner Oma einen Kuss!"
„Zieh dich vor dem Essen um!"

Schwieriger wird es bei den unausgesprochenen, den impliziten Regeln, die viel wirksamer sind als die expliziten, denn hier fehlen Orientierung und Klarheit bezüglich der Konsequenzen bei Nichteinhaltung. Diese Form der Autorität ist unangreifbar, anonym und wirkt aus dem Hinterhalt. Wer was will, wer was erwartet, wer was darf, das wissen wir nicht, wir erfahren das erst bei Nichterfüllung oder Zuwiderhandlung und bekommen die Konsequenzen zu spüren. Implizite Regeln entstehen ebenfalls durch immer gleiches Handeln wie zum Beispiel die Sitzordnung um den Esstisch: Auf keinem Stuhl steht vermutlich ein Name, trotzdem sitzt jeder immer am gleichen Platz des Familienesstischs. Das wird nicht (mehr) hinterfragt und zu einem ungeschriebenen (unausgesprochenen) Gesetz.

In einem Krankenhaus, in dem ich Seminare hielt, sitzen die Ärzte und das Pflegepersonal jeweils getrennt an einem Tisch. Ein Ärztetisch, ein Tisch für das Pflegepersonal. Es war als Versuch gedacht, der zum Nachdenken animieren sollte, und ich war gespannt, was passiert, wenn jemand diese Regel missachtet. Also bat ich ein paar Ärzte, sich im Speisesaal zu den Schwestern zu setzen – und umgekehrt. Kaum hatte der Gynäkologe am „falschen" Tisch Platz genommen, sprach ihn eine ältere Schwester darauf an:

„Herr Doktor Sie sitzen falsch, Ihr Platz ist da drüben."

„Nein", sagte der, „ich sitze ganz richtig, ich wollte mich heute mal zu Ihnen setzen!"

Worauf die Schwester sich erhob, ihr Tablett nahm und sich an einen anderen Tisch setzte. Das wirkte! Es machte betroffen, irritiert, belustigte etc.

In manchen Familien ist es zum Beispiel nicht erlaubt, wütend zu werden, Angst oder Trauer zu zeigen. Es gibt Familien, in denen ist es nur den weiblichen Mitgliedern erlaubt, zu weinen. Die männlichen Mitglieder hören: „Ein Indianer kennt keinen Schmerz." Im übertragenen Sinn bedeutet das, Männer müssen Trauer *verleugnen*. Dass sich auch Männer gegen Gefühle von Trauer, Scham oder Angst (vor allem als Kind oder Jugendlicher) nicht wehren können, steht außer Frage. Diese Regel führt möglicherweise aber in weiterer Folge dazu, dass diese Männer Trauer, Scham oder Angst irgendwann nicht mehr nur vor anderen, sondern sogar vor sich selbst leugnen. Die Regel „Ich muss immer stark sein!" wird zu einem Muster, und durch die Generalisierung („immer") entsteht ein Denkmuster (die Strategie), dem das entsprechende Handlungsmuster folgt: „Ich darf meine Tränen nicht zeigen!", „Ich muss immer stark sein, damit ich mich als Mann fühlen kann!"

Dem Handlungsmuster folgt schließlich das Kommunikationsmuster: „Ich halte das aus!", „Mich wirft nichts um!", „Ich brauche keine Hilfe!" etc.

Das Beziehungsmuster, das aus dieser Strategie entstehen kann, lautet dann in weiterer Folge: „Ich bin immer stark!", „Ich zeige keine Gefühle!", „Ich lasse mir nicht in die Karten schauen!"

Weil sich die Regel „Männer weinen nicht" im Laufe der Jahre und im Laufe unzähliger Wiederholungen im Hirn zu einem Denk- und Verhaltensmuster entfaltet und geformt hat, haben diese Menschen nicht nur Schwierigkeiten, ihre eigene Traurigkeit zu zeigen, sondern sie neigen auch dazu, es als Schwäche abzuwerten, wenn jemand anderer Traurigkeit zeigt bzw. können damit nur schlecht umgehen. Liebe Leserinnen und Leser, denken Sie an dieser Stelle wieder an die Aussage von Stefan Zweig: „... und wer einmal den Menschen in sich begriffen, der begreift alle Menschen."

Familienregeln und Glaubenssätze wie „Reiß dich zusammen!", „Beiß die Zähne zusammen!" sind sehr häufig die tiefere Ursache hinter dem Verhalten, Angst, Trauer und Scham nicht zuzulassen.

In wieder anderen Familien ist es verboten, Konflikte offen auszutragen. Die nicht ausgesprochene Regel heißt: „Wenn es Konflikte gibt, reiß dich zusammen, schluck hinunter, was du

dir denkst. Geh aus dem Raum, bis deine Wut verraucht ist."
Die Regel „Ich darf nicht sagen, was ich denke!" wird zu einem
Muster und durch die Generalisierung („Ich darf nicht") ent-
steht ein Denkmuster (die Strategie), dem das Handlungsmuster
folgt: „Ich drehe zwar fast durch, aber ich halte meinen Mund!",
„Es zerreißt mich fast, aber ich bin still!"

Dem Handlungsmuster folgt das Kommunikationsmuster:
„Ich denke mir meinen Teil!", „Ich sage nichts dazu!", „Ich
schweige und tue so, als sei alles in Ordnung!", „Ich schweige,
aber ich trage meine Verletztheit nach außen!"

Das Beziehungsmuster, das aus dieser Strategie entstehen
kann, könnte dann in weiterer Folge lauten: „Was ich denke,
ist meine Sache!", „Ich behalte meine Gefühle für mich!", „Ich
sitze diesen Konflikt aus, indem ich schweige!", „Was soll das
ändern, wenn ich sage, was in mir vorgeht?" Alles das schafft
eine distanzierte Beziehung, verhindert Nähe – wirkliche Nähe.

Menschen, die zum Schweigen und zum „Einstecken" erzogen worden sind, haben Schwierigkeiten, ihre Gefühle und ihre
Bedürfnisse zu artikulieren. Was sie bewegt, was ihnen wehtut,
was sie gerne möchten – sie behalten alles für sich und diese
„Hidden Agenda" führt in beruflichen wie privaten Beziehungen
über kurz oder lang zu einem Miss-Verstehen, zu Enttäuschungen
und zu Verletzungen auf beiden Seiten, da ja niemals ausgesprochen wird, worum es dem jeweils anderen geht.

Identifizieren Sie Ihr individuelles Regelwerk

Kennen Sie die eine oder andere dieser Regeln? Denken Sie bei
dieser Selbstreflexion an „meine Autorin" – bitte seien Sie ehrlich zu sich selbst, auch wenn es ein wenig unangenehm ist.

Ich muss immer ja sagen.
Ich muss immer angepasst sein.

Ich darf nicht auffallen.
Ich darf nicht wütend sein.
Ich darf keine Fehler machen.
Ich muss immer lächeln.
Ich muss immer die Beste sein.
Ich darf nicht Nein sagen.
Ich darf meine Gefühle nicht zeigen.
Ich darf nicht widersprechen.
Ich darf meine Meinung nicht sagen.
Ich muss meine Meinung für mich behalten.
Ich darf mich nicht zu wichtig nehmen.
Ich darf nicht alles hinterfragen.
Ich gehöre nicht dazu.
Ich darf keinen Ärger zeigen.
Ich muss meine Enttäuschung verbergen.
Ich schaffe das nicht.

Wenn Sie, liebe Leserinnen und Leser, sich an der einen oder anderen Stelle wiedererkennen, ist es wichtig, sich bewusst zu machen, dass diese Regeln in Ihnen internalisiert sind. Stellen Sie sich die Frage, wie sich „Ihre" Regeln auf Ihre Beziehungen, auf Ihr Leben auswirken.

Welche ausgesprochenen und welche unausgesprochenen Regeln gab es in Ihrer Ursprungsfamilie?

Welche gibt es in Ihrer jetzigen Familie?

Gelten diese Regeln für alle Mitglieder in der Familie oder sind sie geschlechterspezifisch?

Welche Regeln haben Sie im Umgang mit Ihren Gefühlen?

Welche Regeln haben Sie im Umgang mit Ihren Konflikten?

Welche Regeln halten Sie immer noch aufrecht, und welche Regeln leben Sie genau gegenteilig von denen Ihrer Herkunftsfamilie?

Wie nützlich sind Ihre jetzigen Regeln in Hinblick auf:

Ein gesundes Leben?

Ihr Selbstwertgefühl?

Ihre Authentizität?

Ihre Bedürfnisse?

Ihre Freiheit?

Ihre Beziehungen? (Nähe/Distanz)

„Ich darf mich nicht zu wichtig nehmen". Warum nicht? Wer sagt das? Woher stammt diese Regel? Haben Sie selbst sie aufgestellt, oder haben Sie diese Regel aus Ihrer Kindheit mitgenommen? Ist es vielleicht an der Zeit, diese Regel gegen eine neue auszutauschen? „Ich *darf* mich wichtig nehmen!"

„Ich *soll* mich sogar wichtig nehmen!"

Sie haben es in der Hand, unnütze Regeln zu verändern, sie gegen andere auszutauschen oder aus Ihrem Leben zu streichen, wenn Sie dahintergekommen sind, dass sie nicht mehr dienlich sind oder es vielleicht nie waren. Nur weil eine bestimmte Regel schon immer da war, heißt das nicht, dass das so bleiben muss.

Zur Sicherheit erwähne ich, obwohl es wahrscheinlich selbstverständlich ist: Wenn Sie Regeln identifiziert haben, die Ihnen nutzen und die sich bewährt haben, behalten Sie diese bitte in Ihrem Leben und folgen Sie ihnen weiterhin. Es gibt keinen Grund, sie auszutauschen, und dennoch ist es wichtig, allzu eingefahrene Regeln in regelmäßigen Abständen auch einmal zu hinterfragen, denn was heute für Sie nützlich ist, kann es in ein paar Monaten schon nicht mehr sein.

Erwachsen werden

Kennen Sie das Kinderlied „Hänschen klein ..."? Für jene, die nicht bereits in Gedanken zu summen begonnen haben, hier zur Erinnerung die Version, welche die meisten von uns kennen und die vielen von uns in Kindertagen vorgesungen wurde:

Hänschen klein
ging allein
in die weite Welt hinein.
Stock und Hut
steht im gut
ist gar wohlgemut.

Aber Mutter weinet sehr,
hat ja nun kein Hänschen mehr!
Da besinnt
sich das Kind,
läuft nach Haus geschwind.

Hier darf einer (Hans) nicht gehen, sich nicht (ab)lösen. Dieser Text beschreibt, dass Hans für das Befinden seiner Mutter zuständig ist. Das ist gar nicht so selten der Fall. Vielen Kindern (Töchtern und Söhnen) fällt es schwer, ihren eigenen Bedürfnissen nachzukommen, wenn sie im Widerstreit stehen mit den Bedürfnissen der Eltern (Mutter und Vater!) – so wie in diesem Text beschrieben. Sie geben das Ihre auf zugunsten der Eltern bzw. eines Elternteils. Das hat leider oft auch fatale Auswirkungen auf die Partner dieser so „treuen" Kinder.

Im Übrigen, kennen Sie auch den Originaltext dieses Liedes aus dem neunzehnten Jahrhundert, der nur mehr in wenigen Liederbüchern zu finden ist? Der geht nämlich so:

Hänschen klein
ging allein
in die weite Welt hinein.
Stock und Hut
steht ihm gut,
ist gar wohlgemut.

Doch die Mutter weinet sehr,
hat ja nun kein Hänschen mehr!
„Wünsch dir Glück!",
sagt ihr Blick,
„kehr' nur bald zurück!"

Hier gibt die Mutter ihrem „Kind" den „Segen", in die Welt zu
ziehen, um seine Erfahrungen zu machen, erwachsen zu werden
und sich abzulösen.

Sieben Jahr
trüb und klar
Hänschen in der Fremde war.
Da besinnt
sich das Kind,
eilt nach Haus geschwind.

Doch nun ist's kein Hänschen mehr.
Nein, ein großer Hans ist er.
Braun gebrannt
Stirn und Hand.
Wird er wohl erkannt?

Eins, zwei, drei
geh'n vorbei,
wissen nicht, wer das wohl sei.
Schwester spricht:
„Welch Gesicht?"
Kennt den Bruder nicht.

Kommt daher sein Mütterlein,
schaut ihm kaum ins Aug hinein,
ruft sie schon:
„Hans, mein Sohn!
Grüß dich Gott, mein Sohn!"

Dieses Lied beschreibt nicht ein weglaufendes Kleinkind, sondern einen jungen Mann, der in die Welt zieht, um sein Glück zu versuchen. Der Text beschreibt den Prozess des Erwachsenwerdens und des Abnabelns und eröffnet eine ganz neue Perspektive zum Leben, zum Erwachsenwerden und ebenfalls zum Abnabeln von den Eltern und der positiven Energie, die in diesem Prozess frei wird. Schön, nicht wahr?

Werte Leserinnen und Leser, kennen Sie das Gefühl? Sie sind schon lange erwachsen, Sie meistern seit Jahren Ihr Leben mit allen Höhen und Tiefen, dennoch beschleicht Sie nach jedem Kontakt mit Ihren Eltern das Gefühl, wieder ein Teenager zu sein, der seine Sache gar nicht so gut macht, wie er dachte, der wie früher das tut, was seine Eltern wollen, und sich jedes Mal danach über sich ärgert.

Wie eine gute Bekannte von mir, die ihren Eltern voller Freude von ihrer Beförderung berichtete, was vom Vater mit der Frage „Glaubst du wirklich, dass das gescheit war?!" und von der Mutter mit einem resignierenden Seufzer quittiert wurde: „Es ist dir doch in der alten Position so gut gegangen, was ist, wenn du nun überfordert bist und das nicht schaffst, dann verlierst du am Ende deinen Job?!" Meine Bekannte hatte nicht nur augenblicklich ein schlechtes Gefühl, was ihre Entscheidung anging, ihre ganze Freude war dahin, und sie fühlte sich wie ein kleines Mädchen, das (wieder einmal) alles verkehrt gemacht hat.

Wenn es uns nicht gelingt, uns abzunabeln und als unabhängige Erwachsene in unsere Ursprungsfamilie zurückzukommen, dann wird es uns auch in anderen Beziehungen nicht gelingen, unabhängig autonom und selbstbestimmt zu leben. Das bindet unglaublich viel Energie – oft ungesunde Energie. Und eine andere Seite: Wem der theatralische Aufruf „Werde doch endlich erwachsen!" noch in den Ohren klingt, weiß, wie wirkungsvoll dieser Appell ist, wenn es darum geht, uns gefügig zu machen: Tue ich, was die Eltern wollen, zeige ich Reife, bin ich erwachsen.

Was meine ich, wenn ich vom Erwachsensein spreche? Erwachsensein hat nicht unbedingt etwas mit „alt sein" zu tun. Erwachsenwerden ist ein Prozess, in dem wir lernen, selbst die Verantwortung für unser Denken und Handeln zu übernehmen. Es ist der innere Zustand nach dieser gelungenen Persönlichkeitsentwicklung, der heißt: Denken, Fühlen und Handeln zeigen in dieselbe Richtung. Wir verhalten uns kongruent, wahrhaft und authentisch und stehen zu den Konsequenzen, die unser Handeln nach sich ziehen.

Lassen Sie mich ein Beispiel von vorhin noch einmal aufgreifen:

Der Mann aus der Paarbeziehung musste sich damit auseinandersetzen, weshalb er die Kritik und die Wünsche seiner Frau als generelle Abwertung erlebte. Er musste herausfinden, wo die Gründe dafür liegen, dass er so schlecht damit umgehen konnte und bei jeglicher Kritik in sein „Kindsein" zurückfiel. Die Suche nach den Ursachen führte ihn automatisch in seine Ursprungsfamilie zurück. Das Thema wurde aufgearbeitet („Das ist passiert"), verstanden („Meine Mutter hat das nicht in böser Absicht gemacht, sie wusste es einfach nicht besser") und differenziert („Was passiert ist, sagt nichts über mich, sondern maximal etwas über meine Mutter aus. Es sagt etwas über ihre Ängste, ihre Bedürfnisse und Träume. Das ist aber hier jetzt nicht das Thema. Jetzt, hier geht es um mich, und ich bin ein erwachsener Mann, der argumentieren, zugestehen oder ablehnen darf, und dem es erlaubt ist, Fehler zu machen.").

Wenn es wieder zu einer kritischen Situation in der Partnerschaft kommt, muss sich dieser Mann ins Bewusstsein rufen, dass seine Frau vor ihm steht und nicht seine Mutter. Dass seine Frau weder in böser Absicht noch ihn deformierend handelt, sondern ihm mitteilt, was sie von ihm erwartet, einerseits, um ihre eigenen Bedürfnisse zu regeln, andererseits, um ihre Ehe und ihre Beziehung zu gestalten. Erst wenn es diesem Mann in dieser Auseinandersetzung mit seiner Frau gelingt, mit seinem „Erwachsenen-Ich" im liebevollen Kontakt zu bleiben, wird er diesen Streit auf einer sachlichen Ebene gleichwertig mit seiner Frau austragen können. Erst dann wird das Zusammenleben in dieser Partnerschaft ein besseres sein können.

Ein neuer Glaubenssatz, eine neue Einstellung, eine neue Haltung, ein neues Verhaltensmuster: Es verlangt Ausdauer, uns emotional und kognitiv (rational) von unserer Ursprungsfamilie abzunabeln.

Bei unserer Geburt werden wir abgenabelt, das machen Arzt oder Hebamme, und in vielen Kliniken dürfen heutzutage gleich die frischgebackenen Väter Hand anlegen. Was uns aber häufig verborgen bleibt, ist, dass wir uns zumindest ein zweites Mal im Leben abnabeln müssen und wir dieses Mal selbst dafür verantwortlich sind.

Um ein selbstbestimmtes Leben zu führen, müssen wir uns von unseren Eltern beziehungsweise unserer Herkunftsfamilie loslösen. Wir müssen klar zwischen unseren eigenen Bedürfnissen und denen der anderen unterscheiden können und zu unseren Bedürfnissen stehen. Auch dann, wenn diese sich nicht mit denen unserer Eltern, unserer Geschwister oder anderen Mitgliedern unserer Herkunftsfamilie decken. Wir sind dann abgenabelt, wenn wir nicht mehr den impliziten Aufträgen unserer Eltern oder anderer Bezugspersonen folgen, sondern allein über unser Tun bestimmen. Diese Selbstbestimmung muss für alle Bereiche unseres Lebens gelten und darf keinerlei Einschränkungen unterliegen. Selbst bei dem Menschen, mit dem wir eine Beziehung führen und den wir besonders lieben, ist es wichtig zu unterscheiden, was sind *seine* und welche sind *meine* Bedürfnisse. Bei unterschiedlichen oder sich konkurrierenden Bedürfnissen gilt es, abzuwägen und für die eigenen Anliegen einzustehen.

„Ich wollte gerne Kunst studieren, aber Mutter hat gemeint, ich solle was Ordentliches machen, etwas, das Zukunft hat, also habe ich mich für ein Jus-Studium entschieden."

„Ich habe mich für den kleineren Wagen entschieden, sonst

denken die Nachbarn, ich bin größenwahnsinnig geworden oder hätte im Lotto gewonnen."

„Ich würde gerne eines dieser Kleider tragen, aber mein Freund mag diesen 1970er-Look nicht ..."

Autonomes und selbstbestimmtes Verhalten hieße in dem Fall, dass Sie Ihrer Berufung folgen und den Beruf wählen, zu dem Sie sich hingezogen fühlen und dass Sie trotzdem eines dieser Kleider tragen, einfach weil Sie sich darin wohlfühlen und Sie ohne jedes schlechte Gewissen dazu stehen, dass es eben genau dieser Stil ist, der Ihnen an sich selbst so gut gefällt.

Liebe Leserinnen und Leser, wie ist eigentlich Ihr Verhältnis zu Ihren Eltern?

Sind Sie gerne mit Ihren Eltern zusammen oder halten Sie Distanz?

Halten Sie Ihre Eltern auf Distanz?

Sehr viele Erwachsene haben ein ambivalentes und zerrissenes Verhältnis zu den Eltern, was oft mit dem Erleben seelischer (vielleicht auch körperlicher) Verletzungen in der Kindheit zu tun hat oder aber, weil die Eltern sich immer noch in ihr Leben einmischen, sie bevormunden oder durch das Heraufbeschwören von Schuldgefühlen Druck erzeugen.

Es spielt dabei keine Rolle, ob wir mit unseren Eltern gelebt haben, mit ihnen aufgewachsen sind, ob sie uns verlassen haben oder wir sie vielleicht nie kennengelernt haben. Welche Umstände auch immer um uns und unsere Eltern herrschten, unsere Eltern spielen in unserem Leben *immer* eine Rolle, denn wir verdanken ihnen unser Leben, wir stehen also in einer Art „Dauerschuldverhältnis" zueinander, das wir weder zurücknehmen noch kündigen können.

Mit den Eltern respektive unserer Geschichte Frieden zu schließen und uns mit unserem Schicksal auszusöhnen ist nicht nur für unsere zukünftigen Beziehungen wichtig, sondern insbesondere auch für unseren inneren Frieden.

Mit Vollendung des 18. Lebensjahrs tritt in den meisten Ländern in Europa das wichtigste Zeichen der Entwicklung des Menschen zum Erwachsenen ein, nämlich die volle Geschäftsfähigkeit in rechtlicher Hinsicht. Die freie Wahl der Religion und das uneingeschränkte Wahlrecht treten in vielen Staaten sogar schon früher in Kraft, und man lässt die jungen Menschen bezüglich der Religionsfreiheit und darüber, wem sie Regierungsverantwortung zutrauen, selbst entscheiden. Beim Strafrecht wird bei unter 21-Jährigen vielfach geprüft, ob sie gemäß ihrer Entwicklung noch einem Jugendlichen gleichzusetzen sind und Jugendstrafrecht zur Anwendung kommen muss. Emotional bzw. rational gibt es aber den Stichtag, an dem der Übergang zum Erwachsenen stattfindet, natürlich nicht.

Deshalb merken die einen gar nicht, dass sie irgendwann zwischen der ersten eigenen Wohnung und der Altersteilzeit erwachsen geworden sind, und wieder anderen fällt es nicht auf, dass sie trotz der eigenen Kinder und dem Zweitwohnsitz überhaupt noch nicht erwachsen geworden sind. Ab wann ist man also erwachsen? Wenn wir von Schulkindern auf der Straße gesiezt werden?

Erwachsenwerden geht nicht von heute auf morgen, es „passiert" auch nicht einfach, und wir werden nicht ohne unser Zutun erwachsen. Weil das vielen nicht bewusst ist, gibt es wohl so viele Menschen, die selbst im hohen Alter alles andere als erwachsen agieren und immer wieder in Verhaltensweisen zurückfallen, die sich in ihrer Kindheit oder als Teenagerzeit bewährt haben: beleidigt zu sein, wenn man sich von jemandem angegriffen fühlt, anstatt die Grenzverletzung anzusprechen; den Trotzkopf zu spielen, wenn es bei der Urlaubsplanung nicht nach dem eigenen Kopf geht.

Wir werden in Phasen erwachsen, deren Dauer individuell unterschiedlich sein kann. Wenn wir klein sind, sind die Eltern beziehungsweise die Menschen, welche die Elternrolle einnehmen, für uns „alles", sie sind der Mittelpunkt unserer kleinen Welt. Vermeintlich wissen sie alles, können alles und wir schauen zu ihnen auf. Wir ahmen sie nach und wir verteidigen sie anderen gegenüber. Wir ahmen jene nach, denen wir unerschütterliches Urvertrauen entgegenbringen, natürlich nicht nur die sinnvollen Sachen, denn wir können als Kind noch nicht auseinanderhalten, was wir uns abschauen sollten und was besser nicht.

Langsam und mit zunehmender Reife der Kinder machen die Eltern dann einen „Sockelsturz", natürlich nicht freiwillig. Wir befinden uns längst inmitten eines bunten sozialen Umfelds (Kindergarten, Schule, Verein, Freundeskreis) und sind vielfältigen Einflüssen ausgesetzt. So entdecken wir plötzlich, dass unsere Eltern nicht alles wissen, dass sie Fehler machen, dass sie uns manchmal auch etwas vormachen, uns zu manipulieren versuchen – und es kommt zu einer Ent-Täuschung. Wir fangen an, jene zu kopieren, von denen wir glauben, dass wir so sein wollen wie sie (Musiker, Sportler – nur nicht so sein wie unsere Eltern), wir kopieren Mode, wir kopieren Haarschnitte, Gesten oder Formulierungen.

In der Phase der Pubertät sind die Eltern für uns Versager, sie nerven uns, sind unsere Feinde, die eigentlich nur Schlechtes wollen, die uns maßregeln, einengen und uns alles Angenehme verbieten. Sie finden unsere Idole lächerlich, verstehen den Ernst hinter dem neuen Styling nicht und machen uns das Leben schwer, das in der Pubertät ohnehin nicht einfach ist, und sie zwingen uns, uns anzupassen. Wir können kaum Positives an und in ihnen erkennen, und wir glauben, dass wir es selber besser wissen. Das ist die Phase, in der wir beginnen, uns abzunabeln und unsere eigene Identität zu entwickeln. So wie Oscar Wilde es mit den mittlerweile berühmten Worten sagte: „Zuerst lieben Kinder ihre Eltern bedingungslos, später fangen sie an, diese zu beurteilen, manchmal verzeihen sie ihnen sogar."

In der letzten Phase dieses Prozesses reifen wir langsam zum Erwachsenen. Hier kommen wir schließlich an den Punkt, an dem wir beginnen, unsere Eltern differenzierter zu betrachten. Wir sehen ihre Stärken, aber auch ihre Schwächen. Wir verstehen, warum sie so sind und kennen die Gründe für ihr Verhalten uns und anderen gegenüber. Wir gestehen ihnen die Fehler zu, die sie gemacht haben, und erkennen an, dass auch sie genauso wenig perfekt und fehlerfrei sind wie wir selbst. Wie erkennen an, dass sie im Moment ihres Handelns einfach keine Alternative sahen, entweder weil es die Umstände nicht zuließen oder weil sie es schlicht und ergreifend einfach nicht besser wussten. Diesen Zustand zu erreichen funktioniert in aller Regel nach einer gelungenen Auseinandersetzung und Reflexion des gemeinsam Erlebten und in einer Phase, in der wir unsere Eltern für unser körperliches und seelisches Überleben nicht mehr benötigen. Das ist schlussendlich die Basis für die Gestaltung einer gleichberechtigten Beziehung zwischen uns und unseren Eltern. Auch wenn es nicht hundertprozentig auf jeden Menschen zutrifft, könnte man sagen, wir durchlaufen am Weg zum Erwachsenen vier Phasen:

- Abschauen und Nachahmen (Kleinkind- und Kindsein)
- Abgrenzen um jeden Preis (Pubertät)
- Anpassen, Abgrenzen, Eigenes entwickeln (erwachsen werden)
- Verstehen und zum Eigenen stehen (erwachsen sein)

Der Weg zum Erwachsenen ist kein einfacher, und viele verharren unnötig und schmerzhaft lange – manchmal sogar ein Leben lang – in der Phase der Wut und der Schuldzuweisungen. Sie können nicht aufhören, ihren Eltern all das vorzuwerfen, was diese in ihren Augen falsch gemacht haben. In ihnen hat sich die Überzeugung manifestiert, ihre Eltern und deren Fehlerhaftigkeit und Unfähigkeit treffe die alleinige Schuld, dass das eigene Leben nicht gelingt. Andere verharren – ebenfalls nicht selten ihr Leben lang – in der Phase des Kindes, sie schaffen nicht oder versuchen es nicht einmal, sich abzunabeln und nach ihren eigenen Vorstellungen zu leben.

Wie zum Beispiel Valeria, sie ist 38 Jahre alt, verheiratet und hat zwei Kinder. Sie ist seit der Führerscheinprüfung nicht mehr mit dem Auto gefahren, denn ihre Mutter besucht sie ohnehin jeden Tag, und dann machen sie gemeinsam alle notwendigen Besorgungen mit dem Wagen der Mutter. Wenn auf die Schnelle etwas zu erledigen ist, springt die Mutter ins Auto, sie ist ja binnen einer halben Stunde Fahrzeit da. Es ist schön, dass die Mutter so für ihre Tochter da ist, aber gesund ist es längst nicht mehr, denn wie Valeria mir schilderte, ist es so, dass die Mutter sich sehr stark in die Lebensplanung von Valeria und ihrer Familie einmischt. Das hat auch viele Konflikte mit Valerias Ehemann zur Folge, der seine Schwiegermutter als unglaublich dominant erlebt. Da die Organisation des Familienalltags ohne Hilfe der Mutter praktisch nicht funktionieren würde, fällt es Valeria nicht leicht, ihrer Mutter hier Grenzen aufzuzeigen, die durch diese Abhängigkeit im Laufe der Jahre mehr und mehr verschwommen sind.

Wie erwachsen sind Sie eigentlich?

Hat sich beim Lesen der vorangegangenen Absätze zum Erwachsenwerden so etwas wie Betroffenheit bei Ihnen eingestellt? Kam Ihnen etwas unangenehm vertraut vor, als ich Ihnen von meiner Bekannten erzählte, die ihren Eltern von der Beförderung berichtete? Oder haben auch Sie sich in eine ungesunde Abhängigkeit zu Ihren Eltern begeben (finanziell, organisatorisch)?

Wie schaut das eigentlich bei Ihnen aus? Sind Sie wirklich abgenabelt?

Eine meiner Klientinnen, Teresa, Mutter eines achtjährigen Sohnes, Alleinerzieherin, kam zu mir in die Praxis, weil sie mit der ständigen Bevormundung ihres Vaters nicht mehr klarkam, wie sie mir schilderte. Sie hatte den Wunsch, ihr Verhalten zu reflektieren, damit sie ihrem Vater bei der nächsten Diskussion

besser standhalten könnte. Nach jedem Streit hatte Teresa nämlich das Gefühl, nicht ernst genommen zu werden. Sie fühlte sich
von ihrem Vater wie ein Teenager und von oben herab behandelt,
und sie berichtete mir, dass sie nach jeder Auseinandersetzung
mit ihm oft stundenlang darüber nachdachte, was sie ihm alles
gerne gesagt hätte, es aber dann im entscheidenden Moment
nicht gewagt hatte. Laut Teresas Schilderungen mischte sich der
Vater stark in ihr Leben und das ihres Sohnes ein, er redete mit,
wenn es um die neue Gartengarnitur ging, er mischte sich ein,
wenn es um die Schulwahl für den Sohn ging, und er hatte sogar
zur Trennung von Teresas Partner fortwährend Beiträge zu leisten, denn er hielt diese Entscheidung Teresas für „unverant-
wortlich, verwöhnt und grundfalsch", wie sie mir unter Tränen
erzählte. Teresa belastete diese fortwährende Einmischung ihres
Vaters wirklich sehr. Im Verlauf der Therapie stellte sich heraus,
dass der Vater den Großteil des Lebens seiner Tochter und seines Enkelkinds finanzierte. Teresa war es als Alleinerzieherin
nicht möglich, einen Ganztagsjob auszuüben, sie war von Kind
auf einen sehr komfortablen Lebensstil gewöhnt, der sich in
ihrer Partnerschaft mit dem Vater ihres Sohnes gefestigt hatte,
und nach der Trennung war es ihr aus eigenen Mitteln nicht
mehr möglich, den gewohnten Luxus aufrechtzuerhalten. Sie
sah dafür auch keinen Grund, da ihr Vater ein sehr gut betuch-
ter Mann war, und deshalb erhielt sie von ihm neben regelmäßigen monatlichen Zuwendungen auch das Geld für alle „au-
ßertourlichen" Aufwendungen wie eine neue Gartengarnitur,
die Autoreparatur, die teurer ausfiel, als gedacht, und eine
neue Skiausrüstung für ihren Sohn. Und wenn das Geld am
Monatsende trotzdem wieder einmal nicht ausreichte, überwies
er den entsprechenden Betrag auf Teresas Konto. „Ich bin seine
einzige Tochter, das steht mir zu, er hat doch genug Geld, das
fehlt ihm nicht", sagte Teresa.

Im Fall von Teresa gab es eine ganze Reihe von Themen,
die wir aufzuarbeiten hatten, aber ganz besonders wichtig war
die Erkenntnis, dass Teresa zwar 35 Jahre alt, Mutter eines

Sohnes war und eine eigene Wohnung hatte – es ihr aber nie gelungen war, sich abzunabeln, erwachsen zu werden und selbst die Verantwortung für ihr Leben und das ihres Kindes zu übernehmen.

Meine lieben Leserinnen und Leser, welche Gefühle steigen in Ihnen auf, wenn Sie Ihre Eltern besuchen oder mit ihnen telefonieren?

Fühlen Sie oder handeln Sie, so wie Sie früher gefühlt oder gehandelt haben, als Sie dort noch gelebt haben?

Bestehen Abhängigkeiten zwischen Ihnen und Ihren Eltern?

Wie lange dauert es, wenn Sie zu einem Familienfest nach Hause fahren, zu Weihnachten oder an Geburtstagen, bis die alten, wohlvertrauten Gefühle wieder in Ihnen hochkommen?

Wie gehen Sie in Ihrem Ursprungsfamiliensystem mit Spannungen um?

Sprechen Sie Konflikte an?

Oder gehen Sie ihnen aus dem Weg?

Gehen Sie als erwachsene Tochter, als erwachsener Sohn nach Hause, oder verhalten Sie sich wie als Kind: angepasst, trotzig, untergeordnet?

Verhalten Sie sich anders, als Sie es eigentlich wollen?

Worüber ärgern Sie sich, wenn Sie nach Hause fahren oder ein Telefonat beendet haben?

Unterdrücken Sie bestimmte Gefühle?

Welche?

Warum, was befürchten Sie?

Tun Sie immer noch, was Ihre Eltern von Ihnen erwarten oder verlangen, obwohl Sie etwas ganz anderes wollen?

Oder sind Sie autonom, selbstbestimmt und frei und zeigen, was Sie fühlen? Handeln Sie, wie es Ihnen wichtig und richtig erscheint und zwar ungeachtet dessen, dass es in Widerspruch zu den Bedürfnissen und Gefühlen Ihrer Eltern steht?

Gelingt Ihnen das, ohne dabei unter einem schlechten Gewissen zu leiden?

Ein schlechtes Gewissen hat derjenige, der die Lektion der Verantwortung nicht gelernt hat: Wir selbst tragen die Konsequenzen für unser Handeln, und wir sollten bereit sein, zu dieser Verantwortung zu stehen. Wer ein schlechtes Gewissen hat, tut nichts anderes als sein Handeln in Frage zu stellen.

Machen Sie Ihren Eltern Vorwürfe?

Wenn ja, wofür?

Was ist möglicherweise Ihr eigener Teil dabei?

Lehnen Sie Ihre Eltern möglicherweise sogar innerlich ab?

Was müsste sein, dass Sie damit Frieden schließen können?

Sehen Sie sich Forderungen von Ihren Eltern ausgesetzt?

Weshalb ziehen Sie keine Grenzen?

Was hindert Sie daran?

Denken Sie immer noch, es den Eltern nie recht machen zu können?

Verspüren Sie Wut, Angst, Schuldgefühle oder Verbitterung, wenn Sie an Ihre Eltern denken?

Möchten Sie sich von den negativen Gefühlen Ihren Eltern gegenüber frei machen?

Haben Sie schon einmal daran gedacht, über Ihre Gefühle offen mit Ihren Eltern zu reden?

Haben Sie das vielleicht sogar schon versucht?

Wie ist dieses Gespräch verlaufen?

All diese Fragen könnten Ihnen in der Auseinandersetzung und beim Prozess, „erwachsen", im oben gemeinten Sinn, zu werden, hilfreich sein. Selbst dann, wenn Sie nicht alle Fragen ad hoc beantworten können. Lassen Sie sich Zeit – allein –, im sich Fragen verändert sich der Fokus. Liebe Leserinnen und Leser, keine Sorge, es gibt noch viel Gelegenheit, beim Lesen klarer zu werden.

Mit den Eltern reden

Wozu mit den Eltern reden? Sie wissen doch schon genau, was Ihre Eltern alles falsch gemacht haben, welche Auswirkungen das auf Ihr jetziges Leben hat und dass sich nichts davon rückgängig machen lässt?

Es ist wichtig, unsere eigenen Verhaltensweisen zu verstehen und darüber zu befinden, ob diese effektiv sind und uns darin unterstützen, ein gelungenes Leben zu leben. Dafür wiederum ist es notwendig zu verstehen, weshalb wer in welcher Weise gehandelt hat – und wer könnte das besser erklären als der Betreffende (in dem Fall unsere Eltern) selbst? Meistens, mit ganz wenigen Ausnahmen, können wir dann erkennen, dass das, was passiert ist, nicht gegen uns gerichtet war, sondern in bester Absicht und manchmal in unglaublicher Unfähigkeit passiert ist. Nichts, was in unserem Leben an Schrecklichem und Schmerzhaftem geschehen ist, muss so einen bleibenden Eindruck hinterlassen, dass keine Veränderung mehr herbeizuführen ist. Alles (ohne Ausnahme), was passiert ist, ist vorbei, und es kann trotzdem gelingen, eine gute Gegenwart und Zukunft zu gestalten! Wir können uns verändern, und genau darum geht es in diesem Buch! Wir können unsere Verhaltensweisen, unsere Denkweisen korrigieren, unsere Haltungen verändern und ein ganz anderer Mensch werden als der, der wir mit unseren alten Prägungen waren. Es geht (dabei) nicht (!) darum, unsere Eltern zu verändern, sondern unser Handeln und unser Verhalten zu verändern.

Wenn wir uns mit unseren Eltern über unsere Vergangenheit unterhalten, können beiden Seiten Fehler unterlaufen. Das ist nur natürlich, denn eine Unterhaltung über die eigene Geschichte und möglicherweise Verletzungen, die darin geschehen sind, ist meistens emotional.

Es kann passieren, dass wir das Feuer auf unsere Eltern eröffnen – oder umgekehrt. Ein Angriff auf unsere Eltern wird zur Folge haben, dass sie sich rechtfertigen und verteidigen oder dass sie im Gegenzug mit Vorwürfen kontern.

Wie in jedem anderen Gespräch kann es auch hier zu einem Missverständnis kommen, und unsere Eltern *fühlen* sich angegriffen, obwohl wir sie gar nicht angegriffen *haben*. Für Eltern ist es in einer Situation mit dem Rücken zur Wand oft der einzige Ausweg, ihre Kinder wieder kleinzumachen und sich über sie zu stellen. Das innere „Dauerschuldverhältnis" (Sie wissen schon: Sie haben uns schließlich in die Welt gesetzt und mehr oder weniger großgezogen!) rechtfertigt in vielen Eltern-Augen dieses Vorgehen, dem meist einfach Furcht, Unsicherheit und vielleicht auch ein schlechtes Gewissen zugrunde liegen.

Mir sind viele Eltern begegnet, die von sich heraus übertriebene Schuldgefühle haben und überzeugt davon sind, eigentlich alles falsch gemacht und versagt zu haben. Häufig vermeiden sie in diesen Fällen aus Angst vor Vorwürfen und vielleicht auch aus Angst, Recht zu bekommen, das klärende Gespräch mit ihren Kindern.

Uns kann es passieren – und das ist ein sehr häufiges Phänomen –, dass wir in das Gespräch mit unseren Eltern nicht als Erwachsene gehen, sondern in die Rolle des Kindes zurückfallen, wir werden trotzig, reagieren mit Protest, stellen uns „richterlich" über unsere Eltern, oder aber wir geben (wieder) nach, passen uns an und machen uns selber klein.

Wenn wir mit unseren Eltern über Fehler sprechen, die passiert sind, wünschen wir uns häufig ein Schuldeingeständnis oder eine Entschuldigung, oder wir erwarten von unseren Eltern, dass sie sich plötzlich anders verhalten als in der Vergangenheit und zum Beispiel im Gegensatz zu früher Lob ausdrücken, besondere Liebe oder Fürsorge zeigen oder dass sie zum Ausdruck bringen, stolz auf uns zu sein. Wenn Eltern das nie gemacht haben, ist es unrealistisch, dass sie ihr Verhalten jetzt plötzlich ändern (können).

Wir sollten uns von der Erwartungshaltung trennen, dass unsere Eltern sich verändern. Sie haben ihr Leben im Rahmen der vorhandenen Möglichkeiten gelebt und so gehandelt, wie sie es für richtig hielten. Wie jetzt schon mehrmals gesagt, geht es im Auseinandersetzen mit unserer Herkunftsfamilie nicht darum, unsere Eltern zu verändern, das wäre ein unsinniges Unterfangen, denn genauso wenig, wie jemand uns entsprechend seiner Wünsche formen und verändern kann (wenn wir das nicht wollen), können wir jemand anderen ändern.

Es ist hilfreich, sich dabei bewusst zu machen, dass wir in dem Moment, in dem wir erwarten, dass sich ein Gegenüber verändert, diesen Menschen im Grunde verneinen. Immer dann, wenn wir Etiketten verteilen, ob unseren Eltern, unserem Partner, uns selbst oder jemand anderem gegenüber, ist das Teil eines Verneinens des Menschen, mit dem wir es da zu tun haben.

„Sei stärker!"

„Sei einsichtiger!"

„Sei demütiger!"

„Sei besser!"

„Sei ein Mann!"

„Sei eine bessere Mutter!"

„Sei endlich der Vater, den ich nie hatte!"

„Erkenne endlich an, was ich alles geleistet habe!"

„Sag endlich, dass es dir leid tut!"

Leider haben wir wohl zu oft erlebt, dass auch unsere Eltern uns in Schubladen gesteckt oder mit Etiketten („Träumer!", „Versager!", „Nichtsnutz!", „Undankbare!", „Respektlose!") versehen haben, welche uns in unserem Sein verneinten, und genau diese Kränkung verkehrt sich, indem wir im Grunde genommen genau das Gleiche tun.

Es ist wichtig, dass wir damit aufhören, unsere Eltern zu zensieren, sonst laufen wir Gefahr, an den Defiziten hängen zu bleiben, und diese Bewertungen und Schuldzuweisungen bringen uns in aller Regel nicht vorwärts. „Du bist an allem schuld!" – Und was ist jetzt? Schuld zu verteilen entlastet nur ganz kurzfristig. Wenn es eine kurzfristige Entlastung braucht – gut, dann verteilen Sie Schuld –, aber langfristig hilft das niemandem. Ihnen nicht, dem Prozess nicht, und einer konstruktiven Veränderung ist es überhaupt nicht dienlich.

Es sollte in der Auseinandersetzung mit unseren Eltern nicht darum gehen, Schuld zu verteilen, und noch etwas Umgekehrtes ist ganz wichtig für uns zu begreifen: Wir sind auch nicht für das Glück unserer Eltern verantwortlich, wir können für sie nicht nachholen, was ihnen selber vielleicht nicht gelungen ist. Wenn das Leben der Eltern ein unglückliches ist, dann müssen wir ihnen zutrauen, dass sie die Schwere in ihrem Leben auch tragen können. Die Lasten der Eltern gehören nicht auf unsere Schultern und wir sind auch nicht schuld daran! Wir müssen lernen zu unterscheiden: Welche Verantwortung haben die Eltern für ihr Leben, und welche Verantwortung haben wir, sie möglicherweise darin zu unterstützen?

Ein 45-jähriger Klient von mir telefoniert jeden Tag mit seiner Mutter, weil er denkt, dass sie das von ihm erwartet und es sie glücklich macht. Wenn er das nicht tut, quält ihn das schlechte Gewissen, und seine Mutter ist beleidigt. Dieser intensive Kontakt war auch in seinen vergangen Beziehungen oft Streitpunkt und hat auch zum Bruch geführt. „Entweder ich oder deine Mutter", bekam er immer wieder zu hören.

Es gibt kaum etwas Schöneres, als eine nährende Familie zu haben, füreinander da zu sein, sich gegenseitig zu informieren, sich mitzuteilen und füreinander zu sorgen. Die Kunst ist es, dabei trotzdem autonom zu bleiben, denn mit dem Eingehen von Partnerschaften, der Gründung einer Familie und der finanziellen und persönlichen Unabhängigkeit muss die Kontakthäufigkeit und emotionale Nähe zu den Eltern *zwangsläufig* zurückgehen. Wenn das nicht der Fall ist und ein Zwang entsteht oder bleibt, bedeutet das, dass Sie in Ihrem eigenen Leben, in Ihrer Partnerschaft, bei Ihrer persönlichen Freiheit, Selbstbestimmung und Autonomie einsparen. Das ist weder gesund noch erwachsen. Ich verdamme hier keineswegs gegenseitige Unterstützung und Nähe zwischen den Generationen, und es spricht nichts gegen gegenseitige Hilfe bei Alltagsangelegenheiten. Sich auf eine gesunde Weise nahezustehen bedeutet aber nicht, jeden Tag miteinander zu telefonieren oder in Kontakt stehen zu müssen. Sich auf eine gesunde Weise nahezustehen bedeutet, sich dann zu kontaktieren, wenn es etwas zu erzählen oder es konkreten Anlass zum Austausch gibt oder jemand Hilfe braucht.

Sollten Sie jemand sein, der auch als erwachsener Mensch noch jeden Tag bei seinen Eltern anruft, sollten Sie sich fragen, wozu dieser Anruf dient. *Vermuten* Sie, dass Ihre Eltern sich freuen, oder *wissen* Sie das? Warten Ihre Eltern auf Ihren Anruf, und fragen sie nach, wenn Sie einmal nicht anrufen?

Es ist ein großer Aufwand, in unserem Leben eine gute Balance zwischen Nähe und Autonomie zu schaffen. Im Fall der täglichen Anrufe oder täglichen Besuche bei den Eltern sollten Sie sich fragen, ob wirklich jeder Anruf jeden Tag aus freien Stücken passiert oder an welcher Stelle er zur Pflicht bzw. zum Zwang wird.

Natürlich heißt autonom zu sein, auch die Freiheit zu haben, jeden Tag mit jemandem in Kontakt zu stehen. Als Therapeutin stelle ich aber bewusst infrage, ob es gesund ist, als erwachsener Mensch jeden Tag mit seinen Eltern in Kontakt zu stehen. Aus dieser Regel wird nämlich eine Verpflichtung, die wiederum eine Verantwortung beinhaltet. Darum interessiert mich: Was steht hinter Ihrem täglichen Anruf oder Ihrem täglichen Besuch? Eine Sorge? Kontrolle? Eine Verpflichtung? Der Wunsch nach Aufmerksamkeit? Oder ist es Routine geworden, die Sie gar nicht mehr hinterfragen?

Wenn es dann einmal etwas zu erzählen oder möglicherweise sogar Kritisches zu besprechen gibt, setzt ein gelungenes Gespräch mit unseren Eltern das Bewusstsein voraus, dass niemand von uns fehlerfrei ist. Nach dem Psychotherapeuten Bloomfield sind bei diesem Gespräch immer vier Gesichtspunkte vertreten, die hier aufeinandertreffen:

1. Unsere Vorstellung von den Eltern und davon, *wie sie sein sollten.*
2. Die Perspektive, *wie unsere Eltern tatsächlich sind.*
3. Die Vorstellung der Eltern davon, *wie wir sein sollten.*
4. Die Perspektive, *wie wir tatsächlich sind.*

Das ist insbesondere dann eine Herausforderung, wenn wir der Ansicht sind, dass unsere Eltern vieles falsch gemacht und uns damit unser Leben vermasselt haben. Es ist nicht einfach, von diesem Sockel zu steigen, auf den wir uns – die wir uns ja „im Recht" befinden – selbst gestellt haben, und es passiert sehr leicht, dass wir unsere Eltern für das, was sie getan oder nicht getan haben, beschimpfen oder sie abwerten und uns verhalten wie ein Richter, der über gut, böse, richtig und falsch urteilt. Aussagen wie „Ich war dir nie wichtig", „Meine Bedürfnisse waren dir völlig einerlei!" oder „Du warst eine völlig ignorante Mutter!" verstärken jeden Konflikt und trüben die Sicht auf das, was war. Wir sehen nur das Unrecht, das uns widerfahren ist, aber wir sehen nicht, weshalb es für unsere Eltern in der damaligen Situation möglicherweise gar keine andere Möglichkeit gegeben hat.

Die bessere Alternative ist es, wenn Sie Ihren Eltern gegenübertreten und ihnen erzählen, wie Sie sich in bestimmten Situationen oder allgemein in der Kindheit gefühlt haben. Wenn Sie sagen: „Ich hätte mir von dir gewünscht, dass du mich manchmal gefragt hättest, wie es mir geht!", fühlen Ihre Eltern sich möglicherweise nicht angegriffen, müssen sich vielleicht nicht verteidigen und können in Ruhe überlegen, ob Sie mit Ihrer Aussage etwas anfangen können und was sie dazu sagen möchten. Zumindest ist es so wahrscheinlicher, als wenn wir sie anklagen. Wenn Sie sagen: „In dem Moment damals, da hätte ich mir gewünscht, dass du mich in den Arm nimmst!", greifen Sie Ihre Eltern nicht an, sondern Sie sagen Ihnen, wie Sie empfunden haben, und Sie geben Ihren Eltern die Chance, in Ruhe darauf zu reagieren. Auf diese Form der Kommunikation gehe ich etwas später noch genau ein, denn sie ist ein sehr wirksames Instrument für ein gutes Miteinander und eigentlich unerlässlich für ein gutes Gesprächsklima.

Frieden schließen

Wenn wir der Auseinandersetzung mit unserer Geschichte aus dem Weg gehen, nehmen wir die Situation und die negativen Gefühle mit in die Gegenwart, in unsere gegenwärtigen beruflichen wie privaten Beziehungen, in unsere eigene Familie und in unsere Partnerschaft. Wenn wir mit unserer Vergangenheit hadern und missmutig zurückblicken, binden wir damit irrsinnig viel Kraft. Kraft, die uns fehlt, wenn es darum geht, eine glückliche Zukunft zu gestalten.

Die Veränderung muss *in uns* stattfinden, wir müssen erwachsen werden und lernen, dass die Verantwortung für unser Leben bei uns liegt. Wenn wir diesen Sprung nicht schaffen, leben wir ein Leben in unbewusster Angepasstheit in einem selbst gewählten Käfig, und wir delegieren die Verantwortung für diese Unfreiheit und unsere daraus resultierende Unzufriedenheit an unsere Eltern, was einerseits natürlich für den Moment der bequemere, aber insgesamt betrachtet der schwerste und schmerzhafteste Weg ist. Um diesem Gefängnis zu entkommen und uns langsam aus unserer Opferrolle zu schälen, müssen wir Frieden schließen.

Ich erlebe in meiner therapeutischen Arbeit immer wieder, wie viel Lebensenergie Klienten in diesen inneren Dauerkrieg mit ihrer Vergangenheit investieren. „Es ist ja kein Wunder, dass mir nichts gelingt, bei der problematischen Kindheit, die ich hatte!" Mit diesen oder ähnlichen Worten klammern sie sich an ihr Gefängnisgitter und schreien ihr Unrecht in die Welt hinaus – anstatt loszulassen, sich umzudrehen und zu erkennen, dass sie überhaupt nicht eingesperrt sind und sich hinter ihnen gar kein Zaun, sondern die ganze Welt mit all ihren Möglichkeiten auftut, und dass nur sie allein es in der Hand haben, sich umzudrehen und in Richtung Freiheit zu marschieren.

Liebe Leserinnen und Leser, können Sie sich mit diesem Bild vor Augen ein wenig in dieses Gefühl hineinversetzen, wie es wäre, wenn Sie mit Ihrer Geschichte und den Facetten an Ihnen Frieden schließen, die Sie persönlich nicht so gerne mögen? Viele von Ihnen haben entweder während der Buchlektüre Verhaltensweisen und Eigenheiten an sich (wieder) entdeckt, die unnütz, überholt oder zumindest bedenkenswert sind. Werten Sie sich deshalb nicht (mehr) ab, sondern akzeptieren Sie sich so, wie Sie jetzt im Moment sind, mit allen starken und schwachen Seiten. Die schwachen Seiten haben in allen Fällen einen sehr guten Grund, der ziemlich sicher eine Zeit lang außerhalb Ihres Einflussbereiches lag, und diese Erkenntnis und dieses Verständnis sind immer die Grundlage für Akzeptanz und den Weg zum inneren Frieden. Eine Haltung, die uns beim Friedenschließen immer im Weg steht, ist die Opferhaltung („Wenn meine Eltern nicht das und jenes getan oder nicht getan hätten!"). Sie ist eine Zeit lang bestimmt bequem und dient auch ein Stück weit dem Selbstschutz, denn es tut natürlich weh, sich mit negativen Erfahrungen oder Verletzungen in der Vergangenheit auseinanderzusetzen, aber irgendwann müssen wir genau das tun und uns aus unserer Opferrolle schälen.

Unter Frieden schließen verstehe ich, dass wir uns von der Hoffnung auf eine bessere Vergangenheit verabschieden!

Einer meiner Klienten, ein 50-jähriger Familienvater, kämpft seit nunmehr zwei Jahrzehnten gegen seine Alkoholsucht. Die Situation ist für seine Familie ungemein belastend und am meisten für ihn selbst, da er sich als Versager auf der ganzen Linie fühlt. Das hat er als Kind schließlich oft genug gehört, so lange, bis er es geglaubt hat, wie er mir schilderte. Die Eltern hatten wenig Zeit für ihn gehabt, der als Zweitgeborener und weniger Robuste der beiden Brüder sehr viel Aufmerksamkeit gebraucht hatte und als das Sensibelchen in der Familie galt. „Ich habe mich nie verwirklichen können!", „Ich wollte so gerne Gitarre spielen lernen, aber ich musste in den Trompetenunterricht!" – Diese und ähnliche Aussagen meines Klienten dienen ihm seit dem ersten Entzug vor zwanzig Jahren zur Rechtfertigung und auch immer wieder als Entschuldigung für seine Rückfälle. Natürlich gibt es für seine Suchterkrankung gute Gründe, und bestimmt hätte auch er – wie jedes andere Kind auf dieser Welt und jene, die noch auf die Welt kommen – sich eine wunderbare Kindheit mit weniger Entbehrungen und Verletzungen verdient. Aber den wenigsten wird dieses Glück zuteil.

Mein Klient muss lernen zu akzeptieren, dass er die Vergangenheit nicht ändern, aber auch die Verantwortung für seine Alkoholsucht nicht an seine Eltern abschieben kann. Nur er selbst kann etwas daran ändern.

Er ist ein besonders gutes Beispiel dafür, was ich meine, wenn ich schreibe, dass wir unsere schlechten Seiten und die Eigenschaften in uns annehmen und liebevoll akzeptieren müssen, denn für sie gibt es einen guten Grund, aber das heißt nicht, dass wir sie behalten müssen.

Ihm wird im wahrsten Sinn des Wortes übel beim Gedanken daran, wie er sich seinen liebsten Menschen gegenüber verhält, wenn er trinkt. Wie demütigend das für seine Frau ist, wie sehr er seine Kinder damit verletzt und seiner Mutter wehtut, wenn er ihr immer wieder entgegenschleudert: „Du bist doch an allem schuld!"

Er wird lernen müssen, sich aus seiner Opferrolle zu befreien, sonst gibt es keinen Weg aus diesem Gefängnis.

Auch wenn wir permanent in Gedanken damit beschäftigt sind, was andere von uns denken, ob sie uns mögen oder nicht, werden wir keine friedvolle Situation mit uns selbst schaffen können. Diese ständige Angst vor den anderen und permanente

Selbstbeobachtung ist ein sehr weit verbreitetes Muster und liegt in vielen Fällen daran, dass Menschen in ihrer Kindheit ein hohes Maß an Ablehnung oder Abwertung entgegengebracht wurde. Die Erfahrungen aus der Kindheit können wir nicht mehr rückgängig machen, und wir müssen uns von der Idee verabschieden, dass es so wichtig ist, jedem zu gefallen und bei jedermann beliebt zu sein, und anfangen, andere Menschen als das zu betrachten, was sie sind: ebenfalls Menschen mit Stärken und mit Schwächen.

Nur wenn wir aufhören, gegen uns selbst zu kämpfen (und das tun wir, wenn wir mit unserer Vergangenheit hadern) und lernen, uns zu akzeptieren, werden wir aufhören können, diejenigen als Gegner zu sehen und zu bekämpfen, von denen wir glauben, dass sie uns so beeinflusst und so viel angetan haben. Vergeben wir unseren Eltern die Dinge, die sie nicht in einer bösen Absicht gemacht haben, sondern weil sie unwissend waren oder einem Muster aus ihrer Kindheit folgten! Wenn wir diese emotionalen Verstrickungen auflösen können, kommt es zu innerem Frieden, größerer Entscheidungsfreiheit und mehr Lebensfreude.

Es ist mir an dieser Stelle jedoch auch besonders wichtig zu betonen, dass wir nicht alles annehmen oder verzeihen müssen, was zu unserer persönlichen Geschichte gehört. Es gibt offenkundiges und unentschuldbares Unrecht (Missbrauch)! Diesen Menschen muss man nicht verzeihen (können). Selbst hier aber gilt es, Frieden mit sich und seiner Geschichte zu schließen, weil die Vergangenheit nicht mehr veränderbar ist. Dabei ist es wichtig, sich zu fragen, welche Ressourcen und Fähigkeiten wir aus dieser unglaublich unangenehmen, unverzeihlichen Situation bzw. dem Unrecht entwickeln mussten, oft im Übrigen schlicht, um zu überleben, und uns auf diese positiven Seiten in uns zu konzentrieren.

Auch wenn Ihre Eltern verstorben sind, Sie Ihre Eltern verlassen haben, zwischen Ihnen Stille herrscht oder Sie den Kontakt abgebrochen haben, ist es möglich, Frieden zu schließen, denn es ist unsere innere Einstellung, auf die es ankommt und die wir verändern müssen. Diese Selbstakzeptanz zu erlangen ist kein einfaches Unterfangen, und erst wenn wir mit unserem eigenen Sein, Handeln und Verhalten versöhnt sind, werden wir auch unsere Eltern so sein lassen können, wie sie sind, mit ihren Stärken und Schwächen. Andernfalls tragen wir immer noch das kleine Mädchen oder den kleinen Jungen in uns herum, das/der so denkt und fühlt wie früher. Sehr viele Menschen handeln im Erwachsenenalter auf der seelischen Entwicklungsstufe von drei, fünf, zehn, fünfzehn Jahren. Sie haben die gleichen Ängste wie damals (Ängste vor dem Verlieren oder dem Unterliegen, Angst vor einer Blamage, Zukunftsängste, Angst, nicht geliebt zu werden oder nutzlos zu sein ...), sind unsicher und ängstlich wie damals und fühlen sich hilflos und klein – wie damals. Sie haben versäumt, dem kleinen Mädchen oder dem kleinen Jungen in ihnen klarzumachen, dass sie nun erwachsen sind, und ihm/ihr die Chance zum Wachsen zu geben.

Nachdem unsere Eltern uns bewusst oder unbewusst immer wieder belehrt oder kritisiert haben, haben viele von uns ganz oft das Urteil unserer Eltern über unsere Person übernommen und uns selbst verletzende oder abwertende Worte an den Kopf geworfen.

„Ich bin ein Versager!"

„Ich bin ein Feigling!"

„Ich bin Angsthase!"

„Ich bin so peinlich!"

Diese Menschen werden zum verlängerten Arm ihrer Eltern, indem sie sich gleichermaßen abwerten und ihr Selbst über negative Selbstgespräche kleinhalten. Sie gestehen sich nicht zu, genauso wie es ihre Eltern ihnen nicht zugestanden, dass sie Angst haben, und sehen bzw. schätzen nicht, was sie alles schon geleistet haben in ihrem Leben. Sie verhalten sich so gesehen genau wie ihre Eltern, anstatt dass sie sich unterscheiden, indem sie sich in Gedanken liebevoll selbst in den Arm nehmen und sich Mut machen.

Diese Menschen sollten sich außerdem gelegentlich fragen, ob das, was ihre Eltern über sie gesagt haben oder immer noch sagen, eigentlich mit dem übereinstimmt, was ihre engsten Freunde oder ihre Partner in ihnen sehen bzw. über sie sagen?

Warum es manchen von uns so schwerfällt, uns von unserem kindlichen Verhalten zu verabschieden und nicht in der Vergangenheit und Schuldzuweisungen zu verharren, hat einen einfachen Grund: Wir haben Angst vor Trennungen, vor dem Loslassen eines Menschen, eines Gefühls, einer Einstellung und dem Verlassen der Komfortzone des Vertrauten. Die meisten vermeiden das, wenn es sich irgendwie einrichten lässt. Dabei wäre in diesem Fall die Angst vor den Folgen des Festhaltens an alten Gewohnheiten sehr viel angebrachter, denn wenn wir uns nicht trennen können, riskieren wir, dass alles so bleibt, wie es ist.

Wir alle haben uns unsere Familie nicht ausgesucht. Wir werden in eine ganz spezifische Familiendynamik hineingeboren, als erstes Kind, als Einzelkind oder als eines von mehreren Geschwistern. Wir werden in eine Gesellschaft geboren, in eine Kultur, in eine bestimmte geografische Region, und wir sind von Anfang an gefordert zu lernen, was richtig, wichtig oder falsch ist. Wir lernen, uns selbst und andere wahrzunehmen. In unserer Phase der Sozialisierung lernen wir durch unterschiedliche soziale und emotionale Ereignisse, was und wie etwas sein darf und auch, was und wie etwas *nicht* sein darf. Durch Gebote und durch Verbote lernen wir, uns zu orientieren. Wir nehmen Regeln in uns auf und wir verinnerlichen Glaubenssätze über uns selbst, die anderen und die Welt. Wir lernen zu unterscheiden, was wichtig und was unwichtig ist. Wir lernen zu unterscheiden, was wertvolle und was wertlose Aspekte in unserem Leben sind. Wir nehmen Werte, Absichten und Ziele, die es in der Familie gegeben hat, auf, und damit organisieren wir unser eigenes Leben. Zunächst genau danach. Wir entwickeln als Kind unsere eigene Weltsicht aus der Weltsicht des familiären Systems und aus dem Kontext unserer anderen sozialen Beziehungen. Aus dieser natürlichen Abhängigkeit heraus und dem Gefühl der Dazu-Gehörigkeit *(wer dazu gehören will, muss nach den Regeln spielen)* entwickeln wir natürlich auch Loyalität zu dieser Herkunft und zu diesem System, in dem wir leben. Das zeigt sich häufig, wenn Sie ein Verhalten eines Familienmitglieds hinnehmen und akzeptieren, das Sie bei einer anderen Person niemals tolerieren würden:

Die Eltern, die prinzipiell zu jeder Einladung eine Stunde zu spät kommen („Das ist typisch!").

Die Schwester, die sich ganz selbstverständlich und ohne nachzufragen an den Tomaten und dem selbst gezogenen Salat in Ihrem Garten bedient („Meine Schwester kennt da keinen Genierer!").

Der Schwiegervater, der, ohne zu fragen, den Rasenmäher ausborgt, weil er ja weiß, wo er ihn findet.

Der Vater, der seine Langlaufskier in Ihrem Keller präpariert, weil Sie diesen praktischen Wachsbock und viel mehr Platz haben („Dann riecht unser Treppenhaus zwei Tage lang nach Terpentin und Wachs, aber so ist er halt!").

Die Mutter, die sich beim Essen erkundigt, weshalb Sie die Schnitzel denn nicht in Butterschmalz herausgebrutzelt haben, das würde doch viel besser schmecken („Kein Gespür – typisch Mama!").

Die Großeltern, die während Ihres Urlaubs Ihre Thujen-Hecke so zusammengestutzt haben, dass Sie beim Heimkommen beinahe an Ihrem eigenen Haus vorbeigefahren wären, weil Sie es nicht auf Anhieb wiedererkannt haben („Ich könnte sie dafür erwürgen, aber sie haben es ja nicht böse gemeint!").

Es ist natürlich nicht leicht, innerhalb der Familie jahrelang eingefahrene Rituale zu unterbrechen, und wenn Sie das angehen möchten, lassen Sie am besten die Brechstange im Wandschrank. Es nützt Ihnen nichts, Ihre Thujen zu rächen, indem Sie den Dahlien Ihrer Großeltern die Köpfe abschneiden.

Mit entsprechend behutsamem Herantasten jedoch ist es durchaus möglich: „Danke für eure gut gemeinte Unterstützung, aber bitte lasst es uns das nächste Mal vorher besprechen."

Jeder Tag in unserem Leben ist voller Lernmöglichkeiten. So ist es jederzeit möglich, sich zu verselbständigen und das eigene Handeln selbstbestimmt und selbstverantwortlich als Ausdruck der entwickelten Persönlichkeit im Miteinander zu verändern und einzusetzen. In jeder Phase und jeden Tag kann sich die vorhandene Weltsicht verändern, und wir können uns an neue Gegebenheiten anpassen.

Ich möchte Ihnen von Georg erzählen, der in einer streng katholischen Familie aufgewachsen war und sich schon früh aus Neugier und Interesse mit den unterschiedlichen Weltreligionen beschäftigt hatte. Diese Auseinandersetzung hatte ihn zum Buddhismus geführt. Er hatte sich von der katholisch-christlichen Wertevorstellung gelöst und war aus der kirchlichen Gemeinschaft ausgetreten, weil er festgestellt hatte, dass die buddhistische Weltanschauung viel besser zu ihm und in sein jetziges Leben passte. Sie können sich bestimmt vorstellen, dass diese Entscheidung in seiner Familie Unverständnis und große Bestürzung („Was wird der Herr Pfarrer von uns denken!") ausgelöst hatte, aber Georg stand zu seiner Entscheidung und war, wie ich weiß, sehr glücklich damit.

Ein anderes Beispiel ist Sabine, die Konflikte scheute, weil in ihrem Familiensystem Konflikte ein Tabu waren, sie würden Beziehungen zerstören und nichts würde nach einem Konflikt jemals wieder so sein wie vorher – das war eine Familienregel, der alle folgten. Im Berufsleben wurde Sabine klar, wie wichtig es ist, dass Konflikte ausgetragen werden, und dass es auch gute Möglichkeiten gibt, sie so auszutragen, dass es am Ende nicht zwangsweise einen Verlierer gibt. Sie war bei mir in der Praxis, um dahingehend ihr Handwerkszeug zu verbessern: Wie geht es, Konflikte anzusprechen? Wie spricht man Unbehagen jemandem gegenüber so an, dass der sich nicht auf jeden Fall gekränkt fühlen muss und so weiter.

Wenn die Regeln aus der Kindheit – die dort mit Sicherheit wichtig und unverzichtbar waren – im Erwachsenenalter nicht hinterfragt werden, werden sie zum unbewussten Maßstab der Lebensgestaltung. Der Preis dafür: Einschränkung, Hindernisse, Erschwernisse, Schuldgefühle und sehr oft körperliche und seelische Symptome. Es fehlt an Möglichkeiten, sich altersgemäß zu positionieren und sich anderen genauso zu zeigen, wie man ist – mit seinen Stärken und Schwächen.

Ich sehe, was du tust, darum weiß ich, was/wer du bist!?

Wir müssen bedenken, dass unsere persönlichen Eigenschaften eine unermessliche Dimension haben. Was wir den anderen zeigen, ist nur ein winzig kleiner Teil des Ganzen. Das ist der Teil, von dem wir gerne möchten, dass er der Außenwelt gezeigt wird.

Es ist nicht möglich, den gesamten Inhalt einer Boutique im Schaufenster zu platzieren, dort werden nur die besonders sehenswerten und schönen Stücke ausgestellt. Nur jene Stücke, die man gerne herzeigt und mit denen man das Interesse der Käufer weckt, kommen in das Schaufenster. Was wir anderen von uns zeigen, ist ebenfalls nur ein winzig kleines Repertoire dessen, was und wer wir wirklich sind. Aus diesem Grund ist es eigentlich nicht zulässig, über jemanden zu sagen „er ist gut" oder „er ist schlecht", „sie ist fröhlich", „sie ist verschlossen" – denn was wir von den anderen zu sehen bekommen – oder umgekehrt, die anderen von uns – ist immer nur eine Momentaufnahme und ein kleiner Teil des Ganzen.

Wahrscheinlich kennen wir selber unser gesamtes inneres Sortiment gar nicht, und es ist eine lebenslange Reise, diese vielen unterschiedlichen Facetten in uns kennen und schätzen zu lernen.

Mit der Zeit wird es uns gelingen, einen Satz wie diesen laut oder in Gedanken auszusprechen, und wir werden es schaffen, die Ruhe und den Frieden zu spüren, den diese Haltung in uns auslöst:

„Ich bin bereit, dir zu verzeihen, im Wissen, du hast das getan, was dir aufgrund deiner Lebensgeschichte möglich war, denn du bist – wie ich und alle anderen auch – ein Mensch mit Stärken und Schwächen!"

Hilfe suchen und Frieden finden bei Traumatisierungen

Wie ich weiter vorne schon einmal erwähnt habe, was aber gar nicht oft genug gesagt werden kann, ist ganz klar festzuhalten, dass nicht alles verzeihbar ist. Bei Familiengeschichten, in denen es in der Kindheit schlimme körperliche Misshandlungen oder sexuellen bzw. psychischen Missbrauch gegeben hat, ist das Bewusstsein wichtig, dass der Missbrauch immer in der Verantwortung der Täter oder Täterinnen liegt. Der häufig behauptete Beitrag (sich nicht gewehrt zu haben, „eingeladen" zu haben, zugestimmt zu haben, sich besonders gekleidet oder verhalten zu haben) ist falsch, weil es sich um Schutzbedürftige und Abhängige handelt. Es ist eine Verdrehung der Verantwortung und Interessenslage. Die Rechtssysteme, zumindest in der westlichen Welt, sind hier ganz eindeutig. Dieses Bewusstsein bei den Betroffenen zu schaffen ist oft erst dann möglich, nachdem die Traumatisierung aufgebrochen ist. Der Auslöser dafür ist, weil es zum Beispiel eine neuerliche solche Erfahrung gibt oder weil man aus den Medien von einem Ereignis erfährt, das einem selbst ebenfalls widerfahren ist.

In der Praxis erlebe ich, dass uns Menschen mit Missbrauchserlebnissen besonders dann kontaktieren, wenn ein aktueller Missbrauchsskandal in den Medien behandelt wird.

Leider ist es bei Menschen mit solchen Familiengeschichten sehr häufig der Fall, dass sie sich keine professionelle Hilfe suchen, denn sie haben meist hoch unsichere, ambivalente oder sogar desorganisierte Bindungsmuster und versuchen deshalb in der Regel, mit ihren Schwierigkeiten allein fertigzuwerden. Ganz oft schämen sich diese Menschen auch dafür, was geschehen ist, und kommen deshalb nicht, weil sie Angst haben, (wieder) abgewertet oder bewertet zu werden. Missbrauchte Menschen kommen immer wieder erst dann in die Therapie, wenn die Not so groß geworden ist, dass sie überhaupt nicht mehr selber weiterkommen, zusammenbrechen oder es in ihren Beziehungen heftige Probleme unterschiedlichster Natur gibt. Es ist auch nicht selten, dass wir während der Arbeit an Beziehungsproblemen im Laufe der Therapie auf die Thematik eines Missbrauchs stoßen.

Professionelle Hilfe wird dabei unterstützen, sich mit so einer schwerwiegenden Geschichte zu versöhnen. Noch einmal, es ist oft unmöglich, den Tätern solche Handlungen wie körperliche oder seelische Misshandlungen, sexuelle Gewalt oder sexuelle Übergriffe, die in fast allen Fällen massiv traumatisierende Auswirkungen haben, zu verzeihen, und es ist auch nicht nötig. Ich betone das deshalb so, weil es sogar therapeutische Kollegen oder Kolleginnen gibt, von denen ich weiß, dass sie ihren Klienten bzw. Patienten einreden, dass das unbedingt nötig sei, um eine gute Zukunft haben zu können. Ich halte das für Blödsinn! Wichtig ist, das Geschehen zu betrauern und zu verarbeiten und ein liebevolles Gefühl zu sich selbst aufzubauen, was nach solchen Erlebnissen alles andere als leicht ist. Erst dann wird es gelingen können, vertrauensvolle Beziehungen zu gestalten.

„Traumatisierend" klingt für jemanden, der davon nicht betroffen ist oder sich nicht davon betroffen *glaubt*, sehr „weit weg". „So schlimm ist es bei mir nicht!", höre ich oft, und es ist tatsächlich keine Seltenheit, dass Menschen sich ihrer Traumatisierung gar nicht bewusst sind oder diesen (traumatisierenden) Teil ihres Erlebens aus ihrer Erinnerung abgespalten haben. Sowohl die Verdrängung als auch die Abspaltung stellen Abwehrmechanismen dar, auf die hier nicht näher eingegangen werden soll. Seien wir uns dessen bewusst, dass kein geringer Teil unserer jetzigen Generation sekundär traumatisiert ist, und zwar von sogenannten primär Traumatisierten. Primär traumatisierte Menschen sind jene, die den Krieg mit all seinen Schrecken miterlebt haben. Sie mussten viele Kompensationsmechanismen in Gang setzen (Alkohol, Drogen, Gewalt etc.) um weiterzuleben und zu *über*leben, sie haben damit aber auch ihre Kinder geprägt, und in vielen Fällen wurden diese dadurch auch traumatisiert.

Ich habe einen alten Mann in der Therapie: Josef, 75 Jahre alt. Josef hat den Zweiten Weltkrieg erlebt und die Inhaftierung im Konzentrationslager überlebt. Weil es so vielen so gegangen ist wie ihm, wie er es ausdrückte, hat er es sich verboten, über diese verlorene Jugend zu trauern. „Ich war ja nicht der Einzige ...“

Erst heute als alter Mann wird ihm mehr und mehr bewusst, wie sehr diese grausamen Kriegserlebnisse und das Schweigen darüber sein ganzes Leben geprägt haben. Einmal saß er mir unter Tränen gegenüber und sagte: „Ich weiß heute, dass ich meiner Frau ganz oft unrecht getan habe, und ich war zu meinen Kindern oft gewalttätig. Ich glaube jetzt, und das soll keine Entschuldigung sein, wenn ich meine Geschichte früher aufgearbeitet hätte, wäre es mir möglicherweise besser gelungen, so wie jetzt über meine Gefühle zu reden. Das hätte mir vielleicht ermöglicht, ein liebevollerer Vater und besserer Ehemann zu sein“.

Viele Angehörige der Kriegsgeneration werden heute noch von psychischen Symptomen geplagt, die sie herunterzuspielen versuchen und die sie nie aus- oder angesprochen haben: Panikattacken, die beständige Angst, den Anforderungen des Lebens nicht gewachsen zu sein oder Bindungsschwierigkeiten,

Rückzugstendenzen, Verschlossenheit, Distanziertheit zum Partner und zu den Kindern, um nur einige zu nennen.

Umgekehrt erzählte mir ein 60-jähriger Mann, er wäre sieben Jahre alt gewesen, als sein Vater aus dem Krieg heimgekehrt war. Er hatte seinen Vater bis zu jenem Tag nicht gekannt, als er plötzlich vor der Tür stand. Er hatte ihn als Eindringling betrachtet und ihn abgelehnt. Er beschrieb ihn als „Fremdkörper", der die Symbiose zwischen ihm und seiner Mutter zerstört hatte. Statt dass der Vater geduldig mit ihm gewesen wäre und versucht hätte, eine Beziehung zu seinem Sohn aufzubauen, hatte er ihn oft unglaublich brutal geschlagen, um ihn gefügig zu machen. Das führte dazu, dass die Wut und der Hass auf den Vater immer größer wurden und die Beziehung zwischen den beiden schwer gestört blieb.

Was mein Klient beschreibt, haben viele Männer in jener Zeit mit ihren Vätern erlebt. Armut und Arbeitslosigkeit führten zu furchtbaren Familiendynamiken, wenn aus einer tiefen Hilflosigkeit der Eltern heraus mit Gewalt, Emotionsausbrüchen und Alkoholerkrankungen Traumatisierungen bei Kindern verursacht wurden.

Es hat relativ lange gedauert, bis sich Strategien und Therapieformen konkret zur Bewältigung dieser Kriegserlebnisse primär und sekundär Traumatisierter durchsetzten.

In so schlimmen Situationen funktioniert der Mensch einfach, er tut das, was er in dem Moment für das Beste hält und was es zum Überleben braucht. Über eine sehr lange Zeit breitete sich Schweigen über die Kriegsgeneration und die Generation der Kriegskinder aus. Irgendwann aber kommt bei vielen der Zeitpunkt, an dem Fragen gestellt werden bzw. sie sich selber Fragen stellen. Was ist passiert? Mit mir? Den anderen? Natürlich stellt sich den Betroffenen auch die Frage nach der Schuld, und bei vielen lassen sich ihre möglicherweise schrecklichen Taten nicht mehr abspalten oder verdrängen. Sie beginnen sich zu fragen, was sie hätten anders machen können. Müssen.

Es ist nie zu spät für diese Auseinandersetzung, und immer

mehr Betroffene wählen mittlerweile den Gang in die psychotherapeutische Praxis, um den Dämonen ihrer Vergangenheit
Herr zu werden.

Es tut weh, sich mit einer schmerzlichen Geschichte auseinanderzusetzen, viele plagt die Angst, auf die Erkenntnis
zu stoßen, Schuld auf sich geladen oder etwas falsch gemacht
zu haben, und – um bei besonders traumatischen Ereignissen
wie dem Krieg zu bleiben – sich mit den Grausamkeiten ihrer
Geschichte noch einmal auseinandersetzen, sie noch einmal erleben zu müssen. Diese Erinnerungen sind ein guter Nährboden
für Angst. Angst davor, sich der Auseinandersetzung zu stellen. Angst, Hilfe zu suchen. Viele flüchten aus Selbstschutz in
die Ausrede: Was soll reden schon helfen? Aus Forschungen
wissen wir, dass das Reden „darüber" und die konkrete
Auseinandersetzung „damit" eine gute Möglichkeit schaffen,
diese Grausamkeiten zu bewältigen, zu reflektieren und sie in
einem anderen Licht zu sehen.

Es ist wichtig, uns mit unserer Geschichte zu versöhnen und
natürlich ist es schön, wenn wir auch mit allen Menschen, die
in dieser Geschichte eine Rolle spielten, unseren Frieden finden – aber, und nun noch einmal ein letztes Mal: Es ist dabei
nicht zwingend erforderlich, diesen Menschen, die uns Unrecht
getan haben, zu verzeihen, denn manches ist und bleibt eben
unverzeihlich. Menschen, die besonders belastet sind oder
aus einer Familie stammen, in der es Missbrauch oder massive Gewalt gab, sollten unbedingt erwägen, professionelle Hilfe
in Anspruch zu nehmen, um ihre Themen – vielleicht sogar
Traumatisierungen – zu bearbeiten.

Der Grat zwischen einer intensiven Prägung und einer schweren Traumatisierung ist manchmal ein sehr schmaler, und ich
lege Ihnen, die so etwas erlebt haben, ans Herz, im Zweifelsfall
mit professioneller Hilfe sicherzugehen, dass nicht mehr dahin-
tersteckt als „nur" eine massive Prägung, deren Auswirkungen
aber ebenfalls lebensqualitätsmindernd sein können. Überall

dort, wo wir einen Leidensdruck empfinden, der sich alleine nicht auflösen lässt, ist es lohnend, sich Unterstützung zu organisieren: Schlafstörungen, ununterbrochene Angst, Verzweiflung oder das Gefühl einer inneren Leere sind sehr starke Indikatoren dafür, dass man allein nicht mehr weiterkommt. Gleiches gilt für Symptome wie ständiges Grübeln, Verhaltensweisen, die permanent zu Konflikten führen, latente innere Unruhe, Angst vor dem Alleinsein oder allgemeine Freudlosigkeit.

Nicht aufgearbeitete traumatisierende Ereignisse können zu einer posttraumatischen Belastungsstörung, das ist eine schwere psychische Krankheit, führen, die unbehandelt in weiterer Folge zu Depressionen oder sogar zur Suizidalität (Gedanken zur Selbsttötung) führen kann. Immer wieder starten Menschen verzweifelte Lösungsversuche, diesen Belastungsreaktionen mit Alkohol oder Medikamenten entgegenzutreten, und rutschen immer tiefer ins Elend und entwickeln möglicherweise zudem eine Abhängigkeit.

Das Wort „Trauma" stammt aus dem Griechischen und heißt dort „Wunde". In der Medizin ist eine Wunde eine Verletzung oder Schädigung des Körpers. In der Psychologie steht diese Wunde für eine Verletzung der seelischen, psychischen und manchmal auch körperlichen Integrität.

Traumatische Ereignisse können sein: der Verlust eines geliebten Menschen, Todesnachrichten, Diskriminierung, Mobbing, Demütigungen, frühkindliche Vernachlässigung, sexuelle/körperliche/seelische/emotionale Misshandlungen in der Kindheit, aber auch in der Partnerschaft, familiäre Gewalterfahrungen, Kriegserfahrungen, kriminelle Gewalterfahrungen, Katastrophen und Unfälle oder unheilbare Krankheiten, aber auch der Verlust der Arbeit kann zur Traumatisierung führen.

Nicht jedes der aufgezählten Ereignisse löst automatisch ein Trauma aus, das ist individuell völlig unterschiedlich. Es hängt von vielen Faktoren ab, ob und wann sich Symptome bzw. Auswirkungen eines möglichen Traumas zeigen, die da sein können: Panikattacken, Angst- oder Zwangserkrankungen, Suchterkrankungen, Flashbacks (das ist ein blitzartiges, unkontrollierbares Wieder-Erleben der Traumatisierung), Amnesien (ich weiß gewisse Dinge nicht mehr), Isolation oder Rückzug, Affektstörungen (emotionale Störungen), Aggressivität, Unruhe, Reizbarkeit, eine verstärkte Sensibilität für Reize aller Art. Gleichgültigkeit bzw. Gefühllosigkeit gegenüber anderen Menschen ist zum Beispiel eine Auswirkung, die kriegstraumatisierte Menschen oft gegenüber ihren Kindern zum Ausdruck gebracht haben, die in weiterer Folge zu massiven Beziehungsproblemen in der Familie führte.

Körperliche Symptome eines Traumas können sein: Zittern, und alle körperlichen Beschwerden, die keine organische Ursache haben, sind ebenfalls sehr häufig typische Symptome eines Traumas, ebenso wie selbst verletzendes Verhalten (zum Beispiel sich abwerten, sich selbst körperlich verletzen, Alkohol- oder Drogenmissbrauch etc.).

Der Schritt, Hilfe zu suchen, ist ein Zeichen, dass wir Verantwortung übernommen haben.

Ich schreib ganz für mich!

„Geschichten schreiben ist eine Art, sich das Vergangene vom Halse zu schaffen"
(Johann Wolfgang von Goethe)

Oscar Wilde riet: „Jeder sollte ein Tagebuch führen." Denn kaum etwas sei spannender zu lesen. Als Teenager machen das noch sehr viele, da geht es in vielen Fällen darum, dass „Stefan mich wieder ignoriert hat", und den Eltern wird bescheinigt, dass sie „unglaublich nerven". Neben Alltäglichem dient ein

Tagebuch aber auch der Reflexion. Wer in Worte fassen will, wie es ihm heute geht, schreibt nicht einfach nur „ganz gut", sondern muss sich etwas intensiver mit der Frage „Wie geht es mir heute?" auseinandersetzen und gelangt automatisch mehr in die Tiefe, als er das nur in Gedanken möglicherweise tun würde.

Klientinnen und Klienten, die sich im Zuge ihrer Therapie mit ihrer Geschichte befassen, ermutige ich deshalb zum Führen eines Tagebuchs, in dem sie ihre Entdeckungen und Entwicklungsschritte festhalten, und es stimmt: Kaum etwas ist spannender zu lesen als über die eigene Entwicklung, persönliche Veränderung und Erkenntnis. Die Selbsterkenntnis, die man durch ehrliche Auseinandersetzung mit sich selbst gewinnt, ist unglaublich wertvoll.

Viele meiner Klienten fragen mich, worüber sie schreiben sollen, weil sie darin keine Erfahrung haben. Denken Sie einfach an die üblichen „Statusmeldungen" aktueller sozialer Netzwerke im Internet („Wo bist du, und was machst du gerade?"). Erzählen Sie Ihrem Tagebuch, wo und in welchem Zustand Sie sich gerade vorfinden: Wie fühle ich mich gerade und warum? (Gestresst, ungeduldig, müde, angespannt, zufrieden, froh, glücklich, lustig?)

Beim Schreiben ist es wichtig, sich dabei nicht zu *be*werten oder gar *ab*zuwerten, sondern einfach wohlwollend zu registrieren und schriftlich festzuhalten, was Sie sehen bzw. empfinden. Es geht nicht darum, „das Richtige" zu schreiben. Es kann vielmehr dabei helfen, uns der Qualität unserer Beziehung zu uns selbst und unserem Handeln uns selbst gegenüber bewusster zu werden und es in kleinen Schritten zu verbessern. Wie sprechen Sie mit sich selbst? Wie gehen Sie mit sich um? Erinnert Sie die Qualität Ihres eigenen Umgangs mit sich selbst daran, wie Ihre Eltern mit Ihnen umgegangen sind? Wenn ja, welche dieser Qualitäten erinnern Sie daran?

Eine meiner Klientinnen, Karin, 28, hatte ich ebenfalls ermutigt, während ihrer Therapie (sie war aufgrund ihrer

Angststörungen bei mir in Behandlung) Tagebuch zu führen, und sie sagte mir, dass sie das eigentlich schon seit vielen Jahren mache. Im Verlauf unserer gemeinsamen Arbeit hatte sie mir einmal erzählt, dass sie sich hingesetzt und ihr Tagebuch gelesen hätte, und zwar jene Stellen, bevor sie mit der Therapie begonnen hatte, und anschließend die vielen Seiten, die sie während der Therapie gefüllt hatte. Sie zeigte sich im Nachhinein geradezu schockiert über die Art und Weise, wie sie vor und zu Anfang ihrer Therapie mit sich selbst „gesprochen" und ins Gericht gegangen war: „Ich habe mich regelrecht selbst beschimpft und wohl auch fest an das geglaubt, was ich da hingeschrieben habe!"

Noch vor wenigen Monaten hatte sie Sätze geschrieben wie: „Wie üblich habe ich versagt", „Ich habe mich wieder einmal gedrückt", „Dann bin ich auch noch rot geworden, ich bin wirklich so was von peinlich", „Ich bin wirklich voll gestört, schade um das Geld für die Therapie" oder „Ich werde immer fetter" und so weiter.

Ich fragte sie, was sich verändert hatte. Sie wusste es selbst nicht genau, sie sagte nur, in den letzten Wochen würden in ihrem Tagebuch die Sätze zu ihrem Erleben völlig anders aussehen, und das wäre ihr beim Lesen aufgefallen: „Heute war kein so guter Tag, deshalb habe ich mir abends ein Vollbad mit Kerzen gegönnt, morgen wird es wieder besser", „Ich bin in mein altes Muster gekippt, meine Angst vor (…) war heute besonders groß, aber das ist normal", „Ich bin rot geworden, aber ich habe es mit einem Augenzwinkern angesprochen, und dann ist es weggegangen, und ich bin heute richtig stolz auf mich gewesen …"

Diese wohlwollende Aufmerksamkeit gegenüber unserem Innenleben und für unser Selbst ist schon eine erste Veränderung und hat meistens auch schon eine heilsame Auswirkung: Wir begegnen uns selbst in einer guten Qualität und einer freundlichen Haltung. Wenn wir uns gegenüber achtsam und mitfühlend sind, wird uns das auch anderen gegenüber besser gelingen. Wenn wir jeden Tag ein Stückchen achtsamer und liebevoller mit uns umgehen, alle Schwächen anerkennen, die im Zuge unserer Innenschau auftauchen, und manche davon sogar wertschätzen – denn unser Verhalten in der Vergangenheit hatte seine guten Gründe, wie wir mittlerweile wissen – kommen wir Schritt für Schritt mit uns in Reine. Wenn wir uns jeden Tag ein wenig rücksichtsvoller, nachsichtiger, humorvoller und anerkennender verhalten, wird sich dieses Muster in uns bahnen, und eines Tages werden wir feststellen, dass wir Frieden mit uns geschlossen haben.

Die Liebe zu uns selbst macht uns frei und verbindet auch gleichermaßen. Wir steuern sie selbst. Diese Liebe macht stark, und diese Liebe lässt Schwächen zu.

Das stärkt uns in allem, was wir tun, und so ausgerüstet wird es uns gut gelingen, unsere inneren Teile, unsere Handlungen und unser Verhalten in der wünschenswerten Art und Weise organisieren zu können. Wir werden das nur erreichen, wenn wir es uns als Ziel setzen. Deshalb ist es wichtig, das eigene Bewusstsein für folgende Frage zu wecken: Was ist mir wirklich wichtig?

Oft stellen wir uns diese Frage zum Jahresende und starten mit guten Vorsätzen in das neue Jahr, worauf wir besonders achten wollen oder was wir im neuen Jahr erreichen wollen (das, was wir vielleicht im alten Jahr nicht geschafft haben). Es wäre gut, sich diese Frage in kürzeren Zeitabständen, auch während des Jahres, zu stellen.

Liebe Leserinnen und Leser, gibt es vielleicht ein Hobby, mit dem Sie beginnen möchten, oder eines, für das Sie sich wieder häufiger Zeit nehmen möchten?

Möchten Sie vielleicht endlich mal wieder ungestört ein Buch lesen, weil Sie in letzter Zeit praktisch überhaupt nicht mehr dazu gekommen sind? Was müssen Sie tun, um sich die Zeit dafür freizuschaufeln? Wen müssen Sie dabei vielleicht um Hilfe bitten, damit das möglich ist? Was müssen Sie weglassen, aufgeben oder delegieren?

Was hat einen Wert für Sie? Ist es wertvoll für Sie, Zeit mit Ihrer Familie zu verbringen oder mehr gemeinsame Zeit mit Ihrem Partner zu haben?

Worauf streben Sie zu?

Was konkret möchten Sie anders machen?

Was wollen Sie erreichen/verbessern/entwickeln/optimieren?

Was möchten Sie loslassen? Was genau ist es, das Sie verabschieden möchten – einen bestimmten Menschen, eine Denkweise, eine Eigenschaft, ein Verhaltensmuster?

Was tun Sie aus der Routine heraus, was Ihnen gar nicht wichtig oder sogar eine Belastung ist? Das können Banalitäten sein. Es kann Ihnen wichtig sein, dass Sie zweimal in der Woche joggen gehen. Schreiben Sie es auf, planen Sie es ein, schreiben Sie eventuell auf, woran es lag, dass es in dieser Woche nur einmal oder vielleicht sogar gar nicht gelungen ist. Achten Sie jedoch besonders darauf, was und wie es Ihnen gelungen ist!

Was möchten Sie bewahren, weil es für Sie und Ihr Leben sinnvoll und wünschenswert ist?

Benennen Sie es. Besprechen Sie es mit Ihrem Partner oder Ihrer Partnerin oder Ihren Freundinnen und Freunden.

Eine Reise zu Ihrer emotionalen Grundsteinlegung

Es gibt keine präzisere und persönlichere Einsicht in die emotionale „Grundsteinlegung" eines Menschen als eine Reise in die Kindheit. Auf einmal kommen starke, emotional gefärbte Erinnerungen zum Vorschein, und wir werden erfahren, ob Verbitterung, Bedauern, Zärtlichkeit, Enttäuschung, Wut, Humor, Geborgenheit oder Einsamkeit unsere Kindheit gefärbt haben. Wir erfahren, ob wir Frieden mit unserer Vergangenheit geschlossen haben oder ob wir das noch vor uns haben und uns dem einen oder anderen dieser „Grundsteine" genauer widmen sollten.

Kerstin wurde von ihrem Hausarzt in die psychotherapeutische Praxis überwiesen, da sie seit Jahren unter medizinisch nicht nachvollziehbaren starken Körperschmerzen litt. In einer der Sitzungen erzählte sie mir unter Tränen, dass sie sich komplett wertlos fühle. Ich fragte sie: „Kerstin, wie wurde Ihnen denn in Ihrer Kindheit von Ihren Eltern zum Ausdruck gebracht, dass Sie wichtig sind?" Kerstin sagte wie aus der Pistole geschossen: „Wichtig? – Gar nicht, ich war nicht wichtig. Wichtig waren die Arbeit, das Geschäft, die Landwirtschaft. Wir Kinder waren nicht wichtig, und ich am allerwenigsten. Meine Geschwister waren schon älter, die waren wichtig, weil sie schon mitarbeiten konnten. Als Arbeitskraft waren sie wichtig. Ich war unglaublich viel allein. Ich war stundenlang in der Gehschule eingesperrt. Meine Geschwister haben mir erzählt, dass ich stundenlang geschrien habe, bis ich vor Erschöpfung eingeschlafen bin. Einmal, da bekam ich eine schwere Lungenentzündung, da war meine Mutter einen ganzen Tag und eine ganze Nacht wirklich ganz bei mir. Da hat sie mich sogar gestreichelt, ich glaube, da hatte sie wirklich Angst, dass ich sterben muss. Ja – ich bekam als Kind nur Zuwendung von meiner Mutter, wenn ich krank war, und nach meiner Lungenentzündung war ich oft krank." Unter Tränen erzählte sie weiter: „Ich kann mich nicht ein einziges Mal erinnern, dass ich von meiner Mutter oder meinem Vater in den Arm genommen wurde. Meine Eltern waren viel zu sehr mit sich und mit anderen Dingen beschäftigt." Kerstins Erinnerungen waren massiv verbittert, traurig und von Einsamkeitsgefühlen gefärbt.

Als ich Kerstin nach positiven Erinnerungen aus ihrer Kindheit in ihrer Familie fragte, erzählte sie mir vom sonntäglichen Mittagessen. „Beim gemeinsamen Gebet hielten wir uns an den Händen, ja, da haben wir uns sogar berührt, und das war der Zeitpunkt, wo alle zusammengesessen sind und wo auch miteinander geredet wurde." Ihre engste Bezugsperson in der Kindheit war ihre Großmutter. Sie hatte Kerstin auch gelegentlich getröstet, wenn sie traurig gewesen war, sie hatte sich immer wieder erkundigt, wie es ihr ginge, und wenn Kerstin krank gewesen war, hatte sie sogar mit ihr gespielt.

„Ich hab mich immer so angestrengt, gerungen darum, gesehen zu werden. Was ich alles getan habe dafür, gesehen zu werden, aber es nutzte eh alles nichts. Ja – und so ist es auch heute noch. Meine Eltern waren nicht einmal bei meiner Sponsionsfeier. Die Arbeit, die Arbeit, die Arbeit – ich kann es nicht mehr hören." Ich fragte Kerstin, ob sie ihren Eltern schon einmal von ihrem Defizit bzw. ihrer Sehnsucht erzählt habe. „Das endet immer in Rechtfertigungen und letztlich im Streit. Was hätten wir denn tun sollen …, ja, wer hätte denn die Arbeit machen sollen …, das ist ungerecht, wir haben alles gemacht, was in unserer Macht war etc., etc. … Meistens kommt dazu, dass ich dann fluchtartig und zornig das Haus meiner Eltern verlasse." Sie erzählt weiter: „Meine Eltern haben mich noch nie in meiner Wohnung besucht – nur, wenn ich wieder einmal im Krankenhaus bin, kommen Sie mich besuchen …" Plötzlich zuckte Kerstin zusammen, hielt inne und sagte: „Oh mein Gott, es ist immer noch wie früher – wenn ich krank bin, dann kommen sie." Krankheit hatte in Kerstins Geschichte eine wichtige Funktion: Krankheit = Aufmerksamkeit und Zuwendung (durch die Eltern). Nach ein paar weiteren Sitzungen nahm sich Kerstin vor, noch einmal mit ihren Eltern zu sprechen und ihnen diesmal aber keine Vorwürfe an den Kopf zu knallen, sondern ihnen zu sagen, dass sie gerne (mehr) gesehen worden wäre, dass sie sich mehr Zuwendung gewünscht hätte, und zwar nicht nur dann, wenn sie krank gewesen war, sondern einfach auch ohne traurigen Anlass. Kerstin musste lernen, ihren Eltern ganz konkret ihre gegenwärtigen Wünsche bzw. Bedürfnisse zu sagen: „Ich wünsche mir, dass Ihr mich in meiner Wohnung besuchen kommt, dass Ihr euch manchmal nach mir erkundigt …"

Bei meiner Frage, wem es zu danken gilt, wenn sie an ihre Kindheit dachte, kam ihr ihre Großmutter in den Sinn, die ihr Geschichten vorgelesen und die sie getröstet hatte. Kerstin nahm sich vor, ihr das wieder einmal zu sagen. Besonders wertvoll bei der Frage nach dem Danken war jedoch, dass ihr etwas ganz Wesentliches bewusst wurde. Nämlich, dass sie sich selbst danken musste. Da sich ihre Eltern überhaupt keine Zeit für sie genommen hatten, hatte Kerstin nämlich ganz früh gelernt (lernen müssen), sich mit sich selbst zu beschäftigen. Das kam ihr in ihrem jetzigen Leben sehr oft zugute: Ihr war nie langweilig, sie konnte sich gut mit sich selbst beschäftigen und gut mit sich alleine sein. Ihre Liebe zur Natur (sie hatte stundenlang am Feld oder im Wald gespielt) hatte ihr immer viel Kraft gegeben. Kerstin hatte noch eine wichtige Fähigkeit beziehungsweise Ressource an sich entdeckt, die sie in ihrer Kindheit entwickeln musste, nämlich die Fähigkeit, sehr leicht Kontakte zu knüpfen. Nachdem zu Hause keiner gewesen war, der sich um sie gekümmert hatte, war sie ständig bei anderen Leuten im Dorf gewesen – sie hatte sich als Vierjährige schon bei völlig fremden Menschen im Dorf zum Essen eingeladen. Das wurde ein überlebensstrategisches Netzwerk.

Dabei wurde Kerstin auch klar, dass die Tatsache, dass sie meistens allein war und ihre Eltern keine Zeit für sie hatten, ihr ungewöhnlich viele Freiräume geboten hatte. Niemand fragte, was sie tat oder getan hatte.

Auf meine Frage, wie in Kerstins Ursprungsfamilie Gefühle zum Ausdruck gebracht wurden, erzählte sie, dass sie sich bei ihrem Vater eigentlich nur daran erinnern konnte, dass er anlässlich der Jagd Gefühle der Freude gezeigt hatte, etwas, das sie nie sonst bei ihm erlebt hatte, weil er prinzipiell im Stress und beschäftigt gewesen war.

Traurigkeit hatte sie bei beiden Elternteilen nie erlebt. Sie schilderte, dass sie niemals einen der beiden hatte weinen sehen, selbst bei der Beerdigung des Großvaters nicht. Kerstin wurde klar, dass auch sie selbst so gut wie nie weinte, was wohl daran lag, dass sie es nie gelernt hatte.

Kerstin hatte zu Beginn der Therapie massiv mit ihrer Vergangenheit gehadert. Ihre Gefühle waren vordergründig: Trauer, Ärger und Verbitterung. Ganz langsam entdeckte sie, dass diese ihre Vergangenheit viele Möglichkeiten geboten hatte, für sie wichtige Fähigkeiten zu entwickeln. Fähigkeiten, die ihr in der Gegenwart als Stärken zur Verfügung standen, die sie zuerst gar nicht wahrgenommen hatte und die ganz langsam den Schrecken und die Defizite der Vergangenheit relativierten. Plötzlich lachte sie auch beim Erzählen ihrer Kindheitserinnerungen. Es kamen Gefühle der Freude auf, und eines Tages erzählte sie: „Eigentlich kann ich stolz sein auf mich." Sie lernte, ihre Gefühle und Bedürfnisse besser auszudrücken und hatte begonnen, dafür auch die Verantwortung zu übernehmen. Mit dieser Fähigkeit ging einher, dass ihre Körperschmerzen weniger wurden und letztlich verschwanden. Die Krankheit hatte ihre Funktion verloren, denn Kerstin organisierte sich Aufmerksamkeit und Zuwendung mit anderen, konstruktiven Mitteln.

Liebe Leserinnen und Leser, ich möchte Sie einladen, am Beispiel von Kerstin Ihre eigene Geschichte zu erzählen – vielleicht möchten Sie sie Ihrem Tagebuch anvertrauen? Achten Sie auf Ihre Erzählform, auf Ihre Gefühlseinfärbungen. Was wird in Ihrer Erzählung besonders betont, was bekommt besonders viel Gewicht? Erkennt man, an dem, wie Sie etwas beschreiben, ein Hadern mit Ihrer Vergangenheit, oder zeigt sich eine wohlwollende Gestimmtheit in Ihrer Rückschau? Hier ein paar Fragen zu Ihrer Orientierung:

Wie mussten Sie sein, was mussten Sie tun, wie mussten Sie sich verhalten, um von Ihren Eltern Aufmerksamkeit/ Zuwendung zu erhalten?

Wie wurde Ihnen von Ihren Eltern zum Ausdruck gebracht, dass Sie wertvoll (wichtig) sind?

Wer war für Sie da, wer war Ihre Bezugsperson?

Was war das Nährende in Ihrer Familie?

Welche Defizite erlebten Sie?

Welche davon gibt es heute immer noch?

Wer ist Ihnen möglicherweise etwas schuldig geblieben?

Was war es, das man Ihnen schuldig geblieben ist?

Was möchten Sie Ihrer Mutter, Ihrem Vater oder sonst jemandem unbedingt sagen, weil es im Hier und Heute hinderlich für Sie ist?

Wem gilt es zu danken und wofür?

Müssen Sie vielleicht auch Ihnen selbst danken, einfach „nur", weil Sie überlebt haben?

Welche Fähigkeiten und Ressourcen konnten beziehungsweise mussten Sie in Ihrer Kindheit/Jugend entwickeln, die Ihnen im Hier und Jetzt nützlich sind oder sein können?

Wer hat welche Gefühle wie zum Ausdruck gebracht?

Für wen hatte das welchen Nutzen?

Wie gehen Sie in Ihrem gegenwärtigen Leben mit Gefühlen um?

Welche Auswirkungen haben Ereignisse in Ihrer Herkunftsfamilie heute noch immer auf Sie und auf Ihr Verhalten?

Was machen Sie heute noch immer so wie früher? Was hat das für einen Nutzen? Gibt es möglicherweise auch eine (ungeliebte) Funktion einer Verhaltensweise?

Werte Leserinnen und Leser, ich wünsche Ihnen viele erkenntnisreiche Momente bei Ihrer inneren Reise zurück in Ihre Vergangenheit.

Gegenspieler? Verbündete!

„Das Leben kann nur in der Schau nach
rückwärts verstanden,
aber nur in der Schau nach vorwärts gelebt werden.“
(SØREN KIERKEGAARD)

In den vielen Jahren meiner therapeutischen Arbeit ist mir klar geworden, dass die innere Veränderung, von der auf den vorangegangenen Seiten immer wieder die Rede war, bei allen Menschen möglich ist. Sehr häufig gelangen wir erst durch fundamentale Krisen an den Punkt, an dem wir erkennen, dass das, was wir bisher gemacht haben oder wie wir bisher gelebt haben, uns in vielerlei Hinsicht mehr geschadet als gut getan hat und wir vielleicht sogar unser Leben lang nicht dem eigenen Willen, sondern dem der anderen gefolgt sind. Das zu erkennen, anzunehmen und zu verändern ist jedem Menschen möglich, ich habe es so viele Male selbst miterleben dürfen!

Egal wie alt wir sind oder unter welchen Umständen wir leben, in welchen sozialen Netzwerken wir uns befinden oder welcher sozialen Herkunft wir abstammen: Wenn wir wirklich *wollen*, sind wir alle in der Lage, unsere Einzigartigkeit zu erkennen und eine Veränderung alter Muster zu vollziehen. Uns allen kann es gelingen, unsere Gefühle wahrzunehmen und ihnen zu folgen, anstatt sie zu verdrängen oder sie abzuspalten, was in beiden Fällen verzweifelte Lösungsversuche sind, oft welche, die dem Überleben dienen, die im Endeffekt aber nur einem Aufschub gleichkommen und keine nachhaltige Lösung auf Dauer sein können.

Im Unterschied zur Verdrängung ist es bei der Abspaltung so, dass wir Erlebtes und die damit verbundenen Gefühle so weit in unser Unbewusstes schieben, dass es keinerlei Erinnerung mehr daran gibt, während die Erinnerung bei der Verdrängung immer wieder in uns hochsteigt, wir sie aber auch wieder erfolgreich beiseiteschieben können. Das klappt oft über viele Jahre.

Ich möchte Ihnen von einer jungen Frau erzählen, die in ihrer Kindheit wiederholt missbraucht wurde und diese schrecklichen Erlebnisse viele Jahre hindurch sehr erfolgreich abgespalten hatte. Abspaltung ist übrigens eine Fähigkeit, die nicht alle Menschen erlernt haben bzw. besitzen und die irgendwann auch zur Falle werden kann. Dann nämlich, wenn diese Menschen in Alltagsstresssituationen (Druck, Beziehungskonflikte, Demütigungen etc.) ebenfalls das Erlebte abspalten.

Sarah kam mit einem schweren Burn-out-Syndrom zu mir in die Praxis. Im Zeitraum unserer therapeutischen Arbeit an ihren Symptomen passierte Sarah dann etwas ganz Furchtbares: Nach einem Familienfest wurde Sarah von ihrem Vater, der in ihre Wohnung einbrach, sexuell auf das Schlimmste genötigt. Zum Glück verständigte eine Freundin, die Sarah nach Hause gebracht und ihren Wohnungsschlüssel in Sarahs Tasche vergessen hatte, die Polizei, nachdem Sarah die Tür nicht mehr öffnete. Die Polizei drang dann in die Wohnung ein und befreite Sarah unmittelbar aus der Gewalt des Vaters. Dieser Mann wurde inhaftiert, und Sarah musste wegen ihren schweren Verletzungen ins Krankenhaus. Die mittlerweile 27-jährige Frau war völlig schockiert und wie in Trance. Sie schämte sich für das Geschehene und hatte große Schwierigkeiten, überhaupt darüber zu sprechen. Was für Sarah aber mindestens ebenso bedrohlich war, war die Tatsache, dass nach diesem schrecklichen

Ereignis plötzlich Erinnerungen aus der Vergangenheit in ihr hochkamen, die die letzten Jahre überhaupt nie präsent gewesen waren. Es waren schreckliche Bilder aus ihrer Kindheit und von ihrem Vater. Sie sah ihren Vater, die vielen schrecklichen Übergriffe, sexuelle Nötigungen und sie sah sich – als 4-Jährige, 6-Jährige, 7-, 8-, 9-, 10-, 11-, 12-Jährige. Sie sah auch eine Reihe von Verwandten, allen voran ihre Mutter – alle hatten es gewusst bzw. geahnt, aber niemand hatte ihr geholfen. Irgendwann hatte Sarah begonnen, all die schrecklichen Erlebnisse abzuspalten. Eine gute (unbewusste) Strategie, um in diesem System, in dem es keine Hilfe gab, zu überleben. Sie war am Anfang ganz misstrauisch, was ihre Erinnerungen anbelangte. Aber ganz langsam konnten wir ein Mosaiksteinchen nach dem anderen zusammenfügen. Zeugen aus der Vergangenheit kamen mit ins Spiel, eine Lehrerin, ein Arzt, ein Krankenhausbefund und sogar eine Videoaufnahme wurden gefunden. Ganz langsam traute Sarah ihren Wahrnehmungen und vertraute auch darauf, dass man ihr glaubte, etwas, das ja so viele Jahre nicht geschehen war. Niemand hatte ihr geglaubt, wenn sie erzählt oder angedeutet hatte, was der Vater mit ihr getrieben hatte. Einzig eine Lehrerin hatte versucht, ihr zu helfen, war jedoch dann ebenfalls am Verhalten der Mutter gescheitert, die jahrelang ganz bewusst weggeschaut hatte und sich in regelmäßigen Ausreden und Schuldzuweisungen (Sarah hätte eine blühende Fantasie) geübt hatte. Das Verhalten der Mutter war im Übrigen mindestens so traumatisierend für Sarah wie die sexuellen Übergriffe selbst und entbehren jeder weiteren Ausführung.

Ganz gleich, wie schwer unsere Erinnerungen auch wiegen, es ist wichtig, unsere Wahrnehmungen und Gefühle auszusprechen, wenn wir einen Zugang dazu haben. Damit es uns gelingt, das Gesehene zu reflektieren und es so in unsere Gegenwart zu integrieren, sodass wir eine glückliche, gesunde Zukunft gestalten können. Auch wenn das so selbstverständlich klingt und auch, wenn es nicht eine so furchtbare Geschichte wie die von

Sarah gibt, müssen die meisten Menschen erst mühevoll lernen, über ihre Gefühle und Wahrnehmungen zu sprechen. Es kostet sie geradezu Überwindung, das zu tun, weil sie es nie zuvor gemacht haben und es im Gegenteil in der Vergangenheit sogar häufig mit Repressalien verbunden war.

Liebe Leser und Leserinnen, die ernsthafte und ehrliche Auseinandersetzung mit unserer Familiengeschichte kann schmerzlich sein. Wenn die vielen Wünsche auftauchen, die unerfüllt geblieben sind, Grenzüberschreitungen sichtbar und wieder spürbar werden, und auch wenn es nicht darum geht, sich mit der Aufmerksamkeit auf die Vergangenheit zu fixieren, sondern sich auf die Gegenwart und auf die Zukunft zu konzentrieren.

Wachstum und Erfüllung finden wir nicht in der Vergangenheit, sie finden in der Gegenwart und in der Zukunft statt. Darum ist es nicht förderlich, uns an unserer Vergangenheit zu fixieren und an unseren Defiziten hängenzubleiben, indem wir beispielsweise die Schuld an allem, was in unserem Leben schiefläuft, unseren Eltern geben.

„Ihr seid an allem schuld!"

„Ihr habt mein Glück auf dem Gewissen!"

„Du hast mir nie gesagt, dass du mich liebst!"

„Du hast mir nie gesagt, dass du stolz auf mich bist!"

„Du hast mich nie gelobt!"

„Ihr habt mein Leben verplant, und ich konnte mich nicht verwirklichen!"

„Ihr habt mich geschlagen!"

„Du hast mich nie in den Arm genommen!"

Es ist wichtig, unsere biografischen Defizite zu erkennen, aber noch wichtiger ist es, dass wir aufhören, unter ihnen zu leiden oder sie als Vorwand zu benutzen („Wie soll ich denn glücklich werden, bei allem, was mir passiert ist?"). Wenn im Mittelpunkt unserer Betrachtungsweise nur das steht, was wir *nicht* bekommen haben, werden wir zum chronischen Opfer.

Wie zum Beispiel Michaela, die es nicht schafft, zu ihrem

Mann zu sagen: „Bitte, halt mich", sondern darauf wartet, dass der von selbst darauf kommt, was sie will. Sie projiziert ein Defizit aus ihrer Kindheit (niemand hat dort ihre Bedürfnisse beachtet) auf ihren Mann und fühlt sich als Opfer („Niemand sieht, wie es mir geht!").

Der Alkoholiker, von dem ich Ihnen erzählt habe und der heute noch die Schuld für jeden seiner Rückfälle auf seine Mutter schiebt, ist auch ein gutes Beispiel für jemanden, der in seinen Defiziten hängenblieb und zulässt, dass er zum chronischen Opfer wird.

Aber eben auch die Geschichte von Kerstin, die in ihren Defiziten hängenblieb, bis dahin, dass sie regelmäßig mit schlimmen Körperschmerzen im Krankenhaus landete.

Wo viel Schatten ist, muss viel Licht sein, weil das eine das andere bedingt. Begeben wir uns doch auf die Suche nach den Lichtseiten unserer Defizite und fragen wir uns, wie es Kerstin getan hat, auf welche Ressourcen aus der defizitären Vergangenheit wir möglicherweise sogar zurückgreifen können.

Wenn Sie zum Beispiel auch in Ihrer Kindheit wenig bis keine Zuwendung bekommen haben, haben Sie daraus möglicherweise wie Kerstin gelernt, sich gut mit sich allein zu beschäftigen bzw. Zuwendung und Anerkennung andernorts zu finden.

Waren Sie jemand, der nie Schutz bekommen hat? Dann haben Sie mit großer Sicherheit gelernt, sich selbst zu helfen, besitzen eine hohe Selbstwirksamkeit (auf den Begriff kommen wir etwas später noch im Detail) und haben die Fähigkeit entwickelt, sehr rasch Alternativen und Lösungsmöglichkeiten zu finden, wenn es ein Problem gibt.

All das sind Ressourcen, die wir aus unseren Defiziten oder vielleicht sogar aus schmerzvollen Erfahrungen heraus entwickeln mussten, die aber hier und heute einen ganz wichtigen Schatz und Reichtum für uns darstellen. So wie Sarah, die gut gelernt hat, ihre Probleme allein zu lösen bzw. sich davon gründlich zu distanzieren. Auch wenn die Art und Weise der Distanzierung nicht immer oder überall alltagstauglich ist, sie war trotzdem wichtig – lebenswichtig!

Wenn wir jene Sehnsüchte und Erwartungen loslassen, die sich auf unsere Vergangenheit beziehen und sie auf den Kontext der Gegenwart richten können, dann kann Veränderung in einer konstruktiven Weise beginnen.

Einer meiner Klienten hatte es im Zuge der Therapie geschafft, sich von der Erwartungshaltung zu verabschieden, sein Vater müsse doch endlich anerkennen, wie viel er leistete und wie viel er aus seinem Leben gemacht hatte. Er hatte erkannt, dass er eine Partnerin und einen Freundeskreis hatte, die ihn schätzten und respektierten für das, was er geleistet hatte und ihn so mochten, wie er war.

Ein anderer Klient hatte sich nach der jahrelangen Affäre seiner Frau, der darauf folgenden schmerzlichen Scheidung und zwei Selbstmordversuchen seinerseits von der Erwartung gelöst, seine Frau müsste irgendwann doch verstehen, was sie ihm alles angetan hatte und vor lauter Schuldgefühlen und Mitleid dann zu ihm zurückkommen wollen. Das passierte nicht, aber nachdem er sich aus diesem Gefängnis befreit und aus der durch diese Erwartungen resultierenden Abhängigkeit gelöst hatte, konnte er wieder offen und befreit seinen Lebensweg beschreiten. Bald darauf lernte mein Klient eine Frau kennen, mit der er laut seinen Aussagen „ein Glück erleben darf, das ihm bisher unbekannt war", und die beiden erwarten ziemlich genau zum Erscheinungstermin meines Buches ihr erstes gemeinsames Kind.

Viele Menschen warten in kindlicher Naivität oft ihr Leben lang darauf, dass sie Anerkennung und Liebe von den Eltern bekommen, und merken dabei nicht, wie viel Anerkennung und Liebe sie aus ihrem unmittelbaren Umfeld bekommen. Diesen Menschen, liebe Leser und Leserinnen, ist das, was sie nicht bekommen, viel wichtiger und es erscheint ihnen bedeutungsvoller als das, was sie bekommen. Weil sie es nicht sehen, damit oft auch nicht zulassen und als Folge das Defizit immer mehr wird.

Bei den Gefühlen, die bei unserem Blick zurück auf unsere Vergangenheit auftauchen, müssen wir Wut, Traurigkeit, Verletztheit oder Zorn zulassen und uns mit den Bedürfnissen oder Erwartungen beschäftigen, die diesen Gefühlen zugrunde liegen, und uns fragen: Was bedeutet das im Hier und Heute?

Sie sind wütend, weil Ihr Kollege nach getaner Arbeit nach Hause geht, ohne Sie zu fragen, ob er Sie vielleicht noch irgendwie unterstützen kann? Sie kennen das Gefühl von früher, wo Sie auch vergeblich auf Unterstützung gewartet haben? Anstatt zu schweigen, wie früher, wo Sie wahrscheinlich keine andere Möglichkeit sahen, sollten Sie heute Ihrem Kollegen ganz klar sagen, dass Sie sich von ihm Unterstützung erwarten und ihn bitten, noch etwas zu bleiben und Ihnen zu helfen.

Sie sind verletzt weil Ihr Mann in keiner Weise wertschätzt, was Sie alles neben der Arbeit im gemeinsamen Haushalt erledigen? Sie kennen das Gefühl von früher, wo Ihnen auch niemand Wertschätzung entgegenbrachte, wenn Sie den Haushalt der depressiven Mutter in Schuss hielten? Heute sollten Sie Ihrem Mann sagen, dass Sie seine mangelnde Wertschätzung zutiefst verletzt und dass Sie sich wünschen würden, dass er sich manchmal dafür bedankt.

„Was hinter uns liegt und was vor uns liegt, sind kleine Angelegenheiten verglichen mit dem, was in uns liegt", dieses Zitat von Ralph Waldo Emerson möchte ich Ihnen für den zweiten Teil meines Buchs ans Herz legen. Wir haben uns bis hierher eingehend mit dem hinter uns Liegenden beschäftigt. Nun wollen wir uns den Aspekten zuwenden, die *in* uns liegen und die maßgeblich über das bestimmen, was *vor* uns liegt. Unser Selbstwertgefühl, unsere gute Meinung über uns selbst (unsere Selbstwirksamkeit), Glaubenssätze und Kontrollüberzeugungen können uns in allen Lebenslagen als Ressource dienen. Je nachdem, wie wir sie nutzen, können sie uns aber auch im Weg

stehen bei allem, was wir tun. Sie können unsere Gegner sein oder aber unsere Verbündeten. Sie können einen wichtigen Resilienzfaktor darstellen: Resilienz ist die Fähigkeit, Krisen durch das Zurückgreifen auf persönliche und sozial vermittelte Ressourcen zu meistern und als Anlass für unsere persönlichen Entwicklungen zu nutzen.

Was würden Sie sagen, liebe Leserinnen und Leser? Ist Ihr Selbstwertgefühl eher ein Verbündeter in Ihrem Leben oder ein Aspekt, der Ihnen das Leben immer wieder schwer macht und Chancen verbaut? Wie hoch ist Ihr Vertrauen in Ihre Fähigkeiten, Ihr Leben zu meistern? Haben Sie schon einmal über die in Ihnen manifestierten Glaubenssätze nachgedacht, nach denen Sie tagein, tagaus Ihr Leben navigieren? Ist Ihnen schon einmal der Begriff „Kontrollüberzeugungen" begegnet, und wussten Sie, dass sie wesentlich Regie über unser Leben führen?

Selbstwertgefühl – Unser Fels in der Brandung

„Geistige Freiheit, ein starkes Selbstwertgefühl sind die mächtigsten Waffen im Kampf gegen die Sklaverei."
(DIE AUTORIN, FREI NACH MARTIN LUTHER KING)

Unter Selbstwert versteht die Psychologie das subjektive Bild der eigenen Person beziehungsweise die subjektive Einschätzung und Bewertungen, die man über sich selbst hat. Wir haben eine ganz bestimmte Vorstellung davon, welche Stärken und Schwächen wir uns selbst zuschreiben, wie wir gerne sein und wie wir auf andere wirken möchten.

Herr M. kennt sich und kann sich selbst gut einschätzen. Das muss er auch können als Führungskraft. Er weiß, dass er ein liebevoller Familienvater ist, erfolgreich als Geschäftsführer eines

Unternehmens im Berufsleben steht und seinen Erfolg im Leben seiner außergewöhnlichen Durchsetzungskraft verdankt. Die Tatsache, dass er bei seinen Mitarbeitern nicht gerade beliebt ist, ist ihm nicht nur ein Rätsel, ehrlich gesagt ärgert es ihn auch, da Führungskompetenz eigentlich sein Steckenpferd ist und zu seinen besonderen Stärken gehört.

Seine Assistentin beschreibt ihren Vorgesetzten so: „Herr M. ist ehrgeizig und erfolgsorientiert und, wenn alles gut läuft, nett zu uns Mitarbeitern. Aber wehe, es wagt jemand, ihn zu kritisieren, dann wird man von Herrn M. zur Schnecke gemacht, denn er mag es nicht, wenn man ihm widerspricht."

Eines der wichtigsten menschlichen Motive ist das Bemühen, das eigene Selbstwertgefühl zu schützen, zu erhalten bzw. es zu erhöhen. Dabei stellt sich natürlich die Frage, woraus wir Menschen unser Selbstwertgefühl überhaupt beziehen. Das Gefühl, selbst wertvoll zu sein, wird durch viele Erlebnisse und Gegebenheiten beeinflusst und kann sich daher, erfreulicherweise, im Laufe der Entwicklung verändern. Die Wissenschaft unterscheidet drei Arten von „positiver" Selbstbewertung: die stabile Selbstakzeptanz, die instabile Selbstwertschätzung und die egozentrische Selbstaufwertung.

Menschen mit einer stabilen Selbstakzeptanz bewerten sich selbst positiv, gestehen aber auch eigene Schwächen ein und geben Fehler zu. Sie werten andere Menschen nicht ab. Bei Konflikten reflektieren sie die eigenen Anteile, sie stehen zu den eigenen Bedürfnissen und Interessen, ohne die Interessen des anderen zu ignorieren oder sie abzuwerten. Das Annehmen von Kritik ist diesen Menschen gut möglich, ohne dass dabei ihr Selbstwertgefühl infrage gestellt wird. Sie haben es nicht nötig, die eigenen Ideale ständig verwirklicht oder bestätigt zu wissen. Sie orientieren sich nicht am Verhalten anderer, sondern sie versuchen, sich kongruent zu verhalten, das heißt, dass das, was sie denken, was sie fühlen und was sie sagen, in ein und dieselbe Richtung deutet und sich nicht widersprüchlich zeigt. Was diese Menschen fühlen, wird auch zum Ausdruck gebracht, was sie denken, wird auch artikuliert. Das zeichnet einen echten, wahren, „gesunden" Selbstwert aus. Menschen mit einer stabilen Selbstakzeptanz erkennt man daran, dass sie mit sich selbst zufrieden sind, ohne dass sie sich dabei über andere stellen. Sie kennen ihre eigenen Schwächen, verfügen dabei aber über eine stabile Akzeptanz der eigenen Person und werten sich selbst nicht ab.

Herr M. gewinnt im Laufe eines Organisationsentwicklungsprozesses durch das ehrliche Feedback seiner Mitarbeiter die Erkenntnis, dass er zwar ein gutes Durchsetzungsvermögen hat, gut strukturieren kann und auch sonst viele gute Führungseigenschaften hat, aber unfähig ist, Kritik bzw. auch ein konstruktives Feedback anzunehmen. Sein Selbstwertgefühl ist nicht besonders ausgeprägt. In einem Coaching entdeckt er auch die Ursachen dafür. Er ist in einer Umgebung aufgewachsen, in der nur Ergebnisse eine Rolle gespielt haben. Nie hat Herr M., ohne etwas dafür tun zu müssen, Lob oder positive Zuwendung bekommen. Für seinen Vater, einen Unternehmer, zählten ausschließlich Ergebnisse und Leistungen. Herr M. gestand sich bald ein, dass seine dargestellte Selbstsicherheit oft nicht mit seinem inneren Gefühl übereinstimmte und er mitunter wenig nützliche Kompensationsstrategien anwendete. Erfolge, die ausschließlich seine Mitarbeiter erreichten, proklamierte er als seine, und er hatte geschickt gelernt, das nach außen gut zu verkaufen. Bei seinen Mitarbeitern kam das allerdings nicht so gut an. Sein Selbstbild und das Fremdbild klafften sehr weit auseinander.

Anders bei Herrn F., der ein in sich ruhender Mensch ist. Er ist Geschäftsführer in einem Unternehmen und bei seinen Mitarbeitern sehr beliebt. Er ist eine sehr besonnene, ruhige Persönlichkeit. Nichts von dem, was er sagt oder tut, ist nach außen gerichtet. Er hat gerade den größeren Firmenwagen (der ihm laut Vertrag zusteht) abbestellt, weil sich bereits abzeichnet, dass das heurige Geschäftsjahr nicht ganz so gut wird wie gewohnt. Er möchte nicht, dass jemand vom abbestellten

Auto erfährt, ihm ist wichtig, dass sich trotz des schlechteren Geschäftsergebnisses die Bonuszahlungen für die Mitarbeiter ausgehen, denn auf seine Mitarbeiter zählt er auch im nächsten Jahr wieder. Weder ihm noch seiner Frau sind solche Statussymbole wie ein großes Auto wichtig. Sein Leben ist erfüllt von seiner Arbeit, die ihm viel Freude macht, seiner Familie, die bei ihm an erster Stelle steht, und seinem Hobby, dem Angelsport.

Auch Clarissa ist ein Mensch mit einem stabilen Selbstwertgefühl. Sie ist ein stiller Mensch, aber wenn sie einen Raum betritt, fällt sie allen positiv auf. Selbst wenn die Bar voller Menschen ist, die, subjektiv gesprochen, „attraktiver" sind als Clarissa, ist sie es, die einem mit ihrer entspannten Körperhaltung, ihren souveränen Bewegungen, ihrer warmen Ausstrahlung und ihren lächelnden Augen ins Auge springt. Clarissa kennt ihren Wert, sie hält nicht viel von Äußerlichkeiten, ist gepflegt, aber nicht „aufgetakelt", ist korrekt, aber bescheiden gekleidet, weiß, was sie kann und was sie nicht kann, und hat aufgrund ihrer inneren Einstellung und Haltung ein außergewöhnliches Charisma.

Ich würde sagen, dass nur die wenigsten Menschen in dem beneidenswerten Zustand eines guten, stabilen Selbstwertgefühls sind. Die meisten von uns sind in Familien groß geworden, in denen es relativ schlechte Rahmenbedingungen gab (Abwertungen, Ignoranz, Gefühlskälte, fehlende Bezugnahme), um einen gesunden Selbstwert zu entwickeln.

Die instabile Selbstwertschätzung hat viele Gesichter und Ausprägungen. Die im folgenden Absatz beschriebenen Facetten können geballt auftreten oder aber nur vereinzelt. *Menschen mit einer instabilen Selbstwertschätzung* haben im Grunde eine durchaus positive Einstellung zu sich selbst, sie sind dabei aber enorm verletzlich und immer wieder von Selbstzweifeln betroffen. Ihr Selbstwertgefühl ist von äußeren Umständen, allen voran der Anerkennung durch andere, abhängig. Mit

Misserfolgen und Kritik können sie schwer umgehen, und jegliche Form von (vermeintlich) negativen Rückmeldungen aus ihrer Umwelt bringt sie dazu, sich in all ihren Grundfesten infrage zu stellen. Innere wie äußere Konflikte, die diese Menschen austragen, sind geprägt und getragen von Selbstvorwürfen, sehr häufig aber auch von Vorwürfen anderen gegenüber. Ihre Tage sind ausgefüllt damit, keine negativen Eindrücke bei anderen zu hinterlassen, um nur ja keine Kritik, Konflikte oder andere Disharmonien zu erzeugen und um Blamagen auf jeden Fall zu vermeiden. Sie verhalten sich angepasst, meiden das Rampenlicht, wollen nicht unhöflich auffallen. Personen mit instabilem Selbstwertgefühl eignen sich im Laufe ihres Lebens eine Reihe von Verhaltensweisen und Taktiken an, um ihren Selbstwert zu schützen.

Die immerwährende Suche nach Anerkennung, Bestätigung und sozialer Unterstützung ist dabei vorherrschend. Vertraute Personen werden als Komplizen und als „Puffer" verwendet, um den Selbstwert vor Belastungen zu bewahren und aufzufangen. Das wird dann zum Problem, wenn diese von vornherein riskante Strategie in eine Abhängigkeit führt und die Bestätigung und Unterstützung von außen aus welchen Gründen auch immer plötzlich entzogen wird.

Häufig wählen Menschen mit instabilem Selbstwertgefühl auch selbstverletzende und schmerzhafte Strategien, sie machen sich das Leben schwer durch abwertende Gedanken oder Äußerungen wie „Ich bin so dumm", „Ich bin nichts wert" unter gleichzeitigem Wunsch nach sozialer Anerkennung. Diese Instrumentalisierungsstrategie verfolgt die Absicht, dass ihr Umfeld auf sie aufmerksam wird und ihnen versichert: „Du bist doch nicht klein", „Du bist doch nicht dumm" oder „Du bist wertvoll", und sie dient gleichzeitig dazu, sich selbst zu schützen, denn wer sich selbst erniedrigt, kann nicht erniedrigt werden. Eine andere, weitaus extremere Ausprägung so eines Schutzmechanismus ist die, jemand anderen abzuwerten mit dem Hintergedanken und in der Hoffnung, sich selbst dadurch

„größer", „besser" zu fühlen und den eigenen Selbstwert damit vermeintlich zu erhöhen.

Herr M. – Sie kennen ihn schon – ist ein Musterbeispiel für jemanden mit instabiler Selbstwertschätzung. Sein Auftreten ist sehr nach außen gerichtet, so als würde er eine Bühne betreten, sucht er die Blicke seines „Publikums", und er stampft beim Gehen geräuschvoll drauflos. Jedes Mal, wenn einer seiner Mitarbeiter auch nur eine annähernd kritische Anmerkung macht, haben die Mitarbeiter nichts zu lachen, denn Herr M. nimmt jegliche Kritik persönlich, fängt an, laut zu werden und schreckt auch vor untergriffigen Bemerkungen nicht zurück, nur um seine Kritiker möglichst rasch zum Schweigen zu bringen. Zum Glück wurde Herrn M. das bewusst, und er arbeitete intensiv an seinem Selbstwert und seinem Verhalten. Nach einem Jahr bekam er von seinen Mitarbeitern ein sehr positives Feedback. Es fiel ihnen die Veränderung auf, und sie meldeten ihm das in wertschätzender Weise zurück. Das Klima in dieser Abteilung hatte sich deutlich verbessert, und die Arbeit machte plötzlich wieder allen Spaß.

Iris ist auch ein Paradebeispiel für jemanden mit instabiler Selbstwertschätzung. Sie ist den ganzen Tag damit beschäftigt, Kollegen zu helfen und Aufgaben zu erfüllen, die gar nicht in ihren Bereich fallen, und obwohl sie dafür eigentlich gar keine Zeit hat und das außerdem nicht in ihren Aufgabenbereich fällt, organisiert sie heuer auch noch die Firmenweihnachtsfeier („Wer soll es denn sonst machen?"). Sie kommt seit Wochen kaum vor acht Uhr abends aus dem Büro, weil irgendwann muss sie schließlich auch bei ihren eigenen Projekten vorankommen. Wenn dann das Lametta des Firmenchristbaums silbern ist statt golden und deshalb nicht zu den Kugeln am Baum passt, dann macht sie sich im vorweihnachtlichen Verkehr noch höchstpersönlich auf den Weg in die Stadt, um das passende Lametta zu besorgen. Sie fährt dann auch noch schnell bei der Bäckerei vorbei, um ein paar Tortenstücke zu besorgen („Nervennahrung für Chef und Kollegen"), und sie ist zutiefst enttäuscht, weil sich die Geschäftsleitung bei der Weihnachtsansprache mit keinem Wort für die perfekte Organisation bedankt und auch keiner der Kollegen ein Wort darüber verliert.

Auch Hans ist ein Mensch mit instabiler Selbstwertschätzung. Er gilt als einer der besten Verfahrenstechniker in seiner Branche und ist gerade befördert worden, fragt sich aber ständig, ob er diesen Aufstieg wirklich verdient hat. Es plagen ihn immer wieder Zweifel, dass er den Anforderungen in der neuen Position nicht gewachsen sein könnte. Wenn sein Vorgesetzter auch nur eine einzige kritische Frage zu einem seiner Projekte stellt, hat seine Frau Anita nichts zu lachen, denn er lässt seinen Frust an ihr aus. Sie weiß nicht, zum wievielten Mal sie heute hört, dass ihr Mann sich selbst für einen Versager hält und sich sicher ist, demnächst seine Kündigung auf dem Tisch zu haben, und Anita weiß auch langsam nicht mehr, wie sie ihm da helfen kann.

Diese Zerrissenheit und diese ununterbrochenen Zweifel können irgendwann so überhand nehmen, dass sie ohne professionelle Hilfe nicht mehr austariert werden können.

Bei tiefen Selbstzweifeln handelt es sich so gut wie immer um angelerntes Verhalten, um Prägungen aus unserer Kindheit. Die meisten von uns zweifeln im Laufe ihres Lebens immer wieder mehr oder weniger an sich selbst. Aber es macht einen großen Unterschied, ob das ein Dauerzustand ist oder ob es sich um Phasen handelt – Lebensphasen nach einem beruflichen oder privaten Rückschlag, nach dem man an sich selbst zweifelt, sich in gesunder Weise selbst reflektiert und hinterfragt, ob das, was geschehen ist, mit einem selbst zu tun hat beziehungsweise wo die eigenen Anteile für das Geschehen lagen. Es ist normal, dass man nach einem Rückschlag zuerst etwas vorsichtiger ist, weil die Schmerzen des Scheiterns noch so präsent sind.

Ein Kind, das von der Schaukel gefallen ist, wird sich dieser Schaukel die ersten Male vielleicht etwas vorsichtiger und respektvoller nähern, aber bald im Laufe des Spiels nicht mehr daran denken, und sobald die Wunden verheilt, die Pflaster abgenommen sind, wird es wieder auf der Schaukel spielen.

Nach einer gescheiterten Beziehung gehen wir klarerweise mit etwas mehr Vorsicht und Erfahrung ausgestattet in die nächste. Etwas anderes ist es, wenn sich nach einer gescheiterten Beziehung die Selbstzweifel selbstständig machen und uns daran hindern, wieder Vertrauen aufzubauen („Ich bin irgendwie nicht für eine längere Beziehung geschaffen", „Ich bleibe lieber alleine, dann tut mir niemand mehr weh"). Wenn diese Zweifel, diese Vorsicht unser ganzes Leben beherrschen und uns an unserem Glück und einem unbeschwerten Leben hindern, wird die Frage nach dem eigenen Selbstwertgefühl häufig milde belächelt („Du hast ja keine Ahnung, was ich alles mitgemacht habe", „Selbstwert? Ich glaube du nimmst meine Sorgen nicht ernst!"), und doch liefert ein Blick auf unser Selbstwertgefühl fast immer die Antworten.

In meiner Praxis lernte ich eine Frau kennen, die in ihrer Kindheit immer wieder von ihrer Mutter gehört hatte: „Lass das lieber, dann scheiterst du nicht!" Dieses Mantra hat sich bei dieser Frau so tief eingeprägt, dass sie trotz hervorragender Ausbildung und trotz überdurchschnittlicher Leistung im Beruf einfach nicht den Sprung in die gewünschte Top-Position schaffte, und das, obwohl sie dank unermüdlicher Weiterbildungsmaßnahmen ausbildungstechnisch für die betreffende Aufgabe längst überqualifiziert war.

Wenn wir mit so einem negativen Denkmuster ausgestattet an die Verwirklichung unserer Ziele und Träume herangehen, werden wir uns unbewusst selbst im Weg stehen und uns selbst manipulieren, sogar und gerade dann, wenn es um einen Herzenswunsch geht und um etwas, das uns ganz wichtig ist. Eine Behauptung, welche meine Klientin in den Sitzungen zuerst vehement verneinte („Warum sollte ich mich selbst daran hindern?"), bis wir im Laufe unserer gemeinsamen Arbeit herausfanden, dass sie tatsächlich immer dann, wenn es um den nächsten, den finalen Schritt zu ihrem Ziel ging, den Rückzug antrat, indem sie zum Beispiel keine Bewerbung für die intern ausgeschriebene Position schrieb, sondern sich beleidigt in ihr Büro zurückzog in der Haltung: „Ich habe so viel geleistet und hinreichend gezeigt, was ich kann, wenn die nicht von selber draufkommen, dass ich diese Position verdient habe, dann bin ich hier ohnehin fehl am Platz!"

Menschen, die ununterbrochen an sich zweifeln, müssen irgendwann verzweifeln, und es kann passieren, dass dieses Muster in Gedanken zur Selbsttötung gipfelt und wirkliche Lebensmüdigkeit zur Folge hat. Der Gedanke „Wie wäre es, wenn ich einfach nicht mehr da wäre?" in einer Krise oder vermeintlich ausweglosen Situation ist schon einmal zulässig, vielen von uns ist dieser Gedanke möglicherweise schon irgendwann einmal gekommen, aber wir haben ihn nicht weitergesponnen und ihn nicht wirklich in Erwägung gezogen. Für Menschen mit wiederkehrenden Suizidgedanken ist es wirklich wichtig, sich professionelle Unterstützung zu holen – und zwar so schnell es irgendwie möglich ist. Ich höre aus dem Umfeld Suizidaler sehr oft: „Der will doch nur Aufmerksamkeit" – und das stimmt! Wenn Menschen darüber reden oder auch nur andeuten, dass sie sich das Leben nehmen wollen, ist das immer ein Hilferuf, sie suchen Hilfe im Außen. Sie leiden in diesen Momenten an polyvalenten Empfindungen (während wir bei ambivalenten Gefühlen zwischen dem einen und dem anderen Gefühl hin- und hergerissen sind, was nebenbei bemerkt schon schwer genug ist, geht es bei polyvalenten Gefühlen um eine Vielzahl von Gefühlen): Einerseits möchten sie hören: „Das stimmt nicht, dass dich keiner liebt." Andererseits können sie diese Aussage nicht glauben. Sie fühlen sich hin- und hergerissen zwischen leben wollen, aber nicht wissen wie und deswegen lieber sterben wollen, aber eigentlich nur deshalb, weil sie nicht wissen, wie sie leben sollen. Sie wollen wahrgenommen werden, gleichzeitig haben sie unglaublich große Angst, zur Last zu fallen und unbequem zu sein. Dem Wunsch, gesehen und beachtet zu werden, steht die vermeintliche Realität im Weg. Nämlich, dass dieser Wunsch eigentlich unangemessen ist, weil sie es ja gar nicht wert sind, gesehen und wertgeschätzt zu werden. In dieser Polyvalenz ist sterben zu wollen dann ein verzweifelter Versuch, diese unerträgliche Situation zu lösen.

Das Schlimmste, das diesen Menschen passieren kann, ist, dass ihre Hilferufe ungehört verhallen und ignoriert werden. Es würde sie in ihrer Haltung bestätigen, „Ich bin nichts wert" und „Die sind besser dran ohne mich, dann falle ich niemandem mehr zur Last", was natürlich fatale Auswirkungen haben und tatsächlich im Suizid enden kann.

Diese Menschen brauchen professionelle Unterstützung, und wenn sie diese nicht in Anspruch nehmen, wird es für alle Beteiligten unglaublich schwierig zu helfen.

In meiner Praxis betreue ich immer wieder Klienten, die mit jemandem zusammenleben, der entweder bereits Selbsttötungsversuche unternommen hat oder als suizidgefährdet gilt. Für sie ist es unheimlich schwer mitanzusehen, wie jede Hilfe verweigert wird und jedes gut gemeinte Wort und jedes Angebot zur Unterstützung ungehört verhallen. Für sie ist es wichtig, die schwierige Balance zwischen notwendiger Abgrenzung und dem Umgang mit der Situation und der Interaktion mit jemandem zu finden, der so in sich zerrissen ist. So hart es klingt und so schwer annehmbar diese Tatsache scheint: Wir können nur in extremen Ausnahmefällen (nämlich dann, wenn jemand für sich oder für seine Umwelt zur Gefahr wird) Menschen zwingen, sich helfen zu lassen (ich spreche hier von einer Zwangseinweisung oder davon, jemanden gegen seinen Willen in eine geeignete Behandlung zu bringen). Aus meiner Erfahrung weiß ich, dass so eine Maßnahme in den meisten Fällen eine wichtige Hilfe für den einen Moment bringt, aber langfristig ist eine einmalige Unterbringung ohne nachfolgende Therapie keine nachhaltige Lösung. Erst wenn diese Menschen selber daran arbeiten wollen, erst wenn sie sich selbst für das

Leben und gegen das Sterben entschieden haben, kann das nachhaltig zu einer Verbesserung der Situation führen.

Auch bei Menschen, die nicht an Selbsttötung denken, jedoch ununterbrochen an sich zweifeln, gibt es ambivalente, vielleicht auch polyvalente Gefühle und Zerrissenheit. Das mündet häufig in ein besonders widersprüchliches, ich möchte fast sagen paradoxes Verhalten, wenn diese Personen beginnen, sich zu exponieren, also genau das tun, was sie im Grunde fürchten, indem sie unglaublich viel und häufig ungebeten leisten oder sich anbiedern, indem sie anderen ihre Hilfe beinahe aufdrängen und sich immer wieder und bei jeder meist unpassenden Gelegenheit entschuldigen.

Solches Gebaren wirkt wie eine sich selbst erfüllende Prophezeiung. Sie führen selbst herbei, was sie am meisten fürchten: Die anderen wenden sich von ihnen ab, weil ihre devoten Handlungsweisen Ablehnung, Irritation und Wut hervorrufen, und sie fühlen sich dann in ihrer Haltung bestätigt, nichts wert zu sein. Wer so um Beweise der Zuneigung bettelt, jedes Wort oder auch jedes Schweigen der anderen auf die Waagschale wirft, bewirkt langfristig Rückzug und Entfremdung.

Diese Menschen beginnen in ihrer Isolation meist auch noch, Handlungen oder Blicke von anderen völlig fehlzuinterpretieren, was ihre Zweifel bestärkt und bestätigt. Sie unterstellen Menschen etwas, das überhaupt nicht auf einem realen Boden stattfindet, aber durch ihre gedanklichen Konstruktionen, nichts wert zu sein, geben sie diesen Handlungsweisen anderer eine „des Nichtswertseins" bestätigende Bedeutung. Im Dienste ihres Selbstwertgefühls scannen sie ihre Umgebung permanent auf Anzeichen der Geringschätzung und Ablehnung. Jedes (zumeist eingebildete) Absinken in der Gunst anderer wird als bedrohlich empfunden und kann mitunter von einem extrem devoten Verhalten in unglaubliche Aggression umschlagen.

Veronika ist von früh bis spät damit beschäftigt, es allen recht zu machen und zu helfen. Weil ihre Schwiegertochter einmal erwähnt hatte, dass sie eine Vase hübsch fand, hatte sie ihr die gleiche gekauft. Im Winter befreit sie die Einfahrt der Nachbarn zur linken und zur rechten Seite gleich auch noch vom Schnee („Wenn ich schon dabei bin, und die sind doch ohnehin immer so spät dran in der Früh ..."). Seit der Schwiegersohn ihren Kuchen gelobt hat, backt sie alle paar Tage einen für ihn und stellt ihn vor die Haustür. Wenn sie nicht gerade jemandem „hilft", fühlt sich Veronika wertlos bzw. depressiv.

Dass die Kinder kein Wort davon gesagt haben, dass sie übersiedeln, verletzt sie zutiefst, sie hätte doch so gerne geholfen. Weshalb der Nachbar die teure Schneefräse gekauft hat, versteht sie auch nicht, so selten wie der Schnee schaufelt. Veronika orientiert sich ausschließlich an den anderen, das ist einerseits wahnsinnig anstrengend, und andererseits entfremdet sie sich immer mehr von sich selbst. Sie ist so nach außen orientiert, dass sie sich und ihre Bedürfnisse gar nicht mehr wahrnehmen kann. Wenn sie allein ist oder es niemanden gibt, dem sie etwas „Gutes" tun kann, kommen depressive Gefühle (Traurigkeit, Sinnlosigkeit etc.). Diese wiederum fordern sie auf, sofort wieder zu schauen, ob nicht irgendjemand ihre Hilfe braucht. Das ist ein Teufelskreis.

Eine andere Facette wird bei Susanne sichtbar. Sie lebt in ständiger Angst vor anderen, aber das merkt man ihr nicht an. Um ihre Angst, unbeliebt zu sein, und ihr Gefühl der Unsicherheit zu verbergen, ist sie nämlich die Lauteste im ganzen Büro, sie lacht über alles und immer ein wenig zu laut. Die Kollegen sind über Susannes aufgedrehte Art oft irritiert und machen sich manchmal tatsächlich lustig über sie, sie verstehen nicht, warum Susanne sich „so aufführt", denn das hätte sie doch eigentlich „überhaupt nicht nötig". Susanne hat sehr empfindliche Antennen und merkt, dass die anderen hinter ihrem Rücken über sie reden und fühlt sich in ihrer Haltung bestätigt, dass die anderen sie nicht mögen.

Die latente Angst, nicht akzeptiert oder gemocht zu werden, treibt eine weitere giftige Blüte: Menschen mit einem instabilen Selbstwertgefühl beginnen häufig, Situationen zu meiden, in denen ihr Selbstwertgefühl verletzt werden könnte. Sie bewegen sich nur noch in absolut sicheren Kreisen, in denen sie keine Ablehnung oder Kritik fürchten müssen, oder sie ziehen sich aus für sie riskantem Terrain gänzlich zurück, um gar nicht erst Gefahr zu laufen, Ablehnung oder Geringschätzung erfahren zu müssen.

Der Geschäftsinhaber tritt mit dem Vorschlag beziehungsweise der Bitte an seine Führungskraft Herrn B. heran, sich doch etwas mehr Zeit für seine Mitarbeiter zu nehmen, ihre Leistungen positiv anzuerkennen und ihnen den Rücken zu stärken. Anstatt diesen Hinweis als das wohlmeinende Feedback zu sehen, als das es gedacht war, ortet Herr B. negative Kritik und empfindet diese Bitte als komplette Demontage seiner Autorität und als Infragestellung seiner Führungsfähigkeiten. Er fühlt sich klein, abgewertet und empfindet unbändige Wut auf seinen Vorgesetzten.

Immerwährende Anpassung und fortwährendes „Auf-der-Hut-Sein" ist auf Dauer nicht nur anstrengend, sondern führt letztendlich auch dazu, dass solche Menschen sich verstellen. Das ist wiederum ein Teufelskreis, denn das bedeutet in weiterer Folge, dass die Rückmeldung der anderen zur eigenen Person und zum eigenen Verhalten überhaupt nicht dem realen Selbstbild entsprechen kann. Sie sind an das gerichtet, was der andere sieht.

Sie würden überrascht sein, wie viele der Personen, die Sie auf unterschiedlichen Bühnen bei Vorträgen schon gesehen haben und noch sehen, in dieser öffentlichen Situation extreme Ängste ausstehen, sie sogar mit Medikamenten, Drogen oder Alkohol zu ersticken versuchen. Diese Menschen machen auch einen wirklich beachtlich guten Job und zeigen sich in einem selbstbewussten Kleid, aber sie haben sich eben eine Fassade zugelegt, die sie die Situationen in der Öffentlichkeit überleben und überstehen lässt, allerdings um den hohen Preis, dass niemand merkt, welche Ängste und Zweifel sie quälen. Das führt zu tiefer Ohnmacht und Verzweiflung, weil sie aus diesem Kreis nicht mehr ausbrechen können, ihre wahren Gefühle mit niemandem teilen können. Sie hören zwar Rückmeldungen ihrer Umwelt, die sich auf das außen Sichtbare beziehen wie zum Beispiel „Du gehörst einfach auf die Bühne", „Ich könnte dir ewig zuhören!" – aber es prallt ab, dringt nicht ein, kommt nicht bei ihrem Selbst an. Denn das, was sie zeigen, ist nicht ident mit dem, was sie fühlen.

Für Menschen, die aus unterschiedlichen Gründen nicht sie selbst sind, sich verstellen und mit viel Aufwand eine Fassade aufrechterhalten, gibt es für Rückmeldungen aus ihrem Umfeld keine reale Basis, und so fördern diese eine völlig verzerrte Selbstwahrnehmung. Das Umfeld bekommt ja nur das zu sehen, was die Person zulässt, aber das entspricht eben überhaupt nicht dem realen Empfinden dieses Menschen. Menschen mit einem instabilen Selbstwert stolpern, ohne es zu merken, in die fatale Falle der inkongruenten Kommunikation: Sie denken und fühlen anders, als sie reden und handeln. Was sie denken, sprechen sie nicht aus, und was sie fühlen, zeigen sie in aller Regel auch nicht.

Heinz wird in der Sitzung von seinem Vorgesetzten gebeten, eine wichtige Präsentation zu übernehmen, und er fragt ihn, ob er sich das zutraut, ob er sich mit dieser Aufgabe wohlfühlt und ob er dafür noch irgendwo Hilfe braucht.

Heinz bekommt weiche Knie, wenn er nur daran denkt, vor diesen wichtigen Kunden zu präsentieren. Das ist überhaupt so ziemlich das Allerschlimmste, was ihm hat passieren können: Vor anderen Leuten sprechen zu müssen verursacht bei ihm regelrechte Panik, aber das kann er natürlich niemandem sagen. Heinz überlegt, was die Kollegen denken, ob die sich nach der Sitzung vielleicht gleich über ihn lustig machen würden? Bestimmt sind sie sicher, dass die Präsentation ein Desaster werden wird, und vermutlich haben sie recht. Heinz ist sicher, dass ihm die Kunden ansehen werden, wie nervös er ist, und kann jetzt schon keinen klaren Gedanken mehr fassen beim Gedanken, dieser Situation hilflos ausgeliefert zu sein.

„Hilfe? Nein, danke, das schaffe ich schon! Ich freue mich auf die Herausforderung – vielen Dank für Ihr Vertrauen!", sagt Heinz zu seinem Vorgesetzten.

Inkongruente Kommunikation ist auch eine sehr häufige Ursache bei Problemen innerhalb von Partnerschaften. Wenn ein Partner sich permanent stark zeigt und sein inneres Unbehagen oder seine Ängste nicht zum Ausdruck bringt, während er sich eigentlich ganz unsicher fühlt, passiert es, dass seine bessere Hälfte dann oft sehr robust mit ihm umgeht, ihn stark konfrontiert, angreift oder auf seine Gefühle keine Rücksicht nimmt, statt dass sie das tut, was der andere normalerweise brauchen würde, nämlich dass er gehalten und getröstet wird. Diese unausgesprochenen Erwartungen bergen hohes Konfliktpotenzial, denn werden Erwartungen und Wünsche nicht ausgesprochen, wird die Partnerschaft zum Roulette, und ein Teil ist ständig dem Risiko ausgesetzt, einmal richtig, einmal falsch zu liegen.

Es wurde wissenschaftlich nachgewiesen, dass ein instabiles Selbstwertgefühl häufig depressive Gefühle und ein defensives Verhalten nach sich zieht beziehungsweise begünstigt. Der instabile Selbstwert wird deshalb auch immer wieder als defensiv hoher Selbstwert bezeichnet. Außerdem stellte man fest, dass diese Menschen stärker auf positive und negative Ereignisse reagieren und sich auch in zwischenmenschlichen Beziehungen aggressiver verhalten als Menschen, die ein stabiles Selbstwertgefühl haben.

Unser Selbstwertgefühl ist eine äußerst labile Größe. Es ist einerseits abhängig von unserer momentanen sozialen Situation, ob wir also gerade Lob oder Kritik, Zuwendung oder Ablehnung erfahren. Und es hängt davon ab, wie stark oder wie schwach unser Basis-Selbstwertgefühl ist, das heißt, ob wir eher ein stabiles oder ein instabiles Selbstwertgefühl unser Eigen nennen. Menschen mit einem stabilen Selbstwertgefühl wird ein Kellner, der sie übersieht, nicht aus der Ruhe bringen, auch wenn sie keinen guten Tag hatten und vor dem Nachhausegehen noch eine gehörige Portion Kritik von ihrem Vorgesetzten einstecken mussten. Sie werden die Unaufmerksamkeit des Kellners nicht auf sich beziehen, werden ihn wertschätzend damit konfrontieren und ihre Bedürfnisse klar, aber ruhig zum Ausdruck bringen. Wenn das nichts hilft, werden sie auch ihren Ärger artikulieren, aber sie müssen dabei nicht schreien oder sich sonstwie grenzüberschreitend verhalten. Die Kritik des Vorgesetzten werden sie mit sich allein oder mit einem Kollegen in aller Ruhe reflektieren, und sie werden dabei nicht sofort verzweifeln oder sich gar selbst abwerten.

Dass ich den Ausführungen zum instabilen Selbstwertgefühl im Vergleich zu den anderen beiden Gruppen einen vergleichsweise großen Platz eingeräumt habe, hängt damit zusammen, dass dies wohl die größte Gruppe und damit wohl auch einen großen Teil meiner Leserinnen und Leser repräsentiert: Menschen, die zur Selbstreflexion bereit sind und wissen, dass niemand vollkommen ist, aber dass wir alle uns in ständiger Entwicklung befinden. Unser Ziel ist es nicht, gänzlich vollkommen zu werden, unser Ziel ist es, jeden Tag ein wenig vollkommener zu werden. Dazu ist es wichtig, unsere Schwächen anzuerkennen, denn nur dann ist Veränderung auch wirklich möglich. Aber eben auch unsere Stärken und Ressourcen wahrzunehmen, nicht (nur) im Negativen haften zu bleiben, sondern die positiven Kräfte in uns zu nutzen und zu mobilisieren, um das Negative in unserem Leben zu minimieren.

Aus einer vermeintlichen Minderwertigkeit und Unvollkommenheit eine neue Lebenseinstellung zu gestalten – „Es fehlt uns immer ein Stück, und das gehört zum Menschsein" –, das ist das Ziel. Ein instabiler Selbstwert kann sich stabilisieren – der

Weg dorthin bedarf einer hohen Achtsamkeit im Hinblick auf unsere Gedanken, unser Verhalten und unser Handeln. Das ist alles änderbar, wenn wir wollen.

Menschen mit egozentrischer Selbstaufwertung sind jene, die sich tendenziell auf Kosten anderer aufwerten und sich über andere stellen. Sie vermitteln den Eindruck, sie stünden über den Dingen und über anderen Menschen. Dieses Verhalten verhindert eine Prüfung der eigenen Einschätzung und der eigenen Auffassungen, und es verhindert ein Hinterfragen der sozialen Realität.

Herr J. ist ein klassischer Vertreter dieses Typs. Er ist beruflich erfolgreich, finanziell abgesichert und der Typ Mann, der mit beiden Beinen im Leben steht. Im Job gilt er als jemand, der „über Leichen geht", und im Freundeskreis brüstet er sich regelmäßig damit, wenn er seine Sekretärin mit respektlosen Bemerkungen und Provokationen zum Weinen gebracht hat. Er lacht dann selbst am lautesten und merkt gar nicht, dass er der Einzige in der Runde ist, der das amüsant findet.

Der egozentrische Typ grenzt eng an die narzisstische Persönlichkeit, und die Übergänge sind hier je nach Ausprägung unterschiedlicher Facetten dieser Persönlichkeitsstruktur sehr fließend. Die narzisstische Persönlichkeit ist so selbstverliebt und mit sich beschäftigt, dass sie andere Menschen überhaupt nicht mehr wahrnimmt, und das hat natürlich, ebenso wie die egozentrische Selbstaufwertung, eine hohe soziale Unverträglichkeit. Diese Menschen sind nicht zuletzt deshalb häufig extrem einsam. Dabei sind es gerade diese Persönlichkeiten, die alles andere als allein sind, denn es gibt viele, die sich in der augenscheinlichen Kraft und dem Selbstbewusstsein, in dem sich der egozentrische Typus oft präsentiert, sehr sicher fühlen, allen voran Personen mit einem eher instabilen Selbstwertgefühl, die hier Anerkennung gegen Bewunderung tauschen.

Menschen, die eine Tendenz zur egozentrischen Selbstaufwertung haben, sind häufig mit großer Macht ausgestattet, und in ihrem Dunstkreis gibt es viele, die um sie herumscharwenzeln, einerseits, um am Machtkuchen mitzunaschen, andererseits, um sich vor Abwertung zu schützen. Letzteres gestaltet sich allerdings sehr schwierig bei diesem Typus, der nämlich nicht gerade zimperlich ist, sein Umfeld „klein" zu machen, um sich selbst größer zu fühlen. Da solche Persönlichkeiten sehr gefürchtet werden, nimmt nur selten jemand die Chance zu einem kritischen Feedback wahr – aus Angst vor unangenehmen Konsequenzen und vielleicht auch aus der Erfahrung heraus, dass kritische Inputs bei diesem Typus ohnehin auf wenig fruchtbaren Boden fallen.

Herr V. – Vorstand eines großen Unternehmens – schaffte es immer wieder, seine Geschäftsführer verbal abzuwerten. Er selbst nahm diese Abwertungen gar nicht mehr wahr, zumindest machte es für alle Betroffenen diesen Eindruck. Herr P. war einer seiner Geschäftsführer und leitete einen für den Konzern zentralen Bereich. Herr P. musste laut seinen eigenen Angaben immer erreichbar sein. Frühmorgens bis spät in die Nacht hinein hatte er sein Handy auf Empfang. Eines Tages erlaubte sich Herr P., beim Sponsionsfest seines Sohnes während des Festakts sein Handy auszuschalten. Seiner Frau zuliebe, aber auch weil er diesen Anlass genießen wollte. Natürlich versuchte ihn Herr V. genau in diesen zwei Stunden zu erreichen. Er hatte es neunzehnmal probiert und auf der Mailbox massiv beschimpfende Nachrichten hinterlassen. Sofort nach dem Festakt ging Herr P. telefonieren und teilte dem Vorstand mit, dass gerade die Sponsionsfeier seines Sohnes stattfand. Herr V. antwortete: „Das ist mir scheißegal. Ich erwarte, dass Sie in einer Stunde hier sind." Herr P. war in Wien und konnte unmöglich in einer Stunde in Oberösterreich sein. Diese Tatsache teilte er seinem Vorstand mit, der darauf antwortete: „Schwingen Sie Ihren Arsch hierher, und zwar sofort, mich interessiert die Sponsion Ihres Sohnes nicht." Herr P. tat, wie ihm befohlen. Er verließ das Fest und machte sich auf den Weg. Das Gespräch vor Ort dauerte zehn Minuten, und es ging dabei um Alltagsgeschäft – keine Krise, keine Ausnahmesituation, nur ein paar Auskünfte wurden von ihm benötigt. Auskünfte, die im Übrigen auch telefonisch möglich gewesen wären. Das war kein Einzelfall, und Herr P. ärgerte sich zwar sehr über dieses Verhalten, aber er hatte nie mit Herrn V. darüber gesprochen.

Das sind typische Verhaltensweisen (mein Anliegen ist das Wichtigste, deine Bedürfnisse interessieren mich nicht, ich will etwas, und zwar sofort, ungeachtet dessen, was du gerade tust) eines massiv egozentrischen bzw. narzisstischen Menschen (Herr V.) und gleichzeitig eine sehr häufig gezeigte Reaktion darauf (Herr P.; ich ärgere mich zwar, aber ich sage lieber nichts). Durch diese Handlung bzw. dieses Verhalten griff Herr P. sein eigenes Selbstwertgefühl ständig an und wertet sich dadurch selbst ab. Das ist ein Teufelskreis, der erst unterbrochen wird, wenn Herr P. achtsamer mit seinen eigenen Grenzen umzugehen lernt.

Wie es um den Selbstwert von Herrn P. steht, können Sie nun, liebe Leser und Leserinnen, mit Sicherheit selbst einordnen. Keine Rückmeldung bzw. kein Feedback dazu, keine Abgrenzung, kein Korrektiv, bedingungsloser Gehorsam – so wird das Verhalten des einen, das Verhalten des anderen und wiederum umgekehrt aufrechterhalten bleiben. Herr V. wird mit solchen Umgangsformen zwar einsam sein, aber eben nicht allein. Er ist umgeben von Menschen, die ihn zwar verachten, ihm das aber nie sagen oder zeigen würden – aus Angst vor den Konsequenzen. In einer Beziehung, in der man sich von solchen Menschen abhängig fühlt (Angst um den Arbeitsplatz etc.) ist das auch zweifelsohne eine schwierige Entscheidung. Es hat aber in solchen Fällen auch das Bleiben auf lange Sicht einen extrem hohen Preis. Eine traurige Geschichte zwar, aber keine mit Seltenheitswert. Unsere Welt ist voll von solchen Persönlichkeiten, und es gibt viel zu häufig derart ungesunde Interaktionsmuster.

Wenn Sie erst einmal bei sich selbst „angekommen" sind und sich als das Wunder akzeptiert haben, das Sie sind, mit all Ihren Fehlern und den vielen Stärken und Einmaligkeiten, dann werden Sie sich fragen, weshalb Sie nicht schon viel früher auf Ihren Selbstwert geachtet haben, der darauf pocht, von Ihnen anerkannt zu werden.

Eine ganze Reihe von Experten hat sich dem Thema des Selbstwertgefühls gewidmet, die Familientherapeutin Virginia Satir war eine von ihnen. Virginia Satir war überzeugt davon, dass die Menschen einen inneren Drang verspüren, ihr menschliches Potenzial zu entwickeln, und dass dies eine wesenseigene positive Energie ist, die wir Lebenskraft nennen. Unsere Lebenskraft treibt uns psychisch, emotional, geistig und auch spirituell während unseres ganzen Lebens an. Daraus leitete Virginia Satir die Tatsache ab, dass wir alle unseren wesenseigenen Wert haben. Wir kommen auf die Welt und sind bereits mit unserem einzigartigen Wert ausgestattet, und zwar alle gleichermaßen. Die zentrale Frage zum Selbstwert ist also nicht, *ob* wir so etwas wie einen Selbstwert besitzen. Die Frage, die sich vielmehr stellt, ist die, ob und wie intensiv wir unseren Selbstwert internalisiert und manifestiert haben. Unser Selbstwert ist da, und er kämpft darum, von uns erkannt und anerkannt zu werden.

Virginia Satir ging davon aus, dass das menschliche Wachstum in dem Augenblick beginnt, in dem der Mensch seinen Wert anerkennt. Im Wissen, dass er als Mensch in jeder Situation und in jedem Moment einzigartig ist, wird menschliches Wachstum anfangen, bewahrt oder zum Positiven verändert. Ein schwaches Selbstwertgefühl beeinträchtigt die Fähigkeit, in unterschiedlichen Situationen Klarheit zu erhalten und zu entscheiden, und es beeinträchtigt uns besonders auch darin, Beziehungen einzugehen, nämlich wirklich nährende und vertrauensvolle Beziehungen zu anderen Menschen. Wer das Gefühl nicht in sich trägt, einen wesenseigenen Wert zu haben, bringt auch nicht ausreichend viel Selbstvertrauen auf, Neues auszuprobieren, sich zu positionieren, Ziele zu verfolgen, sich zu entfalten und sich zu öffnen.

Die Kunst, egoistisch zu sein

„Worüber schreibst du gerade?" – „Über unseren Selbstwert und über die Freundschaft mit uns selbst." „Aha! Du schreibst also über Egoismus …"

In meiner Praxis sagte ich zu einer schwer körperlich erkrankten Patientin: „Es ist wichtig, dass Sie gut auf Ihre Bedürfnisse achten – Sie sind im Moment die wichtigste Person in Ihrem Leben." Die Patientin sagte, wie aus der Pistole geschossen: „Ist das nicht sehr egoistisch?"

Leider ist es so, dass das Wort Egoismus in unserer Gesellschaft sehr negativ behaftet ist. Menschen mit einem guten und stabilen Selbstwert werden oft als egoistisch bezeichnet, weil sie gut auf sich achten und für ihre Bedürfnisse kämpfen. Egoismus ist aber kein pathologischer (kranker, krankmachender) Zustand. Ich halte Egoismus für etwas Gesundes, Altruismus (selbstloses Handeln, Zurückstellen der eigenen Anliegen bis hin zur Selbstaufgabe – wir sehen nur, was die anderen brauchen und nicht, was wir selbst brauchen) und Arroganz (außer uns selbst interessiert uns nichts und niemand, alle außer uns selbst werden völlig ignoriert) betrachte ich als die beiden gegenteiligen Ausläufer.

„Egoismus" wird meistens abwertend als Synonym für rücksichtsloses Verhalten verwendet und damit negativ beurteilt. Der Begriff beschreibt dann die Haltung, ausschließlich äußerliche persönliche Interessen zu verfolgen ohne Rücksichtnahme auf die Belange oder sogar zu Lasten anderer.

„Gesunder Egoismus" erfährt in unserer Gesellschaft hingegen eine positive Wertung, impliziert der Begriff doch irgendwie, dass der „gesunde Egoist" anderen keinen Schaden zufügt. Umgekehrt existiert aber auch die Auffassung, dass Altruismus erst durch das Erlangen des eigenen Wohls möglich ist, etwa analog zu der Regel, die bei Rettungseinsätzen gilt, dass der Eigenschutz die erste Maßnahme der Ersten Hilfe ist, oder wie bei dem Bibelzitat: „Du sollst deinen Nächsten lieben wie dich selbst."

Egoismus meint hier also, sich selbst wertzuschätzen und auf sich zu achten, ohne den anderen dabei zu ignorieren bzw. ihm vorsätzlich zu schaden, auch wenn das dem anderen nicht gefällt oder seine Bedürfnisse nicht berücksichtigt. So sind diese Handlungen ethisch voll legitimiert, und oft sind sie sogar notwendig. Zu einer gelungenen Entwicklung gehört, seine eigenen Bedürfnisse wahrzunehmen und zu ihnen zu stehen, selbst dann, wenn sie im Widerspruch zu den Bedürfnissen einer anderen Person stehen, insbesondere einer, die wir lieben. Ist das nicht egoistisch? Nein, das ist wichtig und heißt, Verantwortung für uns zu übernehmen. Im Übrigen, wenn es uns gut geht, hat das auch eine positive Auswirkung auf unsere Umwelt.

Uns selbst anzuerkennen, wertzuschätzen, uns selbst zu mögen und gut auf unser Inneres und unser Äußeres aufzupassen hat mit Egoismus im Sinne von Rücksichtslosigkeit nichts zu tun. Denn wir schließen andere nicht aus und werten andere nicht ab, wir verletzen niemanden mit Absicht und stellen uns nicht über andere.

Aus meiner therapeutischen Erfahrung heraus weiß ich, dass das Thema Egoismus relativ schnell zur Hand ist, wenn jemand plötzlich damit beginnt, Neues (Denken, Verhalten, Kommunizieren) auszuprobieren, Ziele zu verfolgen, sich das Recht herausnimmt, sich zu entfalten, sich zu öffnen, Fragen zu stellen und auch einmal „Nein" zu sagen. Die Klienten selbst fragen sich: „Ist das nicht egoistisch?" Auch im familiären Umfeld oder Freundeskreis kann derlei Veränderung Irritation verursachen, und oft dauert es nicht lange, bis einem der Vorwurf entgegengeschleudert wird, unsagbar egoistisch zu sein.

Das ist der Grund für diesen kleinen Exkurs. Sie können ihn zum Argumentieren verwenden, wenn Sie das möchten, aber in erster Linie ist er für Sie gedacht, liebe Leserinnen und Leser, denn um Ihre innere Haltung geht es, und wenn Sie sich Veränderung wünschen, weil sie Ihnen gut tut und weil sie gesund ist für Sie, dann hat die Realisierung Ihrer Idee nichts mit Egoismus zu tun. Weil ich es so oft erlebe, dass der Vorwurf des Egoismus daherkommt, war es mir wichtig, das Bild von vornherein zurechtzurücken.

Weshalb sich unsere Geschichten mit uns verändern

Der Rückblick auf unsere Herkunft hat uns gezeigt, wer wir sind und warum und welche Verhaltensweisen uns vielleicht heute auf dem Weg zu einem erfüllten und selbstbestimmten Leben im Weg stehen. Vielleicht haben Sie festgestellt, liebe Leserinnen und Leser, dass es für Sie einiges zu tun gibt? Ist Ihnen bewusst geworden, dass Sie Ihren Eltern in Ihren Handlungsweisen mehr ähneln, als Sie dachten? Vielleicht sind Sie bei der Beschreibung der unterschiedlichen Varianten positiver Selbstwertschätzung über die eine oder andere Information oder Aussage gestolpert, die Ihnen bekannt vorkommt, und Sie sind auf Umstände gestoßen, die Ihnen veränderungswürdig erscheinen?

Haben Sie das Gefühl, dass es beinahe unüberschaubar ist, was Sie an sich ändern wollen oder woran Sie arbeiten müssen, um zu einem stabilen Selbstwertgefühl und in weiterer Folge zu einem selbstbestimmten, freien Leben zu finden?

Der Gedanke, uns einfach abschütteln und ganz von vorne anfangen zu können, ist sehr verlockend, aber glauben Sie mir, es ist so viel schöner und befreiender und verleiht eine nie gekannte Stärke, wenn wir das annehmen und lieben lernen, was, wie und wer wir sind, und wir aus eigener Kraft und mit eigenem

Willen Veränderung herbeiführen. Jede Reise beginnt mit dem ersten Schritt, und alles, was wir uns für unsere Zukunft wünschen, steckt in uns selbst! Sehen Sie es also als einen ersten Schritt, erkannt zu haben, dass das eine oder andere, vielleicht sogar vieles, verändert werden soll. Seien Sie nicht entmutigt, sondern freuen Sie sich auf die vor Ihnen liegenden Aufgaben. Schritt für Schritt, eines nach dem anderen. Beginnen Sie mit dem, was Ihnen am allerwichtigsten erscheint, und lassen Sie das andere einfach noch so sein, wie es ist. Dann der nächste Schritt und so weiter.

Jeder von uns definiert sich immer wieder neu. Durch neue Eindrücke und neue Erfahrungen sind wir permanent dazu aufgefordert, uns immer wieder neu auszurichten. Niemand bleibt immer gleich. Es gibt eine Reihe „eingefahrener" Verhaltensmuster, dennoch verändert uns jedes Erlebnis und jede neue Lebenserfahrung. Das Leben bearbeitet und formt uns kontinuierlich – wie das Wasser einen Stein im Fluss.

Ist Ihnen schon einmal aufgefallen, dass Menschen die besonderen Geschichten, die sie ein Leben lang erzählen, nicht immer gleich erzählen, sondern dass die Geschichten sich verändern? Aspekte der Geschichte treten in den Vordergrund, werden schwächer oder verschwinden sogar ganz, die emotionale Färbung der Geschichte, die Tonalität, in der sie erzählt wird, verändern sich.

Claudia zum Beispiel erzählt seit ihrer Schulzeit immer wieder die Geschichte, wie in ihrem Elternhaus eingebrochen wurde, während sie und ihr Bruder im ersten Stock schliefen und die Eltern nicht im Haus waren.

In der ersten Zeit dominierten bei ihren Erzählungen die Eckpunkte, dass die Geschwister während des Einbruchs tief und fest geschlafen hatten und nicht einmal durch die berstende Glasscheibe wach geworden waren, dass der Einbrecher von den heimkommenden Eltern aufgeschreckt worden war und deshalb so gut wie nichts gestohlen hatte und dass alle Nachbarn in ihren Morgenmänteln mitten in der Nacht der Polizei beim

Spurenlesen behilflich gewesen waren. Emotional empfand sie bei der Erzählung immer noch ein sehr mulmiges Gefühl. Ihre Hände wurden nass, und ihr Herz schlug schneller.

Ein paar Jahre später gruselten sich Claudias Freundinnen bei dem Gedanken, was wohl geschehen wäre, wären die Geschwister aufgewacht. Immer noch überwog der Schrecken der Geschichte.

Später beschäftigte Claudia bei ihren Erzählungen, woher der Einbrecher gewusst hatte, dass die Schmucklade im Elternschlafzimmer unverschlossen gewesen war, und vor allen Dingen, weshalb er zielstrebig am Kinderzimmer vorbei zum Elternschlafzimmer gegangen war. Hatte er am Ende unbemerkt ins Zimmer geblickt, die Geschwister schlafen sehen und sie nicht als Gefahr erachtet? Jetzt überwog detektivische Neugier, die Hände wurden nicht mehr feucht.

Vor Kurzem hörte ich die Geschichte wieder. Claudia vermutete, dass der Täter ein ehemaliger Mitarbeiter ihres Vaters gewesen war, der ihn um einen Privatkredit gebeten hatte, den Claudias Vater abgelehnt hatte. Die schweren silbernen Bilderrahmen mit allen Familienmitgliedern darauf, die während des Einbruchs vom Täter von der Kommode genommen und auf dem Bett drapiert worden waren, waren doch als Warnung zu verstehen gewesen, oder nicht? Dieses Detail hatte sie bisher ausgelassen. Die Erzählform von Claudia hatte sich verändert, und ihr innerer Zustand war ein anderer geworden. Die Betonung ihrer Erzählungen sowie die für sie wichtigen Stellen und die daraus resultierenden Fragen hatten sich ebenfalls verändert.

Vielleicht gibt es auch im Zusammenhang mit Ihren Eltern eine Geschichte, die Sie bereits Ihr ganzes Leben lang begleitet und die Sie zu unterschiedlichen Gelegenheiten immer wieder erzählen. Fällt Ihnen dabei auf, dass sich diese Geschichte in Ihrer Darstellung verändert hat? Möglicherweise haben sich die Dramatik und die dazugehörige Verletztheit für Sie gewandelt?

Wir können es uns jetzt leicht machen und behaupten, das hätte mit reiner Höflichkeit zu tun und mit der Tatsache, dass wir ja niemanden langweilen wollen, am wenigsten uns selbst, und dass wir daher in die Erzählung immer mal ein paar Varianten einbauen, nur so und für den Fall, dass wir sie schon erzählt haben.

Die Wahrheit ist aber, dass sich unsere Geschichten mit uns mitentwickeln. Erzählen wir ein und dieselbe Geschichte immer wieder neu, wird damit unsere Vergangenheit jedes Mal neu bewertet und geordnet. Schreckliche Geschichten werden in der Erzählform verarbeitet, und wenn sie erst einmal verarbeitet sind, verändert sich die Geschichte mit dem unterschiedlichen Grad der Verarbeitung. So werden aus traumatischen Geschichten Heldengeschichten, aus peinlichen Momenten willkommene Lachgaranten für gesellige Runden, aus schmerzhaften Erlebnissen Lehren für das ganze Leben.

Das Leben, das wir in diesen Geschichten beschreiben, ist ja nicht das *gelebte* Leben, sondern es ist das *beschriebene* Leben. Wir *beschreiben* unsere Sehnsüchte, Hoffnungen, Enttäuschungen und unsere Eindrücke zu einem späteren Zeitpunkt, als wir sie erlebt haben, deshalb hat sich in unserer Gefühlswelt schon wieder vieles verändert zu dem Zeitpunkt, an dem wir die Geschichten erzählen. Und das Erzählte prägt uns durch den Vorgang des Erzählens und die dabei aufkommenden Gefühle immer wieder neu.

Wenn Ihnen das beim nächsten Mal auffällt, bei Ihnen selbst oder bei Ihrem Gegenüber, erinnern Sie sich daran, dass hier nicht Baron Münchhausen am Werk war, sondern das Leben selbst mit seinem speziellen Dreiklang: aufarbeiten, verstehen, differenzieren. Auch das ist ein guter Grund, über die unangenehmen Erfahrungen in der Vergangenheit zu erzählen, weil sich schon alleine deshalb etwas in uns und der Bedeutungsgebung der Ereignisse verändert. Wenn etwas aufgearbeitet, verstanden und differenziert wurde, können wir es in der Zukunft integrieren, in einer Weise, die uns nicht mehr belastet.

Wir alle haben also unseren wesenseigenen Wert, dies ist eine unverrückbare Tatsache. Was wir uns fragen sollten, ist, wie es um unser Selbstwertgefühl bestellt ist, wie sehr unser wesenseigener Wert von uns anerkannt und akzeptiert wird. Denn erst von dieser Ebene des Sich-selbst-Akzeptierens können wir gute und gesunde, intime wie freundschaftliche und familiäre Beziehungen führen. Das bedeutet durchaus nicht, dass uns alles gefällt, was andere Menschen tun, und es heißt auch nicht, dass allen anderen gefällt, was wir tun. Sondern es bedeutet, dass wir Unterschiede akzeptieren und in einer ehrlich-kongruenten Form in der Lage sind, uns über uns selbst und über die Menschen, mit denen wir in Beziehung stehen, zu äußern. Dieser Dialog ist deshalb so wichtig, weil er Orientierung und Klarheit schafft zwischen uns und unserem Umfeld und uns vor Missverständnissen und falschen Erwartungen beschützt.

Die selbstbezogene Kommunikation verzichtet dabei auf jede Form von Bewertung. Das heißt: Wir *beschreiben* was wir fühlen, statt über uns selbst oder andere zu werten oder das, was wir fühlen, *ab*zuwerten. Denn jedes Gefühl macht Sinn, und zwar zu jeder Zeit! Es ist wichtig, dass wir lernen, zu *beschreiben*, was wir fühlen und was wir denken, dabei aber *keine Bewertung* vornehmen, sondern ausschließlich in der Beschreibung bleiben. Selbstbezogene Kommunikation schützt uns vor Grenzüberschreitungen und davor, andere zu verletzen. Es steht uns nämlich nicht zu, über andere zu urteilen, aber es ist unser Recht, auszudrücken, dass uns das Verhalten einer anderen Person zum Beispiel unangenehm ist.

„Dein Verhalten irritiert mich" und nicht: „Dein Verhalten ist irritierend".

„Die Bemerkung verletzt mich" und nicht: „Du bist verletzend".

Bemerken Sie den Unterschied in der Wirkung der einzelnen Aussagen?

Ich hatte vor kurzer Zeit ein amüsant-interessantes Erlebnis beim Einkaufen. Ich stand an der Käsetheke und wartete, bis ich an der Reihe war, als mir plötzlich ein zirka drei Jahre alter Junge ins Auge fiel. Er schob laut plappernd seinen kleinen Einkaufswagen vor sich her und imitierte dabei offenbar jemanden, indem er Folgendes sagte: „Jetzt müssen wir wieder für die Tante Anni diese dämliche Sojamilch kaufen, weil sie sich einbildet, sie ist allergisch gegen unsere normale Milch ... und die neugierige Nachbarin hat auch nichts Besseres zu tun als ...“

Ich glaube nicht, dass der kleine Mann ein Problem mit Sojamilch oder der Nachbarin hatte, sondern vielmehr, dass er in dem Moment nachplapperte, was er vielleicht kurz vorher von seiner Mutter oder einer anderen Bezugsperson irgendwie mitbekommen hat.

Eltern sind hier mit ihrer Vorbildwirkung natürlich modellbildend und prägen unseren Sprachstil. Das sieht man, wenn Kinder mit Puppen spielen und in der Rolle der „Puppenmutter“ den Sprechstil der Mutter übernehmen.

Wenn innerhalb des Familiensystems kräftig geflucht wird und das sozusagen zur Familienkultur gehört, braucht die Kindergartenpädagogin nicht viel Fantasie, um herauszufinden, woher das Kind dieses Verhalten hat.

Das ist aber nur die Spitze des Eisbergs, denn beispielsweise beeinflussen Eltern mit der vielfach besprochenen abwertenden Art der Kommunikation selbstverständlich auch unser Selbstwertgefühl, und das ist eine Tatsache, die sich letztlich auch in unserem Sprachstil und in unserer eigenen Wortwahl widerspiegeln wird.

Durch gezielte Reflexion unseres Sprachstils sind wir in der Lage, solche Muster aufzulösen und unseren Sprachstil zu korrigieren. Haben Sie schon einmal genau darauf geachtet, wie Sie Ihre Anliegen formulieren? Sagen Sie „Man müsste vielleicht ...“, „Es wäre schön, wenn ...“? Oder sagen Sie „Ich hätte gerne, dass ...“ oder „Ich möchte bitte, dass ...“?

Werfen Sie doch einen Blick in Ihr Tagebuch und lesen

Sie einmal gezielt nach, wie Sie mit sich oder über sich selbst sprechen. Werten Sie sich ab („Und natürlich habe ich wieder einmal komplett versagt …") so wie Sie möglicherweise in Ihrem Elternsystem abgewertet wurden und diesen Kommunikationsstil übernommen haben, oder gehen Sie freundlich und mitfühlend mit sich um? Das macht etwas mit Ihrem Selbstwertgefühl.

Ertappen Sie sich dabei, dass Sie eigentlich den ganzen Tag am Nörgeln sind und immer die negativen Seiten an allem herauspicken? Positives erwähnen Sie nicht zuallererst? Auch hier lohnt sich ein genauer Blick darauf, ob Sie diese Art der Kommunikation aus Ihrem Familiensystem übernommen haben und deshalb daran gewöhnt sind. Waren in Ihrer Familie Abwertung und Nörgeln an der Tagesordnung? Achten Sie ab nun bewusst auf Ihren Sprachstil und versuchen Sie, ob es Ihnen gelingt, mehr und mehr auf negative Formulierungen zu verzichten.

Wer an allem und jedem etwas auszusetzen hat, tut das übrigens sehr häufig, um sich selbst dadurch besser zu fühlen und seinen Selbstwert etwas in die Höhe zu schrauben.

An dieser Stelle ist es mir wichtig festzuhalten, dass diese Erkenntnisse über Sprach- und Kommunikationsstile, ihre Ursprünge und Auswirkungen erst in den vergangenen beiden Jahrzehnten wirklich an Bedeutung gewonnen haben. In der Generation unserer Eltern oder Großeltern war die gewaltfreie Kommunikation, die auf Marshall Rosenberg zurückgeht, überhaupt kein Thema, und es gab auch gar keinen Zugang zu dieser Art des Wissens.

Ich bin überzeugt davon, dass mit konsequent selbstbezogener Kommunikation viele Schwierigkeiten in Beziehungen, egal welcher Art, gar nicht erst entstehen oder in weiterer Folge nicht eskalieren würden. Würden die Menschen *beschreiben*, was sie sehen oder empfinden, anstatt es zu bewerten, blieben viele Grenzüberschreitungen und daraus resultierende Konflikte aus.

Im umgekehrten Fall ist es wichtig und zulässig, „Stopp!"

zu sagen, wenn wir selbst bewertet werden. Unser Gegenüber kann uns gerne mitteilen, was unser Verhalten in ihm auslöst oder was daran für es schwierig ist, denn das ist sein gutes Recht, aber es steht auch unserem Gegenüber nicht zu, darüber zu *urteilen*, wie oder was wir sind.

Wenn also Ihre Mutter beim sonntäglichen Besuch jedes Mal darauf besteht, dass Sie drei Stück vom selbst gebackenen Kuchen essen, weil Sie ja „ohnedies nie selbst backen, weil Sie sich lieber mit Ihrem Studium beschäftigt haben", dann könnten Sie das doch gleich einmal ausprobieren.

Denken Sie kurz nach. Wie würden Sie üblicherweise auf diese kleine Attacke beziehungsweise Bewertung Ihrer Mutter reagieren? Begeben Sie sich in den Verteidigungsmodus und erinnern Ihre Mutter daran, dass Sie schließlich nur deshalb so lange mit dem Studium gebraucht haben, weil Sie sich das Studium selbst finanzieren mussten? Und sagen Sie Ihr – vielleicht auch schon mit lauterer Stimme, weil Sie schon etwas gereizt sind – Sie solle jetzt bitte ein für alle Mal aufhören, darauf herumzureiten, dass Sie nun mal gerne Fertigkuchen einkaufen, weil Sie einfach keine Zeit haben, selbst zu backen, und weil diese Kuchen mindestens genauso gut schmecken wie jene der Mutter?

Jetzt, wo es raus ist, ärgern Sie sich möglicherweise über sich selbst, dass Sie sich (wieder einmal) so provozieren ließen.

Versuchen Sie es doch beim nächsten Mal mit selbstbezogener Kommunikation: „Mama, deine Bemerkungen über meine Studiendauer und meine Backkünste verletzen mich, ich habe sie nach meinem Empfinden oft genug gehört, und ich bitte dich, ab jetzt damit aufzuhören."

Die wichtigste Form der Kommunikation ist die beschreibende Kommunikation. In der Interpretation verstecken sich die Tretminen, und in der Bewertung liegen die Bomben.

Leider ist es so, dass die wenigsten von uns mit selbstbezogener, beschreibender und bezugnehmender Kommunikation aufgewachsen sind. Die meisten von uns sind in bewertender Kommunikation geübt, weil wir das auch so von unseren Eltern und in unserer Herkunftsfamilie gelernt haben. Die wenigsten von uns hatten das Glück, Eltern zu haben, die uns in Konflikten gesagt haben, was unser Verhalten bei ihnen auslöst. In den meisten Fällen wurden wir von unseren Eltern bewertet, in vielen Fällen war auch die Abwertung unseres Handelns sozusagen an der Tagesordnung, denn mit dieser Grenzüberschreitung und Verletzung konnten unsere Eltern weitgehend sicherstellen, dass der Konflikt damit schon rein aus hierarchischen Gründen rasch und nachhaltig beendet sein würde. Als Kind oder Jugendlicher würden wir bei dem betreffenden Thema so rasch nicht wieder „anstreifen", schon allein, um einer neuerlichen Verletzung oder Demütigung aus dem Weg zu gehen. So gesehen führt eine bewertende Form der Kommunikation bei entsprechenden hierarchischen Gegebenheiten zwar zu schnellen Resultaten, aber keinen konstruktiven Lösungen, und sie hinterlässt immer auch Spuren und Narben, die sich nicht mehr rückgängig machen lassen.

Die Fähigkeit, zuzuhören und zu kommunizieren, ist in allen menschlichen Beziehungen hochgeschätzt. Je besser die Kommunikation fließen kann, desto zufriedener und glücklicher fühlen sich die Menschen in allen Formen der Beziehung. Es ist leicht zu erkennen, ob ein Mensch sich von dieser Form der Intimität fernhält und ob er jedes emotionale Engagement und jede Selbstoffenbarung vermeidet. Oder ob er auch in schwierigen Momenten die Bereitschaft aufbringt, zuzuhören und sich mithilfe einer selbstbezogenen Kommunikation zu offenbaren. Gerade die Verletzbarkeit, die durch Selbstoffenbarung und bereitwilliges Zuhören entsteht, setzt tiefes Vertrauen voraus. Vertrauen in das Gegenüber, vor allen Dingen aber Vertrauen in uns selbst. Keine menschliche Bindung, keine dauerhafte und belastungsfähige Beziehung kann ohne Vertrauen existieren. Vertrauen wiederum baut darauf auf, dass wir uns auf den anderen verlassen und darauf zählen können, dass seine Reaktionen und seine Verhaltensweisen nicht verletzend und abwertend sein werden, egal wie heikel das Thema, wie hitzig die Diskussion ist oder wie weit wir in unserer Meinung in einer Sache auseinanderliegen. Es heißt, genau diese Sicherheit bei anderen und bei uns selbst zu haben.

Und hier schließt sich der Kreis zu einem stabilen Selbstwertgefühl und zur Erklärung, dass es nicht einfach nur ein gutes Gefühl ist, ein stabiles Selbstwertgefühl sein Eigen zu nennen, sondern dass es ein unschätzbar wertvolles, wichtiges und unverzichtbares Gut ist für jegliche Interaktion mit unserer Umwelt. Ein stabiles Selbstwertgefühl macht den im positiven Sinne berechenbaren, verlässlichen Menschen aus, und das gilt vor allem für Zeiten von Krisen und Not.

Die Quellen unseres Selbstwertgefühls

Die wichtigste Quelle unseres Selbstwertgefühls ist *die Selbstwahrnehmung*. Ein positives Selbstwertgefühl ist die Grundlage aller Beziehungsfähigkeit, und mehr denn je ist ein positives Selbstbild eine wichtige Voraussetzung für eine positive Lebensgestaltung.

Viele Menschen haben ein negatives Selbstkonzept, ein negatives Bild über sich selbst und ihren Platz in dieser Welt und damit verbunden Verhaltensweisen, die in ihrem Lebensalltag zerstörerische Kräfte entwickeln. Häufig ist unsere Selbstwahrnehmung verzerrt oder von Schuldzuweisungen und Schamgefühlen geprägt. Erhöhte Selbstkontrolle, Abspalten der eigenen Gefühle, selbst- oder fremdzerstörerische Verhaltensweisen, ausgeprägtes Misstrauen und Probleme in Beziehungen sind häufig die Folgen.

Barbara ist ein Mensch mit einem negativen Selbstkonzept. Sie fühlt sich unattraktiv und zu dick, und ihre Gedanken kreisen um nichts anderes. Sie arbeitet in der Buchhaltung eines großen

Unternehmens, das ist ein guter Job für sie, denn sie muss praktisch den ganzen Tag nicht aufstehen und kann sich hinter ihren Aktenbergen vor den abfälligen Blicken der anderen verstecken. Sie kommt deshalb frühmorgens als Erste ins Büro und geht als Letzte.

Die Kollegen mögen Barbara, sie ist eine sehr zuverlässige Kollegin und der Ruhepol im Büro. Etwas zu still vielleicht, und deshalb versuchen die anderen, sie immer wieder ins Team zu integrieren, aber sie scheint das nicht zu wollen und sich immer mehr zurückzuziehen.

Wir müssen die Fähigkeit entwickeln, eine zweite Sichtweise auf uns selbst zu beherrschen, einen Blick, der sich nicht nach innen richtet, sondern der wie von außen kommt. So als blickten wir aus der Vogelperspektive auf uns selbst herab und würden uns aus der Perspektive von jemand anderem wahrnehmen: unser Verhalten, bestimmte Verhaltensmuster, von uns bisher unbemerkte Auffälligkeiten und Wunderlichkeiten und so weiter.

Erinnern Sie sich an Herrn M.? Als es ihm gelungen war, sich in die Vogelperspektive zu begeben und von dort ganz neutral auf sich selbst zu blicken, fiel ihm auf, dass er seine Mitarbeiter bei der leisesten Kritik anschrie oder abwertete und dass das der Grund für seine Unbeliebtheit war.

Denken Sie an Susanne, die vor lauter Unsicherheit die Lauteste im Büro ist und sich jeden Tag vor den Kollegen verstellt. Hätte sie die Fähigkeit zur Selbstwahrnehmung, würde ihr auffallen, dass sie sich mit diesem Verhalten mehr schadet als nützt, und sie könnte es aufgeben, was so gut für sie wäre, denn sie fühlt sich überhaupt nicht wohl in dieser Rolle und käme bei den Kollegen weit besser an.

Wir sind nicht nur der, der wir glauben zu sein, sondern auch der Mensch, der in der Wahrnehmung der anderen erscheint. Beides gehört zusammen, und nur im Vergleich beider Sichten gelangen wir zu einer halbwegs realistischen Annäherung an das, was und wer wir tatsächlich sind. So ein viel diskutierter

Vergleich von Selbstbild und Fremdbild hilft uns vor allem in den vielen Fällen, in denen wir beide nicht recht in Einklang bringen. Denn eines ist klar: Wenn beides allzu sehr auseinanderdriftet, liegt die Wahrheit nicht immer in der viel zitierten Mitte, sondern in jedem Fall bei uns selbst – und dort müssen wir unsere Suche beginnen.

Herr M. dachte, Führungskompetenz sei eine seiner besonderen Stärken. Seine Mitarbeiter verachteten ihn für seine fehlende Kritikfähigkeit und die Aggression, mit der er jeden Diskurs lautstark im Keim zu ersticken pflegte.

Susanne denkt, dass niemand ihre Unsicherheit bemerkt und dass die anderen sie deshalb ausgrenzen, weil sie so einen guten Draht zum Vorgesetzten hat. Selbst wenn alle sie peinlich berührt ansehen, hört sie nicht auf mit ihrem Gekicher, sie denkt, die anderen können es nur nicht ertragen, wenn jemand gut drauf ist. Sie wird bestimmt nicht klein beigeben!

In beiden Fällen ist eine ehrliche Rückmeldung die beste Wahl, aber nicht alle Menschen trauen sich das zu. Oft geht es dabei um hierarchische Überlegungen: Wer sagt schon gerne einem Vorgesetzten wie Herrn M., dass man den Eindruck habe, dass er bei den leisesten Anklängen von Kritik regelrecht auszuflippen pflegt? Das mussten auch die Mitarbeiter von Herrn M. in unserem gemeinsamen Prozess erst lernen, und am Anfang benötigten sie dabei Unterstützung: Was und wie sagt man einem Vorgesetzten, dass es einem nicht gut geht mit seinem Verhalten? Wie reagiert man, wenn er sich anschließend gekränkt fühlt oder sofort zur Attacke übergeht?

Susanne wäre vermutlich zuerst unangenehm betroffen über eine Rückmeldung aus ihrem sozialen Umfeld über ihr extrovertiertes Verhalten, aber in zweiter Instanz bestimmt dankbar für so viel Ehrlichkeit.

Die *soziale Rückmeldung* beziehungsweise der soziale Vergleich ist die zweite wichtige Quelle für unsere Selbstbewertung. Seien Sie sich dessen bewusst, dass die Sicht eines anderen Menschen nicht immer mit unserer übereinstimmt.

Die Deutungshoheit eines Verhaltens liegt immer beim Empfänger. Wie unser Gegenüber uns sieht, sagt in erster Linie etwas über ihn (den Betrachter) aus, über seine Werte, Gefühle, Einstellungen und sein Erleben. Hören wir uns aber dennoch an, was dieser Mensch für ein Bild von uns hat. Prüfen wir, ob es Teile gibt, in denen wir uns wiederfinden. Es bleibt ganz uns selbst überlassen, was wir mit dem Feedback machen. Wir allein entscheiden, ob und was wir gegebenenfalls an unserem Verhalten ändern wollen. Unser Verhalten erzeugt bei anderen ein ganz bestimmtes subjektives Bild von uns – das sogenannte Fremdbild. Oft liegen unser Selbstbild und die damit verbundene Verhaltensabsicht beziehungsweise das tatsächlich erzeugte Fremdbild sehr weit auseinander. Missverständnisse und Enttäuschungen bleiben dabei nicht aus.

Dennoch ist dieser Vergleich unglaublich wertvoll. Der Vergleich hilft uns etwa, wenn wir uns als besonders witzig und unterhaltsam empfinden, uns andere aber als Nervensäge erleben, die jegliche Aufmerksamkeit auf sich zieht. Wo wir meinen, uns in souveräner Gelassenheit zu üben, empfindet unser Gegenüber uns vielleicht als unerträglich oberflächlich.

Ein Vergleich von Selbstbild und Fremdbild ist völlig ungefährlich, und er kann außerdem durchaus auch zu unseren Gunsten ausgehen. Wenn wir etwa meinen, wir hätten uns unsäglich blamiert und wir bei den anderen einfach nur erfrischend unkompliziert und ehrlich ankamen. Oder wenn ein von uns selbst fest angenommener Mangel von anderen als höchst liebenswerte und einmalige optische Eigenart betrachtet wird.

Selbsterkenntnis heißt, die Gabe zur Wahrnehmung beider Sichtweisen zu haben und gleichzeitig die Urteilskraft zu besitzen, wo zwischen diesen beiden zumeist unterschiedlichen Interpretationsergebnissen die Wahrheit liegt. Wenn wir diesen Vergleich von Selbstbild und Fremdbild unserer eigenen Person regelmäßig anwenden, dann ist das keineswegs ein Indiz für ein instabiles Selbstwertgefühl, sondern vielmehr der Beweis für das wachsende Selbstbewusstsein einer Persönlichkeit, die eine kurzfristige Verunsicherung nicht scheut, weil sie genau weiß, dass diese Inputs so viele Antworten auf ihre Fragen bergen und ein großer Schatz sind. Es muss uns nicht ängstigen, uns einmal ein paar Minuten zurückzulehnen und uns selbst in Frage zu stellen, denn wir folgen damit einer Herzensangelegenheit – dem Wunsch, uns als Mensch immer wieder aufs Neue zu verbessern.

Wie ist es um Ihr Selbstwertgefühl bestellt?

Liebe Leserinnen und Leser, ich möchte gerne wieder einige Fragen mit Ihnen reflektieren und Sie bitten, sie nicht nur zu lesen, sondern ehrlich zu beantworten. Vielleicht möchten Sie die Antworten in Ihrem Tagebuch festhalten, dann können Sie hin und wieder an diese Stelle zurückblättern, um zu sehen, ob und was sich bei Ihnen verändert hat.

Wissen Sie, wer Sie wirklich sind?

Was Sie können?

Was Sie ausmacht?

Glauben Sie, dass Ihr Bild von sich selbst mit dem Bild, das sich Ihre Umgebung von Ihnen macht, übereinstimmt?

Ich erinnere mich an eine Klientin, die laut auflachte, als ich ihr die Frage stellte: „Wissen Sie, wer Sie sind?" „Aber natürlich", sagte sie, „Hildegard Hinterholzer!"

Begeben Sie sich doch kurz in die Vogelperspektive und stellen Sie sich folgende Szene vor: Sie betreten ein Restaurant und entdecken an einem der Tische einen Bekannten, der mit einer Gruppe von rund acht Personen dort ist. Sie begrüßen sich und gehen weiter in den nächsten Raum. Als Sie außer Hörweite sind, fragt jemand Ihren Bekannten: „Wer ist das?" Was erzählt er seinen Freunden über Sie?

Sind Sie mit Ihrem Körper zufrieden, mit Ihrem Aussehen?

Was sehen Sie, wenn Sie in den Spiegel schauen?

Wie würden Sie sich selbst in Bezug auf Ihr Körperverhalten beschreiben?

Zeichnen Sie ein Bild Ihres Körpers, so wie Sie sich Ihren Körper vorstellen, und dann markieren Sie in diesem Bild jene Bereiche, die Sie für die Kraftfelder Ihres Körpers halten.

Wie können Sie von diesen Kraftfeldern profitieren?

Welche Fähigkeiten und Ressourcen schaffen diese Kraftfelder für Sie?

Wie können Sie diese Kraftfelder auch in Zukunft erhalten?

Ist Ihr Herz eines Ihrer Kraftfelder? Sind Sie empathisch, mitfühlend und herzlich? Was müssen Sie tun, um sich das zu bewahren? Müssen Sie vielleicht etwas besser mit Ihren Kräften haushalten und lernen, hin und wieder auch „Nein" zu sagen?

Ist Ihr Verstand eines Ihrer Kraftfelder? Sind Sie klug, analytisch denkend, klar und strukturiert in Ihrem Denken? Was müssen Sie tun, um sich das zu bewahren? Lässt sich Ihr Kopf auch manchmal „ausschalten", und kann er ausreichend zur Ruhe kommen?

Nehmen Sie eine andere Farbe und zeichnen Sie dann die körperlichen Schwachpunkte ein.

Wie können Sie etwas daran ändern?

Was müssen Sie tun, um diese Schwachpunkte zu stärken?

Wie ist Ihre Ausstrahlung?

Was verleiht Ihrem Körper Wärme, Glanz, Charisma?

Welche Haltung im körperlichen Sinn stellen Sie bei sich fest? Was bedeutet das für Sie?

Haben Sie einen aufrechten Gang, sind Sie gebeugt?

Wie können Sie das verändern?

Wie können Sie in Ihrer Selbstwahrnehmung mehr darauf achten?

Vielleicht wird aus der Beschäftigung mit Ihrem Körper und dem Bild, das Sie von ihm haben, deutlich, was Sie Ihrem Körper und damit Ihrem Selbst Gutes tun können. Was können Sie an Ihrer körperlichen Befindlichkeit oder an Ihrer Vitalität verbessern?

Lassen Sie uns einen Blick auf die emotionale Seite Ihres Selbst werfen:
Welche Gefühle haben Sie immer unterdrückt?
Welche Gefühle unterdrücken Sie noch heute?
Wie steht es um Empfindungen wie Neid, Ehrgeiz, Freude, Zufriedenheit, Zuversicht, Ruhe?
Traurigkeit, Schmerz, Depression?
Liebe?
Unterdrückte Empfindungen kontrollieren unser Tun und sorgen dabei für eine scheinbare Sicherheit. Aber sie haben einen hohen Preis, denn diese Unterdrückung beziehungsweise Anpassung verhindert ein Lernen und das Sammeln von Erfahrungen. So schafft etwa ein unterdrücktes Neidgefühl Probleme beim Zulassen von Unterschiedlichkeiten, und wenn wir Unterschiedlichkeiten nicht zulassen, hindern wir uns am Lernen und daran, Erfahrungen mit Unterschiedlichkeiten zu machen.

Wenn wir Trauer nicht zulassen, sondern sie unterdrücken und nicht *zeigen*, dass wir etwas loslassen mussten, das uns sehr wichtig war, und dass uns das schmerzt, verhindern wir damit Veränderung, denn der Verlust ist in unserer Gefühlswelt ja praktisch nicht vorhanden und zieht demnach keine Konsequenzen nach sich (nämlich: Veränderung oder wie geht es nach dem Verlust weiter?).

Wir haben die Wahl: Welche Gefühle drücken wir aus? Was zeigen wir? Wir *müssen* uns nicht in einer bestimmten Weise verhalten, sondern wir verhalten uns in einer bestimmten Weise. Heinz von Foerster hat einmal gesagt: „Es steht uns immer frei, uns nach jener Zukunft auszurichten, die wir erschaffen wollen."

Bitte schreiben Sie alle Gefühle auf, die Sie offen zeigen und zulassen.

Danach schreiben Sie alle Gefühle auf, bei denen Sie den Eindruck haben, Sie unterdrücken sie. (Angst, Hilflosigkeit, Schmerz, Gier, Neid, Gelassenheit, Humor, Traurigkeit, Lust, Eifersucht, Einsamkeit, Liebe …)

Wenn Sie sich über die gute Note Ihrer Tochter oder Ihres Sohnes freuen, dann schreiben Sie das einfach auf. Notieren Sie aber auch, wenn Sie Ihren Ärger darüber unterdrücken, weil Ihr Mann immer mit schmutzigen Schuhen durch das Wohnzimmer spaziert, wenn Sie gerade aufgewischt haben. Das ist deshalb wichtig, weil Ihnen so vielleicht auffällt, dass Sie das mit den schmutzigen Schuhen die letzten fünf Male nicht angesprochen, sondern sich im Stillen darüber geärgert haben.

Stellen Sie sich die Frage: Was wäre anders, wenn diese gefühlsmäßigen Zustände für Sie keine Wichtigkeit mehr hätten?

Was in Ihrem Leben würde sich verändern, auch mit und in Ihnen selbst, wenn Sie diese Gefühle zum Ausdruck bringen würden?

Wo könnten Sie diese Gefühle gut zum Ausdruck bringen, ohne Gefahr zu laufen, verletzt zu werden?

Was könnte anders sein, wenn diese Ihre Gefühle mehr Bedeutung in Ihrem Leben gewinnen könnten?

Hätte das Auswirkungen auf Dinge, die Sie bisher unterdrückt haben?

Welche Auswirkungen hätte es für die Menschen in Ihrem Umfeld?

Wäre das eher nützlich oder hinderlich?

In den wichtigsten Lebenskontexten, in denen Sie leben, wie authentisch erleben Sie diese Menschen dort?

Wie sehr zeigen Sie das, was Sie wirklich ausmacht, was Sie wirklich fühlen?

Wie sehr überspielen Sie es und geben Menschen damit gar keine Chance, Sie wirklich kennenzulernen?

Wie sehr bringen Sie sich selbst um die Erfahrung, wie es ist, wenn Sie sich selbst wirklich zeigen würden?

Sind Sie sich selbst genug? Oder brauchen Sie ständig jemand anderen?

Können Sie mit sich selbst etwas anfangen?

Können Sie sich selbst zustimmen?

Was im Leben ist Ihnen wirklich wichtig?

Was ist für Sie wertvoll, was hat einen Wert?

Was möchten Sie gerne erreichen? Verbessern? Entwickeln?

Falls es Ihnen schwerfällt, diese Fragen zu beantworten, reflektieren Sie diese Fragen mit jemand Vertrautem, bei dem Sie sich sicher fühlen und von dem Sie ehrliche Antworten erhalten. Oft kommt man im Dialog mit einem Freund oder einer Freundin beim Reflektieren weiter als allein. Falls Sie etwas Belastendes vorfinden, scheuen Sie sich nicht, es mit jemand Professionellem zu besprechen und zu bearbeiten. Nichts, was in der Vergangenheit war, und nichts, was in der Gegenwart ist, kann so schrecklich sein, dass man es nicht lösen könnte.

Stimmt Ihr Selbstbild?

Wie werden Sie von anderen Menschen in Ihrer Umgebung wahrgenommen?

Wie ähnlich oder unterschiedlich, im Vergleich zu Ihrem Selbstbild, sehen Sie Ihr Partner, Ihre Partnerin, Ihre Freunde?

Welche wesentlichen Merkmale Ihrer Eigenschaften werden immer wieder genannt?

Finden Sie sich in diesen Beschreibungen wieder?

Wenn ja, in welchen besonders?

Können Sie diese Merkmale bei Ihnen wertschätzen?
Wenn nein, was würden Sie brauchen, um sie anerkennen zu können?
In welchen Beschreibungen finden Sie sich hingegen weniger?

Menschen mit einem instabilen Selbstwertgefühl haben meist den innigen Wunsch, von allen anderen geliebt bzw. gemocht zu werden, und denken, dass erst diese Art der „Rückendeckung" sie wertvoll macht. Sie merken dabei nicht, dass sie sich in eine fatale Abhängigkeit begeben und vor ihrem eigentlichen Defizit davonlaufen.

Sie werden lernen müssen, dass sie sich zuallererst *selbst* lieben müssen, mit allem, was zu ihnen gehört, mit ihren Schattenseiten, also ihren nicht so liebenswerten Seiten, und erkennen, dass sie sich von der Liebe anderer nicht abhängig machen dürfen. Wir alle sind zwar in gewisser Weise abhängig, weil wir ja nicht allein auf der Welt sind und nicht ohne die anderen leben können, selbst wenn wir das wollten. Dennoch ist es wichtig, uns bewusst zu machen, dass es uns krank und unglücklich machen wird, wenn wir uns auf Dauer verstellen und verbiegen, nur um anderen zu gefallen und um dazuzugehören.

Wählen wir einen anderen Weg!

Wir handeln adäquat und folgen bestimmten Regeln des Zusammenlebens, verlieren dabei aber niemals aus den Augen, uns selbst zu respektieren und auf unsere Bedürfnisse zu hören. Wir sind nicht für die Bedürfnisse und Erwartungen anderer verantwortlich, aber wir sind verantwortlich für uns selbst, und wir sind es uns schuldig, dieser Verantwortung gerecht zu werden und auf unser Innerstes zu hören. Wir sind in der Lage, uns auszudrücken und unseren Bedürfnissen eine Stimme zu verleihen. Wir können wählen, wo wir leben und wie wir leben. Wir sind in der Lage, zu wählen, auf verschiedene Weise zu reagieren. Wir können auf vielfältige Weise mit Dingen umgehen, wie, das entscheiden wir.

Es braucht Zeit, diese Haltung zu verinnerlichen und sich

von den damit verbundenen Schuldgefühlen zu befreien. Ist unser Selbstwertgefühl noch schwach, werden wir uns vielleicht davor fürchten, was unsere Haltung bei jemand anderem auslöst, wir werden Schuld empfinden und denken, dass wir die Ursache dafür sind, dass jemand verärgert oder beleidigt ist. Hier ist wieder ein Blick auf unsere Verantwortung für uns selbst hilfreich. Vielleicht haben wir schon viel zu lange entgegen unseren Befindlichkeiten, entgegen unseren Wünschen gehandelt, nur um niemanden zu verletzen. Aber ist es uns damit besser gegangen? Wenn ja, dann können wir es ja beibehalten – aber wir sollten es kritisch hinterfragen und bewusst wählen.

Es kann passieren, dass wir in alte Verhaltensmuster zurückfallen, aber auch das gehört dazu. Es kann sein, dass wir anderen die Schuld geben, aber spätestens an diesem Punkt müssen wir uns wieder ins Bewusstsein rufen, dass wir umgekehrt auch nicht die Schuld dafür haben, dass es anderen gut oder nicht gut geht. Wir sollten anderen nicht die Verantwortung für unsere Befindlichkeit überlassen und sollten uns immer wieder vor Augen führen, dass wir diesbezüglich nicht Opfer, sondern Täter in unserem Leben sind.

Selbstwirksamkeit – Barometer unserer (Lebens-) Kompetenz

„Wenn es einen Glauben gibt, der Berge versetzen kann,
so ist es der Glaube an die eigene Kraft."
(MARIE VON EBNER-ESCHENBACH)

Im vorangegangenen Kapitel haben wir uns mit den Gefühlen über uns selbst auseinandergesetzt. Nun gilt unsere Aufmerksamkeit unserem *Selbst als Handlungsinstanz.* Unser

Vertrauen in die Wirksamkeit unserer Verhaltensweisen und Handlungen ist nämlich eine weitere tragende Säule auf dem Weg zu einer positiven Lebensgestaltung.

Den Begriff der *Selbstwirksamkeit* verdanken wir Albert Bandura, der dieses Konzept entwickelt hat. Unser Selbst und unser Wissen über unser Selbst – unser Selbstkonzept – sind einfach ausgedrückt die Summe aller im Gedächtnis gespeicherten selbstbezogenen Informationen und den damit verbundenen Gefühlen. Mit diesen Informationen sind Erwartungen über unsere Handlungskompetenzen und über Handlungskonsequenzen verknüpft. Bei allem, was sich vor unserem Handeln in unserem Kopf abspielt, ist die Selbstwirksamkeit eine entscheidende Größe: Die Selbstwirksamkeit sagt darüber etwas aus, wie fähig oder kompetent wir uns fühlen, schwierige oder unbekannte Situationen bewältigen zu können. Unter Selbstwirksamkeit versteht man das Vertrauen in die eigene Leistungsfähigkeit und die Überzeugung, einer Aufgabe oder einer Herausforderung aus eigener Kraft heraus gewachsen zu sein. Der Begriff Selbstwirksamkeit steht für die Erwartungen, die Einstellung eines Menschen zu sich selbst und seiner Handlungs- und Sozialkompetenz.

Diese „gute Meinung über sich selbst" hat einen entscheidenden Einfluss auf das individuelle Leistungsverhalten: Die Gewissheit, alle Ressourcen in sich zu tragen, die es zur Bewältigung einer Aufgabe oder einer Situation braucht, bestimmt die Motivation, generiert Emotionen und bestimmt letztendlich das Verhalten. Wer sich im Umgang mit einer schwierigen Situation für kompetent hält, denkt, fühlt und handelt anders, als ein Mensch, der an sich zweifelt – das belegen auch zahlreiche wissenschaftliche Studien.

Fast alle Schüler beherrschen ab einer bestimmten Klasse die Satzzeichen, welche der Strukturierung und auch der Sinngebung des Satzbaus dienen. In einem Diktat ist die selbstständige Anwendung der gesamten Palette der Interpunktion notwendig. Wie gut oder schlecht ein Schüler diese Aufgabe meistert, ist nicht nur abhängig von seinen fachlichen Kenntnissen über die Interpunktion. Die Lösung der Aufgabe eines möglichst fehlerfreien Diktats verlangt nach einer geordneten und zielgerichteten Anwendung des Wissens um die Regeln der Interpunktion. Schüler mit der Überzeugung, dass sie ihr Können für die Lösung dieser komplexen Aufgabe sinnvoll anwenden können, sind mit Sicherheit bei gleichermaßen ausgeprägten Fähigkeiten erfolgreicher als andere Schüler.

Im alpinen Rennsport verfügt die Top-Gruppe der Slalomfahrer mit Sicherheit über die notwendige Technik, ein Rennen gewinnen zu können. Die Technik allein entscheidet aber nicht über Sieg oder Niederlage. Neben einer Portion Glück, die richtigen Schnee- und Wetterbedingungen vorzufinden, ist es die kompromisslose Haltung des Läufers, die ihn letztendlich zum Sieg führen wird, und das Vertrauen in sein Können und der Mut, einhundert Prozent zu geben, auch wenn die Gefahr des Scheiterns nur Millimeter entfernt ist.

Abrupte, permanente und damit häufig verwirrende Veränderung gehört mittlerweile zum Alltag von uns allen. Und nicht nur das: Immer wieder fordert uns das Leben mit ungeplanten Ereignissen heraus. Wir können nur dann in einer guten Weise in diesem fordernden Alltag bestehen, wenn wir ein positives Selbstkonzept und Vertrauen in unsere Fähigkeiten und Kompetenzen entwickeln konnten. Unsere Selbstwirksamkeit ist eine wichtige innere Ressource zur erfolgreichen Gestaltung unseres Lebens, zur Weiterentwicklung unserer Person, zur Gestaltung unserer Umwelt und der Beziehungen, die wir pflegen. Ein geringer Selbstwert und ein negatives Selbstkonzept schwächen uns und reduzieren aufgrund des anhaltend hohen negativen Stresslevels unsere Chancen auf Erfolg auf der ganzen Linie. Abgesehen davon macht uns der ständige Distress auf Dauer krank – psychisch und/oder körperlich!

Menschen mit hoher Selbstwirksamkeit konnten im Zuge ihres Heranwachsens und im Laufe ihres Lebens Vertrauen in die eigenen Stärken und Kompetenzen entwickeln. Sie haben eine optimistische Einstellung zu ihren Fähigkeiten und betrachten schwierige Aufgaben oder Situationen eher als Herausforderung denn als Bedrohung. Ein selbstwirksamer Mensch ist in der Lage, sein inneres Potenzial mit den Anforderungen in Einklang zu bringen, die seine Umwelt an ihn stellt. Dies ist eine wichtige Voraussetzung, beruflichen und privaten Ansprüchen gerecht zu werden, Belastungen jeder Art viel besser standzuhalten und sie zu bewältigen. In einer Zeit rasanter Veränderung sind Menschen mit hoher Selbstwirksamkeit wesentlich leichter in der Lage, neuen Bedingungen konstruktiv zu begegnen.

Menschen mit guter Selbstwirksamkeit sorgen aktiv dafür, dass es eine stimulierende Umwelt um sie herum gibt, und sie sind Neuem gegenüber aufgeschlossen. Sie suchen geradezu nach neuen Impulsen und sehen in der Veränderung die Möglichkeit, sich weiterzuentwickeln.

Sie arbeiten am Glauben an sich selbst und haben bei dem, was sie tun, den Erfolg vor Augen. Die Ziele, die sie sich setzen, sind realistisch, und darauf arbeiten sie intensiv und ausdauernd hin. Sie strengen sich bei der Bewältigung einer Aufgabe viel mehr an und verlieren ihr Ziel auch nach Rückschlägen nicht so einfach aus den Augen. Von Misserfolgen erholen sie sich rasch und lassen sich davon nicht entmutigen.

Sie bemühen sich aktiv um Rückmeldungen über die Qualität ihrer Leistungen. Sie wollen wissen, ob sie etwas gut gemacht haben und fürchten sich nicht vor Kritik. Im Gegenteil. Sie betrachten ein konstruktives Feedback als Impulsgeber zur Verbesserung.

Im Erfolgsfall reagieren Menschen mit hoher Selbstwirksamkeit emotional viel ausgeprägter, weil sie sich als „Täter" und für ihren Erfolg verantwortlich fühlen. Selbstwirksame Menschen sind aktiv, handlungsorientiert und selbstbestimmt, und sie sehen den Zusammenhang zwischen ihrer Anstrengung und dem Anwachsen ihrer Kompetenz.

Sie sind überzeugt von ihrem Recht auf Erfolg und dass

es ihnen zusteht, ihre Wünsche und Bedürfnisse geltend zu machen. Sie sind zufriedener als Menschen mit geringer Selbstwirksamkeit und leben nachweislich häufiger in befriedigenden Partnerschaften.

Menschen mit positivem Selbstwert und hoher Selbstwirksamkeit haben ein viel selbstbewussteres Auftreten, ihre Grenzen werden bei Weitem nicht so oft überschritten wie die der anderen, weil sie diese klar für den anderen sichtbar machen und im Ernstfall zu verteidigen wissen. Sie sind klar positioniert und nicht damit beschäftigt, es jedem recht zu machen. Von ihrer Umgebung werden sie in aller Regel sehr respektiert, und sie sind insgesamt erfolgreicher als ihre Mitmenschen mit einer geringen Selbstwirksamkeit. Sie sind, wie bereits erwähnt, auch weit weniger gefährdet, psychosozial zu erkranken.

Sandra ist ein Mensch mit instabilem Selbstwertgefühl und einer geringen Selbstwirksamkeit. Sie hat sich gerade von ihrem Mann getrennt und lebt nun allein mit ihrer Tochter. Früher hat ihr Mann ihr die Entscheidungen abgenommen, die schwierigen sowieso und die weniger schwierigen auch. Sandra hat kein Vertrauen in sich und ruft bei jeder noch so kleinen Lebensfrage eine ihrer Freundinnen oder ihre Mutter an, um Meinungen und Ratschläge einzuholen und sicherzugehen, dass sie keinen Fehler macht.

Die Stärkung unserer Selbstwirksamkeit und ein gutes Selbstwertgefühl sind wesentliche Meilensteine zur Prävention eines Burn-outs – das ist nicht nur meine volle Überzeugung und Erfahrung, sondern auch wissenschaftlich belegt.

Wissen, wer man ist, was man kann und das Vertrauen in sich selbst und unsere Fähigkeiten machen uns zu starken Persönlichkeiten. Damit können wir äußeren Instabilitäten im beruflichen und auch privaten Alltag mit innerer Stabilität ein nennenswertes Argument entgegensetzen.

Wer kein gutes Gefühl für die eigene Identität mitbringt, hat schlechte Karten, besonders in schnelllebigen und turbulenten

Zeiten. Ein schwaches, instabiles Selbstwertgefühl und eine geringe Selbstwirksamkeit verbauen uns Lebenschancen und werden früher oder später zu einem Problem, dem wir uns stellen müssen. Eine hohe Selbstwirksamkeit hingegen und ein starkes Selbst sind langfristig Garanten für Zufriedenheit, Gesundheit und Erfolg.

Liebe Leserin, lieber Leser, vielleicht wissen Sie im Grunde schon, dass es Ihnen manchmal an Selbstbewusstsein und Vertrauen in sich selbst fehlt? Vielleicht gehören Sie zu jenen, die in Diskussionen lieber rasch klein beigeben oder sich im Büro gar nicht erst zu Wort melden, obwohl Sie gute Ideen hätten?

Studien belegen den Zusammenhang zwischen geringer Selbstwirksamkeit und pessimistischen Einstellungen gegenüber der eigenen Leistung und den eigenen Fähigkeiten. *Menschen mit geringer Selbstwirksamkeit* konnten im Laufe ihres Lebens aus verschiedenen Gründen kein Vertrauen zu sich selbst und in ihre Fähigkeiten entwickeln. Selbstzweifel sind ihr ständiger Begleiter, und sie stehen sich damit sehr oft selbst im Weg. In Zeiten, in denen dieser Typus mit beruflichen oder privaten Herausforderungen konfrontiert wird, reagiert er mit Ängstlichkeit und Hilflosigkeit bis hin zur Depression. Diese Menschen geben vergleichsweise früher auf, wenn es einmal schwierig wird, oder sie gehen schwierigen Situationen überhaupt aus dem Weg, was in einer Reihe von Vermeidungsstrategien mündet, für die sie unglaublich viel Energie aufwenden. Gerade damit verbauen sie sich aber wiederum Chancen zur persönlichen Weiterentwicklung und zum Erkennen und zum Ausbau ihrer vorhandenen Stärken.

Sandra und ihr Exmann haben beschlossen, nach ihrer Trennung das ehemals gemeinsame Haus zu verkaufen. Sandra hat sich bereit erklärt, sich um den Verkauf zu kümmern. Das war vor sechs Wochen, und sie hat noch nichts getan. Sie weiß nicht, wie sie es angehen soll. Sie hat schon alle ihre Freundinnen gefragt, und diese haben ihr vorgeschlagen, zu einem Makler zu gehen. Aber zu welchem? Die Mutter rät ihr, im Internet zu recherchieren. Sandra ist unsicher und macht nichts. Natürlich liegt ihr die Sache von morgens bis abends im Magen, weil sie weiß, dass ihr Exmann sich demnächst nach dem Stand der Dinge erkundigen und bestimmt sauer (ihre Vorannahme) auf sie sein wird. Menschen wie Sandra entwickeln Strategien, um Bewertungen zu entgehen und Rückmeldungen oder Feedback anderer zu meiden. Sandra stellt sich dabei die Reaktionen ihres Mannes in den negativsten Farben vor, um keine unangenehme Überraschungen zu erleben. Ihrem Muster entsprach es immer, entweder gar nichts zu tun (auch um nichts falsch zu machen) oder tiefzustapeln, um einer Bewertung zu entkommen. Menschen mit geringer Selbstwirksamkeit haben permanent Angst zu versagen und die Gefahr des Scheiterns immer vor Augen.

Sie arbeiten nicht mit dem Glauben an ihren Erfolg, sondern um sich selbst zu beweisen und nicht negativ aufzufallen. Sie agieren nicht aktiv, sondern *reaktiv*, hilflos, selbstzweifelnd. Sie erleben sich selbst nicht als kompetente Menschen, und aus diesem Grund hält sich ihre Anstrengung und Lösungsorientiertheit bei der Bewältigung von Aufgaben in Grenzen, was wiederum als Bestätigung ihres Selbstkonzepts, es „eh nicht zu können", dient.

Als Sandras Exmann nach zwei Monaten dahinterkommt, dass Sandra in Sachen Hausverkauf nichts gemacht hat, sagt er ihr, dass er nichts anders erwartet hat (er kennt ihre Entscheidungsschwäche) und dass er das gerne in die Hand nehmen wird, sofern das in ihrem Sinn ist. Sandra ist zwar froh, dass sie das Thema Hausverkauf vom Tisch hat, aber sie fühlt sich miserabel und nutzlos und überlegt, wie sie ihrem Exmann beim Hausverkauf doch irgendwie unter die Arme greifen kann, damit er nicht mehr sauer auf sie ist. Um sich diesbezüglich Rat zu holen, telefoniert sie wieder ihre Freundinnen durch und fragt nach deren Meinung.

Menschen mit einer geringen Selbstwirksamkeit haben viel weniger Interessen und neigen dazu, sich unrealistische, unerreichbare Ziele zu stecken, an denen sie wiederum selbstprophezeiend scheitern. Mit Misserfolgen kommen sie nicht nur schwer zurecht, sondern sie ziehen diese immer wieder umgehend als Beweis ihrer mangelnden Kompetenz und Bestätigung ihrer Selbstzweifel heran – wo sich nun die Katze in den sprichwörtlichen Schwanz beißt.

Sandra ist überzeugt davon, dass sie allein am Scheitern ihrer Ehe schuld ist. Sie hat zugelassen, dass sie und ihr Mann sich auseinandergelebt haben und sie hat auch nie ein Wort darüber verloren, dass es ihr schlecht geht und sie sich allein fühlt. Wie sollte ihr Mann da erkennen, dass etwas in ihrer Ehe nicht stimmte? Sie wollte die Trennung, bevor, so sagt sie, er sich von ihr trennt, was er mit Sicherheit irgendwann getan hätte. Nun lebt sie seit Jahren allein mit ihrer Tochter und schraubt vorsichtshalber die Erwartungen an einen potenziellen neuen Partner derart hoch, dass sich ganz bestimmt so schnell kein passender Kandidat finden wird (die wohnen nämlich alle in Königshäusern und sind an Prinzessinnen vergeben). Gleichzeitig fühlt sie sich unglaublich alleine und fragt sich ständig, was mit ihr nicht stimmt.

Für Menschen mit einer geringen Selbstwirksamkeit ist das Leben ein nicht enden wollendes Risiko. Zur Untermauerung dieser Haltung holen sie sich auch immer wieder Niederlagen aus ihrer Vergangenheit ins Bewusstsein. Sie wälzen sich geradezu in diesen negativen Emotionen, was nicht nur schmerzhaft ist, sondern auch zu großem Misstrauen führt. Dieses Misstrauen gegenüber sich selbst und gegenüber anderen ist selbstredend eine enorme Belastung für alle Arten von Beziehungen.

Sandra und ihr Mann sind nun zwar geschieden, pflegen aber ein gutes Verhältnis. Er ist im Grunde immer für sie und die Tochter da und hilft ihr nach wie vor, den Alltag zu bewältigen. Er richtet ihr Telefon und ihren Computer ein, macht einen Termin in der Autowerkstatt aus, bringt die Katze zum Tierarzt. Sandra ist ihm dankbar dafür, und gleichzeitig hat sie Schuldgefühle, weil sie sich als die Schuldige am Scheitern ihrer Ehe fühlt. Eigentlich fühlt sie sich nicht wohl dabei, so viel Kontakt zu ihrem Exmann zu haben, aber es ist für sie eine große Hilfe, und er tut es wirklich gern. Immer wieder hinterfragt er die Scheidung, und so kommt es natürlich permanent zu Diskussionen über die Vergangenheit, die für Sandra unglaublich unangenehm und schmerzhaft sind. Ihr Exmann pflegt bei solchen Gelegenheiten auf jedem Versagen Sandras herumzureiten und sagt ihr, dass sie allein überhaupt nicht lebensfähig sei. Sandra hat Angst, dass er recht hat, und hofft, bald endlich jemanden kennenzulernen, damit sie sich endgültig von ihrem Exmann trennen kann.

Es entsteht eine unglaubliche Spirale nach unten: Niederlagen oder beschämende Situationen ziehen diesen Menschen schlicht den Boden unter den Füßen weg. Auch wenn es um Situationen geht, von denen sie nicht unmittelbar betroffen sind, hinterlassen sie Unsicherheit und die Überzeugung, dass es die Sicherheit, die man braucht, um handlungsfähig zu bleiben, nicht gibt. Jedes Scheitern in ihrem Umfeld bestätigt sie darin, möglichst wenig zu wagen und so zu verhindern, dass sie ebenfalls das demütigende Schicksal der Niederlage oder des Misserfolgs ereilt.
Wer an sich und seinen Fähigkeiten zweifelt, geht schwierige Aufgaben zwangsläufig zögerlich an. Wer dann auch noch einen Misserfolg einfährt, ist entmutigt, weil das Scheitern auf die eigene Inkompetenz oder das eigene Fehlverhalten zurückgeführt wird und der Zweifel an sich und seinen Fähigkeiten Bestätigung erfährt. Die Folgen sind Resignation und noch mehr Zweifel.
In der Außenwirkung stellen Menschen mit einer geringen Selbstwirksamkeit das, was sie können, unter den Scheffel. Sie machen sich klein und unsichtbar, was oft dazu führt, dass sie von anderen übersehen, unterschätzt oder auch tatsächlich für

inkompetent gehalten werden. Das wiederum bestärkt ihr eigenes Bild von sich, eben nicht gut genug oder kompetent zu sein.

Menschen mit einer geringen Selbstwirksamkeit sind immerzu bestrebt, nett und freundlich zu sein und so wahrgenommen zu werden, dass Sympathie entsteht. Sie tun das nicht primär aus altruistischen Gründen, sie wollen einfach nur um keinen Preis negativ auffallen oder Kritik und Ablehnung erfahren.

Das wirkliche Drama dabei ist, dass sie Situationen vermeiden, die mit dem Risiko behaftet sind, zu scheitern, und so bleiben sie unsichtbar und ihre Fähigkeiten ungenützt. Mithilfe dieser Strategie gelingt es ihnen zwar, die Gefahr von Fehlschlägen weitgehend auszuschalten, aber sie bringen sich selbst um wertvolle Erfahrung und damit um die Fähigkeit, sich ein realistisches Urteil über sich selbst und ihr Können zu bilden. Sie nehmen sich damit auch permanent die Chance, positive Erfahrung zu machen, die sie in ihrem Vertrauen in sich selbst bestärken könnte. Menschen mit einer geringen Selbstwirksamkeit haben die Möglichkeit gar nicht im Kalkül, dass eine Sache für sie gut ausgehen könnte oder dass sie etwas gut machen könnten.

Alle diese Verhaltensweisen sind die Baumeister einer dramatischen und schmerzvollen Abwärtsspirale, die nicht selten in einer Depression oder anderen schweren Erkrankungen mündet.

Oft stellt sich in der Therapie von depressiven, aber auch psychosomatisch erkrankten Personen heraus, dass ein wichtiger Faktor in ihrem Leben die geringe Selbstwirksamkeit beziehungsweise auch das mangelnde Selbstwertgefühl ist.

Ältere Menschen kommen dabei meist zu mir in die Praxis, wenn sie bereits krank sind, während die jüngeren Semester schon in einem früheren Stadium Hilfe suchen. Jüngere Menschen lassen meiner Erfahrung nach den Gedanken eher zu, dass sie Teil eines Problems sein könnten, das sie aus eigener Kraft nicht lösen können bzw. auch nicht allein lösen müssen. Sie dürfen sich dabei Unterstützung holen. In früheren Generationen war es in der Regel einfach verpönt, eine

Psychotherapeutin oder einen Psychotherapeuten aufzusuchen, und wenn es einmal gar nicht anders ging, dann wurde das um jeden Preis geheim gehalten. Familienmitglieder von Klienten schämten sich geradezu, denn lange Zeit wurde eine psychotherapeutische Begleitung gleichgesetzt mit der Idee, „mit dem stimmt was nicht", „die ist verrückt". Das hat sich sehr verändert, heute finden es jüngere Menschen nicht mehr so häufig unheimlich, wenn Freunde oder Bekannte einen Therapeuten aufsuchen, und es wird allgemein auch freimütiger damit umgegangen („Meine Therapeutin sagt nämlich …"), was eine sehr positive Entwicklung ist. Die Psychotherapie wird mittlerweile auch als ein Weg gesehen, sich persönlich weiterzuentwickeln, sich selbst, seine Handlungen und sein Umfeld zu reflektieren und Korrekturen vorzunehmen.

Es ist nicht verwunderlich, dass Menschen mit einem schwachen Selbstwert und einer niedrigen Selbstwirksamkeit häufiger an psychosozialen Erkrankungen leiden als andere. Oft nehmen sie ihre eigenen Grenzen nicht wahr oder ernst und sind immerfort bemüht, den Erwartungen anderer zu entsprechen, sie denken „Nein", sagen aber „Ja", aus Angst vor negativen Konsequenzen. Sie tun fast alles, um nur bei niemandem anzuecken und keine negative Erfahrung zu machen.

Außerdem fällt es Menschen mit geringer Selbstwirksamkeit schwer, Anerkennung und Lob anzunehmen, weil sie misstrauisch sind und ihrem Gegenüber die positive Meinung über sich gar nicht abnehmen. Mit abwehrenden Worten wie „Das ist doch selbstverständlich!" oder „Das hätte ich noch besser machen können!" wird das Geschenk der Anerkennung zurückgewiesen. Auch dieses Verhalten führt in einer Beziehung zur Belastung, da Freundlichkeit oder anerkennende Worte abgelehnt – vielleicht sogar abgewertet – oder bagatellisiert werden. Es ist unbefriedigend und verletzend, mit Freude und aus Überzeugung Anerkennung zu geben und immer wieder zurückgewiesen zu werden, und so ist es nur logisch, dass

Freundlichkeit und Anerkennung irgendwann eingestellt werden, weil sie ohnehin auf keinen fruchtbaren Boden fallen. Und wieder haben Menschen mit geringer Selbstwirksamkeit damit die Bestätigung für ihre schlechte Meinung über sich selbst und die Erklärung dafür gleich mitgeliefert, wenn von ihrem Gegenüber ab sofort mit Lob und Anerkennung gespart wird oder sogar gänzlich ausbleibt.

Wer also permanent an sich und an seinen Fähigkeiten zweifelt, wer immer seine Leistung unter den Scheffel stellt und sich im Hintergrund hält, wird irgendwann von seinem Umfeld weniger beachtet und bringt sich selbst ständig um Erfolgserlebnisse. Auch das ist wissenschaftlich nachgewiesen. Gerade diese Erfolgserlebnisse sind aber ganz wichtige Bausteine, um ein Selbstkonzept entwickeln zu können, das lautet: „Ich bin fähig, ich bin kompetent."

Selbstwertgefühl und Selbstwirksamkeit: Kapitän und Lotse im selben Schiff

Während der Beschreibung der beiden Typen ist Ihnen möglicherweise das eine oder andere bekannt erschienen, und Sie haben sich an das Kapitel Selbstwertgefühl zurückerinnert. Im Kapitel Selbstwertgefühl bezieht sich die Beschreibung der einzelnen Typen und ihrer Ausprägungen auf die Gefühle in Bezug auf das Selbst. Der Begriff der Selbstwirksamkeit bezieht sich währenddessen auf unsere Handlungen. Selbstwertgefühl und Selbstwirksamkeit stehen somit in Wechselwirkung zueinander, man kann sie zwar isoliert voneinander betrachten, aber nicht voneinander trennen.

Ein Mensch mit einem stabilen Selbstwertgefühl hat meist eine hohe Selbstwirksamkeit. Ein Mensch mit einem niedrigen, instabilen Selbstwertgefühl hat in den meisten Fällen eine geringe Selbstwirksamkeit. Aber das ist keine unumstößliche

Regel. Einige von uns verfügen über ein durchaus stabiles Selbstwertgefühl, das im engeren Freundes- und Familienkreis und in gewohntem Umfeld hervorragend funktioniert. Aber das Leben ist kein vorhersehbares Bühnenscript, bei dem man schon mal nach hinten blättern und sehen kann, was passiert und wie es endet. Wenn wir unvorhergesehenen Ereignissen gegenüberstehen, kann es passieren, dass wir plötzlich feststellen, dass wir zwar ein durchaus stabiles Selbstwertgefühl entwickelt haben, aber plötzlich Zweifel unseren Weg kreuzen. „Kann ich das wirklich?", „Ich habe das noch nie gemacht" – auf einmal versagt unsere Selbstwirksamkeit.

Jemand, der seine kreativen Fähigkeiten als gering einschätzt, muss also nicht gleichzeitig ein geringes Selbstwertgefühl haben – und umgekehrt.

Ein Spitzensportler mit einem stabilen Selbstwertgefühl und grundsätzlich hohem Vertrauen in seine sportlichen Fähigkeiten kann im entscheidenden Rennen an seiner Selbstwirksamkeit scheitern: „Es ist das erste Mal, dass ich als Führender in den zweiten Lauf gehe – hoffentlich versage ich nicht, bin ich wirklich gut genug ...", oder: „Wenn ich diesen Kampf verliere, ist es vorbei mit meinem Traum vom Olympiasieg ..."

Im Gegensatz dazu kann jemand seine Fähigkeiten in der Schule oder im Beruf sehr hoch einschätzen und dennoch aus unterschiedlichen Gründen eine extreme Abneigung gegen sich selbst empfinden.

Wenn wir von einem stabilen Selbstwertgefühl sprechen, ist die Betrachtung also noch eine eindimensionale. Erst das Wissen um unsere Wirksamkeit – das Vertrauen in unsere Fähigkeiten und die Fähigkeit, unser Wirken und unser Handeln richtig einzuschätzen und einzusetzen – macht das mehrdimensionale Bild eines stabilen Selbst komplett.

Wir haben schon viel erreicht, wenn wir ein stabiles Selbstwertgefühl unser Eigen nennen können. Aber es reicht nicht aus, sich seines Selbst bewusst zu sein – wir müssen uns auch zutrauen, etwas zu können und unsere Fähigkeiten im richtigen Moment adäquat einzusetzen. Ich möchte fast von einer Art Automatismus sprechen, der auch den Begriff „Selbstwirksamkeit" vielleicht ein wenig eingängiger macht. Wir können uns darauf verlassen und vertrauen, dass unsere Ressourcen und unser inneres Potenzial uns im richtigen Moment zur Verfügung stehen.

Wettkämpfe werden im Kopf gewonnen oder verloren – jeder Profisportler weiß das. Wer jemals mit einer gewissen Regelmäßigkeit an Wettkämpfen teilgenommen hat, der weiß, dass es am Ende des Tages unsere Gedanken sind, die über Sieg oder Niederlage entscheiden. Negative Denkmuster behindern uns nicht nur im Leistungssport. Wer ein Ziel hat, wer etwas erreichen will – vielleicht mit sich selbst oder mit bestimmten Menschen besser zurechtzukommen – oder wer einfach „nur" das verwirklichen will, wovon er schon immer geträumt hat, für den ist es an der Zeit, sich von diesen lähmenden und hinderlichen Denkmustern freizumachen.

Wo unsere Selbstwirksamkeit Schaden nimmt

In etwa bis zum zwölften Lebensjahr haben wir aufgrund unserer Erfahrungen und unserer Erziehung konsistente Selbstwirksamkeitserwartungen ausgebildet. Wie das Selbstwertgefühl, so ist auch unsere Selbstwirksamkeit nicht in Stein gemeißelt, wir können sie verändern. Das müssen wir in der Regel auch, denn leider ist es so, dass sie uns schon in der Schule gründlich abmontiert wurde und immer noch wird.

Julia, 13 Jahre, besucht das Gymnasium. Julia ist ein schwer an Neurodermitis erkranktes Kind und bei mir wegen ihrer Krankheit und des Umgangs mit dieser in Psychotherapie. Beide Eltern sind Ärzte. Eines Nachmittags kommt Julia zu mir in die Praxis, sie ist verzweifelt und weint bitterlich. Auf meine Frage, was passiert sei, sagte sie mir, sie habe die Deutschschularbeit vermasselt.

„Oje, Julia, hast du ein Nicht Genügend bekommen?"

Sie schüttelte den Kopf.

„Ein Genügend?"

Wieder schüttelte sie den Kopf und die Tränen flossen unaufhörlich und sie zitterte am ganzen Körper. „Ein Befriedigend", sagte sie und unter ihr Weinen mischte sich ein herzzerreißender Seufzer nach dem anderen.

Mit 13 Jahren kann man sich nicht immer vorstellen, dass eine schlechte Schularbeit keine mittlere bis große Katastrophe darstellt – aber so viel Verzweiflung, als sei es das Ende der Welt? Ich fragte nach, denn an eine „normale" Sitzung war ohnehin an diesem Tag nicht zu denken:

„Julia, hast du die Schularbeit dabei? Können wir uns das anschauen?"

Gemeinsam saßen wir da und sahen uns ihre Arbeit an: Vier handgeschriebene Seiten, insgesamt fünf Fehler. Ich blickte Julia an und fragte, ob sie ungefähr wisse, wie viele Wörter sie da geschrieben habe. Sie schüttelte den Kopf.

Wir zählten gemeinsam die Wörter dieses Aufsatzes, während sich Julia dabei langsam etwas beruhigte. 1107 Wörter.

„Julia, das ist ja ganz toll! Von 1107 geschriebenen Wörtern nur fünf Wörter mit Fehlern! Das heißt, du hast 1102 Wörter goldrichtig und fehlerlos geschrieben!"

Julia sah mich ein wenig überrascht an und quetschte ein zögerliches „Ja, schon …" heraus.

„Julia, wenn wir eine Waage hätten und wir würden die 1102 Wörter auf die eine und die fünf Wörter auf die andere Waagschale legen, was denkst du, was mehr wiegt?"

Julia musste nicht lange nachdenken und antwortete: „Die fünf Wörter wiegen mehr."

Ich nahm einen neuen Anlauf: „Stell dir vor, wir schneiden die 1102 Wörter aus, Wort für Wort und legen sie in eine Schachtel, und dann schneiden wir die fünf fehlerhaften Wörter aus und legen sie in eine zweite Schachtel. In welcher Schachtel ist mehr drin?"

„Nun, ja, schon in der Schachtel mit den 1102 Wörtern", sagte Julia zögernd.

Ich versuchte es wieder: „Julia, bitte schau dir doch einmal an, wie unglaublich viele Wörter du da *richtig* geschrieben hast!"

Während ich das sagte, fing Julia wieder an zu weinen und nahm mich bei der Hand. „Silvia", schluchzte sie, „wenn du das doch nur meinen Eltern sagen könntest ..."

Wir werden während der Schulzeit durch Eltern und Lehrer für gewöhnlich nicht auf das hingewiesen, was wir *gut* können, sondern besondere Aufmerksamkeit erfährt das, was wir *nicht so gut* können. Markiert wird, was falsch ist, und Fehler bekommen eine überaus große Bedeutung.

Im Fall von Julia ist es so, dass sie die fünf Wörter, bei denen sie in der Arbeit Fehler gemacht hat, nun zu Hause zigmal schreiben muss, damit sie lernt, wie sie richtig geschrieben werden. So gesehen ist es nur mehr wenig verwunderlich, welch große Bedeutung sie diesen fünf Wörtern gibt.

Das Beispiel zeigt deutlich, wie wichtig es ist, auch mit den Eltern therapeutisch zu arbeiten und sie wie in diesem Fall auf die Auswirkungen ihres überzogen strengen Verhaltens auf ihr Kind aufmerksam zu machen. Den wenigsten Eltern ist bewusst, dass ihr Verhalten die Selbstwirksamkeit ihres Kindes zerstören kann, da hilft es auch nicht, wenn Besorgnis, Liebe oder Ehrgeiz die treibenden Kräfte sind und alles nur in gutem Glauben passiert, es sei nur zum Wohle des Kindes.

Frühere Elterngenerationen hatten zu derlei Wissen keinen Zugang, und sie drillten und forderten ihre Kinder in bester Absicht. Ihnen war nicht bewusst, dass überzogene Strenge und Abwertung („Was, nur ein Dreier?!") nicht einfach nur zur Folge haben würde, dass die Kinder sich noch mehr anstrengen, sondern dass sie ihren Kindern damit nachhaltigen Schaden zufügen.

Obwohl wir heute dank der Forschung und unzähliger Studien

auf einem so hohen Wissensstand sind, was den Veränderungs- und Korrekturbedarf in Richtung Idealzustand „gesunder" Pädagogik angeht, hat unser Bildungssystem darauf praktisch noch nicht reagiert, und das finde ich nicht nur bedauerlich, sondern auch in hohem Maße unverständlich.

Ich habe und hatte viele Kinder als Klienten. Sie werden meist zu mir geschickt, um „problematisches Verhalten" zu therapieren. Oft stellt sich heraus, dass dieses „problematische Verhalten" (die Symptome) der Kinder die Reaktion auf überhöhte Erwartungen der Eltern sind. Die Kinder sind meistens nur Symptomträger eines Systems aus krank machender Kommunikation, überzogenem Leistungsanspruch und Bindungsstörungen.

Die Eltern dieser kleinen Klienten handeln in den meisten Fällen nicht schuldhaft oder in böser Absicht, sie tun das nach bestem Wissen und Gewissen und haben dieses Verhalten in vielen Fällen auch von ihren Eltern gelernt. Im Fall von Julia wollten die Eltern gerne, dass Julia gute Leistungen in der Schule bringt, damit sie die Ausbildung machen kann, welche sie für Julia im Auge haben. Julias Bedürfnisse blieben auf der Strecke und die starke Überforderung von Julia von den Eltern unbemerkt.

Mir begegnen so oft Eltern wie jene von Julia, die mit ihren Kindern stundenlang das lernen, was die Kinder nicht so gut können, anstatt auch immer wieder bewusst auf die Dinge zu schauen, welche diese gut können, und den Kindern damit die Chance zu geben, diese Fähigkeiten zu perfektionieren und dabei Selbstwirksamkeit zu verinnerlichen. In den meisten Fällen steckt dahinter die gute Absicht, dem Kind Schulschwierigkeiten zu ersparen, außerdem sind die wenigsten Eltern am Elternsprechtag auf negative Nachrichten aus. Häufig steckt auch eine Erwartungshaltung der Eltern dahinter. Sie wollen dem Kind ein Studium oder eine Ausbildung ermöglichen, die entweder die ihre übersteigt („Das Kind soll es einmal besser haben"), oder sie haben schon deutlich vor Augen, wohin es mit dem Kind beruflich einmal gehen soll („Jemand muss schließlich die Firma später führen"). Da macht es viele Eltern nervös, wenn es in Englisch etwas hapert, weil sie denken, als Geschäftsführer eines international tätigen Unternehmens muss das Kind später schließlich einwandfrei Englisch beherrschen. Und so üben sie stundenlang mit ihren Kindern das, was diese nicht so gut können. Manchmal entsteht der Druck der Eltern aber auch deshalb, weil sie gute Noten mit guter Erziehung bzw. gutem Elternsein gleichsetzen.

Ich will niemanden ermutigen, seine Schwachstellen aus den Augen zu verlieren und links liegen zu lassen. Aber Wachstum braucht Nahrung, und deshalb halte ich es für enorm wichtig, dass Menschen darin gestärkt werden, was sie gut können. Wenn das, was wir gut können, zur Selbstverständlichkeit und herabgewürdigt wird, können wir daraus auch keine Kraft mehr schöpfen, unsere Schwächen zu kompensieren beziehungsweise besser damit zurechtzukommen, wenn wir etwas nicht so gut können.

Gerade bei der Erziehung unserer Kinder ist es bedeutend, darauf zu achten, was unsere Kinder gut können und für welche Bereiche sie eine besondere Vorliebe oder Begabung entwickeln. Wenn wir sie dahingehend fördern und stärken, können wir ihnen helfen, Vertrauen in ihre Fähigkeiten und Kompetenzen zu entwickeln.

Von der einen oder anderen Ausnahme einmal abgesehen, sieht die Realität in unseren Schulen aber heute so aus: Lerninhalte vermitteln. Prüfen. Fehler korrigieren. Für das, was richtig gemacht wurde, ist kein Platz. Weil das können die Kinder ja. Viel Energie wird verbraucht, um das Kurzzeitgedächtnis zu füllen und bei Prüfungen möglichst gut abzuschneiden. Was passiert? Neben dem Verkümmern unserer Selbstwirksamkeit fördern wir das Mittelmaß, und die Talente unserer Kinder versiegen!

Der Idealfall ist eine Schule mit ausreichend Raum und

einem Rahmen, in dem die Kinder das Vertrauen in ihr inneres Potenzial entwickeln können. Das setzt Lehrer voraus, denen es ein Anliegen ist, herauszufinden: Was kann jeder einzelne meiner Schüler wirklich gut? Es setzt Lehrer voraus, welche die Bedürfnisse ihrer Schüler nach Kompetenzerleben fördern, indem sie eine Lernumgebung schaffen, welche die Überzeugung der Schüler fördert, ihre schulischen Anforderungen durch ihre Kompetenzen bewältigen zu können. Leider ist die Realität nach wie vor eine völlig andere. Ich halte es für wichtig, dass Eltern zu Hause Raum für selbstwirksamkeitsförderndes Verhalten schaffen und sich an der Bildung der Kinder aktiv beteiligten. Eltern *dürfen* sich nicht nur kritisch mit Schule und Lehrkräften auseinandersetzen, sie *müssen* das sogar. Eltern sollten ihren Kindern ein Bild vermitteln, dass Lernen viel mehr ist, als gute Noten nach Hause zu bringen. Kinder brauchen Eltern, die hinter ihnen stehen, die aber auch die soziale Verantwortung für Erziehung und soziales Lernen übernehmen und diese nicht an Lehrer oder die Schule delegieren.

Ich persönlich habe den Eindruck gewonnen, dass es in vielen Fällen nicht an der Person des Lehrers, sondern vielmehr am überalterten System Schule liegt. Bis sich daran etwas ändert, ist es Aufgabe der Eltern, konstruktive und kritische Beiträge in der Schule zu leisten. Natürlich kann das mit dem Risiko verbunden sein, es mit einer wenig reflektierten Lehrkraft zu tun zu haben, die diese Vorstöße als persönliche Kritik versteht, und dann ist genau abzuwägen, wie hoch der Preis für das Kind ist. Denn wenn ich mit einem Lehrer eine Auseinandersetzung führe, der für einen Eltern-Input nicht zugänig ist, würde das möglicherweise dazu führen, dass alles noch viel schwieriger wird, und sich dadurch auch die Situation für das Kind/den Schüler natürlich erschweren. Allerdings wird sich andererseits durch Schweigen nichts verändern.

Glücklicherweise habe ich auch schon viele sehr positive und konstruktive Auseinandersetzungen zwischen Eltern und Lehrern erlebt, wo beide Teile einen Raum des Diskurses geschaffen haben, aus dem sie gestärkt und weiterentwickelt herausgegangen sind.

Das Ziel sind selbstbestimmte Schüler, die ihr Lernen selbst planen, die lernen, ihre Fortschritte selbst zu überwachen und ihr Vorankommen gemeinsam mit Eltern und Lehrern zu reflektieren.

Das permanente Nachbohren vieler Eltern „Hast du schon gelernt?" bringt keinen Schüler voran. Im Gegenteil. Es baut negativen Druck auf, und wer arbeitet schon gerne unter Druck? Sich mit den Kindern hinzusetzen und sich gemeinsam einen Überblick zu verschaffen, in welcher Zeit was und wie viel gelernt werden muss, damit die schulischen Anforderungen erfüllt werden können, und den Fortschritt immer wieder zu evaluieren – das macht Sinn.

Nur wenige von uns sind in der glücklichen Lage, immer nur Dinge tun zu können, die sie von Herzen gerne tun. Es gibt Verpflichtungen, denen wir nachkommen müssen, und Verantwortung, der wir uns stellen müssen – nicht alles davon deckt sich immer mit unseren Lieblingshobbys.

Dass wir nicht für die Schule lernen, sondern für das Leben, wissen wir. Aber wissen wir wirklich, was das bedeutet? Schon in der Schule ist die Förderung von Selbstverantwortung darum so wichtig. Woher sollen wir denn die Fähigkeit zur Selbstverantwortung haben, wenn wir nach der Schule ins Leben entlassen werden und nie „Selbstverantwortung gelernt" haben? Die Fähigkeit, realistische kurz- und langfristige Ziele zu erstellen und mit Ausdauer zu verfolgen, sind nahezu Garanten für ein hohes Maß an Selbstbestimmung im Leben nach der Schule. Die Kinder sollten Hilfestellung bekommen, geeignete, situationsgerechte Lern- und Arbeitsstrategien einzusetzen, die Lernerfahrungen auszuwerten und daraus Konsequenzen für das zukünftige Lernen abzuleiten. Wenn Lernfortschritte explizit hervorgehoben werden, stärkt es ihr Vertrauen in ihre Fähigkeiten und Kompetenzen, und das schafft Motivation für zukünftiges Lernen. Bei Lernschwierigkeiten ist es wichtig, Möglichkeiten zur Verbesserung aufzuzeigen. Auch hier immer mit dem ermutigenden Hinweis darauf, was *gut* gelungen ist.

Die fast schon obligatorische Frage, wenn Besuch kommt: „Wie geht es in der Schule?" Die häufige Antwort? „In Mathematik haben wir leider eine Schwäche, da hapert es ziemlich ..."
Dass das Kind in Deutsch eine wirkliche Koryphäe ist und jede Schularbeit praktisch fehlerlos abliefert, erwähnt niemand.
„Unter Druck läuft unsere Tochter zur Höchstform auf. Erst wenn Feuer am Dach ist, lernt sie. Sie hat nicht die besten Noten, aber es geht sich immer aus. Und wer schaut später schon auf das Zeugnis?"
Ähnliche Sätze wie diese haben Sie vielleicht auch schon gehört. Natürlich könnte man sagen, es reicht doch, wenn es sich immer ausgeht, kein „Nicht Genügend" im Zeugnis auftaucht und die Versetzung nicht gefährdet ist. Wer davon überzeugt ist, denkt so kurzfristig, wie das derzeitige Bildungskonzept greift: bis zur nächsten Schularbeit und danach bis zum nächsten Zeugnis. Die Förderung von Selbstverantwortung bleibt auf der Strecke. Damit werden die Kinder konfrontiert, wenn sie von der Schule ausgespuckt im Berufsleben landen und völlig überfordert sind.
Ich erlebe sehr oft Eltern, die selber in der Schule sehr schlechte Erfahrungen gemacht haben und diese unmittelbar auf die Lehrer und ihre Kinder projizieren. Um ihren Kindern die gleiche negative Erfahrung zu ersparen, bauen sie besonderen Druck auf, sind extra kritisch oder agieren besonders leistungsorientiert. Um ihre Kinder auf die Schule vorzubereiten, haben sie oft selbst schon zu Hause mit ihnen bestimmte Rechnungen geübt und Gedichte oder Lieder gelernt, in der Hoffnung, dass ihr Kind sich in der Schule als ganz besonders intelligent hervortut.

Ich darf gar nicht daran denken, was wir in der Schule alles gelernt haben, das wir nie mehr wieder im Leben gebraucht haben, und wie oft wir entmutigt und abgewertet wurden. Angst vor der Schule statt Freude am Lernen war die Folge.

Nach der Schule sind wir mit der Bewältigung schwierigerer Anforderungen als der Lösung komplexer Rechenaufgaben konfrontiert, auch wenn das für den einen oder anderen eine wichtige Fähigkeit darstellt.

Wie gut sind wir vorbereitet, wenn wir uns mit schwierigen Situationen wie z.b. Niederlagen, Arbeitslosigkeit, traumatischen Erlebnissen, gesellschaftlichen Umbrüchen oder sonstigen Krisen konfrontiert sehen? Gibt es eine komplexere Aufgabe als das Leben an sich? Wohl nicht. Dafür müssen wir in erster Linie gerüstet werden.

Wahre Zuversicht in unsere Kompetenz und unser Leistungsvermögen können wir uns nicht von heute auf morgen aneignen. Sie erwächst aus dem erlernten und automatisierten Urvertrauen in unser Können. Wenn sich das Gelernte nur auf Noten oder Inhalte beschränkt und wir keine Lebendigkeit in der Anwendung erfahren und gelernt haben, wenn nicht auf unsere Stärken hingewiesen wurde, können wir es nicht maximal gewinnbringend benutzen. Es wird uns enorm viel mehr Kraft kosten, Erfolg zu haben, als es jene Menschen kostet, die an ihre Fähigkeiten, Kompetenzen und damit Stärken glauben und sich nicht mit permanenten (meist unbewussten) Versagensängsten herumschlagen müssen. Und übrigens – jeder Mensch hat Stärken!

Persönliches Wachstum ist immer von den Möglichkeiten abhängig, die eigene Person und Persönlichkeit zu entfalten. Als Kinder sind wir dabei auf unser soziales Umfeld angewiesen. In den ersten Jahren unseres Lebens sind wir abhängig und angewiesen darauf, welche Möglichkeiten wir erhalten, welche Räume dafür geschaffen werden, die eigene Person und Persönlichkeit zu entfalten. Liebe Leserin, lieber Leser,

Sie wissen es schon: Wie sehr es möglich ist, seine Person und Persönlichkeit zur Entfaltung zu bringen, hängt davon ab, wie sehr es in der Familie erlaubt/möglich ist, Gefühle zu zeigen, sagen zu dürfen, was man denkt, anerkannt zu werden, in dem was man ist und was man kann. Dazu braucht es eine bezugnehmende Kommunikation, Auseinandersetzung und liebevolle Zuneigung, Stärkung und Entwicklung von Eigenverantwortung, eben von den Eltern oder anderen Bezugspersonen. Es geht um die gesamte Palette, mit der Sie sich in den Seiten zuvor schon beschäftigt haben und in den weiteren Seiten noch beschäftigen werden. Im Jugendalter und als Erwachsener ist ein gutes Selbstmanagement vonnöten, welches wir jedoch nur lernen und damit beherrschen können, wenn im oben genannten Sinn die Grundlagen dafür in der Kindheit geschaffen werden. Den Nährboden dazu finden wir hoffentlich in der erweiterten Familie und im Kontext des Kindergartens und der Schule.

Dabei wird es uns in der heutigen Zeit alles andere als leicht gemacht, nährende Räume zu schaffen, denn das Leben hat sich grundlegend geändert. Es wird immer komplexer, schneller und leistungsorientierter.

Werfen wir nur einen kurzen Blick auf die aktuelle Form der Kommunikation. Noch in den 1980er-Jahren konnte sich wohl niemand vorstellen, dass jeder ein Mobiltelefon besitzen wird. Mittlerweile haben die meisten von uns mindestens eines davon, ja selbst Volksschüler können ihre Eltern von der Notwendigkeit eines eigenen Mobiltelefons überzeugen („Was ist, wenn ich in der Schule krank werde?"). Zehnjährige ohne Smartphone sind schon eine Rarität geworden, und mittlerweile haben Mobiltelefon und Internet unser Kommunikationsverhalten und Alltagsleben grundlegend verändert. Stets erreichbar, immer kontrollierbar, gestritten wird per Kurznachricht im Sekundentakt, und Absagen per E-Mail oder SMS sind gleich weniger unangenehm (da muss man nicht so viel erklären). Freundschaften werden vom PC aus gepflegt und die Mitglieder in sozialen Netzwerken am Bildschirm in „Familie", „gute Bekannte", „enge Freunde" oder sonstige „Gruppen" eingeteilt. Wenn Ihnen etwas gefällt, drücken Sie „gefällt mir", wenn Ihnen etwas nicht gefällt, drücken Sie nichts – so einfach ist es geworden, Freundschaften zu pflegen. Zwei Klicks, und ein „enger Freund" wird zum bloßen „Bekannten" degradiert und ist von bestimmten Informationen abgeschnitten.

Hoffentlich waren Sie so schlau, sich mit Ihren Kindern in den üblichen sozialen Netzwerken zu „befreunden"! Wenn Ihr Sohn seinen Freunden nämlich zwitschert, dass er bei der Mathematikschularbeit einen Fünfer geschrieben hat, sind Sie vorgewarnt. Wenn er ankündigt, sich das Ärgernis wegen des Fünfers am Samstagabend beim „Vorglühen" hinunterzuspülen, können Sie das Schlimmste verhindern und ihn zu Hause „einsperren".

Wenn wir verabredet sind, wird telefoniert: „Bin grade losgefahren", „Komme etwas später, stehe im Stau", „Ich hab den Kuchen vergessen und hab noch mal umgedreht, komme also etwas später, fangt schon mal an ..."

Wie hat es früher nur geklappt, dass die Familie am Wochenende beinahe wie selbstverständlich zusammengekommen ist?

Es ist schon fast ein Stehsatz geworden, aber es stimmt: Die Komplexität und die Geschwindigkeit in unserem Alltag sind unglaublich gestiegen und beinahe nicht mehr kontrollierbar. Es mutet schon fast merkwürdig an, wenn man unterwegs einen Anruf erhält und dem Anrufer sagt: „Ich habe gerade keinen Zugang zum Computer, ich schicke dir das Dokument, sobald ich zu Hause bin!" Heute ist es nämlich so, dass wir jederzeit und immer bereit sein sollten, eine elektronische Nachricht zu versenden, bzw. dass wir stets erreichbar sein sollten.

Ist es Ihnen auch schon passiert, dass Sie aus welchem Grund auch immer für einen Tag oder nur mehrere Stunden lang am Mobiltelefon nicht erreichbar waren und Sie danach hörten: „Wozu hast du bitte ein Handy?" oder verärgerte „Ich

kann dich nicht erreichen!"-Nachrichten auf Ihrer Mailbox
hatten?

Aber das macht nichts, für (fast) jedes Problem scheint es ja
heutzutage ein „App" zu geben.

Verzeihen Sie mir den zynischen Unterton in meinen
Beschreibungen soeben, aber was ich damit andeuten möchte,
ist, dass einerseits Erziehung wahrscheinlich noch nie so schwierig wie heute war, weil es so wahnsinnig viele äußere Einflüsse
und Verführungen gibt, und Eltern gar nicht mehr wirklich in
der Lage sind, ihre Kinder vor nicht altersgerechten Themen
zu schützen. Die Informationen und Bilder, die Kindern heute
im Internet jederzeit zur Verfügung stehen, sind kaum kontrollierbar. Unsere Kinder sind mit Einflüssen konfrontiert, die sie
eigentlich völlig überfordern, und die Hauptaufgabe der Eltern
von heute liegt darin, „Nein" zu sagen und diese vielfältigen
Eindrücke zu reflektieren. Andererseits ist die Modellbildung
in Sachen Selbstmanagement keine besonders konstruktive. Viele Erwachsene haben ein unglaublich schlechtes
Selbstmanagement, sind Getriebene, und man hat sehr oft den
Eindruck, es geht nur mehr um „haben müssen" und nicht mehr
um „sein können". Zeit zu haben für gemeinsame Aktivitäten,
nährende Kommunikation, Beziehungspflege etc. ist dabei sozusagen in vielen Familien unter die Räder gekommen.

Der Grad der Veränderung der Elternrolle ist heute über drei
Generationen hinweg größer und fundamentaler, als es zwischen dem 16. und 18. Jahrhundert der Fall war. Erziehung hat
sich völlig gewandelt und ist auf keinen Fall einfacher geworden als früher. Eltern von heute fehlt es alleine schon durch
diese fundamental veränderten Gegebenheiten an Vorbildern.
Die meisten wollen ihre Kinder nicht so behandeln, wie sie von
ihren Eltern behandelt worden sind. Heute ist es zu Recht völlig verpönt, ein Kind körperlich zu verletzen. Was heute für
uns als Grenzüberschreitung gilt, war jedoch für unsere Eltern
noch eine der präferierten Erziehungsmethoden, selbst in der

Schule kam die „gesunde Ohrfeige" zur Anwendung, nur um ein Thema herauszugreifen.

Normen und Regeln haben sich völlig gewandelt, und deshalb ist es einerseits wichtig, mit Vorwürfen an unsere Eltern sorgsam umzugehen, andererseits sind wir selbst gezwungen, uns mit ganz neuen Erziehungsproblemen zu beschäftigen und eine Elternkompetenz zu entwickeln, die sich deutlich zu der unserer Vorfahren unterscheidet. Ob unsere Elternkompetenz positiv standhalten kann, wird sich erst zeigen, wenn unsere Kinder uns kritisch reflektieren.

Möglicherweise wird es in zwanzig Jahren von unseren erwachsenen Kindern als unverzeihliche Grenzüberschreitung angesehen, dass wir ihnen bestimmte Seiten im Internet gesperrt haben? Heute ist das eine der wenigen Chancen, die Kontrolle über das Surfverhalten unserer Kinder zu behalten und dafür zu sorgen, dass ein Zehnjähriger auf keine Pornoseite gerät und Filme herunterlädt.

Elternsein war nie leicht. Das stimmt heute mehr denn je, und das gilt im Übrigen auch für das Kindsein. Auf der einen Seite haben unsere Kinder Möglichkeiten, die es früher nicht gegeben hat, auf der anderen Seite überfordern sie diese Möglichkeiten und reißen sie früh aus einer kindgerechten Kindheit. Bei all den Herausforderungen haben sich jedoch die Grundlagen des Elternseins aus meiner Sicht nicht geändert, und sie werden sich auch in den nächsten Jahrzehnten nicht ändern. Ich beziehe mich hier auf ein Zitat von Jesper Juul: „Kinder brauchen Eltern, die wie Leuchttürme sind, die klare Signale geben und deutlich sagen, was sie wollen." Unsere Kinder brauchen Eltern, die Vorbilder sind, sie brauchen Eltern, die Orientierung geben und Führungsverantwortung übernehmen, die anleiten, reflektieren und Grenzen setzen bzw. die eigenen Grenzen wahrnehmen und bei all dem liebevoll handeln. Wir sind dabei ständig gefordert, uns zu verändern und uns anzupassen, an eine sich ständig verändernde Umwelt. Wobei wir auch hier nicht vergessen dürfen – wir haben die Wahl, ob wir bei allen Trends und allem, was uns angeboten wird, mitmachen.

Ob bei unseren Eltern, bei uns selbst oder unseren Kindern, manchmal wird der Veränderungsbedarf in großem Umfang unausweichlich. Nämlich dann, wenn es um eine Notsituation geht und wir uns verändern müssen, schlicht damit es uns wieder besser geht oder gar um zu überleben.

Natürlich können wir nicht alles beeinflussen, es gibt Dinge, die außerhalb unserer Kontrolle oder Einflussnahme liegen, und auch diese sollten wir bewältigen. Für Menschen mit einem positiven Selbstkonzept und hoher Selbstwirksamkeit ist das jedoch keine beunruhigende Tatsache. Sie können gut damit umgehen, dass sie heute nicht wissen, was morgen sein wird.

Anderen unter uns fällt es schwerer, und sie möchten gerne daran glauben, dass es helfen könnte, einfach keine Fehler zu machen oder nur das zu tun, was unbedingt sein muss. Manche warten lieber gleich darauf, dass ihnen jemand sagt, was zu tun ist. Das Herbeizitieren anonymer Autoritäten wie Gott, Glück, Pech oder höherer Gewalt ist eine weitere beliebte Ausrede, sich nicht vom Fleck zu bewegen, anstatt das Leben selbst in die Hand zu nehmen. Es gibt leider so viele Argumente für Stillstand.

Unser Leben eigenverantwortlich und selbstständig zu führen ist unsere oberste Aufgabe und unsere erste Pflicht. Dazu müssen wir in Bewegung bleiben, aktiv, neugierig und mutig sein. Wir sind dabei nicht auf uns allein gestellt, aber die Verantwortung für unser Leben als Erwachsene mit all unseren Rollen (Tochter/Sohn, Partner/Partnerin, Elternrolle etc.) liegt bei uns selbst. Wie gut wir in der Lage sind, zu verändern, zu gestalten, in Bewegung und aktiv zu bleiben, ist zu ganz großen Teilen davon bestimmt, wie ausgeprägt unser Selbstwertgefühl und unsere Selbstwirksamkeit sind.

Wie schon gesagt, sind sowohl unser Selbstwertgefühl als auch unsere Selbstwirksamkeit veränderbare Größen.

Um unsere Selbstwirksamkeit zu stärken und weiterzuentwickeln, brauchen wir eine gute Portion Willenskraft und Geduld. Ein Feld, das jahrelang brachlag, braucht Zuwendung und Pflege, um wieder von ihm ernten zu können. Das geht nicht von heute auf morgen.

Was noch? Ich habe es schon an anderer Stelle erwähnt, dass wir nicht ohne die anderen leben können, und zwar nicht nur deshalb, weil sich nicht für jeden von uns eine eigene einsame Insel auf unserem Planeten ausgeht, sondern weil wir alle auf andere Menschen angewiesen sind – wir können alleine nicht überleben. Zur Entwicklung unserer Selbstwirksamkeit brauchen wir Menschen, die konstruktiv kritisch mit uns sind, die Anerkennung artikulieren können, und Menschen, die an uns glauben.

Ein Kind, das immerzu auf seine Fehler hingewiesen wird und niemals hört, dass es etwas gut macht, wird irgendwann zu der Überzeugung gelangen, es sei unfähig und inkompetent. Wird der Erwartungsdruck von Eltern und Lehrern permanent nach oben geschraubt, werden hohe Leistungen als Selbstverständlichkeit betrachtet, die es immer wieder zu toppen gilt, und wird ein Misserfolg mit Distanz oder Missbilligung bestraft, wird Folgendes geschehen: Das Kind verliert den Glauben an seine Fähigkeiten und seine Wirksamkeit. Es wird anfangen, schwierige Aufgaben zu meiden, weil es Angst hat, zu scheitern oder sich bei einem Leistungsabfall die Missbilligung und Geringschätzung seiner Erziehungsberechtigten zuzuziehen.

Unsere Selbstwirksamkeit ist sehr angreifbar, speziell im Kindesalter und in der Jugend. Überzogene Kritik und unangebrachtes Lob sind ihre größten natürlichen Feinde.

„Das ist gut für ihr Selbstbewusstsein", heißt es nach einer völlig unangemessenen und übertriebenen Belobigung mit einem Augenzwinkern. Gut gemeint ist wie so oft nicht gut getan. Wenn Eltern ihre Kinder idealisieren, wenn alles, was das Kind macht, als herausragend und großartig beurteilt wird, dann erreichen Eltern das Gegenteil von dem, was sie eigentlich erreichen wollen: Das Kind kann nicht lernen, seine Stärken und seine Schwächen realistisch einzuschätzen. Es wird in gleichem Maße Unsicherheit aufbauen wie das Kind, das dauernd und ausschließlich kritisiert wird, um es zu Höchstleistungen anzuspornen.

In der Erziehung haben wir als Elternteil oder Bezugsperson viele Möglichkeiten, die Selbstwirksamkeit unserer Kinder mitzuformen. Zum Wort „formen" gehört das Substantiv „Form". Eine Form, genau das ist es, was wir brauchen, um erfolgreich zu gestalten, zu prägen und Einfluss zu nehmen. Es braucht eine eindeutige Form, klare Regeln und ein hohes Maß an Verbindlichkeit. Es ist wichtig, dass Kinder Stabilität erfahren und lernen, zwischen richtig und falsch zu unterscheiden, zwischen akzeptabel und inakzeptabel. Wenn diese Regeln ausgesprochen und den Kindern unmissverständlich mitgeteilt wurden, schützt dies ein Kind vor Verunsicherungen, denn es kann auf einen unbestechlichen Parameter zurückgreifen, um zu erkennen, ob es sich richtig oder falsch verhalten hat. Wenn es einen Regelverstoß gibt, soll dies thematisiert und darüber gesprochen werden. Dem Kind muss klar gemacht werden, dass sein Verhalten inakzeptabel war. Dabei ist es wichtig, das Kind und sein Verhalten nicht abzuwerten. Es reicht der deutliche und unmissverständliche Hinweis, dass sein Verhalten nicht dem entspricht, was vereinbart war. Es ist durchaus erlaubt, Wut zu zeigen oder Enttäuschung, und bei einem besonders schweren oder vielleicht sogar wiederholten Regelverstoß sind Konsequenzen nicht nur angebracht, sondern wichtig. Wichtig ist aber auch, bei Fehlern oder Grenzüberschreitungen ein Kind nicht mit Missachtung oder Liebesentzug zu strafen, denn das fördert die Entwicklung von Selbstkonzepten wie „Ich bin nichts wert", „Ich bin böse" oder „Ich bin dumm".

Nicht alle von uns hatten das Glück, Eltern oder Bezugspersonen um sich zu haben, die in dieser idealen Weise agiert haben, und so ist es für viele von uns wahnsinnig schwierig, den eigenen Standpunkt zu bestimmen.

Wenn wir gesundheitliche Probleme bekommen, Konflikte in der Beziehung unlösbar scheinen oder wir sonst irgendwie in Not geraten, ist das ein häufiger Auslöser für uns Menschen, nachzuforschen, was uns in diese Situation gebracht hat. Die Auseinandersetzung mit unserer Geschichte birgt fast immer die Antworten, und wir können erkennen, wer oder was uns geprägt oder „gestört" hat. Wir können beginnen, uns neu zu orientieren und uns anders zu verhalten, als wir das bisher getan haben. Möglicherweise stellen sich frühere Entscheidungen oder Verhaltensweisen unserer Eltern heute als falsch, kontraproduktiv oder sogar schädlich heraus. Aus so einer Erkenntnis entsteht häufig die Idee oder die Haltung, es später völlig anders machen zu wollen als die Eltern. In der Umsetzung kommen wir dann allerdings oft drauf, dass das gar nicht so leicht ist und dass sich immer wieder Verhaltensweisen einschleichen, die denen unserer Eltern sehr ähnlich sind. Dabei dürfen wir nicht vergessen, dass vieles von dem, was uns heute als so falsch erscheint, damals in den Augen unserer Eltern als richtig galt und vielleicht auch gar keine Alternative vorhanden war.

Birgit wurde als Kind häufig angebrüllt, und sie hat sich vorgenommen, ihre Kinder niemals anzuschreien. Heute ertappt sie sich in Stresssituationen und wenn ihr alles zu viel wird immer wieder dabei, dass auch sie über die Maßen laut wird.

Birgits Eltern schlugen sie, und obwohl sie heute weiß, dass das kein konstruktives Erziehungsmittel war und ist, passiert es ihr in Situationen, in denen sie sich hilflos fühlt, dass ihr „die Hand ausrutscht".

Das entschuldigt Birgits Verhalten nicht – aber es erklärt es. In so einer Situation ist es wichtig, sich bei den Kindern zu entschuldigen und ihnen zu erklären, dass die Ohrfeige Ausdruck der eigenen Hilflosigkeit ist. Birgit muss – wie so viele andere Eltern auch – nach konstruktiveren Mitteln im Umgang mit ihrer Hilflosigkeit suchen.

Auch in meiner Erziehung war Schlagen das Mittel der Wahl, was dazu führte, dass ich mir schwor, dass meine Kinder niemals von mir geschlagen werden. Als wir dann bei einem Forschungsprojekt über Stieffamilien mitmachten, wurden ich, mein Mann, mein Exmann und Vater meines Sohnes und mein Sohn unabhängig voneinander zu den gleichen Themen befragt. Nach der Befragung meines Sohnes kam die Therapeutin zu mir und fragte mich, was ich glaube, was mein Sohn auf die Frage: „Was passiert, wenn du etwas anstellst? Bekommst du dann eine Ohrfeige?" geantwortet hat. Ich schaute sie an und sagte etwas verwundert über ihre Frage: „Ich nehme an, er hat Nein gesagt." Sie lächelte und sagte freundlich und etwas amüsiert: „Nein – er hat gesagt: ‚Leider nein, da muss ich immer reden!'" Beim nach Hause Fahren fragte ich meinen Sohn scherzhaft: „Sag mal, René, wäre es dir lieber, eine Ohrfeige zu bekommen, wenn du etwas anstellst?"

Darauf antwortete mein Sohn: „Mama, das würde manchmal einfach schneller gehen." Wir mussten zwar beide lachen, und doch wurde mir in diesem Moment klar, dass ich in meinem Bemühen, es besser zu machen als meine Eltern, überhaupt nicht bemerkte, wie sehr ich meinen Sohn mit diesem ständigen „darüber reden Müssen" überfordert hatte. Das führte in der Pubertät im Übrigen dazu, dass mein Sohn mit mir als Mutter überhaupt nicht mehr über seine Angelegenheiten reden wollte.

Nun, manchmal versuchen wir es ganz anders – natürlich besser – zu machen und merken gar nicht, dass wir damit auch Grenzen überschreiten – andere eben als unsere Eltern.

Das sind zwei Beispiele, liebe Leser und Leserinnen, das eine zeigt, dass sich ein unliebsam erlebtes Verhalten wiederholt, das andere, dass Veränderung um jeden Preis auch nicht immer die Lösung ist. Wir müssen also ständig darauf achten, was unser

Tun beim anderen auslöst. Denn eine Grenzüberschreitung bestimmt immer der, dessen Grenze überschritten wurde. Auch „reden müssen" kann als eine Grenzüberschreitung wahrgenommen werden.

Ein eindeutiges, klares Regelwerk ist eine der wesentlichen und wertvollen Quellen, um eine gute Selbstwirksamkeit zu generieren.

Falls unsere Quellen in der Vergangenheit, aus welchem Grund auch immer, nicht vorhanden waren, brauchen wir in der Gegenwart eine Vertrauensperson, die uns in Sachen Selbstwertgefühl und Selbstwirksamkeit ein Vorbild ist. Oder wir suchen einen Therapeuten oder eine Therapeutin auf, der/ die uns dabei hilft, etwas zu tun, was unseren Eltern nicht so gut gelungen ist: Regeln klar zu definieren, Feedback zu geben und zu reflektieren, den eigenen Blick für unsere Stärken zu schärfen, zu erkennen, was wir können und was wir noch lernen müssen bzw. was wir eben nicht können, um uns gut orientieren zu können, einen eigenen Standpunkt zu entwickeln und zu diesem auch zu stehen.

Solche Personen finden wir, wie schon gesagt, meistens auch in unserem unmittelbaren Umfeld oder im Freundeskreis. Es kann durchaus sein, dass Sie selbst als konstruktiver Feedback-Partner zur Verfügung stehen können, spätestens nachdem Sie dieses Buch gelesen haben. Wenn Sie sich entscheiden, einen professionellen Begleiter zu suchen, ist es immer wichtig, darauf zu achten, dass der persönliche Draht zu dieser Person ein guter ist, um sich vertrauensvoll auf solche Gespräche einlassen zu können. Sie sollten auch überprüfen, ob das eher ein Mann oder eine Frau sein sollte. Manche Themen sind heikel, und deshalb ist es wichtig, sich zu fragen, bei wem ich mich wirklich öffnen und auf wen ich mich wirklich einlassen kann. Das Geschlecht des Begleiters spielt meiner Erfahrung nach bei beruflichen Themen weniger eine Rolle als bei privaten Angelegenheiten.

Ich hatte eine Krankenschwester als Klientin, die für ihre Vorgesetzten und Kollegen einen Vortrag über eine absolvierte Weiterbildung halten sollte. Schon beim Gedanken an die Vortragssituation war sie unglaublich nervös und hatte feuchte Hände. Sie entwickelte im Zusammenhang mit dem Vortrag echte Stresssymptome. Ich bat sie, ihren Vortrag vorzubereiten, um ihn bei mir in der Praxis zu proben und sie dabei auf Video aufzunehmen. Als wir in der folgenden Sitzung die Vorbereitungen für die Aufnahme trafen, war sie sehr missmutig, begann, an sich herumzukritisieren: Sie sähe so dick aus, und das Kleid passe ihr überhaupt nicht, was hätte sie da nur wieder angezogen, und überhaupt würde das Ganze sowieso in einer Katastrophe enden.

Wir beschlossen, die Aufnahme zu verschieben, und ich bat sie, sich beim nächsten Mal etwas anzuziehen, worin sie sich gefiel und worin sie sich wohlfühlte. Dann sprachen wir noch einmal darüber, welche elementaren Dinge in ihrem Vortrag vorkommen sollten, darüber, was ihr helfen würde, dass sie sich gut vorbereitete, welche gedanklichen Brücken sie unterstützen konnten für den Fall, dass sie im Vortrag nicht mehr weiterwüsste und so weiter.

Zur nächsten Sitzung erschien sie adrett hergerichtet in einem wirklich schicken Outfit und war auch inhaltlich gut vorbereitet. Wir fingen also mit der Aufnahme an. Zuerst einmal nur mit der Begrüßung, die wir uns dann gemeinsam ansahen. Sie schlug die Hände über dem Kopf zusammen, konnte gar nicht richtig hinschauen und fand sich schrecklich.

Ich konnte ihre Reaktion nicht wirklich nachvollziehen und sagte ihr, dass es mir gegenteilig erginge, für mich sah alles sympathisch, ansprechend und kompetent aus. Aber Tatsache war, sie musste sich selbst gefallen.

Wir wiederholten die Aufnahme der Begrüßung also einige Male und sahen sie uns immer wieder an. Von Mal zu Mal gefiel sie sich dabei besser, und am Ende der Sitzung fand sie wirklich gut, was sie da sah.

Bei der nächsten Sitzung war sie wieder sehr nervös, und ich sagte ihr, sie sollte sich bitte in Gedanken das letzte Video vorstellen und die Tatsache, dass sie da schon ganz toll geredet hatte.

Irgendwann stand sie da, aufrecht und mit lauter Stimme. Es war eine Freude, ihr zuzuhören. Sie hatte ihre Notizen dabei, für den Fall, dass sie hängen blieb, aber sie brauchte sie gar nicht. Wieder sahen wir uns das Video an, und sie zeigte sich ganz überrascht darüber, dass alles für sie ziemlich gut wirkte.

Für den Tag des Vortrags im Krankenhaus gab ich ihr noch einmal den Gedanken mit, sich den Moment in Erinnerung zu rufen, als wir die letzte Aufnahme gemacht hatten: wie sie da gestanden und fehlerlos und motiviert ihren Vortrag gehalten hatte, dass sie sich sehr hübsch gefunden und alles so rübergebracht hatte, wie sie sich das vorgestellt hatte, und dass ich als ihre Zuhörerin alles gut verstanden und ihren Vortrag spannend gefunden hatte.

Das setzte sie dann auch um. Kurz vor ihrem Vortrag holte sie sich die Bilder vom Tag in der Praxis ins Gedächtnis. Später erzählte sie mir, dass ihre Präsentation ein voller Erfolg gewesen und bei den Kollegen und Vorgesetzten super angekommen war. Weder Angst noch sonstige Stresssymptome hätte sie dabei gehabt. Mit dem Vertrauen in ihre Fähigkeit, das gut zu machen, war ihr genau das auch gelungen.

Wenn meine Klientin wieder einmal eine Herausforderung wie diese zu bewältigen hat, kann sie auf dieses positive Erlebnis zurückgreifen. Erscheint ihr das nächste Mal eine Aufgabe unbezwingbar, kann sie sich erinnern, wie sie eine ähnliche angsteinflößende Situation ganz hervorragend gemeistert hat und dabei sogar sehr erfolgreich gewesen war. Dieses positive Erlebnis wird ihre Zuversicht für kommende Herausforderungen stärken.

Es mag auf den ersten Blick überraschend klingen, und ich möchte mich an dieser Stelle keinesfalls in das Genre der Stilratgeber verirren, aber sich attraktiv und in seiner Haut wohlzufühlen ist ein ausgesprochen wichtiger Faktor, gerade dann, wenn es um schwierige Situationen geht, und gerade für Menschen mit einer geringen Selbstwirksamkeit und einem instabilen Selbstwertgefühl. Für sie bedeuten Bewertungssituationen und Momente, in denen alle Aufmerksamkeit auf sie gerichtet ist, ganz besonders großen Stress und Druck. Da ist es hilfreich, sich attraktiv und passend angezogen, gut frisiert und attraktiv zu finden.

Menschen mit einer hohen Selbstwirksamkeit und einem stabilen Selbstwertgefühl wird es nicht so viel ausmachen, wenn sie aus welchen Gründen auch immer ein bisschen underdressed zu einem Termin erscheinen. Unsichere Menschen werden an nichts anderes denken als daran, nicht ganz passend gekleidet zu sein, sie werden ständig alle Augen kritisch auf sich gerichtet fühlen, und ihr ohnehin negatives Selbstkonzept wird um die Facette „Ich schaffe es nicht einmal, mich richtig anzuziehen" reicher.

Nicht jeder hat die Möglichkeit, sich in einem Video zu betrachten. Aber Fotos hat wohl jeder von sich. Wenn nicht, gibt es viele günstige Kameras mit Selbstauslöser. Kein Stilratgeber lässt den Tipp aus, Fotos von sich in den unterschiedlichen Outfits zu machen, um zu sehen, wie es aus der Perspektive des Gegenübers wirkt. Das digitale Zeitalter hat den Vorteil, dass Sie die Bilder mit den schlechten Outfits gleich wieder verwerfen können, und die Sachen, in denen Sie sich nicht gefallen, können Sie bei eBay versteigern oder an Familie und Freunde verschenken.

Nehmen Sie sich einmal wieder die Zeit, Bilder von sich anzusehen. Was sehen Sie? Gefallen Sie sich? In welchem Outfit fühlen Sie sich besonders wohl? Wo sehen Sie vielleicht sogar auf den Bildern, dass Sie sich in Ihrer Kleidung unwohlfühlen? Möchten Sie an Ihrer Frisur etwas ändern? An Ihrem Styling?

Das macht nicht nur Spaß, sondern wird noch viel mehr bei Ihnen bewirken. Stellen Sie sich ein und dieselbe – vielleicht nicht ganz angenehme – Situation in einem Kleid oder einem Anzug vor, die Ihnen eine Nummer zu klein sind und deren Farben Sie eigentlich nie mochten. Vielleicht an einem Tag, an dem Ihnen ein Fehler unterlaufen ist, über den Ihr Vorgesetzter sehr ärgerlich war.

Dann stellen Sie sich die gleiche Situation in Ihrem Lieblingskleid oder Ihrem Lieblingsanzug vor. Sehen Sie! Ein Grund mehr, keine Sachen mehr anzuziehen, die wir nicht mögen und in denen wir uns dementsprechend auch nicht wohlfühlen. Der Ärger Ihres Vorgesetzten wird zwar nicht anders sein, aber wenn Sie sich mit sich selbst gut fühlen, wird vielleicht in Ihrer Reaktion etwas anders sein – in Ihrem anschließenden Gefühl wird es mit großer Sicherheit einen Unterschied machen.

Der Vergleich mit anderen

Im Vergleich mit anderen können wir eine Fülle an Informationen über uns selbst, über unsere Kompetenz und unsere Wirksamkeit generieren.

Was macht die Kollegin mit einem ähnlichen Aufgabengebiet besser oder anders als ich?

Was kann ich mir von ihr abschauen?

Wie reagiert ein Freund auf Grenzüberschreitungen seines Gegenübers?

Was kann ich machen, um ebenso gelassen und souverän zu reagieren?

Vergleiche mit dem Ziel, dazuzulernen oder aber auch sich bewusst *gegen* eine Handlungsweise oder ein Verhalten zu entscheiden, sind eine wertvolle Möglichkeit zur Weiterentwicklung und eine wichtige Quelle zur Stärkung unserer Selbstwirksamkeit.

Vergleiche sind aber auch nicht ganz ungefährlich. Menschen mit einem instabilen Selbstwertgefühl und geringer Selbstwirksamkeit treten nämlich oft unsinnige und unfaire Vergleiche an, um – natürlich unbewusst – Bestätigung für ihr negatives Selbstkonzept zu erfahren.

Für wenige von uns macht es Sinn, uns optisch mit Supermodel X zu vergleichen, das auch noch um zwanzig Jahre jünger ist als wir selbst. Der Misserfolg und die Erkenntnis werden nicht ausbleiben, dass wir diesem Vergleich nicht standhalten können.

Für Personen mit niedriger Selbstwirksamkeit kann es auch gefährlich sein, sich mit höchst selbstsicheren Personen mit hoher Selbstwirksamkeit zu vergleichen. Dieser Vergleich wird kaum auszuhalten sein, weil sie sich so minderwertig fühlen werden.

Generell macht ein *Messen* keinen Sinn. Uns etwas abschauen zu wollen, Inspiration zu holen, lernen zu wollen, das ist zulässig und schlau. Wo sollen wir lernen, wenn nicht von den Besten?

Der Vergleich mit anderen darf uns aber nicht dazu dienen, uns „klein"zumachen und für nicht gut genug zu befinden. Das führt zwangsläufig dazu, dass wir uns dann noch weniger zutrauen und sich noch mehr Unsicherheit einstellt.

An dieser Stelle scheint mir wichtig zu sagen, dass natürlich auch unsere Eltern als sozialer Vergleich dienlich sein können. Möglicherweise finden wir Verhaltensweisen, die mit ihrer langjährigen Erfahrung (diese haben sie uns nämlich immer voraus) sehr vorteilhaft sind. Verhaltensweisen, aus denen wir etwas lernen können. Im schlimmsten Fall lernen wir, was wir anders machen möchten, was uns in unserem Leben nicht so nützlich erscheint. Man kann durch Beobachten und Vergleichen eben auch lernen, was wir auf gar keinen Fall machen möchten. Zusammengefasst: Wir können immer etwas lernen.

Der soziale Vergleich ist nicht nur etwas, das wir im Stillen mit uns selbst ausmachen. Er beinhaltet auch Rückmeldungen aus unserem Umfeld: Feedback, Lob und Anerkennung anderer. Konstruktive Kritik ist etwas ganz Wertvolles, wenn es uns gelingt, das aus ihr herauszufiltern, was uns weiterbringt. Wenn uns selbst etwas nicht so gut gelungen ist, sollten wir das ebenfalls unter dem Licht betrachten können, was wir beim nächsten Mal besser machen können. Und nicht: „Was bildet er sich ein, mich zu kritisieren?" Oder: „Oh je, ich habe es gewusst, wieso stelle ich mich bloß wieder so ungeschickt an?"

Der soziale Vergleich dient einer Standortbestimmung. Er hilft uns dabei, zu entscheiden, ob und was wir ändern wollen. Der Vergleich per se ist jedoch keine Quelle, aus dem wir Selbstwert oder Selbstwirksamkeit schöpfen können. Das gelingt uns erst mit den Erkenntnissen und den damit einhergehenden Veränderungen, die wir aus diesem sozialen Vergleich ableiten und umsetzen.

„Meine Kollegin macht die Recherche auch nur oberflächlich, also brauche ich mir auch keine solche Mühe geben." – Das macht wirklich gar keinen Sinn und bringt Sie nicht voran!

„Meine Kollegin ist ein Vorbild in Sachen Recherche. Wie macht sie das und was muss ich tun, um diese Technik auch zu lernen?!" – Das macht Sinn!

„Welche Schicksalsschläge meine Nachbarin schon einstecken musste, ist unfassbar. Und da rege ich mich auf, weil mein Mann und ich keine gute Beziehung führen?" Bloß nicht! So macht der Vergleich keinen Sinn!

„Welche Schicksalsschläge meine Nachbarin schon einstecken musste, ist unfassbar. Aber sie ist immer wieder aufgestanden und hat ihrem Leben eine neue Richtung gegeben. Das will ich auch erreichen! Ich werde nun alles tun, um mit meinem Mann wieder eine nährende Beziehung zu gestalten." – Nur so macht der Vergleich Sinn!

Der soziale Vergleich ist etwas immanentes, er gehört zu unserem Leben, auch wenn das Wort „Vergleich" hier etwas irreführend daherkommen mag. Wir lernen aus zu Ende gegangenen Beziehungen, aus alten und neuen Freundschaften, aus dem Umgang mit unserer Familie, unseren Arbeitskollegen, unserem Partner. Wir „vergleichen": Woran ist Beziehung X gescheitert, was war vielleicht mein eigener Anteil daran, was möchte ich in meiner neuen Beziehung besser oder anders machen? Bringe ich genug in Freundschaft Y ein, oder habe ich die Freundschaft und die Aufwendungen dafür vielleicht in der Vergangenheit ein wenig schleifen lassen? Auch solche Überlegungen gehören zum Aspekt des sozialen Vergleichs.

Vertrauen wir bei allen unseren Vergleichen auf unsere Fähigkeiten sowie Fertigkeiten, und akzeptieren wir uns so, wie wir sind! Es ist viel wichtiger, zu dem was man tut, zu stehen, als sich von positiven oder negativen Rückmeldungen anderer abhängig zu machen.

Erinnern Sie sich an die Filmaufnahme der Klientin, die nach einiger Zeit anfing, wertzuschätzen und zu mögen, was sie da auf dem Bildschirm sah – nämlich sich selbst!

Lassen Sie uns bei allen Vergleichen niemals übersehen, was wir bereits jetzt gut machen, denn das ist unser momentaner Standort, unsere Ausgangssituation und die Basis, von der aus wir unsere Veränderung in Angriff nehmen.

Ein Gespräch unter zwei Augen

Reflexion ist Nachdenken, Überlegung, prüfende Betrachtung – und es gehört laut Duden in die Liste der rechtschreiblich schwierigen Wörter. Reflexion ist Nachdenken über uns selbst. Wie die Atmung die Luft, so braucht die Veränderung Reflexionskompetenz. Es geht uns ja letztendlich nicht um Veränderung um jeden Preis, sondern darum, jene Dinge in unserem Leben zu verändern, die wir derzeit als negativ oder ungesund betrachten.

Um die Rückmeldungen aus unserem Umfeld einzuordnen, brauchen wir die Fähigkeit, uns in andere hineinzuversetzen und ihren Standpunkt mitzudenken. Wir müssen in der Lage sein, die Perspektive von anderen wahrzunehmen, um ihr Feedback nachvollziehen zu können. „Denken ist das Gespräch der Seele mit sich selbst", hat Platon gesagt. Das würde ich unterschreiben. Reflexion ist im Grunde eine Art Selbstgespräch. Das machen wir unbewusst ohnehin ununterbrochen, wir reflektieren Bücher, die wir gelesen haben, Nachrichten, die wir gehört haben, Gespräche, die wir geführt haben.

Wenn man schizophrene Patienten genau befragt, dann sind die Stimmen, die sie hören, häufig Kommentare. Da hat sich etwas, was bei uns allen im Denken stattfindet, verselbstständigt. Einzelne Bestandteile des Denkens koppeln sich ab, sodass sie vom Patienten selbst nicht mehr als eigene Gedanken erlebt werden, sondern von außen zu kommen scheinen.

Wenn wir über uns selbst reflektieren, kommentieren wir unsere eigenen Gedanken oder führen im Geiste ein möglicherweise kritisches Feedback zu unserer Person weiter und kommentieren unsere Gedanken dazu. Das ist nicht schrullig, das ist gut, ganz normal und – wenn stärkenorientiert – auch unglaublich wichtig.

Menschen mit geringer Selbstwirksamkeit neigen dazu, Erfolge nicht sich selbst, sondern einem äußeren Umstand zuzuschreiben: „Da habe ich Glück gehabt."

Hier gilt es, etwas nachzuholen, das offensichtlich im Elternhaus oder in der Schule zu wenig passiert ist. Nämlich das Gelungene richtig zu reflektieren:

„Wie und wodurch (nämlich nicht durch Glück!) ist es gelungen, das zu erreichen?"

„Was war konkret *mein* Beitrag zu diesem tollen Erfolg?"

Diese Art der Selbstreflexion ist eine ganz fundamentale

Fähigkeit, die sich Menschen mit geringer Selbstwirksamkeit – vielleicht sogar mit professioneller Hilfe – aneignen müssen. Sie müssen lernen, Rückmeldungen abgekoppelt von ihrer schlechten Meinung über sich selbst zu betrachten, zu sehen und anzuerkennen:

„Ja, das war mein Beitrag. Ich hatte kein Glück, sondern ich habe hart dafür gearbeitet und bin stolz auf mich und meine Leistung."

Wir können während so eines Reflexionsprozesses durchaus einmal draufkommen, dass wir etwas Dummes getan haben. Aber – und das ist bei Menschen mit geringer Selbstwirksamkeit ein ganz häufiges Phänomen – es gilt nicht: „Ich bin dumm." Hierbei wird „dumm" personifiziert. Das ist ein unmittelbarer und direkter Angriff auf das Selbstwertgefühl. Aus „Ich habe so und so gehandelt" wird „Ich bin …".

Es kann sein, dass wir nach etwas Nachdenken über die Situation zur Ansicht gelangen: „Das hätte ich besser machen können." Aber es ist unzulässig und außerdem gar nicht hilfreich, uns selbst abzuwerten.

Leider fällt es Menschen mit geringer Selbstwirksamkeit besonders schwer, sich Fehler zu verzeihen. „Durch Fehler wird man klug" heißt es, und das stimmt. Aber nur, wenn man sich Fehler auch erlaubt. Fehler sind eine unbestechliche Quelle der Information über die Wirklichkeit. Viele von uns wären gerne perfekt, doch die Idee der Perfektion birgt einen totalitären Impuls in sich: Perfektionismus kann Menschen zu Höchstleistungen beflügeln oder aber bis zum Stillstand lähmen. So wie übertriebene Hygiene dazu führen kann, dass sich das Immunsystem gegen unseren Körper wendet, so kann übertriebene Perfektion in Stillstand oder in ein Burn-out münden, weil wir nicht mehr in der Lage sind, Fehler lebenstauglich auszugleichen.

Es ist wichtig zu lernen, dass Fehler einfach zum Leben dazugehören und dass man sie erlauben muss, um dazulernen zu können. In diesem Zusammenhang ist es wichtig zu reflektieren, ob die Erwartungen, die wir an uns stellen, realistisch und ob die gesetzten Ziele auch wirklich erreichbar sind. Wenn das nämlich nicht der Fall ist, sind Fehler und Misserfolge ja praktisch vorprogrammiert.

Wenn andere Fehler begehen, sind wir meist voller Mitgefühl. Wo bleibt das Mitgefühl uns selbst gegenüber? Fehler sind so oft Ursprung kreativer Gedankensprünge und Inspirationsquelle. Gehen wir gelassen um mit unserer Fehlbarkeit!

Die Chance des Scheiterns

Im Leben von uns allen gibt es Ereignisse, auf die wir keinen Einfluss haben. Umstände, Krisen oder Katastrophen, die wir nicht selbst herbeigeführt haben. Wenn wir eine Situation vorfinden, bewerten wir diese in aller Regel: Herausforderung, Bedrohung, Gewinn, Verlust und so weiter. Je nachdem, wie wir sie bewerten, so fühlen wir, und so werden wir ins Handeln kommen. Wäre das anders, würden alle Beteiligten in der gleichen Situation gleich empfinden und gleich reagieren. Wie wir wissen, ist das aber nicht so. Das wird besonders deutlich, wenn es um das Scheitern oder um Misserfolge geht.

Dass wir alle unterschiedlich auf die gleiche Situation reagieren (auch wenn es im Außen manchmal anders wirkt), liegt an unserem Selbstkonzept und unserer Selbstwirksamkeit. Ihnen liegen Denkstrategien zugrunde, anhand derer wir unsere Erlebnisse auf unsere Weise bewältigen, und sie dienen meist dazu, uns zu schützen.

Es gibt viele Menschen, die nicht aus eigener Schuld heraus arbeitslos geworden sind. Aber viele von ihnen erleben ihre Arbeitslosigkeit als Scheitern. Nicht wenige suchen in dieser verzweifelten Lage professionelle Hilfe, was sehr gescheit ist, denn aus manchen Abwärtsspiralen und Denkmustern kann man sich aus eigener Kraft einfach nicht mehr befreien. In solchen Fällen ist es die vorrangige Aufgabe in der Therapie, dieses vermeintliche Scheitern umzudeuten, und zwar mit dem Ziel, dass es nicht als „Scheitern" bewertet und abgewertet wird, keine Arbeit zu haben und gekündigt worden zu sein, sondern ein Umdeuten dieser Kündigung in eine Gelegenheit für einen Neustart gelingt.

Welche Chance steckt in dieser Situation – also welche Chance birgt dieser Jobverlust?

Falls tatsächlich unsere Fähigkeiten nicht ausgereicht haben, diesen Job gut zu machen, mag das aufs Erste demütigend klingen – lassen Sie uns aber auf den zweiten Aspekt dieser Tatsache schauen:

Was können wir daraus lernen?

Waren wir im richtigen Unternehmen?

Waren wir richtig eingesetzt?

Haben wir unsere Fähigkeiten richtig eingeschätzt?

Oder fühlen wir uns gar zu einer vollkommen anderen Tätigkeit hingezogen, und ist das „Scheitern" in diesem Beruf vielleicht der Anstoß, etwas ganz Neues auszuprobieren?

So etwas wie *endgültiges Scheitern* gibt es nicht. Jeder Verlust, jedes Verlieren, jedes Scheitern sollten wir als Aufforderung verstehen, wieder wo neu anzufangen. Hirnforscher studieren Wahrnehmungs*störungen*, um zu erfahren, wie unser Wahrnehmungsapparat funktioniert: Über die Fehlfunktion verstehen wir die Funktion. So ist es auch im Leben. Verlieren und Scheitern gehören zum Leben, und in der Regel handelt jeder in dem Augenblick seines Handelns – für sich – bestmöglich. Nachher ist man immer schlauer – nämlich um die Konsequenz, die dieses Handeln hatte. Fehlschläge wünscht und sucht sich niemand freiwillig aus. Aber es macht einen Unterschied, ob wir uns nach einem Rückschlag aufrappeln und in aller Ruhe reflektieren (mit uns selbst oder gemeinsam mit anderen) und uns fragen: „Was heißt das jetzt für mich?", oder ob wir entmutigt aufgeben und sagen „War ja klar, dass mir das passiert" oder „Aufpassen, dass es nur niemand merkt".

Wenn wir den Erfolg auf der einen Seite haben, dann ist die Polarität natürlich das Scheitern, das Verlieren auf der anderen Seite – und beides gehört zusammen. Ohne das eine gäbe es das andere nicht. Jedes Handeln hat einen Preis! Wenn wir nicht bereit oder in der Lage sind, den Preis für einen Misserfolg zu bezahlen, also die Konsequenzen zu übernehmen, dann kommt das einem sehr kindlichen Verhalten gleich. Wir verhindern damit außerdem, dass wir etwas lernen.

Von der Unsinnigkeit des positiven Denkens

Die Selbstwirksamkeit lässt uns Menschen das Leben positiver gestalten – oder negativer. Das ist zwar eine Aufmunterung zum positiv Denken – aber nicht im sehr oft falsch gemeinten Sinn. Bücher mit einfachen Erfolgsrezepten und dem Heraufbeschwören unsichtbarer geheimnisvoller Kräfte werden in regelmäßigen Abständen zu Bestsellern. Diese Bücher werden wahrscheinlich immer von den gleichen Menschen gekauft. Wenn der eine Ratgeber nicht funktioniert, kaufen sie den nächsten Ratgeber, der ein besseres Leben ohne viel Aufwand verspricht. Das zeigt, wie sehr der Wunsch nach einem einfachen Rezept vorherrscht, das positive Veränderung im Leben ermöglicht. Reichtum und Gesundheit lassen sich nicht mit positiven Gedanken anfüttern.

Das heißt: Positives Denken reicht nicht aus, um Positives anzulocken. Wenn wir an unsere Fähigkeiten glauben und eine Situation mit positiver Bedeutung ausstatten, werden wir so handeln, dass ein Erfolg wahrscheinlicher ist, als würden wir die Situation negativ bewerten und uns ohnehin nichts zutrauen. Und trotzdem wird es immer noch Dinge geben, die wir nicht beeinflussen können. Jeden von uns kann das Schicksal treffen, und diesem Gegenwind haben wir mit positivem Denken nichts

Nennenswertes entgegenzusetzen. Das ist das Leben, und in Anlehnung an ein Zitat von John Lennon könnte man sagen: Das Leben ist das, was passiert, während wir Ratgeber lesen und uns in positivem Denken üben.

Es ist mir wichtig, mich von der Idee explizit zu distanzieren, dass positives Denken im oben gemeinten Sinn Veränderung bewirken könnte.

Stellen Sie sich vor, wir beide hätten einen Konflikt miteinander und wir treffen uns wie ausgemacht zu einem klärenden Gespräch. Sie treffen vorher noch einen guten Freund, dem Sie wirklich vertrauen und dessen Meinung Ihnen wichtig ist. Sie erzählen ihm von unserem Konflikt und dem anstehenden Gespräch. Er schlägt die Hände über dem Kopf zusammen und sagt: „Meine Güte! Ausgerechnet mit dieser Dirnberger-Puchner legst du dich an. Bei der musst du wirklich aufpassen, das ist eine wirklich gefährliche Frau!" Versuchen Sie, sich in diese Situation zu versetzen und die Gefühle heranzuholen, die in diesem Moment in Ihnen hochkommen. Wie fühlen Sie sich kurz vor unserem Gespräch? Ich will ein paar Möglichkeiten aufzeigen. Sie werden entweder vorsichtig agieren und sehen, was auf Sie zukommt, vielleicht ziehen Sie sich sogar zurück und warten einfach ab, welches Donnerwetter gleich über Sie hereinbricht. Vielleicht sagen Sie vor lauter Angst oder Verunsicherung den Termin ab und hoffen, dass sich mit der Zeit die Wogen glätten? Oder Sie sind von der angriffigen Sorte und nehmen sich vor, gar nicht erst zuzulassen, dass ich Sie attackiere, Sie gehen in die Offensive und sagen mir, noch bevor ich Sie bitten konnte, Platz zu nehmen, gleich einmal kräftig die Meinung.

Für welche Reaktion auch immer Sie sich typabhängig entscheiden, ist die Eintrittskarte in diesen Konfliktrahmen, das, was Sie über uns beide und die Situation denken.

Wenn Sie Ihrem Freund Glauben schenken, wird Ihre Haltung keine besonders konstruktive sein für eine Konfliktbearbeitung, denn Sie sind negativ beeinflusst. Sie glauben zu wissen, ich sei gefährlich, und mit diesem Attribut assoziieren Sie bestimmte Verhaltensweisen, die im Gespräch auf Sie zukommen werden. Das hat natürlich eine Auswirkung auf den Ausgang und den Verlauf unseres Gesprächs. Sie wissen ja noch nicht, dass ich in der Zwischenzeit dahintergekommen bin, dass ich mich in der Sache geirrt habe und mich ausdrücklich und in aller Form bei Ihnen entschuldigen wollte, und zwar nicht nur am Telefon oder per Mail, sondern in einem persönlichen Gespräch, in dem ich gerne auch sicherstellen wollte, dass von diesem Konflikt nichts zwischen uns hängen bleibt.

Stellen Sie sich noch einmal vor, wir beide hätten einen Konflikt und Ihr guter Freund sagt Ihnen kurz vor unserem vereinbarten Konfliktgespräch: „Das wird sicher ein gutes Gespräch mit dieser Dirnberger-Puchner, das ist eine ganz wohlwollende Frau, der es nicht darum geht, zu gewinnen oder jemanden über den Tisch zu ziehen!"

Sie werden mit einer völlig anderen Haltung in unser Gespräch gehen als noch vorhin. Sie werden entspannt und eher zur Offenheit bereit sein und keine Scheu haben, Ihre Bedürfnisse und Befindlichkeiten zu artikulieren. Ihr Grundgefühl wird nicht Angst sein, sondern vielleicht sogar Neugierde und positive Spannung. In diesem Moment hat dieses Gespräch eine vollkommen andere Ausgangsposition und eine gute Chance, zu einem konstruktiven Gespräch zu werden. In diesem Zusammenhang möchte ich außerdem klar darauf hinweisen: Wenn Person X uns etwas über Person Y erzählt, wissen wir nichts über Y, sondern wir wissen ausschließlich etwas über Person X. Nämlich wie X über Y denkt, wie Person X Person Y erlebt hat. Das heißt: Eine Beschreibung sagt in erster Linie etwas über den Beschreiber aus und sehr wenig über den oder das Beschriebene! Diese Sichtweise würde viele Konflikte, Missverständnisse und Vorurteile vermeiden.

Lassen Sie uns noch bei dem Konflikt zwischen uns beiden bleiben. Sie haben gerade ein Buch gelesen zum Thema „positiv Denken" und sind auf dem Weg zu unserem Gespräch. Seit Sie das Buch gelesen haben, wissen Sie, dass Sie negative Gedanken gar nicht erst an sich heranlassen dürfen und als Sieger aus dem Gespräch hervorgehen werden, weil Sie sich das die ganze Fahrt lang intensiv vorgestellt haben. Bei der Parkplatzsuche vor unserem Treffpunkt macht sich das positive Denken gleich bezahlt. Sie finden einen Parkplatz direkt vor der Haustür. Das Gespräch läuft dann nicht ganz so gut wie „bestellt", denn Sie haben sich vor lauter positiv denken nicht besonders gut darauf vorbereitet. Nach dem Motto: Wenn ich es beim Universum bestelle, wird es schon funktionieren. Schon während des Gesprächs wird Ihnen Ihr diesbezügliches selbst erzeugtes Defizit bewusst. Wir vereinbaren ein zweites Gespräch, sodass auch Sie Ihre Argumente gut einbringen können.

Manchmal kann man sogar ein oder zwei Erfolgserlebnisse verzeichnen, wenn man sich einfach positiv auf eine Situation einschwingt, das ist keine Frage. Die meisten stellen aber sehr rasch fest, dass bei Ihnen diese Methode, einfach nur fest an etwas zu glauben, damit es funktioniert, nicht so richtig klappt. Die Folge ist häufig fatal: Sorgen und Zweifel stellen sich gemeinsam mit den negativen Gedanken wieder ein, und man fühlt sich miserabel, weil man offensichtlich ein ganz hoffnungsloser Fall ist und es nicht einmal schafft, seine eigenen Gedanken in Schach zu halten, was soll schon so schwer daran sein, einfach positiv zu denken?

Selbstwirksame Menschen gestalten ihr Leben, indem sie an ihre Fähigkeiten glauben, den Anforderungen ihres Lebens positiv begegnen und lernen, ihnen eine positive Bedeutung zu geben, und in Hinblick auf mögliche Einflussnahme realistisch bleiben.

Studenten, die sich vornehmen „Die Prüfung schaffe ich mit links!" werden die Prüfung mit links schaffen – wenn sie genug dafür gelernt haben. Wenn sie sich auf das positive Denken allein verlassen haben und nachts statt zu lernen um die Häuser gezogen sind, werden sie eher durchfallen, außer sie haben schlicht großes Glück gehabt. Die wichtigste Erkenntnis ist wieder einmal, dass es ohne Ausdauer und Fleiß nicht geht. Im Leben gibt es nur selten etwas geschenkt. Für Probleme, die uns schon länger begleiten, vielleicht unser ganzes Leben lang, oder für hemmende Verhaltensweisen braucht es mehr als einen neuen Anstrich für das alte negative Denkmuster. Natürlich kann es auch passieren, dass jemand super viel gelernt hat, aber leider Pech hatte bei der gezogenen Frage und durchfällt. Man kann nie alles können. Wir müssen eben anerkennen, nicht alles im Leben beeinflussen zu können – das ist im Übrigen auch gut so.

Die Nützlichkeit des Ungesunden

Denkmuster, Eigenschaften, Verhaltensweisen beziehungsweise Symptome, die wir bei uns selbst oder in einem sozialen System finden, haben meistens einen Nutzen oder eine Funktion. Auch jene, die wir nicht schätzen, die uns nicht gefallen, die möglicherweise sogar verletzen und sozial unverträglich sind. Verhaltensweisen von Menschen haben, wie schon erwähnt, immer einen guten Grund und sie stellen für den Betroffenen in der Regel die beste Alternative dar. Kein Mensch tut etwas, wenn er eine bessere Alternative hat. Das sagt etwas über das Gedankenkonstrukt dieser Person aus. Wir alle wählen also im Moment des Handelns die für uns beste Alternative. In uns existiert so etwas wie eine Waage, die ganz unbewusst und in blitzartiger Geschwindigkeit für uns Kosten und Nutzen einer Handlung abwägt. Jemand anderer kann möglicherweise eine viel bessere Möglichkeit in der jetzigen Situation für denjenigen sehen, aber für den Handelnden selbst ist es in aller Regel die beste Alternative, die er zur Verfügung hat. Um an dieser Stelle richtig verstanden zu werden: Das heißt nicht, dass automatisch richtig ist, was wir in diesem Moment getan haben. Diese Erkenntnis oder Ernüchterung stellt sich vielleicht Sekunden später bereits ein, denn, ich will noch einmal festhalten, *nachdem* wir etwas getan haben, sind wir immer ein Stück klüger, wir haben ja aus der vorangegangenen Handlung gelernt, und wir kennen nun die Konsequenz unseres Handelns.

Ich arbeite immer wieder mit Burn-out-kranken Menschen. In einer Situation, in der diese Patienten kaum mehr in der Lage sind, in der Früh aufzustehen und sich anzuziehen, klingen die Ratschläge aus ihrem Umfeld wie ein schlechter Witz: „Du musst halt delegieren, sonst kommst du wieder nicht vor 22.00 Uhr aus dem Büro." Bei jedem betriebsinternen Training hören sie das Gleiche: delegieren, delegieren, delegieren. Es gibt tolle Bücher, die genau erklären, wie man richtig delegiert und sich für die wichtigen Dinge Zeit freischaufelt, und wie es einem damit bald wieder besser geht. Eine Woche Einkehr im Kloster – schweigend womöglich – und alles wird wieder gut. Aber alle diese Tipps zur Selbsthilfe machen nur noch frustrierter und führen dazu, dass die Patienten sich noch schlechter fühlen, weil ein Entkommen aus diesem Teufelskreis ja eigentlich so super einfach wäre und nur sie es eben wieder einmal nicht auf die Reihe bekommen.

Einer schwerwiegenden Erkrankung wie zum Beispiel einem Burn-out liegen unterschiedliche Ursachen zugrunde, die zu dem krankmachenden Verhaltensmuster – Arbeiten bis zum buchstäblichen Umfallen – führen. Die viele Arbeit ist allerdings meistens nur das Symptom und in aller Regel nicht der ausschließliche Grund für ein Burn-out.

In der systemischen Therapie und Theorie gehen wir davon aus, dass Symptome meist Lösungen sind. Lösungen, weil wir in dem Moment des Handelns keine Alternative sehen, und Lösungen in dem Sinn, dass sich hinter dem Symptom die Lösung – meist für einen inneren Konflikt – verbirgt. Mit Symptomen sind hier also Handlungs- und Verhaltensweisen gemeint. In den meisten Fällen solche, die wir gerne ändern möchten, weil sie uns nicht guttun, uns unzufrieden machen oder uns stören, oder Verhaltensweisen, die einfach überholt sind und die sich dennoch irgendwie nicht abstellen lassen.

Lassen Sie uns beim Beispiel des Workaholics bleiben. Viele Betroffene wollen dieses zwanghaft viele Arbeiten von Herzen gerne loswerden und empfinden es längst als bedrohlich und als etwas, das krank macht. Leider klebt an symptomatischen Verhaltensweisen eine immense Veränderungsresistenz.

Es macht einen großen Unterschied, dieses Symptom, diese Verhaltensweise, nicht als Störung, als Schwäche oder sogar als Erkrankung zu betrachten, sondern einmal eine ganz andere Perspektive einzunehmen und sich zu fragen:

Wofür steht möglicherweise dieses Symptom?

Wofür ist dieses Symptom im Augenblick des Handelns die bessere Alternative?

Welche Funktion erfüllt es?

Bettina ist eine sehr attraktive und charismatische Erscheinung. Sie war seit zehn Jahren kinderlos verheiratet. Das Paar konnte keine Kinder bekommen, weil ihr Mann keine zeugungsfähigen Spermien erzeugte. Das war medizinisch abgeklärt und gesichert. Für Bettina war das wirklich ein Problem. Mit ihrem Mann konnte sie darüber nicht reden, weil er danach laut Bettina immer „depressiv" war. Sie hatte schon oft über Trennung nachgedacht, verwarf diesen Gedanken aber immer sofort wieder. „Mir tut mein Mann leid, er kann ja nichts dafür, und ich finde es unfair, ihn deshalb zu verlassen. Was, wenn er sich dann umbringt? Damit könnte ich gar nicht leben." Bettina war also entschlossen, zu bleiben.

Ein Jahr nach der Klarheit darüber, keine Kinder bekommen zu können, entwickelte Bettina massive Kontrollzwänge. Sie musste ständig kontrollieren, ob alle Wasserhähne abgedreht, der Herd abgeschaltet war, die Türen verschlossen waren usw. Das ging so weit, dass sie auf dem Weg zur Arbeit umdreht, um noch einmal alles zu kontrollieren. Drei Jahre später waren die Kontrollzwänge so dramatisch geworden, dass sie die Wohnung alleine gar nicht mehr verlassen konnte. Sie geht seither keiner Arbeit mehr nach und ist zuhause. Auf meine Frage, wann genau das begonnen und ob es etwas Außergewöhnliches zu der Zeit gegeben hätte, schilderte sie mir, dass sie vor vier Jahren in ihrer Abteilung einen Mann kennengelernt hatte, der sehr an einer Beziehung mit ihr interessiert gewesen wäre. Auch sie fand diesen Mann ausgesprochen attraktiv und verliebte sich in ihn. Genau in dieser Zeit hatten die Beschwerden begonnen. Mit ihrem Kollegen hätte sie nun nur mehr sporadisch telefonischen Kontakt. Bettina war mittlerweile so beeinträchtigt, dass sie total auf ihren Mann angewiesen war. Er brachte sie zum Einkaufen, zum Friseur und musste bei jedem Verlassen der Wohnung bei ihr sein. In einer der Sitzung fragte ich Bettina: „Was glauben Sie, wie würde Ihr Mann reagieren, wenn Sie plötzlich wie durch ein Wunder frei von Ihren Zwängen wären, wieder arbeiten gehen und alle Ihre Dinge allein erledigen könnten?" Sie dachte gründlich nach, ehe sie antwortete und sagte dann: „Ich glaube, dass er mir zwar das Beste wünschen würde, aber im Grunde seines Herzens wäre er wahrscheinlich gar nicht so glücklich, denn jetzt kann er sich meiner sicher sein. Ich bin immer zuhause, wenn er heimkommt, er wollte eigentlich eh nie wirklich, dass ich arbeite und sieht das als Ausgleich dafür, dass er nicht zeugungsfähig ist."

Bettinas Problem konnte dafür stehen, dass ihre Beziehung stabilisiert blieb. Ihr innerer Konflikt, „eigentlich" gehen zu wollen, war damit gelöst, denn unter diesen Umständen stellte sich die Frage nicht.

Zwei Jahre später verließ Bettina ihren Mann dann doch – im guten Einvernehmen, trotz ihrer Zwänge – er hatte sie auch noch hin und wieder unterstützt. Ein Jahr nach der Trennung lösten sich ihre Kontrollzwänge beinahe ganz.

Wenn wir ein Symptom entschlüsseln und erkennen, welchen inneren Konflikt (das ist es in der Regel) es oberflächlich löst (das Symptom erfüllt in dem Moment die Funktion einer vorübergehenden Lösung), stellt es sich für uns nicht mehr als Defizit oder Störung dar, sondern wird sogar zur Ressource. Das Symptom steht plötzlich für etwas Wichtiges und verändert damit die Bedeutung unseres Tuns.

Mit diesem Wissen werden wir uns fragen: Was ist der Preis dafür, dieses Verhalten aufzugeben?

Manche fühlen sich noch schlechter als vorher, wenn sie aufgeben, was ihnen so unlieb war, weil dieses Symptom nämlich etwas kompensiert, das ein noch viel größeres Problem darstellen würde. Unser „Symptom" schützt und stärkt uns auf gewisse Weise. Es schützt uns bis zu dem Moment, in dem wir gelernt haben, unseren inneren Konflikt anders und vielleicht auf gesündere Art zu lösen.

Lösung bedeutet immer auch Loslösung von etwas!

Ein Workaholic weiß, dass sein Verhalten sowohl für ihn als auch in aller Regel für die Menschen in seinem Umfeld schädlich ist. Schädlich für seine Beziehungen und für seine Gesundheit. Wenn jemand trotz diesem Leidensdruck so viele Stunden arbeitet und sein schädliches Verhalten nicht abstellt, dann gibt es in aller Regel dafür einen guten Grund. Aus dieser Betrachtungsweise ist der Grund für dieses Symptom kein Suchtverhalten, sondern löst einen anderen, viel tiefer liegenden Konflikt.

Wir sollten uns immer auch die Vorteile bzw. den Nutzen einer Nicht-Veränderung anschauen sowie die Nachteile der Veränderung.

Leidensdruck und Not alleine sind nicht immer Ansporn genug für Veränderung. Es gibt einen Nutzen für das Verhalten unseres Workaholics, den er in Kauf nimmt, auch um den Preis, dass ihm sein Verhalten schadet und dass es seine Beziehungen gefährdet. Es scheitert in dem Moment bei diesem Menschen an anderen Möglichkeiten, seinen Konflikt (welchen auch immer) zu lösen. Das viele Arbeiten ist momentan für diesen Menschen die beste Alternative. Wofür dieses ungesunde Arbeiten steht, was der dahinterliegende Sinn ist, das gilt es herauszufinden, und eben diese Erklärung ist notwendig, um etwas wirklich verändern zu können.

Wer Veränderung sucht (und ich spreche nicht von Veränderung der Abwechslung halber), muss die Ursachen und die Geschichte seiner ungeliebten oder ungesunden Handlungsweisen entschlüsseln. Meist erfüllen sie einen Zweck, und es gibt unzählige Möglichkeiten, welche Ursachen und welche Geschichten unserem Verhalten zugrunde liegen. Manche dienen dem Vergessen oder um etwas zu verdrängen, oder sie helfen uns, Ängste zu überspielen. Andere wiederum sollen uns schützen, oder sie schieben, wie in Bettinas Fall, eine Entscheidung auf, die viel zu schmerzhaft wäre, viel schmerzhafter als unser derzeitiges schadhaftes Verhalten.

Lassen Sie uns die Nützlichkeit des Ungesunden weiter am Beispiel des Workaholics verfolgen.

Workaholics werden meistens sehr bewundert und aufgrund ihrer nahezu unbegrenzten Leistungsfähigkeit geschätzt.

Menschen, die aus Prinzip alles selbst machen, müssen anderen nicht vertrauen, indem sie ihnen Aufgaben überlassen.

Oder: Wer alles macht, vermittelt den Eindruck, dass es ohne ihn sowieso nicht geht und er unentbehrlich ist.

Wer alles selbst macht, wird wenig bis gar nicht mit Kollegen in Konfliktsituationen geraten, weil der Kontakt auf ein Minimum reduziert ist.

Sehen Sie! Es gibt auch in diesem Fall eine ganze Palette von Funktionen, die das Verhalten eines Workaholics jenseits des Suchtverdachts erklärt. Und diese Aufzählung ist bei Weitem nicht vollständig, das kann sie gar nicht sein, denn so individuell die Geschichte und die Persönlichkeit jedes Menschen ist, so individuell, vielfältig und voller Hintergründe sind seine Verhaltensweisen.

Es gibt noch ein Phänomen, welches durch diese Brille einmal genauer betrachtet werden sollte: Die Geschichte mit dem „Neinsagen". Ich kenne unglaublich viele Menschen, denen „Nein" zu sagen große Schwierigkeiten bereitet. Betrachten wir, welche Vorteile sich hinter einem zwar gedachten „Nein", aber gesagten oder getanen „Ja" verbergen.

„Bevor ich das tue und erkläre, weshalb ich nicht helfen kann oder will, habe ich es schon zur Hälfte erledigt!"

Wer immer für andere da ist und seine eigenen Bedürfnisse aus Prinzip hintanstellt, ist meistens sehr beliebt, weil man immer auf die Hilfe dieser Leute zählen kann. Man braucht bei ihnen außerdem nie ein schlechtes Gewissen zu haben, sie machen das ja gerne und betonen dies auch immer wieder.

Wer immer „Ja" sagt, hat öfter die Chance, sich (etwas) zu beweisen, als Menschen, die gerne auch mal „Nein" sagen.

Wer immer „Ja" sagt, bekommt im Job die meisten und besten und wichtigsten Aufgaben übertragen.

Wer selten ein „Nein" über die Lippen bringt, hat selten Diskussionen mit der Familie oder den Kollegen, wieso auch?

Sehen Sie, liebe Leserin, lieber Leser, auch hinter diesem „Symptom" (immer „Ja" zu sagen) verbirgt sich eine Reihe von Möglichkeiten, die diesem auf Dauer ungesunden Verhalten zugrunde liegen.

Was auch immer es ist, das wir bewusst oder unbewusst tun, um die Behebung unserer inneren Konflikte auf einen „günstigeren" Zeitpunkt aufzuschieben: Es entschuldigt nichts, und es befreit uns nicht, die Konsequenzen für unser Tun zu tragen. Es *erklärt* lediglich, und vielleicht bekommt unser Verhalten plötzlich sogar eine völlig plausible Bedeutung, in jedem Fall aber fordert es uns zur Reflexion und meistens zur Veränderung heraus.

Die verborgenen Ursachen für ungesunde Symptome zu identifizieren ist nicht einfach, denn es können beinahe unzählige sein: mangelndes Selbstwertgefühl, Angst, von anderen nicht geliebt zu werden, Angst vor Zurückweisung, Angst, zu verletzen, Angst vor Konflikten, Loyalitätskonflikte und so weiter. Sie aufzulösen klappt nicht immer mithilfe von Selbstreflexion, sondern erfordert in vielen Fällen professionelle Unterstützung. Das eine schließt das andere aber nicht aus. Menschen, die viel über sich nachdenken, sind oft schon sehr weit gekommen. Aber die inneren Konflikte, um die es in aller Regel geht, sind ihnen selbstverständlich oft nicht bewusst, und deshalb treten sie bei der Suche nach den Ursachen ihres Verhaltens auf der Stelle. Hier bietet professionelle Hilfe die notwendige Unterstützung, um mithilfe unorthodoxer Fragestellungen und anderer Methoden genau diese – meistens hervorragend getarnten und versteckten – Konflikte sichtbar zu machen.

„Die meisten meiner Ideen gehörten ursprünglich Leuten, die sich nicht die Mühe gemacht haben, sie weiterzuentwickeln." Dieses Zitat stammt von Thomas Alva Edison (1847–1931). Thomas Edison. Sicher doch! Er gilt als der Erfinder der Glühbirne. Zu Unrecht, das wissen aber nur die wenigsten. Er verbesserte lediglich die fertige Erfindung seines Kollegen, der diese nach Endlosärger mit dem Glühfaden verworfen hatte. Für das entscheidende Bauteil – den Glühfaden – teste Edison 1600 Materialien, bis er schließlich Erfolg hatte. „Viele Menschen geben auf, ohne zu ahnen, wie nahe sie dem Erfolg bereits sind", sagte Edison später.

Bevor Sie, lieber Leser, liebe Leserin, also aufgeben, weil unzählige Versuche Ihr ungeliebtes, vielleicht sogar ungesundes Verhalten zu verändern gescheitert sind, fragen Sie sich: Was ist das Nützliche am Ungesunden? Bitte geben Sie nicht auf, denn oft ist die Lösung nur mehr einen kleinen Schritt entfernt!

Unserem Denken eine neue Richtung geben

„Man kann die Welt oder sich selbst ändern. Das Zweite ist schwieriger", spottete schon Mark Twain.

Der positive Aspekt bei negativen Dingen erschließt sich nicht immer gleich. Auch Menschen mit vorwiegend positiven Denkmustern, einer Bilderbuchkindheit und einem positiven Selbstkonzept können nicht immer glücklich, zufrieden und unbehelligt von allen Hindernissen durch das Leben gehen. Forschungen von Psychologen zeigen aber, dass Menschen mit konstruktiven Denkmustern auch nach schweren Schicksalsschlägen schneller wieder in der Lage sind, ihr Leben in die Hand zu nehmen und sich nicht als Opfer der Umstände zu fühlen.

Zum Glück werden wir ja in der Regel nicht wöchentlich vom Schicksal gebeutelt, und wir können so den Umgang mit automatisierten negativen Denkmustern an den Herausforderungen des täglichen Alltags üben.

Johanna ist auf dem Weg zu einem Bewerbungsgespräch. Sie empfindet die Einladung als Ehre und freut sich, für diesen tollen Job in die engere Auswahl gekommen zu sein, schließlich ist sie sehr jung und steht noch ganz am Anfang ihrer Karriere. Für sie ist das Gespräch eine Herausforderung, und sie betrachtet es als gute Übung, sich zu präsentieren. Über ihre Chancen, den Job zu bekommen, denkt sich gar nicht so viel nach, sie will sich nicht verrückt machen, es werden wohl Kleinigkeiten sein, die für die Entscheidung ausschlaggebend sind, denn von der Qualifikation her sind die Geladenen mit Sicherheit ebenbürtig.

Wer so gestimmt und voller Vertrauen in seine Fähigkeiten in ein Bewerbungsgespräch geht, wird kaum Stresssymptome entwickeln, ein gutes Auftreten haben und das Beste aus diesem Gespräch herausholen. Scheitern ist kein Thema für unsere Kandidatin, auch dann nicht, wenn jemand anderer den Job bekommt.

Ich möchte Sie mit einem anderen Kandidaten für diesen Job bekannt machen: Maximilian schläft seit der Einladung zum Bewerbungsgespräch nicht mehr besonders gut. Er schätzt seine Chancen von vornherein gering ein und ist überzeugt, dass er der Kandidat mit der schlechtesten fachlichen Qualifikation ist. Er kennt die anderen Kandidaten nicht, aber er weiß, es sind ganz viele, und jeder einzelne davon ist besser als er. Das ist nämlich immer so. Er fragt sich kurz, ob er überhaupt hingehen soll, um sich die Blamage oder die Peinlichkeit eines Blackouts zu ersparen.

Wie im Vorhergehenden schon ausführlich berichtet, kommen Menschen mit einer geringen Selbstwirksamkeit häufiger in Stresssituationen als andere, weil alles, was ihnen im Leben begegnet – ja eigentlich das Leben selbst – für sie eine unglaubliche Bedrohung darstellt. Johanna und Maximilian haben aufgrund ihrer fachlichen Qualifikation die gleichen Chancen, den Job zu bekommen. Johanna, die mit einer positiven Haltung in das Gespräch geht („Das ist eine Übungsplattform, ich bin gut ausgebildet, ich weiß, was ich kann, ich habe etwas zu sagen, ich weiß mich zu präsentieren …") wird positiven Stress – Eustress – erleben. Die Hormone, die positiver Stress auslöst, werden unter anderem Serotonin, Opioide und Oxytocin („Bindungshormon") sein, sie werden eine gute Grundgestimmtheit erzeugen, ihr Auftreten wird überzeugend sein, und die Voraussetzungen, den Job zu bekommen, sind wirklich die allerbesten. Maximilian („Das ist meine einzige Chance, ich habe ganz schlechte Karten, verkaufen konnte ich mich noch nie besonders gut, ich bin sicher der schlechteste Kandidat und vermutlich dem Job gar nicht gewachsen …") erlebt eine starke Distress-Situation, er wird Hormone wie Adrenalin, Noradrenalin und Cortisol ausschütten, was seine Ausstrahlung, seine Haltung und sein Auftreten beeinflussen wird. Die Wahrscheinlichkeit, dass er diesen Job bekommt, ist dementsprechend niedriger, was für ihn ganz schrecklich ist, weil das zu einer Bestätigung seiner Einschätzung der Situation und – noch schlimmer – zur Bestätigung seines negativen Selbstkonzepts kommt.

Beide unsere Kandidaten bekommen eine Absage. Für Johanna ist das kein Problem, sie hat ihre Fähigkeiten von vornherein richtig eingeschätzt und freut sich nach der Absage über die Kontakte, die sie in die Personalabteilung dieses interessanten Unternehmens knüpfen konnte und über die einmalige Erfahrung, bei ihrer Präsentation vor dem durchaus kritischen Gremium eine wirklich gute Figur gemacht zu haben.

Bei Maximilian passiert mit hoher Wahrscheinlichkeit etwas sehr Typisches für wenig selbstwirksame Menschen wie ihn: Er wird sich seinen Misserfolg immer wieder in Erinnerung rufen und nicht aufhören können, daran zu denken, dass er bei seiner Präsentation ins Stocken geraten ist. Er wird sich geradezu „krümmen" vor Peinlichkeit, wenn er daran denkt, dass er erst zu Hause gemerkt hat, dass er quadratmetergroße Schweißflecke am Rücken und unter den Achseln hatte. Dass er der fachlich am höchsten Qualifizierte unter den Kandidaten war und sein unsicheres Verhalten im Gremium große Irritation hervorgerufen hat, wird er nicht erfahren, da er dem Personalchef so leidgetan hat, dass der ihm sagte, der Kandidat mit dem Drittstudium hätte den Job bekommen.

Für Maximilian mag es ein totales Umdenken erfordern und geradezu grotesk erscheinen, in dieser demütigenden und entsetzlichen Situation einen positiven Aspekt zu entdecken.

Das könnte zudem unangenehme Folgen haben, wenn man nicht mehr länger die Umstände, die Situation oder andere Menschen für seine Misserfolge verantwortlich machen kann, nicht wahr? Wer trägt dann die Verantwortung für sein mit Misserfolgen gepflastertes Leben? Etwa er selbst? Natürlich, wer denn sonst?!

Menschen wie Maximilian werden in ihrer Betroffenheit nicht auf die Idee kommen, sich Misserfolge und Fehler unter dem Aspekt anzusehen, was sie aus dieser Absage lernen können. Sie sind gefangen in dem, was passiert ist (eine Absage – eine Katastrophe!).

Möglicherweise wurde ihm immer wieder prophezeit: „Du wirst das nie schaffen", vielleicht hörte er immer wieder: „Du wirst es sowieso zu nichts bringen", möglicherweise gab es in

Maximilians Bezugssystem Abwertungen oder übermäßige Bestrafung bei Fehlern.

Es kann aber auch sein, dass sich in seinem Erwachsenenleben Niederlagen (die das Leben einfach mit sich bringt) gehäuft haben und er aufgrund dieser Niederlagen in Selbstzweifel geriet bis zu einem Grad, wo er sich selbst abzuwerten begann („Ich bringe es tatsächlich zu nichts", „Ich bin ein Versager").

Es sind nicht immer und nicht zwangsläufig die Eltern, die für unseren schlechten Selbstwert oder eine mangelnde Selbstwirksamkeit verantwortlich sind. Manchmal entwickelt sich das auch im Erwachsenenleben, und eine negative Erfahrung wird zum generalisierten Glaubensmotto.

Gerade deshalb lohnt sich der Blick auf Misserfolge und Fehler unter dem Aspekt:

Was kann ich aus dieser Absage lernen?

Was bringt mir das vielleicht für die Zukunft?

Was löst diese unsäglichen Stresssymptome und Ängste aus?

Warum manipuliere ich mich selbst?

Welcher innere Konflikt verbirgt sich dahinter?

Positiv zu denken hebt vielleicht die Laune. Aber wahre Zuversicht erwächst aus nüchternem Realismus, bewältigten Herausforderungen und den damit einhergehenden stärkenden Erfahrungen.

Sie sind nicht länger bereit, sich mit einem schwachen Selbstwertgefühl oder einer geringen Selbstwirksamkeit abzufinden? Sie wollen diese permanenten Ängste und die ständige Unsicherheit nicht mehr in Ihrem Leben haben? Sie wollen Ihren ungesunden Verhaltensweisen auf den Grund gehen? Sie wollen Ihre Beziehungen verbessern?

Ich habe Ihnen zu Beginn des Buches schon gesagt, dass Veränderung nicht einfach ist und schlicht und ergreifend Arbeit bedeutet. Aber Sie sind immer noch hier, und deshalb bin ich sicher, dass Sie bereit sind für die Aufgabe, Ihrem Leben eine neue Richtung zu geben. Abkürzung gibt es leider keine auf diesem Weg, denn nur wo man zu Fuß war, war man wirklich, heißt es.

Sie selbst wünschen sich keine Veränderung, sondern lesen das Buch für jemanden, der eine Veränderung dringend nötig hat? Da möchte ich Sie warnen, fremdbestimmte Veränderungsvorhaben überfordern und sind in den meisten Fällen zum Scheitern verurteilt.

Gerlinde hat eine Freundin: sehr gescheit, Hochschulabschluss, sehr hübsch, intelligent, schlank, ein nettes Wesen, aber auch bereit zu diskutieren und ihre Meinung zu sagen. Dennoch spielt sie sich selbst andauernd herunter, und zwar nicht effektheischend, sondern sie hat laut Gerlinde wirklich ein schlechtes Selbstwertgefühl, das sich mit den Jahren zunehmend verschlechterte, obwohl sie an sich ein positiver Mensch ist. Gerlinde tut es weh zu hören, wenn sich ihre Freundin wieder einmal selbst heruntermacht, und sie versucht immer wieder, sie positiv zu bestärken, was keine Wirkung zu zeigen scheint.

Gerlinde kann ihrer Freundin nur aufzeigen, dass es ihr als Freundin wehtut zu sehen, wie schlecht es ihr geht. Sie kann ihr sagen, dass es sie betroffen macht, dass sie sich (ihre Freundin) immer so heftig abwertet, und sie kann ihr sagen, dass sie es für gescheit hält, wenn sie sich einmal genauer anschauen würde, was der Ursprung für dieses Verhalten sein könnte.

Verändern kann es jedoch die Freundin nur selbst – die Veränderung liegt in ihrer Verantwortung, und Gerlinde kann dazu ansonsten keinen Beitrag leisten.

Das Gleiche gilt auch, wenn jemand anderer meint, Sie müssten sich ändern. Wenn Sie das anders sehen und nichts anders machen wollen bzw. sich einreden, dass es ohnehin nicht gelingt, kann der andere nichts für Sie tun. Wenn Sie der gleichen Ansicht sind und das auch wollen, ist es okay, dann kann es auch gelingen. Wenn Sie sich aber hinreißen lassen, sich zu verändern und zu verbiegen, um anderen zu gefallen bzw. um den

Optimismus des anderen zu stärken, wird Sie das nicht glücklich machen. Die Motivation zur Veränderung muss *in Ihnen* brennen und darf keinem äußeren Druck entspringen.

Sie haben erkannt, dass Sie in Ihrem Familiensystem ein ganz ungesundes Verhalten an den Tag legen? Sie werten sich, Ihr Aussehen und Ihre Leistungen permanent ab? Was steckt hinter diesem Verhalten? Ist es eine Möglichkeit, auf diesem Umweg von Ihrer Familie Anerkennung, Aufmerksamkeit oder Lob zu bekommen? In dem Fall hat dieses Abwerten eine wichtige Funktion, und Sie werden sich überlegen, ob der Preis, das aufzugeben, nicht viel zu hoch ist, wenn Sie davon ausgehen, dass dann jegliches positive Feedback aus Ihrer Familie ausbleibt. Aus dieser Perspektive macht Ihr Handeln wenigstens Sinn. So ist Ihr Leidenszustand zumindest nicht sinnlos, aber vielleicht (höchst wahrscheinlich) gibt es andere Möglichkeiten zu dieser Aufmerksamkeit, Anerkennung oder positivem Feedback zu kommen?

Das Beispiel zeigt noch einmal in einem anderen Sinn ganz gut auf, wie wichtig es ist, dass wir herausfinden, mit welchen Gedanken wir uns immer wieder hindern, ein Verhalten zu zeigen, das wir uns wünschen.

Wir müssen reflektieren:

Was läuft in uns ab, wenn wir uns selbst abwerten und uns damit im Grunde selbst Schmerz zufügen?

Wofür steht dieses Symptom?

Was wollen wir damit erreichen?

Was löst (in dem Fall) das Lob aus, das wir dann bekommen?

Kennen Sie Ihre eigenen Bedürfnisse gut genug, um Fragen wie diese beantworten zu können?

Sind Ihre eigenen Bedürfnisse auch klar und für andere sichtbar definiert?

Was brauchen Sie, um das Gefühl zu haben: Hier ist „mein Raum gesichert!"?

Wenn wir in der Lage sind, das zu beantworten, wissen wir in Zukunft, wann und wo wir „Nein" sagen müssen, wenn wir wollen, dass unsere Bedürfnisse respektiert und unsere Grenzen nicht überschritten werden. Wenn es jemanden gibt, der unsere Grenzen überschreitet, dann gibt es auch immer jemanden, der das zulässt – nämlich wir selbst!

Wenn wir trotzdem wieder nicht „Nein" sagen, die Bitte des Gegenübers über unsere eigenen Wünsche stellen, die unangenehmen Gefühle verdrängen oder bagatellisieren, können wir dahinter ein Motiv erkennen. Das häufigste Motiv in diesem Fall ist Angst. Angst, den anderen zu verletzen, in den meisten Fällen jedoch die Angst, dass der andere uns dann nicht mehr so schätzt oder nicht mehr so liebt, wenn es etwa um persönliche Beziehungen geht.

Was läuft in uns ab, wenn wir „Ja" sagen, während es in unserem Inneren „Nein" ruft?

Welcher innere Konflikt steckt hinter diesem symptomatischen Verhalten, immer „Ja" zu sagen, weil es die beste Lösung darstellt?

An dieser Stelle möchte ich gerne wieder ein Beispiel aus meiner psychotherapeutischen Praxis erzählen.

Es geht um Christine und Johannes, ein Ehepaar, die beiden haben drei Kinder. Das jüngste Kind war vor gut einem halben Jahr nun auch von zu Hause ausgezogen. Nur wenig später gerieten die beiden ganz ordentlich aneinander und entschieden, eine Paartherapie zu machen, während der sich folgender Dialog abspielte:

Christine: „Frau Dirnberger, mein Mann nimmt mich nie ernst."

Johannes verdrehte die Augen und schüttelte abwertend den Kopf.

Ich fragte Christine, ob es ein Beispiel gäbe für dieses „Nie".

Christine: „Eins? – Hunderte Beispiele!"

Johannes (verdrehte wieder die Augen) sagte:
„Christine, ich bitte dich, du stellst mich hier dar wie ein Ungeheuer."

Christine: „Johannes, das kannst du nicht abstreiten ..."

Ich unterbrach die beiden: „Christine, mich würde ein Beispiel interessieren, erzählen Sie mir doch ein Beispiel, damit ich besser verstehe, was Sie konkret meinen!"

Christine erzählte: „Da gibt es sogar ein brandaktuelles Beispiel. Seit acht Wochen beknie ich meinen Mann, dass ich so gerne mit ihm einen Tangokurs machen möchte ..."

Johannes klatschte in die Hände und sagte belustigt:
„Jetzt kommt der Schwachsinn wieder!"

Christine: „Sehen Sie Frau Dirnberger – so ist es immer!"

Wenn Paare „nie" und „immer" in vorwurfsvollen Aussagen verwenden, dann ist dies meist ein Hinweis für ein sehr großes Defizit, denn „nie" gibt es in aller Regel genau so wenig wie „immer".

Ich fragte daher nach: „Christine, habe ich sie richtig verstanden, Sie würden gerne mit Ihrem Mann Tango tanzen."

Christine: „Nein – ich möchte gerne mit meinem Mann einen Tango*kurs* machen."

„Okay, Sie würden also gerne mit Ihrem Mann einen Tangokurs machen."

Christine: „Ja, genau!"

Ich fragte Christine: „Christine – wozu?"

Christine schwieg und sah mich irritiert an. „Wie? Wozu?"

„Christine, mich interessiert, wozu es Ihnen wichtig ist, mit Ihrem Mann einen Tangokurs zu machen."

Christine wirkte etwas genervt und wiederholte:
„Ja, ich möchte einfach gerne mit meinem Mann einen Tangokurs machen."

Ich wiederholte meine Frage ebenfalls:
„Ja, Christine, das habe ich verstanden, aber mich würde interessieren: wozu?"

Johannes begann zu schmunzeln, worauf Christine wirklich böse wurde und aggressiv in meine Richtung zischte: „Verflixt noch einmal, muss ich jetzt einen Grund haben oder was? – Das ist einfach mein Bedürfnis, ich will mit meinem Mann zusammen einen Tangokurs machen!"

Ich sagte: „Christine, Sie *müssen* keinen Grund haben, aber Sie *haben* einen. Denn ‚Tangokurs machen' ist kein Bedürfnis, das ist eine Strategie! Eine Strategie, ein Bedürfnis zu befriedigen. Mich interessiert: Welches Bedürfnis, Christine, möchten Sie mit dieser Strategie, einen Tangokurs zu machen, befriedigen? Was würden Sie sich wünschen? Wozu ist es Ihnen wichtig, mit Ihrem Mann einen Tangokurs zu machen?"

Christine sah mich an, und plötzlich stiegen ihr die Tränen in die Augen, während sie leise sagte: „Sie haben Recht. Ich wünsche mir mehr Nähe mit Johannes. Viel mehr Nähe. Wissen Sie, Frau Dirnberger, mein Mann ist der verlässlichste Mensch, den ich kenne. Als Unternehmer arbeitet er unglaublich viel, und in den letzten Monaten ist er vor halb 10.00 Uhr abends nie von der Arbeit heimgekommen. Als die Kinder noch bei uns wohnten, war das kein Problem, aber jetzt, jetzt fühle ich mich im eigenen Haus oft wie in einem Warteraum ..."

Ich fragte: „Christine, was wollen Sie mir denn damit gerne sagen?"

Christine: „Ich möchte gerne mit meinem Mann mehr Zeit verbringen, Nähe und Zeit mit ihm haben, mit ihm zusammen sein. Ich möchte gerne von ihm gesehen werden."

„Nähe, zusammen sein, gesehen werden, noch etwas, Christine?" fragte ich.

„Ja, ich wünsche mir auch, dass unsere Erotik dadurch wieder ein wenig besser wird."

Christine liefen die Tränen über die Wangen, Johannes wurde sichtlich unruhig und war offenbar sehr überrascht über das, was er da hörte.

„Johannes, haben Sie gewusst, dass Ihre Frau das gerne von Ihnen hätte?"

„Nein. Ich meine, ich habe schon gewusst, dass sie unzufrieden ist. Es gibt praktisch jeden Abend dicke Luft, wenn ich heimkomme. Das Erste, was ich zu hören bekomme, wenn ich bei der Tür hereinkomme, sind Vorwürfe, weil es wieder so spät geworden ist."

Jetzt schlug Christine die Hände über dem Kopf zusammen: „Johannes, bitte sei mir nicht böse, jetzt sind wir 27 Jahre verheiratet, das musst du doch spüren."

Wir gehen leider viel zu oft davon aus, der andere müsste *spüren*, was wir selber gar nicht so wirklich artikulieren können oder es aus unterschiedlichen Gründen nicht tun.

„Johannes, wie ist das jetzt für Sie, wo Sie wissen, was Christine von Ihnen erwartet? Wie geht es Ihnen, wenn Sie hören, Ihre Frau möchte gerne mit ihrem Mann mehr Nähe, mehr Zeit mit ihm verbringen, Ihre Frau möchte gerne mehr mit Ihnen zusammen sein, mehr Erotik?"

Johannes: „Ja, eigentlich möchte ich genau dasselbe!"

Ich fasste für die beiden zusammen, wie sich die Situation für mich in dem Moment darstellte: „Wenn ich Ihnen beiden zuhöre, dann höre ich hier zwei Menschen, die zum Ausdruck bringen, dass sie das Gleiche wollen. Ich sehe zwei Menschen, die unglaublich gut reden können und eloquent sind, und ich habe den Eindruck, da sitzt ein Ehepaar, das sich wirklich lieb hat. Und obwohl diese wunderbaren Voraussetzungen da sind, schaffen Sie es irgendwie nicht, sich diese Dinge zu erfüllen. Wie erklären Sie sich das?"

Nun stiegen auch Johannes die Tränen in die Augen, und er sagte: „Ich glaube, wir reden permanent über die falschen Dinge miteinander ..."

Diese Geschichte würde jetzt viele Möglichkeiten der Interpretation erlauben. Ich möchte jetzt nur darauf schauen, dass wir sehr häufig über die falschen Dinge miteinander reden. Wir reden nicht über unsere Bedürfnisse, sondern wir reden über Strategien, die uns helfen, unsere Bedürfnisse zu erfüllen. Auf der Bedürfnisebene sind wir Menschen nämlich sehr ähnlich, auf der Strategieebene jedoch unterscheiden wir uns sehr stark. Deshalb bleiben unsere Bedürfnisse so oft unerfüllt, denn unsere Strategien sind für andere sehr schwer auf der Bedürfnisebene zu entschlüsseln. Dafür sind andere Menschen auch nicht verantwortlich – wir selber tragen die Verantwortung dafür, dass unsere Bedürfnisse verstanden werden können.

Johannes und Christine kamen übrigens auf unzählige Möglichkeiten, Nähe, Zeit, Zusammensein und Erotik miteinander zu schaffen, ohne dass Johannes in den sauren Apfel mit dem Tangokurs beißen musste. Wenn es etwas gibt, was Johannes nämlich wirklich abscheulich findet, dann ist es das Tanzen.

Welche sind Ihre Strategien?

Es gibt unzählige Strategien, die wir zur Verfügung haben, um unsere Bedürfnisse zu befriedigen. Aber dazu müssen wir uns über unsere Bedürfnisse im Klaren sein und lernen, sie auszusprechen. Es ist häufig gar nicht so einfach, seine Gefühle und Bedürfnisse in Worte zu fassen. Bitte beantworten Sie folgende Fragen (in Bezug auf Ihre persönliche Thematik, oder spielen Sie eines der obigen Beispiele durch):

Wie gut kennen Sie Ihre Bedürfnisse, Ihre Wünsche?

Wo kennen Sie sie besser, und in welchen Beziehungen haben Sie sich überhaupt noch keine Gedanken darüber gemacht, was Sie brauchen, damit es Ihnen gut gehen kann?

Was brauchen Sie von anderen, damit es Ihnen gut gehen kann?

Wissen die anderen, was Sie brauchen?

Wissen die anderen, was Sie nicht wollen?

Wie genau kennt Ihr Gegenüber Ihre Bedürfnisse?

Wie klar und für den anderen sichtbar, hörbar ist das ausgedrückt, ausgesprochen?

Wo und in welchem Kontext gelingt Ihnen das gut?

Wie kommt es dazu, dass Ihnen das in diesen Beziehungen gut gelingt?

Was ist dort anders als dort, wo es Ihnen nicht so gut gelingt?

Und mich interessiert natürlich auch die Frage: Wo gelingt es Ihnen nicht so gut, und was müsste dort sein oder nicht sein, dass es Ihnen besser gelingt?

Überlegen Sie sich bitte noch etwas zu dieser Frage:

Welchen imaginären Knopf muss man bei Ihnen drücken, damit Sie auf Ihr gewolltes „Nein" verzichten zugunsten eines „Ja", das aber nicht ehrlich gemeint und gegen Ihre eigenen Bedürfnisse gerichtet ist? Wir alle haben unterschiedliche „Knöpfe", auf die wir sehr empfindlich reagieren. Unsere Kinder kennen unsere „Knöpfe", die sie drücken müssen, um etwas für sie Wichtiges zu bekommen, in aller Regel sehr genau. Von unseren Kindern können wir hier eine Menge lernen. Aber auch Freunde und Kollegen durchschauen relativ rasch unsere „Knöpfe". Hier gibt es zum Beispiel den „Mitleidsknopf", den „Lobknopf", den „Konkurrenzknopf" und so weiter.

Die Chefin sagt zu ihrem Mitarbeiter, dessen Dienstzeit gerade zu Ende ist und der sich auf den Weg zu einer privaten Verabredung macht: „Du bist immer so ordentlich, und ich hätte da noch eine Aufgabe, die ich nur jemandem geben kann, auf den ich mich hundertprozentig verlassen kann. Könntest du mir bitte noch schnell …". Der Lobknopf schlägt an, der Mitarbeiter sagt zwar: „Eigentlich nicht, aber was soll's", erledigt prompt die Sonderaufgabe für die Chefin und kommt mit schlechtem Gewissen zu spät zu seiner privaten Verabredung.

Welche Konsequenzen setzen Sie, wenn Ihre Grenze überschritten wurde?

Ist diese Konsequenz eine konstruktive (konstruktiv in dem Sinn, dass der andere weiß, was sie haben wollen)?

Welche Grenzen überschreiten Sie bei anderen?

Wie achtsam gehen Sie mit den Grenzen der Menschen um, mit denen Sie zusammenleben?
Kennen Sie deren Grenzen?
Wie ernst nehmen Sie deren Grenzen?
Welche Konsequenzen setzen Sie, wenn Sie selbst Grenzen überschreiten?
Wie konstruktiv sind diese Konsequenzen?

Welche Gefühle tauchen bei Ihnen auf, wenn Sie statt einem gewollten „Nein" ein ungewolltes „Ja" sagen?
Was fühlen Sie?
Gibt es da Angst? Ärger?
Auf wen?
Was fühlen Sie, wenn Sie etwas tun, das Sie gar nicht wirklich wollen?
Was befürchten Sie, könnte passieren, wenn Sie plötzlich Ihr Verhalten ändern (und zum Beispiel laut und deutlich „Nein" sagen)?
Was glauben Sie, was Ihr Umfeld dann über Sie denken wird?
Was würden Sie über sich denken?
Wie würde sich das anfühlen?
Welche Gefühle würden da aufkommen?
Wie fühlt sich das körperlich an?

Es ist keine einfache Übung, diese Fragen zu beantworten, denn das, was uns so unbewusst ist (Gefühle, Ängste, Glaubenssätze etc.), was so unbewusst in uns abläuft (automatisierte Handlungen), können wir möglicherweise ad hoc nicht beantworten. Aber man kann sich über diese Fragen an die Antworten annähern. Stellen Sie sich diese Fragen immer wieder. Hören Sie in sich hinein.

Auf eine Weise ist es wie mit Geräuschen aus unserer Umgebung. Sie hören den Lärm, der von der Straße in Ihre Wohnung dringt, gar nicht mehr? Lauschen Sie noch einmal genauer, drehen Sie Fernseher oder Radio oder andere störende Geräusche in Ihrer Wohnung ab. Sehen Sie! Auf einmal hören Sie wieder, was Sie weggeschaltet und ausgeblendet haben. Viel zu oft schalten wir unser Inneres ab – zugunsten des Äußeren. Auf Dauer hindert uns das jedoch am Glücklichsein.

Glaubenssätze – Der Möglichkeits(spiel)raum unseres Lebens

„Die Schwierigkeit ist nicht, neue Ideen zu finden, sondern den alten zu entkommen."
(JOHN MAYNARD KEYNES)

Dogmen, Glaubenssätze und Überzeugungen – es gibt beinahe unzählige Formeln, nach denen wir unser Leben ausrichten. Eins plus eins ist zwei, darüber werden wir vermutlich nicht streiten, und ganz ähnlich verhält es sich auch mit vielen Formeln, denen wir folgen und deren Wahrheitsanspruch für uns als unumstößlich gilt.

Ein Mann kam nach einem langen Weg zu einer Stadt. Vor den hohen Stadtmauern saß ein Greis. Der Fremde ging an ihm vorbei, drehte sich um und sagte: „Ich komme gerade aus der Stadt XY. Dort lebten lauter mürrische, missmutige und desinteressierte Menschen. Wie ist es hier in dieser Stadt?" Der alte Mann sagte, ohne ihn anzuschauen: „Hier ist es genauso."

Am gleichen Abend kam ein zweiter Wanderer an der Stelle der Stadtmauer vorbei und fragte den gleichen alten Mann: „Ich komme von ganz weit her, aus der Stadt YZ. Die Menschen, die dort leben, sind alle freundlich, hilfsbereit und gut gelaunt. Wie ist das mit eurer Stadt?" Der alte Mann lächelte und antwortete: „Hier ist es genauso."

Die Dinge sind nicht immer so, wie sie uns erscheinen, sondern entscheidend ist, aus welchem Blickwinkel wir etwas betrachten. Das Denken schärft unseren Blick, und in unserem Blick spiegelt sich die Art unserer Perspektive. Erinnern Sie sich an unser Beispiel mit der Konflikteintrittskarte? Wo Sie einen Konflikt mit mir haben und ein guter Freund Ihnen sagt, ich sei gefährlich bzw. besonders wohlwollend? Je nachdem, wie wir über jemanden denken, kann ein Dogma daraus werden. Er oder sie ist so und so. Dementsprechend hat das eine Auswirkung darauf, wie wir demjenigen begegnen und ihn sehen. So wie die beiden Fremden in unserer buddhistischen Geschichte.

In der christlichen Theologie wird der Begriff „Dogma" für Aussagen gebraucht, die unter Berufung auf eine göttliche Offenbarung oder die unumstößliche Autorität der kirchlichen Gemeinschaft als wahr gelten. Der Begriff Dogma bedeutet im antiken Griechisch zunächst „das Geglaubte, das Gemeinte", „das Beurteilte und Beschlossene" – die unreflektierte Meinung einer von Herrschenden erlassenen und somit nicht verhandelbaren und nicht zu hinterfragenden Verordnung. Ganz früher stand das Dogma als durchwegs positiv besetzter Begriff für Klarheit und Eindeutigkeit, für Orientierung und für eine allgemein gültige Diskussions-, Lebens- oder Handlungsgrundlage. Im Laufe der Zeit erfuhr der Begriff eine Wandlung – nicht zuletzt dank der großen Philosophen und Entdecker, deren Job es war, generell alles in Frage zu stellen und kritisch gegenüber allem Festgeschriebenen zu sein.

Dogmen und Glaubenssätze sind Formeln zur Bewältigung unserer Realität, unbewusste Kernüberzeugungen darüber, wer wir sind, wer die anderen sind, was das Leben ist, was richtig, gut, schlecht, wahr und falsch ist – und so weiter. Ihr Spektrum reicht weit: Vom Dogma der unbefleckten Empfängnis bis hin zur Erkenntnis „Ein Indianer kennt keinen Schmerz". Beides ist unglaublich, und dennoch glauben so viele Menschen offensichtlich daran, denn sie handeln danach.

Jemand aus meinem Bekanntenkreis fragte mich nach dem Fortschritt meines Buches und worüber ich gerade schreiben würde. Ich war gerade bei den Glaubenssätzen angelangt und nannte zur Erläuterung den weit verbreiteten Satz „Der Chef sitzt immer am längeren Ast", worauf mein Gegenüber mich ungläubig und etwas verständnislos anblickte und sagte: „Aber das stimmt doch!"

Die oft heilsame Wirkung von Placebos, die Wirksamkeit der bunten Pflaster auf den Wunden unserer Kinder, aber eben auch die Erkenntnisse der Psychoneuro-Immunologie belegen die wirklichkeitsverändernde bzw. -erzeugende Kraft der eigenen Gedanken, Überzeugungen und Glaubenssätze.

Sie beeinflussen unser gesamtes psychisches System, dieses wiederum steuert unsere Selbstorganisation und reguliert unsere inneren Zustände, also unsere Gefühle, unser Handeln, unsere Kommunikation, unsere Beziehungsgestaltung und die Übernahme von Selbstverantwortung. In der Art des zwischenmenschlichen Umgangs in unserer Beziehungsgestaltung nehmen unsere Glaubenssätze schließlich Gestalt an. Gerald Hüther und Joachim Bauer haben in vielen ihrer Werke darüber geschrieben, dass unsere Gewohnheiten um Glaubenssätze herum organisiert werden, welche in unserem Hirn neurologisch gebahnt sind. Glaubenssätze, die wir immer wieder gehört haben:

Eltern lieben alle Kinder gleich.

Kinder sollten ihre Eltern lieben.

Du musst Mutter und Vater ehren.

Sie kennen bestimmt diese auf Eltern bezogenen Glaubenssätze. Wie geht es Ihnen, wenn Sie lesen, dass Eltern alle Kinder gleich lieben? Vielleicht sehen Sie diesen Satz inzwischen etwas distanzierter. Kommt Ihnen beim Satz „Du musst Vater und Mutter ehren" das in den Sinn, was Sie über das Friedenschließen gelesen haben und dass es einen Unterschied gibt zwischen dankbar sein und verzeihen?

Ich muss braver werden, damit mich meine Eltern lieben.

Ich muss in der Schule bessere Noten schreiben, damit mich meine Eltern lieben.

Ich muss meine Eltern stolz machen.

Ich muss alles allein schaffen.

Ich bin nicht gut genug.

Ich bin nichts Besonderes.

Ich bin zu dick.

Ich bin zu dünn.

Du wirst dich nie ändern.

Menschen ändern sich nicht, schon gar nicht in fortgeschrittenem Alter.

Lieber Leser und liebe Leserin, wenn Sie sich vorstellen, dass alle diese Aussagen den Rahmen abstecken für das, was für Sie möglich ist, bzw. das, was außerhalb jeder Realisierung liegt.

Ich muss alles unter Kontrolle haben.

Andere haben es besser als ich.

Ich hatte eine schwere Kindheit.

Das liegt an meiner verkorksten Kindheit.

Ich kann nichts recht machen.

Ich verdiene keine Liebe.

Ich verdiene keine Anerkennung.

Keiner liebt mich.

Ich bin unbeliebt.

Ich bin unwichtig.

Ich bin ein Versager.

Ich bin nicht hübsch.

Ich bin hässlich.

Ich bin nichts wert.

Ich werde immer nur ausgenützt.

Ich bin ein schlechter Mensch.

Die Gesamtheit Ihrer Glaubenssätze, meine lieben Leser und Leserinnen, bildet also Ihren Möglichkeitsraum. Jeder Satz ist dabei eine Grenze, die undurchdringlich vom Möglichen zum Unmöglichen abgrenzt.

So viele Glaubenssätze zielen direkt auf unseren Selbstwert und unsere gute Meinung über uns selbst. Ich wünsche mir sehr, dass es mir mit meinen bisherigen Ausführungen gelungen ist, Sie ein wenig dafür zu sensibilisieren, was da so automatisch in uns abläuft, und dass Sie künftig innehalten, bevor Sie sich (wieder einmal) selbst sagen, Sie seien ein schlechter Mensch oder Sie wären nicht gut genug.

Wenn Sie nämlich davon überzeugt sind, dann existiert in Ihrem ganz persönlichen Universum nicht die Möglichkeit, dass Sie gut genug sind, dass Sie etwas wert sind. Wenn Sie davon überzeugt sind, dass Sie etwas nicht schaffen können, dann existiert für Sie nicht die Möglichkeit, es zu schaffen – jedenfalls nicht so, wie Sie „schaffen" definiert haben. Wenn Sie hingegen daran glauben, dass es möglich ist, Ihrem Leben eine neue Richtung zu geben, dann gibt es zwar keine Garantie, dass das so sein wird, aber zumindest verfügen Sie über die Möglichkeit.

Mach es den anderen recht.

Nur nicht unnötig auffallen.

Bescheidenheit ist eine Zier.

Nur nicht größenwahnsinnig werden.

Nur nicht abheben.

Rede nur, wenn du gefragt wirst.

Reden ist Silber, Schweigen ist Gold.

Man mischt sich nicht in anderer Leute Angelegenheiten.

Das ist nicht meine Sache.

Das geht uns nichts an.

Ein Indianer kennt keinen Schmerz.

Jungen weinen nicht.

Mädchen klettern nicht auf Bäume.

Mädchen pfeifen nicht.

Erst die Arbeit, dann das Vergnügen.

Der Mann bringt das Geld nach Hause.

Sei zufrieden mit dem, was du hast.
Wenn man älter wird, wird man halt krank.
Jeder ist seines Glückes Schmied.
Sei ein guter Mensch, dann meint es das Schicksal gut mit dir.
Das darf man nicht.
Das macht man nicht.
Das gehört sich nicht.
Da kann man sich nicht helfen.
Eine Hand wäscht die andere.
Das Leben ist hart.
Das Leben ist ein Kampf.
Das Leben ist nun einmal kein Honiglecken.
Was Hänschen nicht lernt, lernt Hans nimmermehr.
In dem Alter ändert man sich nicht mehr.
Einen alten Baum kann man nicht verpflanzen.
Das wird schon alles seinen Grund haben.
Geld allein macht auch nicht glücklich.
Geld regiert die Welt.
Geld verdirbt den Charakter.
Wer hoch hinaus will, fällt eines Tages tief.
Hochmut kommt vor dem Fall.
Wer Geld hat, hat die Macht.
Schuster, bleib bei deinen Leisten.
Zeit ist Geld.
Ohne Fleiß kein Preis.
Das Schicksal hat zugeschlagen.
Gegen das Schicksal ist man machtlos.
Es war Gottes Wille.
Das ist Bestimmung.
Der Mensch denkt, Gott lenkt.
Wer schön sein will, muss leiden.
Die da oben machen ohnehin, was sie wollen.
Die anderen sitzen immer am längeren Ast.
Ober sticht Unter.
Gleich und gleich gesellt sich gern.

Das sind eine Menge Glaubenssätze, und die Liste könnten wir endlos fortführen.

Lesen Sie jeden dieser Sätze noch einmal genau, vor allem die, die Sie auch gut kennen. Betrachten Sie ihn aus der Perspektive: Was macht dieser Satz möglich, und was verunmöglicht er?

Ich behaupte nicht, dass alle diese Glaubenssätze immer und zu jeder Zeit für jeden von uns falsch sind – aber ganz ehrlich, unter der Brille des Möglichkeitsraums, sind dann doch die meisten nicht besonders nützlich. Viele von ihnen sind überholt, veraltet, und alle davon sind es wert, kritisch hinterfragt zu werden.

„Das darf man nicht" kann im Straßenverkehr gelegentlich zutreffend sein. Wenn es aber darum geht, gegen eigene Bedürfnisse zu handeln, nur weil „man" etwas nicht darf (sich zum Beispiel bei den Nachbarn über den nächtlichen Lärm beschweren), dann ist es an der Zeit, automatisiertes Verhalten (sich die Beschwerde deshalb zu verkneifen) zu korrigieren und seinen Möglichkeits(spiel)raum zu erweitern. Es genügt im Übrigen nicht, Glaubenssätze rein kognitiv (rational) zu verändern – nein, Sie müssen wirklich gefühlsmäßig davon überzeugt sein. Aber die kognitive Bewusstmachung ist der erste Schritt zur Veränderung.

Noch etwas Wichtiges: Viele dieser Glaubenssätze haben wir vielleicht so klar noch gar nie ausgesprochen, und das müssen wir gar nicht. Es genügt, wenn wir ihnen in alter Tradition folgen. Erinnern Sie sich an die unausgesprochenen (impliziten) Regeln? Viele unserer Glaubenssätze sind solche unausgesprochenen Regeln – von unseren Eltern aufgestellt, und wir ahmen sie nach. Bewusstmachung ist der erste Weg.

Unzählige Glaubenssätze sind dafür verantwortlich, dass unsere Gewohnheiten und Verhaltensweisen ablaufen und funktionieren, ohne dass wir viel darüber nachdenken müssen. Glaubenssätze und Überzeugungen geben uns Halt und ein Gefühl von Sicherheit. Sie schaffen dort, wo das Neue ist, eine vertraute Atmosphäre, Harmonie auch dort, wo es gar keine geben kann oder gibt. Sie sind für viele Menschen wie eine Bodenmarkierung, an der sie sich entlanghanteln können, und sie sind natürlich auch eine Ressource, weil sie uns insbesondere in Stresssituationen relativ routiniert – häufig jedoch nicht besonders konstruktiv – handeln lassen.

Tatsächlich können genau diese – zumeist unreflektierten – Überzeugungen dazu beitragen, dass wir immer wieder Fehlschläge, Enttäuschungen und Stillstand erleben und wir uns in weiterer Folge in unserem Glaubenssatz wieder bestärkt sehen.

Hat sich ein solcher Glaubenssatz *„Ich bin nicht attraktiv"* erst einmal manifestiert, entstehen um ihn herum weitere, neue Glaubenssätze. Auch mit diesem Glaubenssatz ausgestattet ist es doch so, dass wir gerne einen Partner an unserer Seite haben wollen. Wie aber soll das gehen, wenn wir glauben, nicht attraktiv zu sein? Wir bilden neue Glaubenssätze, zum Beispiel: *„Wenn ich schon nicht attraktiv bin, dann muss man mich aus anderen Gründen mögen ..., weil ich hilfsbereit bin, weil ich großzügig bin, weil ich anderen ungefragt viel Arbeit abnehme ..."*. Sobald eine Beziehung scheitert oder sich nicht so gestaltet, wie wir uns das wünschen, finden wir schon wieder eine Bestätigung unseres Glaubenssatzes *„Ich bin nicht attraktiv"* und suchen unser Heil darin, *noch großzügiger, noch hilfsbereiter, noch aufopfernder* zu sein.

„Ich bin nicht gut genug." So ein manifestierter Glaubenssatz wirkt sich aufs erste Hinschauen positiv auf das Vorwärtskommen seiner Jüngerin aus. Beeindruckend, was sie alles leistet, um von der Tatsache abzulenken, nicht gut genug zu sein. Sie studiert, um ihre Eltern stolz zu machen, sie finanziert ihr Studium selbst, auch wenn sie dafür drei Jobs gleichzeitig machen muss. Sie stellt sich dabei vor, wie ihre Eltern mit geschwellter Brust darüber im Familien- und Freundeskreis berichten. Sie tut alles, um anderen zu gefallen. Sie zieht sich so

an und benimmt sich so, wie andere sie gerne hätten. Sie sucht sich einen Partner, den ihre Familie gut findet. Sie fühlt sich müde und leer, als sie die hochdotierte Position annimmt, aber die Bewunderung ihres Umfeldes ist das alles wert. Ohne Fleiß kein Preis, nicht wahr?

Wie schon gesagt, viele unserer Glaubenssätze übernehmen wir von den Eltern, wie zum Beispiel Sprichwörter, aus denen wir dann Fakten ableiten. Wenn wir sie nicht hinterfragen, ist die Gefahr groß, dass wir so handeln und uns so verhalten wie unsere Eltern, obwohl das vielleicht kontraproduktiv ist.

Xaver stammte aus einer streng katholischen Familie, und es war für die Eltern schon nicht einfach anzuerkennen, dass ihr Sohn homosexuell war. Sie waren froh, dass er in Hamburg lebte, weil es so die Nachbarn und der Herr Pfarrer nicht unmittelbar mitbekamen, wie er mit einem Augenzwinkern erzählte.

Xaver war vor Langem aus der Kirche ausgetreten, das war für die Eltern damals beinahe noch schwerer zu schlucken als seine sexuelle Orientierung.

Obwohl er sich von der katholischen Kirche abgewandt hatte, hatte Xaver etwas aus seinem Elternhaus mitgenommen, das er nicht abschütteln konnte. Jedes Mal, wenn er einen frischen Laib Brot anschnitt, machte er drei schnelle Kreuzzeichen auf die Kruste. „Man isst kein ungesegnetes Brot, das bringt Unglück" lautet die Formel dazu, die wohl schon uralt sein muss. Xaver schaffte es trotzdem nicht, die drei Kreuzzeichen nicht zu machen, er stritt auch nicht ab, dass er unbewusst doch daran glaubte, dass an der Formel etwas dran sein könnte „irgendwie, vielleicht …"

Was hat eigentlich unser Gehirn damit zu tun?

Ich hoffe, liebe Leserinnen und Leser, dass anhand der Beispiele klar ersichtlich wird, welch enorme Macht unsere Glaubenssätze bei der Gestaltung unseres Lebens haben – sie steuern uns wie ein innerer Autopilot. Hat sich ein Glaubenssatz erst einmal gebahnt, legt er sich wie ein Filter über unsere Wahrnehmung. Alle Erfahrungen, die den Glaubenssatz zu bestätigen scheinen, werden verstärkt wahrgenommen. Alle Erfahrungen, die dem Glaubenssatz widersprechen, werden entweder ausgeblendet oder verzerrt. Warum ist das so?

Unsere Gewohnheiten, Gedanken, Verhaltensweisen oder Gefühle sind durch Nervenleitungen zwischen sogenannten Neuronen verbunden und bilden so etwas wie eine mentale Landkarte ab. Neuronen sind Nervenzellen, und sie sind im Grunde der wichtigste Baustein unseres Gehirns. Sie sind für die Verarbeitung und für die Weiterleitung von Informationen verantwortlich. Die Nervenleitungen zwischen den Neuronen sind unterschiedlich dick gebündelt, und sie holen Informationen aus dem Körper und der Umwelt ein und geben diese Informationen an Körperteile weiter, was dann in Handlungen resultiert. Die Tatsache ist wichtig, dass diese Nervenleitungen zwischen den Neuronen unterschiedlich breite Verdickungen aufweisen.

Stellen wir uns vor, wir gehen über eine Wiese. Das erste Mal stellen sich die Grashalme sofort wieder auf, und innerhalb kürzester Zeit ist nicht mehr erkennbar, dass jemand über diese Wiese gegangen ist. Wenn wir von nun an jeden Tag immer den gleichen Weg über diese Wiese gehen, dann bleibt das Gras irgendwann liegen, und es entsteht ein Pfad, der durch seine dauernde Benutzung immer ausgetretener wird und sich zu einem breiten Weg entwickelt.

In unserem Gehirn spielt sich Ähnliches ab. Dort ist eine ganze Reihe an Gewohnheiten und Verhaltensweisen gespeichert, die keine kleinen Pfade mehr sind, sondern sich auf dieser Landkarte als mehrspurige Autobahnen präsentieren. Und unser innerer Navigator sorgt verlässlich dafür, dass wir in bestimmten Situationen automatisch die Autobahn verwenden und die Nebenstraßen links liegen lassen. Es gibt unzählige Handlungen, die praktisch ohne großartiges Denken ablaufen. So als ginge es gar nicht anders. Beim Autofahren ist das ein Vorteil – bei ungeliebten Angewohnheiten nicht unbedingt. Dieses berühmte „Ja" statt des „Nein" ist oft so eine Gewohnheit, so eine Autobahn in unserem Hirn.

Felix, einer meiner Patienten, hatte das Gefühl, dass ihm die Arbeit völlig über den Kopf wuchs, und er litt sehr unter dem Zeit- und Leistungsdruck. Wir redeten während einer Therapiestunde darüber, welche Umstände in seinem Job zu diesem ständigen Zeitdruck geführt hatten. Felix kam bei seinen Ausführungen sehr schnell an den Punkt, an dem er einen ganz wichtigen Aspekt und die Wurzel des Übels beschrieb. Er konnte de facto keine Stunde in Ruhe arbeiten, da seine Kollegen oder Menschen aus anderen Abteilungen ihn permanent in seiner Arbeit unterbrachen, weil sie irgendetwas von ihm brauchten und seine Unterstützung suchten. Er selbst war nicht ganz unschuldig an der Situation: Seine Tür war immer offen, und so war es jederzeit möglich, dass jemand in sein Büro kam, ihn um etwas fragte oder ihn um etwas bat. Felix nahm sich jeden Morgen beim Rasieren fest vor, dass er das nächste Mal sagen würde: „Es geht im Moment nicht!", „Es tut mir leid, ich bin gerade beschäftigt!", „Ich möchte bitte im Moment nicht gestört werden" oder „Ich kann im Moment nicht helfen!", aber irgendwie kam immer zuerst und fast automatisch das „Ja!" aus ihm heraus, und das „Nein!" kam ihm in diesen Momenten gar nicht einmal in den Sinn. Erst später, als er sich wieder einmal über seine Inkonsequenz ärgerte, da wusste er, was zu tun gewesen wäre.

Eines Tages war es aber so weit. Felix sagte laut und bestimmt: „Ich kann dir im Moment nicht helfen!" Der Kollege reagierte unwirsch und knallte die Tür hinter sich zu.

Als wir in der nächsten Therapiesitzung diese Situation analysierten, war Felix beim Gedanken daran immer noch ganz niedergeschlagen, und seine Reaktion dem Kollegen gegenüber tat ihm im Nachhinein sehr leid. Felix war es wichtig, dass er seine Kollegen unterstützte. Er war der Überzeugung, dass es zu einem guten Arbeitsklima gehört, anderen zu helfen und es eine Voraussetzung dafür ist, dass die Zusammenarbeit im Team gut funktioniert. (Reflektieren Sie doch schnell mal den Möglichkeits- und den Unmöglichkeitsraum, den diese Überzeugung schafft.) Die Reaktion seines Kollegen bestätigte ihn darin, dass durch sein „Ich kann im Moment nicht helfen!" die gute Beziehung und der soziale Zusammenhalt gefährdet waren. Er wusste natürlich grundsätzlich, dass das eine mit dem anderen nichts zu tun hat und gegenseitige Hilfestellung nicht in permanentes Delegieren in alle Richtungen und ständiges Arbeiten für andere ausarten kann und darf. Er nahm sich vor, das mit dem Kollegen zu besprechen, denn bisher hatte er ja immer mitgespielt, war immer für die anderen da gewesen, wie sollte der Kollege so von heute auf morgen damit umgehen, dass Felix jetzt plötzlich „Nein!" sagte?

Als besagter Kollege das nächste Mal hereinkam, war das alles vergessen, und es schoss Felix blitzartig in den Kopf: „Bis ich ihm jetzt erklärt habe, was in mir vorgeht, mache ich es lieber doch." Schon war der innere Konflikt von Felix auf die gewohnte Weise gelöst, natürlich zum Preis, dass ihm diese Zeit fehlte und er mit seiner eigenen Arbeit unter Zeitdruck geriet und einen Abgabetermin nicht einhalten konnte.

Der innere Konflikt und die bewährte „symptomatische Lösung" wirkten stärker als die Vernunft und das, was Felix sich rational vorgenommen hatte.

Die neurologischen Bahnungen unseres Verhaltens, die „Autobahnen" in unserem Gehirn, sind der Grund dafür, dass wir so oft etwas tun, von dem wir nicht nur hinterher, sondern oft schon währenddessen nicht überzeugt sind, und wo wir uns dann über uns ärgern, so wie auch Felix: „Warum habe ich jetzt nicht mit dem Kollegen darüber gesprochen."

Felix erging es noch viele Male auf die gleiche Weise. Dieser innere Glaubenssatz, die Idee, dass Zusammenhalt und Kollegialität damit in Verbindung stehen, es den Kollegen rechtzumachen, sie zu unterstützen, auch wenn er selbst dadurch unter Druck geriet, hatte eine starke Kraft, die auf sein Verhalten wirkte. Die Überzeugung wirkte, dass der Zusammenhalt in der Abteilung nur gelänge, wenn er für andere stets zu Diensten wäre.

Unsere Überzeugungen über uns selbst und darüber, was in der Welt um uns herum wichtig und richtig ist, wirken sich in ganz erheblichem Maß auf unsere alltägliche Leistungsfähigkeit aus. Viele dieser Überzeugungen dienen als Ressource, aber viele andere dieser neurologisch gebahnten Überzeugungen begrenzen und behindern uns. In den meisten Fällen tun sie das, ohne dass wir es wirklich mitbekommen.

Unser Gehirn hat sich im Laufe von Millionen Jahren strukturell und funktional so entwickelt, dass es Muster und Strukturen ausbildet, die uns helfen, uns in dieser Welt zurechtzufinden. Diese Muster und Strukturen bestimmten unser gesamtes Tun. Kernelemente dieser Mustererkennungsprozesse sind unsere Nervenzellen, die bereits besprochenen Neuronen. Sie bilden das sogenannte neuronale Netzwerk in unserem Hirn, in dem alles gespeichert ist, was wir an Verhaltens-, Denk- und Handlungsmustern gelernt haben. 600 bis 1000 Milliarden Neuronen – jede für sich selbst wiederum mit bis zu zehntausend anderen Neuronen verbunden – bilden dieses neuronale Netzwerk in unserem Kopf. Schon bei der Geburt verfügen wir über rund einhundert Milliarden Neuronen, von denen aber die allermeisten noch weitgehend unspezifisch und nicht strukturdeterminiert sind. Das bedeutet, dass noch keine neuronalen Wahrnehmungen geschaffen worden sind. Mit jedem Wahrnehmungs- und Verarbeitungsvorgang aber entstehen in diesen beteiligten neuronalen Strukturen etwas wie Ladungsprozesse, und sie schaffen eine neuronale Bahnung.

In einem Experiment verweigerten Mütter ihren Säuglingen die Kommunikation, indem sie für einige Minuten ein regungsloses Gesicht zeigten und jede Mimik unterdrückten. Die Babys unternehmen dann alles, um wieder eine Reaktion hervorzurufen, denn diese verweigerte Kommunikation führt bei ihnen augenblicklich zu ausgeprägten Enttäuschungserlebnissen. Das konnte man schon bei sechs bis acht Wochen alten Kindern beobachten. Ein Defizit an Zuwendung und Kommunikation bei Babys hat Folgen für die Entwicklung des Gehirns. Das ist klar erwiesen.

Immer gleiche Inputs und Verarbeitungsprozesse führen dazu, dass auch die gleichen Synapsen, das sind die Kontaktstellen zwischen zwei Nervenzellen, angesprochen und entwickelt werden. Die Neuronen stellen sich immer besser auf bestimmte Signale ein, und zwar dann, wenn diese Signale regelmäßig sind und Musterhaftes aufweisen.

Aus Beobachtungen an Waisenkindern, die unter extremen Umständen leben mussten und sehr lieblos behandelt wurden, weiß man, dass sich die synaptischen Verschaltungsprozesse bei ihnen nur reduziert entwickelten. Das Gehirn braucht für seine Entwicklung psychische und soziale Bedingungen, die es mit Nahrung versorgen. Ein Kind, das zu wenig von dieser Nahrung bekommt, wird die Möglichkeiten nicht ausschöpfen können, die sein Gehirn bei seiner Geburt eigentlich gehabt hätte.

Die langfristige Gedächtnisspeicherung braucht Wiederholungen. Wären die Inputs immer wieder neu oder verschieden, könnte unser Hirn theoretisch nichts lernen, weil keine neurologische Bahnung entstehen kann. Dabei ist nicht die Dauer des Inputsignals entscheidend, sondern die Häufigkeit, mit der gleiche oder ähnliche Inputs auf unsere Nervenzellen wirken. Die Neuronen spezialisieren sich und werden für bestimmte Signale und Muster zuständig. Die zuständigen Zell- und Netzwerke werden immer dann aktiv, wenn „ihre" Signale und Muster auftreten. So ist es leicht nachvollziehbar, weshalb auch unsere Reaktion auf bestimmte Reize oder Inputs meistens die gleiche ist, auch wenn wir uns noch so intensiv vorgenommen haben, es dieses Mal anders zu machen.

„Immer wieder nehme ich mir vor, auf diese Provokation nicht zu reagieren!"

„Ich habe mich schon wieder überreden zu lassen, für ihn bei der Präsentation einzuspringen!"

Häufig aufgetretene oder wahrgenommene Muster – *„Ich bin nur dann etwas wert, wenn ich viel leiste"* – führen zu neuronalen Mustererkennungsprozessen. Diese werden zu Repräsentanzstellen: Leuchttürme, die sich bemerkbar machen, wenn ein bestimmtes Muster auftritt. Je höher die Zahl an Repräsentanzstellen bestimmter Muster ist, desto größer ist die Wahrscheinlichkeit, dass diese Muster aufgerufen und für weitere Verarbeitungsprozesse genutzt werden. Unser Hirn ist nämlich schlau und legt Muster nicht wahllos irgendwo ab, sondern die Registratur findet organisiert statt. Es gibt dann eine Fülle von Verbindungen zu anderen ähnlichen Erfahrungsmustern, und auf diese Art entstehen ganze Cluster von gleichartigen Mustern. Diese neuronalen Cluster bilden wieder größere Gruppen, und so entsteht dieses neuronale Netz, das von sehr einfachen bis zu hoch komplexen Wahrnehmungsmustern alles verarbeitet, was wir brauchen, um unsere Lebenswirklichkeit bewältigen zu können. Alle diese Muster sind feste Bestandteile unseres Lernens. Sie helfen beim Aufbau von explizitem und abrufbarem Wissen ebenso wie bei der Entwicklung von impliziten Kompetenzen und somit unbewussten „Hinderern" wie unseren Glaubenssätzen und festgefahrenen Überzeugungen.

Nicht alles, was wir lernen, lernen wir bewusst (explizit). Gerade Verhaltensweisen, soziale Einstellungen, emotionale Reaktionen, Häutungen, Motivationen, lebensweltliche Kenntnisse lernen wir in den meisten Fällen implizit. Wir lernen, indem wir uns über einen längeren Zeitraum in einem Kontext bewegen, in dem uns die Muster von Menschen, die mit uns leben, durchgängig oder überwiegend in ihren Verhaltensweisen vorgelebt oder gezeigt werden. Diese Muster nehmen wir dann unbewusst und damit unreflektiert als

Modelle an. Gerade solcherart gestrickte Verhaltensmuster sind unglaublich stabil und veränderungsresistent, weil sie auf einem langen Entwicklungsprozess basieren und entsprechend intensiv neuronal gebahnt sind. Implizite Lernergebnisse sind deshalb im Hirn so manifest, weil sie sich einfach über längere Zeiträume ganz langsam durch viele sich immer wiederholende Inputs entwickelt haben und somit eine ganz starke neuronale Repräsentanz aufweisen.

Je häufiger also ähnliche Muster angeboten – durch die Umwelt gezeigt oder durch unser eigenes Tun – und als Signal vom Hirn aufgenommen und verarbeitet werden, desto größer und intensiver wird die Repräsentanz dieser Muster in unserem Gedächtnis.

An dieser Stelle wird sichtbar, wie wahrscheinlich es ist, dass es Verhaltensweisen, Haltungen, Reaktionen oder Handlungen bei uns geben wird, die uns unsere Eltern tagtäglich, Monat für Monat, über viele Jahre hinweg vorgelebt bzw. vorgezeigt haben. Wenn wir uns Veränderung wünschen, müssen wir uns demnach „mit unserem Hirn anlegen" und unsere neurologischen Bahnungen neu organisieren. Lernen und ständige Wiederholung in kurzen Abständen sind dafür eine Grundvoraussetzung.

Dieser kleine Einblick durch das Schlüsselloch in unser Gehirn macht hoffentlich ein wenig mehr verständlich, wie sich unsere Vergangenheit und damit eben auch sehr wahrscheinlich unsere Eltern in uns manifestiert haben und wie sich die Inputs im Laufe unseres Lebens neurologisch gebahnt haben. Es zeigt aber auch, wie wir verändern und Neues entwickeln können und wie wir es schaffen, unser Leben so zu meistern, wie wir uns das wünschen. Denn ein Lernprozess ist auf neuronaler Ebene nichts anderes als eine Verstärkung bestimmter Verschaltungen. Ohne Gehirn geht das nicht. Aber auch wenn das alles sehr beeindruckend klingt, was unser Hirn so macht und zuwege bringt – das Gehirn allein denkt nicht, genauso wenig, wie unsere Lunge allein atmet oder unsere Leber allein entgiftet. Genau genommen ist unser Hirn wie alle anderen Organe auch schlicht und einfach organische Materie. Es sind immer noch wir, die wir fühlen und denken und dafür unser Gehirn benutzen. Wir sind es, die handeln – nicht unsere Neuronenverbände. Die haben es bisher einfach nur gut mit uns gemeint und uns Arbeit abgenommen in dem Sinn, dass sie bestimmte Reaktionen oder Handlungsweisen schon ganz allein bestimmen und ablaufen lassen können. Wir können das beeinflussen und verändern – wenn auch nicht von heute auf morgen, das wird durch unsere Hirnfunktion gut sichtbar. Trotzdem können wir es langsam angehen, Schritt für Schritt, indem wir uns bewusstmachen, was ist und wie wir es haben wollen, indem wir das neue Verhalten bei jeder Gelegenheit üben und wieder üben und somit langsam neurologisch bahnen.

Ihren verborgenen Glaubenssätzen auf der Spur

Es ist nicht einfach, negative Glaubenssätze zu identifizieren, und dafür gibt es zwei wesentliche Gründe.
1. Viele von ihnen dienen uns zunächst als Ressource, denn sie sind die momentane Lösung für einen (zumeist) inneren Konflikt. Sie sind somit die bessere Alternative und deshalb so schwer aufzugeben.
2. Die wenigsten Glaubenssätze sind uns wirklich bewusst, und gerade jene, die uns am stärksten in unserem Handeln und in unserem Verhalten beeinflussen, sind am besten getarnt. Welche Glaubenssätze das sind und welches Handeln ihnen in welcher Ausprägung folgt, ist enorm unterschiedlich.

Die Veränderung von Überzeugungen ist viel schwieriger, als die Veränderungen von Verhalten oder von Fähigkeiten. Denken Sie an Xaver, der drei Kreuzzeichen auf das Brot macht, bevor er es anschneidet. Er kann sein Verhalten nicht ändern, weil er im Innersten überzeugt davon ist, es könne *vielleicht doch*

Unglück bringen, ungesegnetes Brot zu essen. Oder Bettina, die ihren Mann nicht verlassen darf bzw. kann, aus Angst, er könnte sich umbringen, und weil er ja nichts dafür kann, dass es ihnen nicht möglich ist, Kinder zu bekommen. Welche Grenze gestaltet dieser Glaubenssatz, und welchen Möglichkeitsraum lässt das zu? Bewusst oder aus Absicht ist Bettina nicht zwangskrank geworden. Es war ihr schlicht nicht bewusst.

Selbst wenn es Beweise gibt, ist es ganz schwer, Überzeugungen zu verändern, die vielleicht über Jahre hinweg neurologisch gebahnt und manifestiert wurden.

Vielleicht haben Sie auch schon von dem Patienten gehört, der denkt, dass er eine Leiche ist. Er isst nichts, er geht nicht arbeiten, er sitzt einfach die ganze Zeit herum und behauptet, er sei eine Leiche. Der Psychiater versucht, den Mann davon zu überzeugen, dass er nicht wirklich tot ist. Es kommt zu einem Diskurs, der lange dauert. Immer wieder streiten die beiden über die Frage, ob er eine Leiche ist oder keine. Eines Tages fragt ihn der Psychiater: „Glauben Sie, dass Leichen bluten?"

Der Patient denkt einen Augenblick lang nach. „Nein, Leichen können nicht bluten, weil ja alle Körperfunktionen zum Stillstand gekommen sind."

„Also gut", sagt der Psychiater, „dann möchte ich jetzt mit Ihnen ein Experiment machen. Ich werde eine Nadel nehmen, Ihnen damit in den Finger stechen und wir schauen, ob der Finger blutet."

Der Patient hat nichts dagegen einzuwenden (er ist ja eine Leiche und spürt nichts). Der Psychiater sticht ihm also eine Nadel in den Finger, und der Finger fängt zu bluten an. Der Patient schaut verblüfft und sagt: „Verdammt, Leichen bluten tatsächlich …"

Dieses Beispiel zeigt auf humorvolle Weise, wie hartnäckig verinnerlichte Überzeugungen in uns verankert sind und immer noch gelten, obwohl das Gegenteil ganz offensichtlich auf der Hand liegt.

Ein weitaus schwerwiegenderes Beispiel ist eine Klientin, die ich in meiner psychotherapeutischen Praxis behandelt habe. Bei meiner Klientin wurde ein Unterleibskarzinom diagnostiziert, und sie erzählte mir im Laufe einer Sitzung, dass sie genau wisse, weshalb sie das Karzinom habe. Sie war davon überzeugt, Gott hätte ihr das Karzinom geschickt, weil sie ihren Mann betrogen hatte. Da sie ihre Erkrankung als Strafe Gottes ansah, verweigerte sie auch die Chemotherapie. In der Therapie war es in dem Fall wichtig, an der Grundüberzeugung dieser Patientin zu arbeiten. Mit der Zeit gelang es, die Überzeugung, dass es einen strafenden Gott gibt, aufzuweichen, und die Frau zog letztendlich doch eine medizinische Behandlung in Erwägung.

Zusammenfassend lässt sich also festhalten, dass unsere Grenzen und damit das Mögliche ganz oft in unserer Vergangenheit gegründet werden und unsere Glaubenssätze die dazu nötigen Regeln schaffen. Es liegt an uns, einen neuen Möglichkeits(spiel)raum zu schaffen. Wir können es, wenn auch nicht ganz einfach, ändern.

Die Kraft unserer Überzeugungen

Was wir für die Ursache eines Problems oder eines ungeliebten Zustands halten, entscheidet darüber, wo wir nach einer Lösung suchen. Wenn wir uns auf die Fersen unserer tiefen und innersten Überzeugungen heften, finden wir häufig genau das, wonach wir suchen. Ein Glaubenssatz kann eine Verallgemeinerung über eine kausale Beziehung sein. Er kann aber auch die Verallgemeinerung über die Bedeutungsbeziehung sein. In dem Fall der Frau mit dem Unterleibskarzinom bedeutete die Krankheit für die Patientin, dass sie „eine Sünderin ist" und dass sie deshalb Krebs hatte und damit bestraft werden sollte.

Idealer wäre in dem Fall die Bedeutungsgebung, dass diese

Krankheit eine Gelegenheit ist, etwas zu lernen und einen anderen Umgang mit ihrem Körper zu entwickeln.

Welche Bedeutung wir etwas geben, entscheidet über unsere Reaktion.

Wenn etwas schiefgegangen ist – bedeutet das, dass ich ein Versager bin?

Für manche bedeutet es tatsächlich, sie hätten es gar nicht verdient, dass sie Erfolg haben.

Ich stelle bei mir in der Praxis durchaus häufig die Frage: *„Dürfen* Sie überhaupt Erfolg haben?"

Bedeutet ein Ereignis, dass es besser ist, aufzugeben?

Oder bedeutet es, dass jetzt der richtige Zeitpunkt für einen Neubeginn ist?

Glaubenssätze können auch Verallgemeinerungen über Grenzen sein. Glauben wir, dass wir unsere Gesundheit durch unsere Glaubenssätze und durch unsere Gedanken beeinflussen können – oder glauben wir das nicht?

Auch wenn es Beweise gibt und Fakten vorliegen, die gegen eine Überzeugung sprechen, halten Menschen oft an ihr fest. Denken Sie an das lustige Beispiel des Patienten, der glaubt, er sei eine Leiche. Dieses Phänomen der Überzeugungen und der Kraft der Überzeugungen macht man sich, wie ich oben schon erwähnt habe, längst in der Medizin zunutze. Die Placebo-Forschung lieferte unzählige Beweise, wie wirksam der Glaube von Menschen ist und welche Auswirkungen er hat:

Neurowissenschaftler haben bei einem Versuch Patienten informiert, sie bekämen ein Schmerzmittel. Dabei wurden die Hirnströme der Patienten beobachtet, und es wurde aufgezeichnet, welche Regionen im Hirn aktiv wurden. Tatsächlich zeigte das Schmerzzentrum Aktivitäten, selbst bei Patienten, denen keine Schmerzmittel, sondern Kochsalzlösung injiziert wurde.

Dieser Versuch zeigt noch einmal sehr deutlich, welche Macht unsere tiefen Überzeugungen haben. Sie schaffen es sogar, im Hirn Regionen zu aktivieren, die im Fall des

Schmerzmittel-Versuchs logischerweise gar nicht aktiviert werden können.

Als ich selbst vor vielen Jahren die Diagnose „Sharp Syndrom" bekam und praktisch über Nacht nicht mehr laufen konnte und jede Bewegung unglaublich schmerzte, haben mir die Ärzte gesagt: „Diese Autoimmunerkrankung ist unheilbar, man kann die Krankheit nur lindern, nicht heilen." (Was schafft diese Aussage für einen Möglichkeitsraum?)

In meiner ersten psychotherapeutischen Sitzung fragte mich mein Psychotherapeut, ob ich eine Vorstellung davon habe, wie es sein würde, wenn ich wieder gehen könnte. Ich konnte damals nicht mehr gehen, saß in einem Rollstuhl und hatte unglaubliche Schmerzen bei jeder Bewegung, und es war mir wirklich oft kaum möglich, einen Fuß vor den anderen zu setzen. Meine erste Reaktion auf seine Frage war heftiges Kopfschütteln: „Nein, das kann ich mir überhaupt nicht vorstellen, außerdem sagen die Ärzte, es ist eine unheilbare Krankheit."

„Aber angenommen, die Ärzte hätten nicht recht und Sie würden sich wieder bewegen können, wie würde das Bild konkret ausschauen, wenn Sie, Silvia, sich wieder bewegen können?" (Hier versuchte mein Therapeut, meinen gedanklichen Möglichkeitsraum zu erweitern.)

Ich hatte unheimliche Mühe, dieses Bild zu beschreiben, wenn ich mich wieder bewegen könnte. Ganz einfach deshalb, weil ich gar nicht mehr daran geglaubt habe, dass das jemals wieder sein könnte. Ganz langsam und mit viel Geduld des Therapeuten ist es gelungen, mir ganz konkret eine Situation vorzustellen, in der ich mich wieder ganz normal bewegen kann. Ich spürte dabei sofort eine innerliche körperliche Entlastung. Ich hatte ein Bild im Kopf davon, wie es ist, wenn ich mich wieder schmerzfrei und ohne Probleme bewegen kann.

Der Therapeut nahm irgendwann einen Zettel und legte ihn auf den Boden. Er fragte mich: „Angenommen, die Ärzte hätten nicht recht und es wäre doch möglich, dass Sie sich wieder schmerzfrei bewegen könnten: Was denken Sie? Wie weit wäre der allererste Schritt zu einer schmerzfreien Bewegung von Ihnen entfernt?"

Ich sagte: „Ganz weit weg!"

Er legte das Blatt weg. Ganz weit weg. So weit weg, wie es der Raum zuließ. Dann kam er auf mich zu und half mir beim Aufstehen. Die Schmerzen waren unerträglich, trotzdem ist er mit mir ganz langsam von meinem Platz zu diesem Blatt gegangen, auf dem stand: „Bewegungsfreiheit".

Als ich schließlich auf dem Blatt stand, bat er mich, die Augen zu schließen und noch einmal in mich hineinzuhorchen und zu spüren, wie sich das anfühlte, und zu beschreiben, welches Körpergefühl da auftauchte. Ich versetzte mich ganz intensiv in dieses Bild hinein. In dem Moment ging es schon viel leichter, mir konkret vorzustellen, wie sich das anfühlte. Dann fragte er mich, wie das meine Familie wahrnehmen wird, wenn ich mich wieder frei bewegen kann, und wer sich am meisten darüber freut und was ich mit den Personen unternehmen würde. (Das war der Versuch, mich auch gefühlsmäßig einzustimmen auf diesen neuen Möglichkeit(spiel)raum).

Nach meinen Erzählungen sagte mir der Therapeut, dass er mich nun ganz anders erlebte als noch vor einer halben Stunde. Mein Gesichtsausdruck sei viel entspannter, ich würde auch viel lockerer dastehen.

Er ging wieder mit mir an meinen Platz zum Rollstuhl zurück und bat mich, mich von nun an jeden Tag einmal in dieses Bild der Bewegungsfreiheit hineinzuversetzen. Das tat ich. Jeden Tag. Irgendwann glaubte ich fest daran, dass es möglich ist, gesund zu werden und mich wieder schmerzfrei zu bewegen.

Heute bin ich eine gesunde Frau, die durch diese Krise gewachsen ist. Ich weiß besonders dadurch, wie wichtig es ist, jemanden zu Rate zu ziehen, um im wahrsten Sinne neue (Gedanken-)„Räume" zu schaffen. Außerdem habe ich gelernt, dass so vieles möglich ist, wenn man es wenigstens in Erwägung zieht. Diese Erfahrung ist auch in meiner Arbeit als

Therapeutin, Coach und Trainerin etwas enorm Wichtiges. Ich habe bei mir selbst erfahren, wie nützlich meine Begleiter waren, die als „Schatzheber" fungierten und mir dabei halfen, meinen inneren Reichtum zu entdecken, zu nutzen und ihn lebendig werden zu lassen. Besonders froh bin ich über die Kenntnis, wie wichtig und wirksam Worte sein können – ausgesprochene und nicht ausgesprochene – und wie heilsam das Reden in einem wertschätzenden, nicht bewertenden „Raum" sein kann.

Ihre Glaubenssätze unter der Lupe

„Ich muss alles allein schaffen!"

Lieber Leser, liebe Leserin, prüfen Sie nun, welche Fähigkeit in dieser Aussage vorhanden ist und welche Seite Ihrer Person dadurch bestärkt werden (Möglichkeitsraum).

Es könnte bedeuten, dass Sie sehr selbstständig und autonom sind, dass Sie sehr viel Kraft haben und viel bewegen können.

Danach überprüfen Sie, welche Seite Ihrer Person durch diesen Glaubenssatz zu kurz kommt oder unterdrückt wird (Unmöglichkeitsraum).

Wenn Sie denken, alles alleine schaffen zu müssen, wäre es nötig, sich Hilfe zu organisieren und damit mehr Leichtigkeit in Ihrem Leben zu schaffen.

Ihre Kooperationsfähigkeit könnte zu kurz kommen und vielleicht auch Ihre Genussfähigkeit – einfach einmal genießen zu können, dass jemand anderer für Sie etwas tut und Ihnen hilft.

Suchen Sie die für Sie richtige Antwort und sehen Sie sich an, was in Ihrem Leben dadurch zu kurz kommt.

Stellen Sie sich vor, welche Veränderung zu wirken beginnen kann, wenn Sie sich bewusst machen, welche Seiten dieser Glaubenssatz verhindert und dies ab sofort nicht mehr der Fall wäre.

Welche Auswirkungen hätte das auf Ihre Befindlichkeit, auf Ihren Gemütszustand?

Welche Auswirkungen hätte es auf die Gestaltung Ihrer Beziehungen mit anderen?

Welche neuen Möglichkeiten könnten sich dadurch für Sie erschließen, wenn Sie diesen Glaubenssatz verändern würden?

Wie würde dieser neue Glaubenssatz lauten?

Wie geht es Ihnen jetzt mit dieser neuen Betrachtungsweise?

(Möglicherweise sind Sie auch zur Erkenntnis gelangt, dass Sie an diesem Glaubenssatz festhalten wollen, weil das Positive überwiegt.)

Lassen Sie uns eine andere Vorgehensweise ausprobieren und schreiben Sie diese Aussage auf ein Blatt:

„Ich *darf* mich nicht fallen lassen!"

Bitte lesen Sie den Satz laut und fragen Sie sich:

Wie ist diese Aussage zu sehen?

Laut aussprechen!

Fühlt sich das stimmig an?

Wie ist Ihre Stimme?

Leise?

Laut?

Fühlt sie sich eher bedrückt an?

Wenn Sie meinen, es fühlt sich nicht gut an, verändern Sie den Satz:

„Ich *kann* mich nicht fallen lassen!"

Bitte lesen Sie den Satz wieder laut und stellen Sie sich noch einmal die Fragen von vorhin:

Wie ist diese Aussage zu sehen?

Wieder laut aussprechen!

Fühlt sich das stimmig an/stimmiger als bei der vorherigen Aussage?

Wie ist diesmal Ihre Stimme?

Leise?

Laut?
Fühlt sie sich bedrückt an/weniger bedrückt?

Wir probieren noch eine andere Variante aus.
„Ich *kann* mich *manchmal* fallen lassen!"
Fühlt sich das leichter, schlechter, besser, schwerer an?
Stellen Sie sich die Frage:
Welche negativen Auswirkungen hätte das, wenn Sie sich die
Erlaubnis geben würden, sich manchmal fallen zu lassen?

Und noch einen weiteren Satz:
„Ich *lasse* mich *manchmal* fallen!"

Wir können ihn noch einmal steigern:
„Ich *lasse* mich *öfter* einmal fallen!"
Wie fühlen Sie sich dabei?
Leichter?
Schwerer?
Unabhängiger?
Oder wirkt dieser Satz für Sie geradezu absurd?

Nun probieren wir den letzten Satz auf:
„Ich *werde* mich in Zukunft *öfter fallen lassen*!"
Wie fühlt sich das an?
Wie sind die Empfindungen?

Der Satz, bei dem Sie eine wirkliche Erleichterung verspüren,
wenn Sie ihn lesen oder aussprechen, könnte eine neue Variante
eines alten Leit- und Glaubenssatzes werden, der immer wieder einmal überprüft werden sollte. Es muss nicht immer ein
Entweder-oder sein, es ist nicht nötig, von einem Extrem („Ich
darf mich nicht fallen lassen") in das andere („Ich lasse mich
ab sofort bloß noch fallen") zu wechseln. Sie entscheiden, was
passt und was stimmig ist für Sie, und so kann sich in kleinen
Schritten ein neues Selbstverständnis entwickeln.

Für die Mission einer Veränderung ist es hilfreich, uns unseren Zielzustand fest vorzustellen. Unser neues Selbst zum Beispiel. Das neue Selbst, das wertvoll ist. Das neue Selbst, das fähig und kompetent ist. Unser Gehirn ist noch nicht in unsere Pläne eingeweiht und nach allem, was wir jetzt wissen, auch noch nicht uneingeschränkt zur Mitarbeit bereit. Daher ist es wichtig, dass wir uns nicht nur auf unsere Gedanken konzentrieren, sondern den Raum dafür nutzen.

Dieses neue Selbst bekommt ein Blatt, das wir beliebig benennen können, es kann aber auch vorerst namenlos bleiben. Wichtig ist ein konkretes Ziel, ein realistisches Ziel, ein Ziel, das Sie klar vor Augen haben und das Sie beschreiben können.

Ihr Blatt bekommt einen Platz auf dem Boden.

Wie weit ist Ihr Ziel von Ihnen entfernt?

Ist viel zu tun?

Was ist zu tun?

Oder sind es nur ein paar konsequente Schritte, die notwendig sind?

Welche?

Machen Sie sich ein ganz konkretes Bild von diesem neuen Selbst und schauen Sie von ihrer jetzigen Position auf Ihr neues Selbst auf dem Blatt. Bewegen Sie sich langsam auf das Blatt zu und beschreiben Sie, was Sie fühlen.

Wie ist das, wenn Sie sich wertvoll fühlen?

Wie fühlt es sich an, fähig und kompetent zu sein?

Wer würde das erkennen?

Woran würde man das erkennen?

Wo wird das überall erkennbar?

Welche Auswirkung hat das auf Ihre Beziehungen?

Welche Auswirkungen hätte das bei Ihrer Arbeit?

Nun kommt ein weiterer wichtiger Aspekt bei dieser Visualisierungsarbeit: zurück zum Ausgangspunkt.

Was in der Vergangenheit hat dazu geführt, dass wir uns

dort, wo wir im Moment stehen, nicht wertvoll, fähig oder kompetent fühlen? Wofür könnte es stehen, wertlos, unfähig oder nicht kompetent zu sein? Gibt es eine Funktion, die es aus- bzw. erfüllt? Welchen Vorteil ziehen wir aus diesem negativen Glaubenssatz, nicht wertvoll zu sein? Wovon lenkt er ab?

Der Entschluss ist der erste Schritt zur Veränderung

Ich will an dieser Stelle wieder zu meiner persönlichen Geschichte zurückkommen. Ich wollte gerne wieder gesund sein und mich frei bewegen können. Aber das war nicht möglich, weil die Ärzte sagten, meine Erkrankung sei unheilbar. Ich gab dem, was die Ärzte sagten, so viel Gewicht, dass es gar nicht möglich war, mir vorzustellen, eine bewegliche, gesunde Frau zu sein. Mein Therapeut motivierte mich, ich solle mich nicht so um die anderen kümmern und mich nicht ständig daran orientieren, was die anderen sagen.

„Richte dich stärker auf dich selber aus!", sagte er. „Spüre, was du empfindest, und horch nicht so viel darauf, was andere dir sagen und was andere von dir wollen".

Ich kam plötzlich darauf, dass das ein uraltes Muster ist. Nicht nur in Hinblick auf meine Krankheit. Nicht in Hinblick auf meine Gesundheit. Ich kam darauf, dass ich gar nicht wirklich wusste, wer ich bin. Dass ich gar nicht wirklich wusste, was mich ausmachte. Ich hatte mein ganzes Leben darauf gehört, was andere gesagt hatten, dass ich bin. Was andere gesagt hatten, dass ich kann. Was andere gesagt hatten, dass ich nicht kann. Und da gab es auch Glaubenssätze in mir. Glaubenssätze, die ganz tief verankert waren. Ich sollte nicht „größenwahnsinnig" sein, wenn ich davon gesprochen hatte, dass ich gerne studieren möchte. „Ich lerne so schwer" – das war ein immer wiederkehrender Glaubenssatz in meiner Familie und in mir

selbst. Ich war auch davon überzeugt, dass ich nicht „Nein"
sagen konnte und es *mir* wichtig war, immer für andere da zu
sein – das gehörte sich nämlich so.

Langsam fing ich an, diese mächtigen und wirksamen
Glaubenssätze gemeinsam mit meinem Therapeuten zu identifizieren und begann, neue Glaubenssätze zu implementieren.

Die Not war in meinem Fall besonders groß, und
das ist vielleicht der Punkt. Es muss so etwas wie eine
Veränderungsmotivation entstehen. Meistens passiert das leider nur aus einem gewissen Leidensdruck heraus, es muss jetzt
keine schwere Erkrankung sein, aber meistens braucht es einfach den Punkt, an dem wir sagen: „So geht es nicht weiter",
„So will ich das nicht mehr", „Jetzt ist es an der Zeit, eine neue
Richtung einzuschlagen".

Mir wurde klar, dass mein bisheriges Verhalten – obwohl
das die beste Alternative war – nicht das war, was ich haben
mochte, ich mochte es gerne anders haben. Mir wurde klar,
dass ich lernen musste, zu mir zu stehen. Mir wurde klar, dass
ich lernen musste, „Nein" zu sagen. Mir wurde klar, dass ich
lernen musste, meinen Gefühlen mehr zu trauen als dem, was
andere sagen. Klar, dass ich diese eigene Grenze setzen musste. Und mir wurde klar, dass ich das ändern wollte, dass ich so
nicht weiter leben wollte und konnte.

Der Entschluss ist der erste Schritt zum Ziel der Veränderung. Diesem ersten Schritt muss immer auch eine Veränderungsmotivation innewohnen – wir brauchen einen Grund,
weshalb wir etwas verändern wollen.

Gemeinsam mit meinem Therapeuten, aber auch allein, beschäftigte ich mich dann damit, welche Gedanken mich immer
wieder daran hinderten, mein gewünschtes Verhalten zu erreichen. Ich fing an, mich genau zu beobachten und zu schauen,
was da in mir ablief, wenn ich wieder nicht „Nein" sagte, sondern wenn ich „Ja" sagte.

Eine ganz wichtige Erkenntnis dabei war: In jedem „Ja"
steht ein „Nein". Jedes „Ja" ist gleichzeitig ein „Nein". Denn

während ich „Ja" zu meinem Gegenüber sage, ist das gleichzeitig ein lautes und deutliches „Nein!" zu mir selbst.

Das klingt aufs Erste ein wenig sperrig, ich weiß. Aber lassen Sie den Satz einmal in aller Ruhe auf sich wirken. Sie sagen (wieder einmal) „Ja!" – entgegen Ihrer Überzeugung, und obwohl Sie sich vorgenommen haben, dieses Mal „Nein" zu sagen. Die Zeit und den Aufwand, den Sie für dieses „Ja" für jemand anderen aufwenden müssen, ziehen Sie bei sich selbst ab. Ist das nicht ein mehr als deutliches „Nein!" zu sich selbst?

Als mir das bewusst wurde, erkannte ich, dass es nicht stimmte, dass ich nicht „Nein" sagen konnte, denn ich sagte die ganze Zeit über „Nein" – und zwar zu mir selbst. Diese Erkenntnis war in meiner persönlichen Geschichte ein ganz wichtiger Punkt, mich in eine andere Richtung zu bewegen und mich neu zu erfinden.

Neu in dem Sinn, nicht mehr die zu sein und mich so zu verhalten, wie andere mich beschrieben oder mir Verhaltensweisen zuschrieben, sondern mich so zu verhalten und die zu sein, die ich glaube, dass ich bin, und wie ich mich selber erlebe und sehe.

Nachdem Verhalten und Gewohnheiten neurologisch gebahnt sind, war es dann die Aufgabe, diese Autobahnen im Hirn aufzulösen und neu zu spuren. Das war nicht einfach. Aber wie schon gesagt, mit üben, üben und wieder üben schaffte ich es.

Mit Hilfe meines Therapeuten erkannte ich klar, was zu verändern nötig ist, welche Hintergründe es für meinen Zustand gab und wofür verschiedene Symptome und Glaubenssätze standen. Aus heutiger Sicht bin ich fest davon überzeugt, dass in meinem Fall die chronisch körperliche Erkrankung durch psychosoziale Faktoren mitgestaltet und der psychosomatische Anteil der überwiegende war.

Das braucht Reflexionsfähigkeit. Und Übung.

Ich nahm mir also vor, mindestens zweimal am Tag jemandem deutlich und klar „Nein" zu sagen. Ich nahm mir vor, mich mindestens einmal am Tag – manchmal habe ich es dreimal am Tag gemacht – in dieses Bild der gesunden und sich frei bewegenden Silvia hineinzuversetzen. Tage, Wochen und Monate. So lange, bis ich erkannte, dass ich wertvoll bin. So lange, bis ich daran glaubte, gesund werden zu können. So lange, bis ich erkannte, dass ich auch einmal „Nein" sagen darf. „Nein" sagen in kleinen, alltäglichen Dingen, zum Beispiel: „Ich möchte heute nicht im Dienst einspringen, weil ich mit meiner Familie etwas ausgemacht habe", oder „Ich kann dich heute nicht unterstützen, weil ich mit meiner Freundin vereinbart habe, ins Kino zu gehen", oder „Ich werde heute nicht mehr bügeln, weil ich müde bin."

Ich hatte es nur nie getan, aus dieser Furcht heraus, nicht gerecht zu werden, nicht zu gefallen, nicht anerkannt oder geliebt zu sein oder jemanden vor den Kopf zu stoßen und Fehler zu machen.

Jeder ist seines Glückes Schmied?

Manche Glaubenssätze begegnen uns im Laufe unseres Lebens wieder und wieder. Wir kennen sie so gut, dass wir verlernt haben oder gar nicht auf die Idee kommen, sie zu hinterfragen. Manche dieser Glaubenssätze sind längst in unserem Hirn abgelegt und bestimmen unsere Handlungen.

Jeder ist seines Glückes Schmied. Der Satz taucht gerne auf, wenn es uns gerade nicht so gut geht, wenn etwas passiert ist, wenn es um ein Scheitern geht und weil es vielleicht im Zimmer gerade etwas zu still geworden und es an der Zeit für eine Weisheit oder ein philosophisches Zitat ist.

„Jeder ist seines Glückes Schmied" heißt es dann. Das sehe ich ganz und gar nicht so, denn es würde im Umkehrschluss bedeuten, dass wir an unserem Unglück immer selbst die Schuld tragen. Das stimmt schlicht und ergreifend nicht, denn, und ich habe das schon mehrmals betont, es gibt eine Reihe von Dingen völlig außerhalb unseres Einflussbereichs.

Natürlich gilt auch hier das Prinzip der Bedeutungsgebung. Für einige von uns bedeutet der Satz „Jeder ist seines Glückes Schmied", sie seien selbst schuld an ihrem Unglück und müssten nun auch selbst sehen, wie sie da wieder herauskommen. Einige andere hingegen nehmen diesen Glaubenssatz nicht unreflektiert zur Kenntnis, sondern ziehen aus ihm einen Aspekt zur Motivation, Dinge anzugehen, die ihnen wichtig sind, und mit Hartnäckigkeit zu versuchen, ihre Ziele zu erreichen. Gerade das stellt für viele von uns eine ganz große Herausforderung dar. Für wieder andere stellt das aber eine *Über*forderung dar, denn es gibt Menschen, die das nicht können, die das nie gelernt haben, die sich damit ganz schwertun. Gerade deshalb steht diesen Menschen ein manifestierter Glaubenssatz wie dieser einfach immer und unbemerkt im Weg.

Eine Hand wäscht die andere?

Dies ist ein Universalstehsatz, der in der Familie, in der Nachbarschaft, im Arbeitsleben, in der Politik und überall sonst gezogen wird, wo es um Interessen geht.

Wie soll man da „Nein" sagen können, wenn das doch ein Teil vom Spiel des Lebens ist. Wir können also gar nicht „Nein" sagen, denn das könnte zur Folge haben, dass auch zu uns jemand „Nein" sagt. Und zwar dann, wenn wir es gerade überhaupt nicht brauchen können und uns damit größerer Schaden entstehen könnte. Ein „Nein" an die falsche Adresse könnte schlimme Folgen haben, und deshalb lassen wir das wohl besser ...

Ein „Nein" zu diesem Glaubenssatz wird Ihre Umgebung möglicherweise nicht freuen. Selbstbestimmung bedeutet aber, die Verantwortung für diese Konsequenzen zu tragen. Sie sind frei zu wählen, ob Sie etwas tun, weil „es sich so gehört" oder „weil das eben so ist", obwohl Sie es aus unterschiedlichen Gründen nicht für gut befinden. Können Sie damit umgehen, wenn Ihr Gegenüber demnächst ebenfalls „Nein" sagt, wenn Sie ihn unter der Devise „Eine Hand wäscht die andere" um einen Gefallen bitten?

Individuation, so wie diese sich mittels eines Selbst zum Ausdruck bringt, wurde von Helm Stierlin wie folgt gekennzeichnet:

„Ich vermag mich als jemanden zu erleben, der/die sich über alle Wechselfälle der Entwicklung hinweg seine/ihre innere Organisation bewahrt und sich das Gefühl beziehungsweise Bewusstsein einer sich gleichbleibenden Identität und Integrität erhält.

Ich vermag mich als Individuum von anderen Individuen abzugrenzen. Das heißt: Ich erlebe meine Bedürfnisse, meine Gefühle, meine Phantasien, meine Ideen, meine Träume, meine Erwartungen, meinen Körper als mir zugehörig und unterschieden von den Bedürfnissen, Gefühlen, Phantasien, Ideen, Träumen und Körpern anderer, insbesondere für mich wichtiger anderer wie meiner Familienangehörigen, Partner und Freunde.

Ich erlebe mich als ein Subjekt, das zur Intersubjektivität mit anderen Menschen bereit und fähig ist, das daher sowohl Bedeutungen zu vermitteln als auch solche von anderen aufzunehmen vermag.

Im Rahmen solcher Intersubjektivität erlebe ich mich als jemanden, der eigene Ziele und Werte zu definieren und, falls nötig, auch gegen wichtige andere durchzusetzen weiß und sich dazu die lebensanleitenden Werte, die berufliche Ziele und Delegationen, die ihm ein Elternteil vermittelt, nicht zu eigen macht, sondern seine eigenen Werte – zum Beispiel was Sexualität, Partnerschaft und Berufswahl anbelangt – schafft und verwirklicht.

Ich erlebe mich als Zentrum eigener Initiative und Täterschaft, erlebe mich als lebendiges Kraftzentrum, erlebe mich als Autor meiner Geschichte, erlebe mich dabei autonom und frei, aber auch verantwortlich für das, was ich denke, tue, anrichte, verfasse. Das schließt unter Umständen auch Verantwortung für von mir gezeigte Symptome ein.

Ich mache mir widerstreitende Bestrebungen und Bedürfnisse zu eigen, ich setze mich meinen inneren Konflikten aus, ertrage die Spannung der Ambivalenz oder eben auch Polyvalenz.

Und bleibe mir bewusst, dass meine Individuation auf vielfachen Abhängigkeiten beruht, ja aus diesen hervorgeht. So bleibe ich, um mich individuieren zu können, abhängig von einem funktionierenden Körper, insbesondere einem funktionierenden Gehirn und Nervensystem, von adäquater Nahrung, von sauberer Luft, einem intakten Ökosystem und nicht zuletzt von anderen Menschen und von sozialen, ökonomischen und rechtsstaatlichen Verhältnissen, wie sie in einem demokratischen Gemeinwesen gegeben sind."

Schuster, bleib bei deinen Leisten versus Wer wagt, gewinnt?

Was heißt „Schuster, bleib bei deinen Leisten"? Dass wir den Friseursalon unserer Eltern übernehmen und uns nicht lächerlich machen sollen mit unseren Ambitionen, Architektur zu studieren? Dass wir nicht noch eine andere Ausbildung machen sollen, weil wir doch ohnehin schon einen Beruf erlernt haben? Dieser Stehsatz bringt uns fast augenblicklich dazu, aufzuhören, über eine andere Zukunft nachzudenken und nur ja kein Risiko einzugehen. Er weist uns an, still zu sein und dort zu verharren, wo wir uns gerade befinden, uns auf das zu beschränken, was wir immer schon getan haben, auf das, wo wir uns auskennen. Was ist mit dem, von dem wir immer schon geträumt haben, mit dem, auf das wir neugierig sind?

Das Gegenteil zu diesem Möglichkeitsraum bietet der Glaubenssatz „Wer wagt, gewinnt". Er impliziert, dass man etwas wagen muss, um zu gewinnen. „Wage etwas, trau dich, riskiere etwas."

Liebe Leser und Leserinnen, diese Beispiele zeigen, dass man nicht grundsätzlich sagen kann, dass Glaubenssätze gut oder schlecht sind. Es stellt sich vielmehr die Frage, wie nützlich unsere Glaubenssätze im Hinblick auf unsere Ziele sind. Es gibt, wie die Beispiele „Bleib bei deinem Leisten" und „Wagen gewinnt" zeigen, auch Glaubenssätze, die sich gegenseitig widersprechen. Wozu ich Sie mit diesem Kapitel einladen möchte, ist, dass Sie Ihre Glaubenssätze erforschen, sie wohlwollend-kritisch unter die Lupe nehmen und überprüfen, was sie ermöglichen bzw. verunmöglichen. Denn seien Sie erinnert: Wir haben die Wahl, wir entscheiden, welchen Regeln wir folgen, welchen Begrenzungen wir unterliegen und welche Möglichkeits(spiel)räume wir gestalten.

Kontrollüberzeugungen – Wer führt Regie in Ihrem Leben?

„Ich wünsche mir die Gelassenheit,
Dinge hinzunehmen, die ich nicht ändern kann,
den Mut, Dinge zu ändern, die ich ändern kann
und die Weisheit, das eine vom anderen zu unterscheiden."
(FRIEDRICH CHRISTOPH OETINGER ZUGESCHRIEBEN)

Daniel geht mit der Überzeugung zu einer Prüfung, er selbst könne die Prüfung und das Ergebnis (mit)beeinflussen. Er hat viel gelernt und selbst wenn Fragen kommen sollten, die er nicht ganz so intensiv gelernt hat, wird er sich auf seinen gesunden Menschenverstand und seine Konzentration verlassen. Er will eine gute Note und wird alles dafür tun, was er kann.

Simon hat die Idee, dass es sowieso nur am Lehrer liegt,

ob er eine gute oder schlechte Note bekommen wird. Er hat zwar auch gelernt, sieht aber seinen Einfluss auf eine gute Note sehr gering. Er geht mit der Überzeugung zur Prüfung, dass es von der Laune des Lehrers abhängen wird, wie der die Prüfung benotet, und dass es theoretisch sein kann, dass er durchfällt, auch wenn er noch so viel gelernt hat.

Was denken Sie? Ist das Prüfungsergebnis der beiden Schüler tatsächlich reine Glaubenssache bzw. wie wahrscheinlich ist es unter den beschriebenen Voraussetzungen, dass Daniel oder Simon eine gute Note bekommen wird?

Julian Rotter prägte im Rahmen seiner sozialen Lerntheorie das Konstrukt der Kontrollüberzeugungen. Unter Kontrollüberzeugungen versteht Rotter die generalisierte Einschätzung einer Person hinsichtlich der dominierenden Ursachen für eintretende Ereignisse. Es geht also darum, ob Menschen das Auftreten bestimmter Umstände in ihrem Leben bei sich selbst sehen oder ob sie die Kontrolle darüber anderen Menschen oder anonymen Mächten wie dem Schicksal, Gott oder dem Teufel zuschreiben. Im Zusammenhang mit Kontrollüberzeugungen kommt es häufig zu einer Gleichsetzung mit der Selbstwirksamkeit (was nicht richtig ist, denn es existiert ein Unterschied zwischen der Überzeugung, ein Ereignis wie eine Prüfung, eine Krankheit etc. sei in irgendeiner Weise zu kontrollieren oder zu beeinflussen – Kontrollüberzeugung!) und der Annahme, dass *man selbst* das Subjekt ist, welches ein Ereignis herbeiführen kann (Selbstwirksamkeit!). Aber auch da gibt es wechselseitige Zusammenhänge. Ein Mensch, der sich grundsätzlich als fähig und kompetent wahrnimmt, hat eher die Idee, etwas beeinflussen zu können, als ein Mensch, der sich von Grund auf unfähig oder nicht kompetent fühlt. Ich komme noch etwas genauer darauf zu sprechen.

Rotter unterscheidet *drei Arten von Kontrollüberzeugungen:* internale, sozial externale und fatalistische Kontrollüberzeugungen.

Internalität steht für die subjektiv bei der eigenen Person wahrgenommene Kontrolle über das eigene Leben und über Ereignisse in der personenspezifischen Umwelt.

Ein Mensch mit *internalen Kontrollüberzeugungen* hat die Idee, er selbst habe die Kontrolle, er selbst könne Einfluss nehmen auf das Geschehen, auf sein Leben und die Ereignisse darin. Diese Einschätzung, selbst die Kontrolle zu haben, bezieht sich sowohl auf positive wie auch auf negative Ereignisse. Die Wahrnehmung eines Individuums spielt dabei eine bedeutende Rolle. Es ist innerhalb des Konstrukts der Kontrollüberzeugungen nämlich unerheblich, ob eine Sache tatsächlich der eigenen Kontrolle unterliegt, sondern es zählt alleine ob der Mensch daran glaubt.

Ein an multipler Sklerose erkrankter Patient mit sozial externaler Kontrollüberzeugung ist davon überzeugt, er selbst könne keinerlei Beiträge zu seiner Genesung beitragen, sondern lediglich die Ärzte und die Medikamente könnten das Krankheitsgeschehen beeinflussen. Solche Patienten liefern sich den Ärzten und der Medikation aus, befolgen in der Regel, was die Ärzte sagen, und sind sehr kooperativ. Sie selbst unternehmen aber aktiv nichts, um eine Veränderung des Krankheitsgeschehens zu erzielen. Dies wird auch in meiner Studie sichtbar, auf die wir gleich kommen werden.

Die sogenannte soziale Externalität ist durch ein subjektives Gefühl der Machtlosigkeit bedingt. *Sozial externale Kontrollüberzeugungen* liegen vor, wenn Ereignisse (in unserem Beispiel eine Krankheit) positiver oder negativer Natur vom eigenen Verhalten als unabhängig wahrgenommen werden. Menschen mit sozial externalen Kontrollüberzeugungen haben die Wahrnehmung, dass sie sozial von anderen abhängig sind, dass andere mächtige Menschen Einfluss nehmen können auf das Geschehen und dass die Kontrolle bei anderen liegt wie zum Beispiel bei unserem an multipler Sklerose erkrankten Patienten. Er ist davon überzeugt, dass maximal die Ärzte (mächtige Menschen) es in der Hand haben, Einfluss auf das Krankheitsgeschehen zu nehmen. Rotter hält Personen, die stark external und wenig internal orientiert sind, sehr gefährdet für Fehlanpassungen. Sie lernen, befürchtete Misserfolge zu vermeiden, indem sie Situationen aus dem Weg gehen, in denen sie mit einer neuen Aufgabe oder Herausforderung konfrontiert sind. Das gleiche Verhalten zeigen auch, wenn Sie sich zurückerinnern, Menschen mit geringer Selbstwirksamkeit. Das Problem dabei ist, dass sie ebenfalls dadurch keine geeigneten Verhaltensweisen erwerben können, die zu positiven Erfahrungen führen würden. In neuen und unbekannten Problemsituationen nehmen diese Menschen keine Handlung zur Veränderung einer Situation auf. Die Abwärtsspirale funktioniert immer gleich: Die Idee verstärkt sich, den Situationen ausgeliefert zu sein, und es kommt zur Verallgemeinerung der Erfahrung, unkontrollierte Faktoren nicht beeinflussen zu können. Menschen mit diesen Kontrollüberzeugungen brauchen Unterstützung beim Entwickeln von Kompetenzen, um in herausfordernden Situationen die Erfahrung machen zu können, dass ihre eigenen Handlungen durchaus und erfolgreich zur Lösung beitragen können. Je geringer die Überzeugung ist, dass durch das eigene Verhalten oder Handeln Dinge beeinflussbar werden, desto stärker ist die gegenteilige Überzeugung ausgeprägt. Erleben diese Personen einen Kontrollverlust, setzen Emotionen ein, die zusätzlich den Selbstwert und die Selbstwirksamkeit schwächen können.

Bei dem an multipler Sklerose erkrankten Patienten verstärken sich durch seinen hohen Grad an Externalität (er liefert sich den Ärzten und den Medikamenten aus und tut selbst nichts zur Einflussnahme auf sein Krankheitsbild) Hilflosigkeit und Ohnmacht, was sich negativ auf das Selbstwertgefühl und das generelle Befinden des Patienten auswirkt. Dass seine Sehkraft mittlerweile merklich nachlässt (was eine der Funktionsstörungen dieser Krankheit sein kann), bestätigt ihn in der Haltung, keine Kontrolle über das Geschehen zu haben.

Unser Patient ist 21 Jahre alt. Er hat viel über seine Erkrankung gelesen und erfahren, dass es in deren Verlauf oft dazu kommt, dass Menschen gehbehindert werden, bis dahin, dass sie sich nur im Rollstuhl fortbewegen können. Er ist davon überzeugt, dass das bei ihm auch passieren wird. Deshalb besucht er keinen Tanzkurs, weil er denkt, dass dies sowieso keinen Sinn macht, denn in ein, zwei Jahren würde er ohnehin selbst im Rollstuhl sitzen.

Mit dieser Idee bringt er sich selbst um ein großes Stück Lebendigkeit in seinem Leben, in dem festen Glauben, er könne sowieso keinen Einfluss darauf nehmen. Er sieht sich als Opfer, und seine ganze Lebensgestaltung ist auf dieses Opfersein ausgerichtet. Sobald es in seinem Leben schwierig wird, fragt er sich, wozu er kämpfen soll, irgendwann in naher Zukunft wird das Leben für ihn sowieso gelaufen sein. Für die Eltern und Geschwister dieses jungen Mannes ist das unglaublich anstrengend und belastend. Es schafft zudem eine große Hilflosigkeit und Betroffenheit. Außerdem versuchen die Familienmitglieder von Angehörigen, die eine so resignativ-pessimistische Sicht einer/ihrer Krankheit haben, eine hoffnungsvoll-optimistische Sicht gegenüberzustellen. Das führt bei den Patienten oft dazu, dass sie sich in ihrer Krankheit nicht ernst genommen fühlen, und es verstärkt bei ihnen das Verhalten, auf die Ernsthaftigkeit und Ausweglosigkeit ihres Zustandes zu pochen. In so einem Prozess fühlen sich alle Betroffenen missverstanden. Das Ergebnis ist oft eine Verhinderung von Veränderung, Rückzug und damit eine Stabilisierung der Ausgangssituation.

Merken Sie, liebe Leserinnen und Leser, wie alle unsere Gedanken, unsere Ideen und unsere Sichtweisen eine Auswirkung in der Interaktion, in der Beziehungsgestaltung und damit im Miteinander haben? Das kann in der Folge zu konstruktiven oder destruktiven Mustern führen. Niemand handelt hier in böser Absicht, und jeder tut das Bestmögliche in dem Moment seines Handelns. So entstehen Konflikte, die niemand böswillig verursacht hat, und trotzdem hat jeder seinen Beitrag dazu geleistet.

Natürlich ist es nicht einfach, trotz einer niederschmetternden Krankheitsdiagnose Stärke zu zeigen, sich nicht hängen zu lassen bzw. aktiv mitzuwirken – aber wieder: Wir haben die Wahl. Oft brauchen wir dabei allerdings Unterstützung, weil wir eben von unserer Überzeugung überzeugt sind. Angehörige brauchen dabei meist auch Unterstützung, viel Geduld und jemand Außenstehenden, der ihnen hilft, die Interaktionsmuster zu entschlüsseln. Es gibt kein Rezept dafür, denn jede Situation ist einzigartig. Manchmal ist es die Zustimmung der Angehörigen, die das Überzeugungsmuster des Patienten stabilisiert und zu einem Familienüberzeugungsmuster führt. Aber wie mein oben dargestelltes Beispiel zeigt, kann auch die Konfrontation durch das Nichtübereinstimmen die Position des Patienten stabilisieren und einen effektiven Umgang mit der Krankheit verhindern. Das muss man im Einzelfall betrachten und individuelle Lösungen entwickeln.

Meinen Klientinnen und Klienten erzähle ich manchmal von meiner eigenen Krankheitsgeschichte und der Tatsache, wie hilfreich für mich die Unterstützung war, eine andere Sichtweise bzw. Überzeugung zu entwickeln. Auch ich hatte ja die feste Idee, dass ich nichts verändern kann an meiner Situation. Die Kenntnis meines eigenen Wegs hat schon mehrfach zu einem Umdenken geführt und dazu, dass sich die Patienten wieder aktiv am Krankheitsgeschehen beteiligen, sich erkundigen, was sie selbst für eine Linderung oder möglicherweise Heilung beitragen können. Ich habe oft erleben dürfen, dass sich Patienten allmählich aus ihrer Opferrolle bewegen und angefangen haben, um ihr Leben, bzw. eine gute Lebensqualität zu kämpfen.

Menschen mit *fatalistischen Kontrollüberzeugungen* sehen Glück, Pech, Schicksal oder Zufall (und so weiter) als Einfluss nehmende Faktoren. Fatalistische Externalität steht für die generalisierte Erwartungshaltung, dass die Welt unstrukturiert und ungeordnet ist und das Leben und die Ereignisse von „höheren Mächten" abhängen. Erinnern Sie sich noch an die Klientin mit dem Unterleibskarzinom, die davon überzeugt war, dass Gott ihr diese Krankheit geschickt hat, weil sie ihren Mann betrogen hatte? Zuerst hatte jeglicher Versuch der Aktivierung bzw. die fürsorgliche Haltung ihres Mannes bei meiner Klientin zu großer Ablehnung bzw. Abwehr geführt. Das verstärkte einerseits ihre Schuldgefühle und andererseits stellte es ihr Gottesbild in Frage. Merken Sie, wie sehr unsere Kontrollüberzeugungen Regie in unserem Leben führen?

Alle diese drei Dimensionen müssen sich gegenseitig nicht ausschließen. Eine Person mit hohen Internalitätswerten muss nicht gleichzeitig niedrige Externalitätswerte haben. Es kann so sein, muss aber nicht. Es gibt eine ganze Reihe unterschiedlicher Typen:

Da gibt es den rein internalen Typ mit einer sehr hohen internalen Kontrollüberzeugung, einer niedrigen sozial externalen und einer niedrigen fatalistischen Kontrollüberzeugung. Die Überzeugung der eigenen Kontrolle, der eigenen Einflussnahme dominiert ganz klar.

Stellen Sie sich folgende Situation vor: Wir haben es mit einem Schlaganfallpatienten zu tun, der unter einer Halbseitenlähmung und enormen Sprach- und Lesestörungen leidet.

Im ersten Fall nennen wir unseren Patienten Michael. Michael kommt unfreiwillig (er braucht das nicht, er hat ohnehin alles im Griff) auf Rehabilitation. Er verhält sich massiv ablehnend gegenüber allen Therapeuten. Die krankengymnastischen sowie die logopädischen Übungen schlagen fehl, da der Patient der Meinung ist, er könne alles am besten selbst wieder in den Griff bekommen. Er ist aggressiv und unwirsch. Die angebotenen Maßnahmen erscheinen ihm gleichzeitig viel zu wenig intensiv genug. Die Spastiken (massive Verkrampfungen) an den Beinen verstärken sich, da er stundenlang Bewegungsübungen betreibt, bis zur Erschöpfung. Die Behandlung wird zum Problem, weil

Michael mit aller Gewalt und um jeden Preis Einfluss nehmen will.

Dann gibt es einen rein sozial externalen Typus: Dieser hat eine niedrige internale Kontrollüberzeugung, eine hohe sozial externale und eine niedrige fatalistische Kontrollüberzeugung. Das sind Menschen mit der Überzeugung, andere Menschen kontrollieren die Situation – und zwar immer.

Nun heißt unser Schlaganfallpatient Sebastian. Er ist sehr verunsichert, fühlt sich komplett ausgeliefert und hilflos in seiner Situation. „Bitte, Herr Doktor, machen Sie mich wieder gesund." Er fährt liebend gerne zur Rehabilitation und hofft, dass die Ärzte und Therapeuten ihn dort wieder gesund machen können. Er lässt sich behandeln und therapieren, macht aber selbstständig gar keine Übungen. Er fragt bei jeder Kleinigkeit seine Behandler um Rat: „Was würden Sie sagen, was soll ich tun?" Er ist unfähig, selbst Entscheidungen zu treffen.

Dann gibt es noch rein fatalistische Typen, bei denen die internale und die sozial externale Kontrollüberzeugung niedrig sind und die fatalistische Kontrollüberzeugung hoch ist. Der Einfluss auf das Leben geschieht nach ihrer Überzeugung durch Schicksal, durch Gott oder Pech und so weiter.

Fabian sieht seinen Schlaganfall als vom Schicksal bestimmtes Geschehen. Sein Lebensmotto ist sehr geleitet von der fatalistischen Überzeugung „Der Mensch denkt – aber Gott lenkt die Geschehnisse!" Aus diesem Grund hält er überhaupt nichts von einer Rehabilitation, denn er sieht weder die Ärzte noch sich selbst in der Position, sein Krankheitsgeschehen in irgendeiner Weise zu beeinflussen. Er hat vielmehr die Idee, es sei wichtig, sich mit seinem Schicksal abzufinden, es hinzunehmen und sich Gottes Willen zu fügen. Außerdem findet Fabian eine Menge plausibler Gründe für dieses „Gottesurteil", schließlich war er in seinem Leben alles andere als ein unfehlbarer Christ.

Jetzt hilft nur mehr beten. Mit dieser Einstellung tritt er die Rehabilitation gleich gar nicht an.

Es gibt auch doppelt externale Typen: Bei ihnen ist die internale Kontrollüberzeugung niedrig, die sozial externale hoch und die fatalistische ebenfalls hoch. Das sind die Menschen mit der Überzeugung, andere und/oder das Schicksal kontrollieren die Situation.

Alexander denkt, dass er zwar selber keinen Einfluss auf das Krankheitsgeschehen nehmen kann, aber wenn das Schicksal es will, wird er eine Verbesserung seiner Beschwerden erfahren. Als der Arzt ihm eine Reha ans Herz legt, empfindet er es als Wink des Schicksals, diese Möglichkeit zu erhalten, und nimmt dieses Angebot hoffnungsvoll auf. Er befolgt ausnahmslos die Ratschläge und Empfehlungen seiner Ärzte und Therapeuten, arbeitet hoch aktiv mit und ist fest davon überzeugt, dass seine großen Fortschritte bei der Gesundung ausschließlich durch seine Ärzte und Therapeuten hervorgerufen wurden. Auch er fragt ständig nach Rat und ist sehr unsicher, selbst eine Entscheidung zu treffen. Am Ende seiner erfolgreichen Reha hat er seiner Ansicht nach schlichtweg „großes Glück" und „die besten Ärzte und Therapeuten" gehabt. Seine eigenen Beiträge (unermüdliche Sprechübungen, Krankengymnastik usw.) sieht er nicht als Einfluss nehmend.

Liebe Leser und Leserinnen, wie meistens im Leben gibt es auch hier Mischtypen:

Es gibt Leute, bei denen sind die internalen und die sozial externalen Kontrollüberzeugungen hoch und die fatalistischen Kontrollüberzeugungen niedrig. Das sind die adaptiven Typen, sie passen sich der jeweiligen Situation und dem jeweiligen Thema an.

Menschen mit internal hohen Kontrollüberzeugungen, niedrigen sozial externalen und hohen fatalistischen Kontrollüberzeugungen haben die Idee, dass manches kontrollierbar, anderes wiederum nicht kontrollierbar und beeinflussbar ist.

Es kann sein, dass ein Mensch zwar eine internale Kontrollüberzeugung hat, aber eine geringe Selbstwirksamkeit. Menschen mit einem geringen Selbstwert und einer geringen Selbstwirksamkeit haben hingegen häufig externale Kontrollüberzeugungen.

Wenn Sie nun darüber nachdenken, zu welchem Typus Sie im Hinblick auf eine konkrete Situation eher gehören, dann fragen Sie sich: Welche Möglichkeiten ergeben sich daraus konkret in dieser Situation, und was verhindern Sie durch Ihr Kontrollüberzeugungsmuster?

Führen Sie sich bitte eine ganz konkrete, vielleicht eine für Sie etwas schwierige Situation vor Augen. Nun überprüfen Sie, welche Kontrollüberzeugung Sie dabei/dazu haben. Es ist dabei hilfreich, sich zu fragen:

Wer, glaube ich, kann die Situation beeinflussen? Ich alleine? Ich und andere Menschen? Nur andere Menschen? Das Schicksal, Gott, das Universum? Oder alle?

Wie könnte ich diese Situation im Hinblick auf die Einflussnahme noch sehen, und was würde das für einen Unterschied machen?

Angenommen, Sie folgen dem Bild, dass nur andere Menschen Einfluss haben: Einfluss – was wäre, wenn ich mir vorstelle, ich hätte *auch* darauf Einfluss? Wie könnte ich vielleicht doch selbst Einfluss nehmen? Was müsste/könnte ich dann tun?

Welche Verantwortung ergibt sich für mich/für andere dabei, und was ist die daraus resultierende Konsequenz für mich und für die anderen Menschen in meinem Bezugssystem?

In dem wir uns vorstellen bzw. die Frage stellen „Was wäre anders, wenn?" oder „mal so tun als ob ...", also unsere persönlichen Gedankengrenzen überschreiten, erweitern sich unsere Möglichkeitsräume, und es entstehen vielleicht ganz andere Perspektiven.

Kontrollüberzeugungen entwickeln sich also auf der Basis von Erfahrungen mit der Kontrollierbarkeit von Ereignissen. Immer, wenn etwas Unvorhergesehenes oder bisher Unbekanntes passiert, dann gilt es, sich an diese Situation anzupassen. Aus den oben beschriebenen Beispielen wird gut sichtbar, dass es bei der Anpassung eines Menschen an seine soziale Umwelt eine große Rolle spielt, wie weit dieser Mensch sich selbst als aktive und planende Person erlebt und kausale Zusammenhänge zwischen dem eigenen Handeln und der sozialen Wirklichkeit wahrnimmt.

Personen, bei denen häufig Erkrankungszustände auftreten (zum Beispiel bei chronischen Erkrankungen), sind in ihrer Situation immer wieder auf die Hilfe anderer – in dem Fall von Ärzten oder Angehörigen – angewiesen. Bei ihnen ist es naheliegend, dass aufgrund ihrer Erfahrung eine erhöhte Ausprägung der sozialen Externalität zu erwarten ist. Solche Patienten denken, andere mächtige Menschen (in dem Fall Ärzte und Angehörige), können Einfluss nehmen auf ihre Krankheit und auf ihre Alltagsbewältigung. Bei chronisch schwer kranken Menschen ist es oft so, dass die Wahrnehmung der eigenkontrollierten Anteile an der Erkrankung („Ich kann Einfluss nehmen auf meine Erkrankung!") sinkt, wenn der Schweregrad der Erkrankung zunimmt. Das liegt daran, dass die Menschen die Erfahrung machen: „Ich brauche Hilfe!" Und andere mächtige Menschen, die Ärzte, sind diejenigen, die ihnen diese Hilfe zukommen lassen können. Sehr häufig entwickeln Kranke wie im Beispiel von Sebastian, der einen Schlaganfall erlitten hat, die fixe Vorstellung, die Ärzte und niemand sonst könne ihre Krankheit beeinflussen. Dabei ist bekannt und wissenschaftlich erwiesen, wie wichtig der Faktor der Proaktivität bei schweren Erkrankungen ist – und der geht mit dieser Überzeugung, ohnehin selbst keinen Beitrag leisten zu können, verloren. Die Patientinnen und Patienten liefern sich den Ärzten aus, die

Zusammenarbeit ist zwar eine sehr gute, die Patienten befolgen meist genau, was die Ärzte sagen, aber sie selbst fühlen sich machtlos am Geschehen, da sie ja die Macht zur Veränderung alleine den Ärzten zuschreiben.

Man könnte argumentieren, dass in so einem Fall die sozial externalen Kontrollüberzeugungen eine positive Wirkung haben, nämlich dann, wenn der Patient selbst tatsächlich ganz wenig an seiner Situation ändern kann und besonders das Pflegepersonal und die Ärzte gefordert sind, wirksam zu werden. Kontraproduktiv ist dennoch, wenn die Patienten denken, sie selber könnten überhaupt keinen Beitrag leisten, irgendetwas an ihrem Gesundheitszustand oder ihrem Wohlbefinden zu verändern. Denn damit entsteht eine tiefe Ohnmacht, und diese wirkt sich negativ auf den Selbstwert und auch auf die Selbstwirksamkeit des Patienten aus.

Menschen mit überwiegend internalen Kontrollüberzeugungen handeln gemäß bisheriger empirischer Forschungen eher präventiv, wenn es um Krankheiten geht. Sie achten viel besser auf sich und gehen auch ganz anders mit sich und ihrem Körper um. In einer ganzen Reihe von wissenschaftlichen Studien hat sich herausgestellt, dass die Überzeugung, persönlich Kontrolle über das eigene Leben zu haben, ein ganz wichtiger Blickwinkel für die psychische Befindlichkeit von Menschen ist. Menschen, die erkennen, dass sie die Kontrolle über ihr eigenes Leben selbst in der Hand haben, dass sie beeinflussen können, ob ihr Leben glücklich/unglücklich, zufrieden/unzufrieden abläuft, sind psychisch gesünder als Menschen, denen diese Vorstellung fremd ist. Es macht einen Unterschied, ob wir das Gefühl haben, etwas beeinflussen zu können, oder ob wir überzeugt davon sind, einer Situation ausgeliefert zu sein und keine Möglichkeit zu haben, selbst Veränderung herbeizuführen, in welche Richtung auch immer. Dass das zwei Seiten hat, wird am Beispiel unseres Schlaganfallspatienten Michael sichtbar, der die Idee hat, ausschließlich er selbst könne Einfluss auf die Geschehnisse nehmen.

Ein weiteres Beispiel mit der Prüfungssituation kennen wir aus dem Kapitel der Selbstwirksamkeit, in dem sichtbar wurde, dass es Situationen gibt, in denen es nicht gerade gescheit wäre, mit unserer internalen Kontrollüberzeugung ausgestattet zu einer Prüfung zu marschieren, ohne uns inhaltlich auf die Prüfung vorbereitet zu haben. Natürlich haben wir Einfluss auf die Note – indem wir lernen. Aber auch der Lehrer nimmt Einfluss – weil er die Fragen stellt und sie benotet. Wenn wir uns also entschieden haben, zu lernen, weil wir auch eine eigene Einflussnahme sehen, indem wir eben genau das tun, oder wir wie Simon überzeugt sind, es sei sowieso egal, ob und was wir lernen, denn wir könnten es ohnehin nicht beeinflussen, da die Macht ausschließlich beim Lehrer läge, der schwere oder leichte Fragen stellt, der streng oder weniger streng benotet, der uns mag oder eh nicht mag usw., wird sich das auf das Prüfungsergebnis auswirken.

Ich selbst habe eine Studie mit 124 Multiple-Sklerose-Patienten durchgeführt (Selbstwirksamkeit und Kontrollüberzeugungen bei Patienten mit multipler Sklerose und deren Auswirkung auf die gesundheitsbezogene Lebensqualität unter Einbeziehung der Psychotherapiemotivation und der Inanspruchnahme von Psychotherapie).

Die Kontrollgruppe bestand aus 125 Patienten, die *nicht* an einer chronischen, schweren Erkrankung litten. Ich wollte erfahren, ob der Grad der Selbstwirksamkeit und die Art der Kontrollüberzeugungen der Patienten eine Auswirkung auf ihre gesundheitsbezogene Lebensqualität haben. Als Psychotherapeutin hat mich natürlich auch interessiert, ob die Psychotherapie-Motivation eine Auswirkung auf die Lebensqualität hat, welche Theorie die Patienten zu ihrer Krankheit entwickelten und welche Behandlungserwartung es bei ihnen gab.

In der Studie ist deutlich geworden, dass es bei den internalen Kontrollüberzeugungen (ich selbst kann Einfluss nehmen) statistisch relevant (signifikant) niedrigere Werte in der Patientengruppe gab, als es in der gesunden Kontrollgruppe der Fall war. Also: Viel weniger Patienten glaubten, auf ihren Gesundheitszustand selbst Einfluss nehmen zu können als die gesunde Kontrollgruppe. Bei den fatalistischen Kontrollüberzeugungen (Schicksal, Pech, Gott etc.) war das Gegenteil der Fall, viel mehr Patienten glaubten, dass Schicksal, Gott, Glück, Pech die Einfluss nehmenden Faktoren waren, als das in der gesunden Kontrollgruppe der Fall war.

Die Ergebnisse sind insofern nachvollziehbar, weil die massive körperliche Beeinträchtigung durch die Krankheit und der in meiner Patientengruppe enorme Kontrollverlust über den eigenen Körper auch eine Unvorhersehbarkeit des Verlaufs charakterisieren. Deshalb tendieren diese Patienten eher dazu, äußeren Faktoren wie eben Pech, Schicksal oder Zufall die Veränderungsverantwortung zuzuschreiben.

Da sich, wie vorher erwähnt, die Kontrollüberzeugungen auf der Basis von Erfahrungen mit der Kontrollierbarkeit von Ereignissen begründen, ist anzunehmen, dass viele Patienten den Kontrollverlust im Verlauf dieser chronischen Erkrankung als sehr belastend erleben. Sie entwickeln auf Dauer die Erwartung, dass das Geschehene nicht mehr von ihnen beeinflusst und kontrolliert werden kann.

Es wurde sichtbar, dass die Patienten offensichtlich keinerlei Einflussmöglichkeiten auf das Krankheitsgeschehen bzw. das Gesundheitsgeschehen mehr sehen und dadurch bei ihnen ein massives Gefühl des Ausgeliefertseins entstanden ist.

Auch bei den Selbstwirksamkeitsvergleichen stellte sich heraus, dass die an MS erkrankten Patienten eine (signifikant) massiv geringere Selbstwirksamkeit aufgezeigt haben als die gesunden Menschen. Die Situation bei an multipler Sklerose erkrankten Patienten ist deshalb schwierig, weil sowohl Ärzte als auch andere professionelle Helfer sich eingestehen müssen, dass sie letztendlich weder die Ursachen der Erkrankung kennen, noch Genaueres über den Verlauf sagen können. Bei dieser

Krankheit kann man bisher nur die Symptome behandeln. Es gibt ein richtiggehendes Vakuum an gesichertem Wissen, welches die Situation der Betroffenen nicht leichter macht und erklärt, dass es hier sehr oft eine pessimistische Überzeugung gibt.

Ich konnte auch nachweisen, dass es einen eindeutigen Zusammenhang zwischen internalen Kontrollüberzeugungen (ich selbst habe Einfluss) und der Selbstwirksamkeit in der Patientengruppe gibt. Je mehr die Patienten sich fähig und kompetent fühlten, desto ausgeprägter waren auch die internalen Kontrollüberzeugungen – und umgekehrt. Außerdem zeigte sich eindeutig ein positiver Zusammenhang, zwischen der Selbstwirksamkeit und der psychischen Lebensqualität: Je höher die Selbstwirksamkeit war, desto energiegeladener und schwungvoller haben sich die Patienten gefühlt und desto weniger emotionale Probleme haben sie empfunden. Egal wie körperlich beeinträchtigt sie waren.

Je mehr die Patienten glaubten, dass sie selber auf das Geschehen Einfluss nehmen können, desto weniger körperliche Schmerzen haben sie empfunden. Das bedeutet, dass man über eine Stärkung der Überzeugung „ich selbst habe Einfluss" (internale Kontrollüberzeugungen) möglicherweise eine Reduzierung des Schmerzempfindens bei Patienten mit Schmerzen erreichen kann.

Zusammenfassend konnte ich beweisen: Je mehr die Patienten das Gefühl von eigener Machtlosigkeit empfinden, je mehr sie die Kontroll- und Einflussmöglichkeiten anderer Personen oder „höheren Mächten" zuschreiben, desto schlechter fällt ihr psychisches Wohlbefinden aus und desto beeinträchtigter fühlten sie sich bei alltäglichen Aktivitäten, sowohl in körperlicher als auch in emotionaler Hinsicht. Ein Patient, der dieser Idee folgt: „Ich bin nicht fähig und kompetent", entwickelt auch nicht die Überzeugung, selbst Einfluss auf das Krankheitsgeschehen bzw. seine Lebensqualität nehmen zu können. Selbst keinen Einfluss darauf nehmen zu können wirkt sich direkt auf das

Schmerzempfinden des Patienten aus, denn Schmerzen beeinflussen natürlich das körperliche Rollenbild des Patienten: Sie können weniger erreichen als gewöhnlich (Bewältigung des Alltags, Hausarbeiten, sonstige Tätigkeiten) und fühlen sich in ihrem Gesundheitszustand ganz erheblich beeinträchtigt (mehr Schmerzen, Müdigkeit, Depressionen etc.), was wiederum eine negative Auswirkung auf das Krankheitserleben hat. Das Krankheitserleben der Patienten hat in weiterer Folge einen unmittelbar negativen Einfluss auf die psychische und körperliche Lebensqualität der Patienten. Das bedeutet: weniger Antrieb, Körperschmerzen, emotionale Niedergeschlagenheit, Müdigkeit, negative Körperwahrnehmung etc.).

In der Gruppe der Gesunden konnte ich nachweisen, dass das Vorherrschen externaler und fatalistischer Kontrollüberzeugungen massiv negative Auswirkungen in der subjektiv erlebten Lebensqualität zeigt.

In meiner Studie wurde sichtbar, dass wir, wenn wir die Selbstwirksamkeit eines Menschen kennen, vorhersehen können, wie die psychische und körperliche Lebensqualität aussieht.

Nach wie vor ist es so, dass viele chronisch erkrankte Menschen nicht in psychotherapeutische Behandlung kommen, weil man von einem ausschließlich körperlichen Geschehen ausgeht. Meine Studie hat sehr deutlich gezeigt, dass eine psychotherapeutische Behandlung einen ganz wesentlichen Beitrag zur Verbesserung der Gesamtsituation von chronisch kranken Menschen leisten kann, indem wir ein besonderes Augenmerk auf die Selbstwirksamkeit und die Kontrollüberzeugungen der Patienten richten. Auch wenn schlechte körperliche Befunde vorliegen, muss unermüdlich daran gearbeitet werden, das Autonomiegefühl der Patienten zu stützen und das Vertrauen in die Hilfestellung durch andere Personen zu stärken. Die Stärken und die Ressourcen der Patienten zu stärken ist ein zentrales Element in ihrer Behandlung.

Liebe Leser und Leserinnen, falls Sie selbst an einer chronischen körperlichen Erkrankung leiden, scheuen Sie nicht, zu ihrer medizinischen auch eine psychotherapeutische Behandlung in Erwägung zu ziehen. Wie Sie meiner Studie entnehmen und in meinen eigenen biografischen Ausführungen lesen konnten, braucht es manchmal Helfer, die uns unterstützen, andere Sichtweisen zu erhalten, eine gute Selbstwirksamkeit zu entwickeln, unsere Kontrollüberzeugungen zu reflektieren und möglicherweise zu verändern. Psychotherapie hilft aber auch, die eventuell missverständlichen Interaktionen zwischen den Familienmitgliedern zu beleuchten. Dies wird am Beispiel mit dem 21-jährigen Mann sehr gut sichtbar, der keine Tanzschule machen wollte, weil er dachte, dass sich das ohnehin nicht mehr lohnt. Die Eltern, die in bester Absicht, optimistisch, vielleicht dabei auch ein wenig bagatellisierend argumentierten, in der Hoffnung, ihren Sohn zu unterstützen, verursachten dadurch einen Rückzug ihres Sohnes, der sich überhaupt nicht verstanden fühlte. In der Folge verstärkte sich bei diesem jungen Mann die Idee, es sei sowieso alles hoffnungslos. Die gut gemeinte Hilfe der Eltern stabilisierte somit die nicht so nützliche Überzeugung ihres Sohnes. Beim Auflösen dieser unbewussten, nicht so konstruktiven Interaktionsmustern brauchen Familien Unterstützung von professionellen Helfern von außen.

Es ist nie zu spät, unser Leben zu verändern

Jetzt haben wir uns sehr intensiv mit unserer Vergangenheit, unseren Prägungen und den daraus resultierenden Überzeugungen, Verhaltensweisen und Handlungen in der Gegenwart beschäftigt. Nun geht es darum, unseren Blick etwas mehr in die Zukunft zu richten.

Rafael Chirbes bringt es, wie ich finde, recht schön auf den Punkt, indem er sagt: „Wir versuchen zunächst, Erfahrungen zu machen, damit wir etwas zum Erinnern haben, dann versuchen wir, diese Erfahrungen wieder loszuwerden, wobei das Vergessen (leider) nicht vollständig sein kann."

Meine lieben Leser und Leserinnen, es ist nicht nötig, alle negativen Erfahrungen zu vergessen. Vielmehr geht es darum, das Erfahrene in unsere Gegenwart zu integrieren, darauf zu achten, was wir gelernt haben und damit eine gelungene Zukunft zu gestalten. Ob Sie nun Ihren Eltern mehr oder weniger ähnlich sind, ob Ihre Eltern nun mehr oder weniger nährend waren – es liegt bei Ihnen, Frieden zu schließen. Ich darf noch einmal in Erinnerung rufen, Frieden schließen – im hier gemeinten Sinn – bedeutet „die Hoffnung auf eine bessere Vergangenheit zu verabschieden".

Ihre Vergangenheit war, wie sie war, und Sie können sie nicht mehr verändern. Sie ist unwiederbringlich vorbei – im Guten wie im Schlechten. Ihre Eltern waren, wie sie waren, auch das können Sie nicht verändern. Was aber veränderbar ist, ist Ihr Blick auf das Vergangene, Ihr Blick auf Ihre Eltern. Sehen Sie nur oder vordergründig das, was nicht gut gelaufen ist, oder sehen Sie die Dinge, die besser oder sogar richtig gut gelaufen sind?

Wie Sie jetzt in diesem Buch schon oft gelesen haben, macht unsere Betrachtungsweise den Unterschied. Unsere Betrachtungs-, Beschreibungs-, Erklärungs- und Bewertungsweise hat eine gegenwarts- und zukunftsgestaltende Auswirkung. Sie dürfen auf eine bessere Zukunft hoffen, denn dafür tragen Sie nun ganz alleine die Verantwortung. Sie selbst sind so gesehen der Regisseur oder die Regisseurin Ihrer Zukunft.

Sie haben nun ein paar wichtige Faktoren unserer Gestaltungsmöglichkeiten kennengelernt. Ich fasse sie hier noch einmal zusammen: unseren Selbstwert, unsere Selbstwirksamkeit, unsere Glaubenssätze und unsere Kontrollüberzeugungen, Frieden schließen.

Alle diese Faktoren können wir, wenn nötig, verändern und beeinflussen – wir selbst! Auch wenn wir dabei vielleicht

Unterstützung brauchen – was wir im Übrigen ebenfalls selbst entscheiden können/müssen. Nun, es liegt bei uns selbst, eine glückliche(re) und zufriedene(re) Zukunft zu gestalten und unserem Leben eine neue Richtung zu geben. Eine neue Richtung geben heißt: Ich muss aktiv etwas tun.

Lassen Sie sich mit mir noch einmal auf ein kleines Gedankenexperiment ein: Stellen Sie sich vor, Sie fahren mit Ihrem Auto immer die gleichen Routen. A–B–C/A–B–C und so weiter und so weiter. Nun haben Sie, aus welchem Grund auch immer, beschlossen, woanders hinzufahren als bisher.

Sie müssen dann Ihr Auto in eine andere Richtung lenken. Andere Straßen nehmen, andere Landschaften sehen, durch andere Orte fahren. Es genügt nicht nur zu wissen, dass Sie es anders (haben) wollen, Sie müssen auch etwas aktiv dafür tun. Ja, manchmal müssen Sie sogar etwas dafür riskieren. Wenn Sie jeden Tag wieder die gleichen Straßen fahren (sich gleich verhalten), werden Sie wahrscheinlich keine andere Richtung erreichen. Sie könnten vielleicht zuerst einmal schauen, ob es bei Ihrer bisherigen Strecke etwas gibt, was Sie noch nie gesehen haben. Das heißt, Sie bleiben zunächst auf Ihren gewohnten Bahnen, Sie achten einmal ganz bewusst auf andere Dinge, vielleicht beobachten Sie Ihre bisherige Strecke sogar ausschließlich unter dem Fokus: „Was ist das Schöne, das Gute?" oder „Was ist schön, aber ich habe es noch nie beachtet?". Wenn Sie jetzt sicher sind, dass Sie künftig eine neue Richtung nehmen wollen, achten Sie darauf, was Sie auf Ihre neue Strecke unbedingt „mitnehmen" wollen. Was also muss auf der neuen Fahrtroute wieder vorkommen, was Ihnen auf der alten Strecke gut gefallen hat, was angenehm war?

Vielleicht aber war Ihre bisherige Umgebung etwas karg, Steppenlandschaft oder sogar Wüstenlandschaft (wenig Nährendes), und Sie wollen es in Zukunft üppiger? Dann wird Ihr Kurs ein gründlich anderer sein müssen. Und je nachdem wird der Weg ein längerer oder kürzerer. Dann müssen Sie auf jeden Fall Grenzen überwinden, in eine andere Klimazone (wärmer, fürsorglicher), eine andere Sprache lernen (vielleicht selbstbezogene Kommunikation, die Bedürfnissprache, die Ergebnissprache etc.), denn Üppigkeit braucht ein anderes Klima als Kargheit. Vielleicht aber, meine lieben Leserinnen und Leser, bleibt Ihr Ziel ja gleich, nur der Weg dahin soll ein anderer sein?

Es ist egal, wie lang oder kurz Ihr Weg, wie sehr anders die Umgebung bzw. Ihr Ziel auch ist – es wäre in jedem Fall gut, einen Kompass, eine Landkarte, oder ein Navigationssystem zu verwenden. Natürlich ist es auch möglich, einfach ins „Blaue" zu fahren, das kann auch sehr abenteuerlich und schön sein. Sollten Sie aber ein klares Ziel haben, dann ist es von Vorteil, wenn Sie sich ein wenig orientieren können, um gut anzukommen.

Gezielte Veränderung unterliegt, wie alles im Leben, eben auch bestimmten Regeln. Ein solches Regelwerk, sozusagen ein Navigationssystem für eine neue (Lebens-)Richtung finden Sie, wenn Sie nun weiterlesen, im nächsten Kapitel.

Die Kunst, sein Leben zu verändern

„Wer neu anfangen will, soll es sofort tun, denn eine überwundene Schwierigkeit vermeidet hundert neue."
(KONFUZIUS)

Fast jeder Mensch lernt irgendwann Rad fahren. Am Anfang fahren wir mit Stützrädern, um uns an das Gefühl des Radfahrens heranzutasten. Spannend wird der Moment, in dem unserem Rad die Stützräder feierlich abmontiert werden. Am Anfang hält uns jemand fest und läuft hinter uns her, wir bekommen Angst, wenn wir mitbekommen, dass dieser jemand gelegentlich loslässt, und wir stürzen vielleicht. Wir werfen das Rad in den Graben und beschließen: Das war es mit der Radfahrerkarriere. Unsere Knie sind blau, aber irgendwie schaffen es unsere Eltern oder Großeltern, uns wieder zu ermutigen, und wir probieren es wieder. Das Wissen, dass wir mit dem Rad viel schneller sind und der Horizont, den wir dadurch erreichen können, ein viel weiterer ist, motiviert uns dann doch, wieder aufzusteigen. Das Wissen, dass es gehen *muss*, tut sein Übriges, denn es gibt viele Vorbilder, die uns zeigen, dass das Radfahren erlernbar ist – und wir treten in die Pedale.

Irgendwann ist es so weit: Wir brauchen niemanden mehr, der hinten am Gepäcksträger das Rad für uns stabilisiert, und wir starten los in die Welt!

Möglicherweise stürzen wir noch einmal. Und noch einmal. Aber wir üben so lange, bis wir es können, uns auf dem Rad sicher fühlen und das Radfahren in aller Regel auch nicht mehr verlernen, selbst wenn unser Rad jahrelang ungenutzt in der Garage lehnt.

Die Macht unserer Gedanken und Gefühle

Noch einmal ein kurzer Blick in unser Gehirn. In der neurobiologischen Forschung hat man zu einem neuen Verständnis gefunden, was das Zusammenwirken von kognitiven und emotionalen Prozessen anbelangt. Es wird zunehmend erkennbar, dass emotionale Zugänge für unser Urteils-, Entscheidungs- und Handlungsvermögen viel bedeutsamer und entscheidender sind, als das bisher angenommen wurde. Emotionale Zugänge, unsere Gefühle (Freude, Angst, Wut etc.) laufen messbar schneller ab als unsere kognitiven, rational reflektierenden Fähigkeiten (Gedanken). Das heißt, bevor wir selber entscheiden, etwas zu wollen, haben unsere Emotionen das in jeder Situation längst bewertet und entschieden.

Dieser Aspekt ist deshalb sehr wichtig, weil es nichts anderes bedeutet, als dass wir etwas wirklich *wollen müssen* und *mit unserem ganzen Herzen wollen müssen*, um ungeliebte Handlungsweisen oder unnütze Gewohnheiten wirklich nachhaltig verändern zu können. Es bedeutet auch, dass es uns dauerhaft nicht gelingen kann, gegen unsere Emotionen zu arbeiten. Denken und Fühlen sind untrennbar miteinander verbunden. Sie müssen also den Richtungswechsel wirklich, wirklich wollen, damit Sie Ihre alten Bahnen (im wahrsten Sinne dieses Wortes – Ihre Hirnbahnen) verändern können.

Die Forschung zeigt, dass sich emotionale Erregungszustände auf das Lernen auswirken und auf die Fähigkeit,

Dinge zu behalten, und damit Einfluss nehmen auf unser Leistungspotenzial. Es ist nachgewiesen, dass wir in angstbesetzten Situationen oder unter Leistungsdruck und im weiteren Sinne bei Überforderung Stresshormone ausschütten – eine Tatsache, die sich ebenfalls auf unsere Lern- und Leistungsfähigkeit auswirkt. Negative Gefühle verändern regelrecht unseren kognitiven Stil. Wir können dann zwar noch relativ problemlos solche Aufgaben bewältigen, bei denen es lediglich eine einfache Lösungsroutine braucht, aber wir sind eindeutig blockiert, wenn es um Aufgaben geht, deren Lösung ein kreatives Denken erfordert. Wer unter dauernder Angst lebt, der fährt sich leicht in einer Situation fest, ist eingeengt und kommt aus seinem gedanklichen Hamsterrad nicht heraus. Positive Emotionen hingegen schaffen neue, tragfähige Zugänge zum Bewerten von Situationen und sind hilfreich, wenn es darum geht, neue und sinnvolle Verstehensprozesse im Hirn zu organisieren.

Liebe Leser, liebe Leserinnen, vielleicht haben Sie selber schon einmal eine Situation erlebt, wo Sie in einem Gespräch massiv ärgerlich wurden. Der Ärger wurde immer mehr und mehr, und ganz plötzlich, ohne dass Sie das wirklich wollten, knallen Sie Ihrem Gegenüber (hoffentlich nur verbal) etwas sehr Ungeschicktes an den Kopf, was Ihnen im Moment, in dem Sie es ausgesprochen haben, schon wieder leidtut. Hier hat die Emotion (Wut) Ihre kognitiven Fähigkeiten überholt: emotionale Hocherregung = geistige Windstille.

Oder eine andere Situation: Es ist Ihnen ein Fehler passiert. Sie haben diesbezüglich ein Gespräch mit einer Autoritätsperson und sind nervös und aufgeregt (Angst). Nach dem Gespräch, welches mehr oder weniger gut gelaufen ist, verlassen Sie den Raum, und auf einmal kommen Ihnen Gedanken wie „Warum habe ich dies oder das bloß nicht gesagt?" oder „Das hätte ich besser so oder so sagen sollen". Ebenfalls – durch Ihren Gefühlszustand (Angst, Nervosität) haben Ihre kognitiven

Fähigkeiten versagt. Erst als das Gespräch vorbei war und Sie sich emotional beruhigt haben, sind Ihnen die wichtigen Dinge (kognitiv) wieder eingefallen.

Von unbewusster Inkompetenz zu unbewusster Kompetenz

Lernen findet immer in Schüben statt. Es gibt keinen Bereich, in dem wir gleichmäßig und permanent Fortschritte machen, sondern es gibt beim Lernen Rückschritte und es gibt Stillstände. Wir müssen das Neue immer wieder wiederholen, damit wir alte Wahrnehmungs-, Denk- und Verhaltensmuster durch neue ersetzen können. Langsam bildet sich dann ein Verhaltenssystem heraus, das tiefer ist als das bewusste Denken und Handeln, und es kommt zu etwas wie einem Reflex, einem automatischen Tun.

Auf einer kompetenzhierarchischen Skala ist die unterste Stufe die *unbewusste Inkompetenz* – wir wissen gar nicht, dass wir etwas nicht können. Erinnern Sie sich an das Kapitel „Selbstbezogene Kommunikation". Sie sagen Ihrem Partner: „Du bist verletzend." Sie wissen gar nicht, dass diese Form der Kommunikation angreifend ist (unbewusste Inkompetenz). Der Veränderungswille setzt den ersten Schritt: Wir erkennen, dass etwas nicht gut für uns ist. Das ist das Stadium der *bewussten Inkompetenz*. Nun hören Sie, liebe Leserinnen und Leser, in einem Seminar, dass man besser sagt „Deine Bemerkung verletzt mich" als „Du bist verletzend". Das macht auch Sinn für Sie, und Sie spüren direkt ein schlechtes Gewissen Ihrem Mann oder Ihrer Frau gegenüber. Ab jetzt wissen Sie also, wie es besser wäre, miteinander zu kommunizieren. Bei der nächsten Gelegenheit, wahrscheinlich emotional aufgebracht, passiert Ihnen das Gleiche wieder. Sie sagen: „Dein Verhalten ist irritierend." Nachdem Sie es gesagt haben und der Ärger verraucht ist, kommt Ihnen der Gedanke an das Seminar: „Eigentlich hätte ich sagen müssen: ‚Dein Verhalten irritiert mich …'". Sie wissen also, Sie haben (wieder) etwas nicht so Nützliches gemacht (bewusste Inkompetenz). Jetzt sollten Sie sich dafür im Übrigen bei Ihrer Frau oder Ihrem Mann entschuldigen.

Dieser Zustand geht dann über in eine *bewusste Kompetenz*, nämlich dann, wenn wir wissen, wie unser neues Selbst, unser geändertes Verhalten und so weiter aussehen soll, und wir ein klares Bild davon haben. In diesem Stadium sagen Sie es ganz bewusst (Sie müssen es sich in Erinnerung rufen, darauf konzentrieren, bewusst darauf achten) richtig! Dann kommt eine Phase der Übung und der permanenten Wiederholung, eine Phase von Rückschlägen (vielleicht passiert es Ihnen im Stress wieder, dass das alte Verhalten durchschlägt) und Ernüchterung, die irgendwann in eine Phase der *unbewussten Kompetenz* mündet. Es kommt zu einem automatischen (veränderten) Tun. Nun haben Sie es geschafft! Es hat sich das neue Verhalten, selbstbezogen zu kommunizieren, so verinnerlicht, dass Sie gar nicht mehr aufpassen müssen. Sie sind am Ziel, und Sie können – wenn Sie das wollen – auf den nächsten expliziten Lernschritt setzen und ihn in Angriff nehmen. Von hier an können Sie sich in Ihrem Tun steigern und ein neues Niveau schaffen. Erneut werden Sie aufmerksam und bewusst das Neue und Unbekannte trainieren müssen, bis Sie wieder an einem Punkt angelangt sind, an dem Sie sich über einen nächsten Lernschritt Gedanken machen oder aber eine Weile ausruhen können. Erlauben Sie sich „Ehrenrunden", Momente, in denen uns das alte Verhalten, welches wir eigentlich nicht mehr haben wollen, weil wir wissen, dass es nicht nützlich ist, wieder einholt. Auf ein Neues. Verlieren Sie nicht den Mut, Veränderung braucht Übung!

Wieder ein Vergleich mit dem Autofahren: Zu Beginn überlegen wir noch, welcher Gang jetzt eigentlich drin ist und auf welchen wir wann als Nächstes schalten müssen. Da kracht es auch hin und wieder im Getriebe, aber irgendwann müssen wir nicht mehr nachdenken, und wir fahren mithilfe unserer inneren Automatik.

Noch einmal: unbewusste Inkompetenz – bewusste Inkompetenz – bewusste Kompetenz – unbewusste Kompetenz.

Verschiedene Typen im Veränderungsprozess

In meiner beruflichen Praxis sind mir immer wieder Menschen begegnet, die klagten, dass sie Dinge nicht zu Ende bringen oder dass sie es nicht schaffen, Vorgenommenes in die Tat umzusetzen.

Es gibt Menschen, die schnell für Neues zu begeistern sind. Jede neue Sportart interessiert sie, und es gibt kaum eine, die sie nicht auf der Stelle ausprobieren. Für Fortbildungen und Hobbys gilt das Gleiche. Alles Neue hat eine magische Anziehungskraft. Das sind Menschen, die in den Anfang verliebt sind. Der Zauber des Beginnens ist es, was sie begeistert. Der erste Enthusiasmus führt auch zu schnellen Fortschritten, aber schon beim ersten Rückschlag ist es vorbei mit der Euphorie, und sie finden gute Gründe, weshalb sie das eben Begonnene jetzt wieder beenden: „Das ist nichts für mich", „Das ist auf Dauer zu teuer", „zu anstrengend", „zu langweilig" – was auch immer.

Dann gibt es Menschen, die wollen um jeden Preis die Besten sein. Sie sind unglaublich ehrgeizig, und es fällt ihnen schwer zu akzeptieren, dass Erfolg eine Sache von Übung ist. Sie tun alles, um möglichst schnell Erfolg zu haben. Sie strengen sich irrsinnig an, sie hinterfragen alles genau, sie machen freiwillige Mehrarbeit und Überstunden, um etwas zu erreichen, und setzen jede freie Minute für die betreffende Sache ein. Wenn die ersten – beinahe unvermeidlichen – Phasen des Stillstands und vielleicht des Rückschlags kommen, kann es sein, dass sie ihre Anstrengungen verdoppeln, um dieses Weiterkommen auf den Lernstufen zu erzwingen. Das selbst gewählte Tempo halten sie häufig auf Dauer nicht durch, sie brechen zusammen und werfen alles hin. Es fällt ihnen unheimlich schwer, zu akzeptieren, dass man gewisse Dinge einfach nur ganz langsam entwickeln kann.

Menschen, die nur ganz geringe Ansprüche an sich selbst und an ihr Leben haben, leben unter dem Motto „weniger ist mehr", ihnen geht es darum, möglichst unbeschadet durch das Leben zu kommen. Sie nutzen ihren Ressourcenreichtum nicht, vieles machen sie halbherzig, nichts, was sie anpacken, machen sie wirklich gut und konsequent.

Bei all diesen Typen lohnt sich ein Blick auf mögliche innere Opponenten wie Selbstwertgefühl, Selbstwirksamkeit, Kontrollüberzeugungen und darauf, wie es um ihre Glaubenssätze bestellt ist. Nichts zu Ende zu bringen ist auf Dauer frustrierend. Sich im richtigen Moment zu ducken, um unbeschadet durchs Leben zu dümpeln, ist auf lange Sicht nicht befriedigend. Ständig das Feuer der Begeisterung neu anfachen zu müssen ist einfach nur ermüdend. Aber es gibt für diese Verhaltensweisen immer gute Gründe, und die gilt es herauszufinden.

Wie ist das bei Ihnen? Finden Sie sich in dieser Typologie wieder? Klingen Ihnen vielleicht Aussagen Ihrer Eltern im Ohr, wie zum Beispiel: „Du beginnst alles und machst nie etwas fertig!"?

Haben es Ihnen Ihre Eltern so vorgelebt? Müssen Sie vielleicht Ihren Eltern etwas beweisen und fangen deshalb hunderte Dinge an, die Sie eigentlich gar nicht wirklich wollen?

Nun, wenn Sie es so nicht mehr wollen: Das muss nicht sein, Sie können es ändern! Vielleicht befinden Sie aber, dass es auch so, wie es ist, gar nicht schlimm ist. Es ist schlicht ein Teil von Ihnen, der auch so bleiben darf. Wenn es sich so verhält, dann nehmen Sie ihn an, akzeptieren und verteidigen Sie ihn!

Ihr Navigationssystem zur Veränderung

Nun kommen wir zum Navigationssystem, zum Regelwerk der Veränderung, zur Voraussetzung, dass wir erfolgreich sein können bei unserem Vorhaben, dem Leben eine neue Richtung zu geben.

1. Am Anfang steht ein starker Wille

… und wo ein starker Wille ist, ist auch ein Weg. Wir brauchen eine starke Veränderungsmotivation, um erfolgreich zu sein, wir brauchen, wie vorne schon beschrieben, die volle Unterstützung unserer Emotionen und wir müssen uns mit unserem Ziel zu einhundert Prozent identifizieren können.

Sie haben sich einen Richtungswechsel vorgenommen und Sie haben eine Antwort auf die folgenden Fragen:

Wozu ist Ihnen das wichtig?

Welchen Sinn erfüllt Ihr neues Ziel?

Es muss *Ihr* Sinn sein, nicht der Sinn Ihrer Mutter, Ihres Vaters, Ihres Vorgesetzten oder Ihres Partners. Sie selbst müssen sich in diesem Sinn wiederfinden!

Die Frage nach dem Sinn wird insbesondere dann relevant, wenn es Rückschläge gibt (Ehrenrunden), denn die Motivation aufrechtzuerhalten und erneute Anstrengungen auf sich zu nehmen wird nur möglich sein, wenn es eine klare Antwort auf die Fragen gibt:

Wozu tun Sie sich das an?

Wozu soll das gut sein?

Welche Erfahrung und welcher Wert werden mit der Erreichung Ihres Ziels verknüpft?

Welchen Nutzen generieren Sie daraus, eine bestimmte Verhaltensweise, einen bestimmten Lebensstil, ein bestimmtes Ziel zu erreichen?

Was ist, wenn Sie Ihr Ziel erreicht haben?

Was ist das Sinnstiftende des Ziels?
Wozu wollen Sie dieses Ziel erreichen?
Was wird dadurch in Ihrem Leben verbessert?

Bertl ist Krankenpfleger und in seinem Beruf todunglücklich. Seine Eltern wollten, dass ihr Sohn einen sozialen Beruf lernt. Eigentlich wollte Bertl immer Jus studieren, hat aber dann doch das gelernt, was seine Eltern von ihm wollten. Studieren war seinen Ausführungen nach fast nicht leistbar. „Es gab acht Kinder und die finanziellen Möglichkeiten ließen ein Studieren nicht zu. Außerdem wollte ich meinen Eltern nicht länger auf der Tasche liegen." Nun arbeitet Bertl seit zehn Jahren als Krankenpfleger, ist verheiratet und hat zwei Kinder. Wie schon erwähnt, fühlt sich Bertl überhaupt nicht glücklich, leidet immer wieder an depressiven Gefühlen und Körperschmerzen. Darum kommt er auch zu mir in die Psychotherapie: „Ich bin nicht glücklich in meinem Beruf." Nach einigen Sitzungen wird Bertl klar, dass ihn das Jusstudium immer noch brennend interessiert, aber seine Situation lässt das nicht zu: „Alleinverdiener, zwei Kinder ... das ist nicht leistbar", „Ich kann nicht von meiner Frau verlangen ...", „Das schaffe ich nicht ...". All diese Überzeugungen hinderten ihn, seinem Traum nachzugehen. Nach zwei Bandscheibenvorfällen war es dann so weit, dass seine Arbeitsfähigkeit auf der Intensivstation infragegestellt war. Seine Frau sagte ihm, dass sie ihn unterstütze, wo und wie sie könne, und dass es für sie kein Problem sei, arbeiten zu gehen – im Gegenteil. Dann kam der Umbruch bei Bertl: „Ich will studieren", „Jetzt oder nie mehr", „Wie sage ich es bloß meiner Familie, meinen Eltern?"

Ein starker Wille braucht eine bewusste Entscheidung. Mit jeder bewussten Entscheidung lösen wir eine Gehirnaktivität aus, und damit können wir eingefahrene Strukturen verlassen und neue Verbindungen knüpfen. Die bewusste Entscheidung ist nötig, um alte Gewohnheiten aufgeben zu können. Um überhaupt zu wissen, was wir wollen, müssen wir unsere Bedürfnisse und die der Menschen in unserem Leben kennen, denn hinter allem, was wir wollen, ist ein Bedürfnis angesiedelt.

Schopenhauer hat in seinem Werk „Die Welt als Wille und Vorstellung" festgestellt, dass der ganze Mensch die Erscheinung seines Willens ist. Er schreibt, es könne nichts verkehrter sein, als etwas anderes sein zu wollen als das, was man ist, denn dies sei ein unmittelbarer Widerspruch des Willens mit sich selbst. Und er schreibt weiter: Der Wille als das Ding an sich mache das innere, wahre und unzerstörbare Wesen des Menschen aus.

Wir alle können bewusst wollen und Entscheidungen treffen, das klappt aber nur dann, wenn wir aufhören, das zu wollen, was andere von uns erwarten, und wir auf das hören, was *wir selbst* wollen. Hier war Bertl im höchsten Maß gefordert. Zu wissen was wir wollen ist dann möglich, wenn wir mit uns im Reinen sind und wenn wir Klarheit darüber besitzen, wer wir sind. Das gelingt uns, wenn wir die Glaubenssätze identifiziert haben, die uns dabei im Weg stehen, wirklich das zu tun, was wir wollen, denn wie Sie ja nun schon wissen: Wo Glaubenssätze wirksam sind, wird vom eigenen Willen kein Gebrauch gemacht, weil er uns als solcher gar nicht bewusst ist.

Es kann auch sein, dass das, was wir wollen, mit einem Risiko verbunden ist. Wenn wir uns als ohnmächtiges, kleines, nutzloses Wesen (Selbstwert) in einer gefährlichen Welt sehen, wird unsere Lebensenergie wenig Kraft mobilisieren können, etwas zu erreichen.

Wenn wir in uns hingegen jemanden sehen, der durch sein Handeln, Denken und Verhalten etwas bewegen kann (Selbstwirksamkeit), und wenn wir uns dessen bewusst sind, dass wir für all das selbst die Verantwortung haben, wird das zu einer unschlagbaren Energiequelle und Ressource, die für Begeisterung, Freude, Optimismus und Zielstrebigkeit sorgt. Hier kommt unsere Selbstwirksamkeit wieder einmal ins Spiel.

Motivation allein reicht nicht aus, um zu einem Ziel zu gelangen, denn sobald wir gegen innere oder äußere Umstände zu kämpfen haben, weht unserer Motivation eine steife Brise um die Nase.

Stellen Sie sich vor, Sie haben gestern Abend bei strahlendem Sommerwetter eine längere Wanderung für den heutigen Tag vereinbart. Wenn sich eine Stunde vor dem Abmarsch plötzlich der Himmel verfinstert und alle Zeichen auf Regen stehen, lässt Ihre Motivation vermutlich merklich nach. (Dabei wissen wir doch, dass es kein schlechtes Wetter gibt, sondern nur schlechte Bekleidung.)

Es ist unsere Willenskraft, unsere innere Verbündete, unsere innere Energie, die wir brauchen, um Unlustgefühle bei Schwierigkeiten, Ablenkungen oder andere Hindernisse auf dem Weg zu unserem Ziel zu überwinden, und die uns letztendlich mit Beharrlichkeit und Entschlossenheit zum Ziel führen wird. Ein starker Wille lässt uns nicht voreilig handeln, er lässt uns unsere Kräfte richtig einsetzen und hilft uns dabei, den Überblick zu bewahren.

Es heißt, die beste Methode, die fremde Sprache eines Menschen zu lernen, besteht darin, sich in diesen zu verlieben. Verlieben Sie sich in Ihr Ziel und in die Vorstellung, wie es sein wird, wenn Sie es erreicht haben – wollen Sie es wirklich von ganzem Herzen!

2. Das Ziel muss scharf eingestellt sein

Bevor Sie sich auf den Weg machen, müssen Sie wissen, wohin die Reise gehen soll. Was möchten Sie ernten, und welche Saat müssen Sie dafür auslegen?

Ziele festzulegen erfordert Zeit. „Alles soll besser werden" ist zwar ein Ziel, aber ein sehr allgemeines und vor allem keines, das mit einer einzigen Maßnahme zu erreichen wäre. Wenn überhaupt, gelänge dies nur in kleinen Schritten, die, wenn sie nicht konkret und kontrollierbar gemacht werden („alles soll besser werden") in seiner Abstraktheit verschwinden und Sie mutlos zurückbleiben lassen. Wenn wir bei unserem Beispiel von vorhin bleiben – es reicht nicht aus zu sagen: „Ich will nicht, dass es so heiß ist wie hier in der Wüste." Es gibt ja tausend Möglichkeiten, wo es weniger heiß ist. Das Gute ist, ich kann zwischen vielen Dingen wählen, das nicht so Gute ist: Ich muss eine Entscheidung treffen, um eine klare Richtung einschlagen zu können. Also muss ich konkreter werden: „Wie heiß, warm, kalt etc. soll es konkret sein?"

Es gibt unterschiedliche Wege, Ziele zu definieren.

Eine Möglichkeit ist es, bestimmte Lebensbereiche unter die Lupe zu nehmen: Beruf, Familie, Finanzen, Körper, Gesundheit und so weiter. Wenn Sie „Familie" gewählt haben, können Sie weiter konkretisieren, indem Sie wiederum unterteilen in Partner, Kinder, Eltern, Verwandte, Erziehung ...

Überlegen Sie sich:

Wo läuft es jetzt bereits gut, und wo möchten Sie noch etwas optimieren?

Was genau möchten Sie optimieren?

Je genauer Sie die Bereiche unterteilen, desto konkreter und – weil kontrollierbar – besser erreichbar werden die Ziele.

Die Ausschau nach dem Idealzustand ist eine weitere Möglichkeit, seine Ziele zu definieren. Untersuchen Sie Ihre Lebensbereiche auf positive und negative Aspekte, und überlegen Sie sich, wie jeweils der Idealzustand aussehen könnte. (Was ist das Schöne, Gute, vielleicht sogar Nährende an der Wüste? – Was ist das Unangenehme, Strapaziöse, ja, Defizitäre? Im Übrigen ist hier die Wüste ein gutes Beispiel – selbst wenn die Lebensumstände höchst widrige sind – es gibt immer auch etwas Schönes und etwas Nährendes, und wenn es eben nur stellenweise und seltene Oasen sind.)

Wie würde zum Beispiel eine rundum gelungene Partnerschaft für Sie aussehen?

Achten Sie dabei immer darauf, dass Ihre Ziele positiv – im Sinne von erreichbar – formuliert werden. Ziele, die Negierungen beinhalten, verlieren an Kraft („Ich will nie mehr so viel arbeiten!" oder „Das lasse ich niemals mehr mit mir machen!").

Formulieren Sie Ihr Ziel so, dass Sie sich selbst im Ziel befinden und sich darin wahrnehmen können („Ich arbeite jeden Tag maximal acht Stunden!"). Damit Ziele wirklich wirksam werden, brauchen sie eine emotionale Färbung, und diese schaffen Sie, indem Sie sich als Person im Zielzustand visualisieren.

Ihr Ziel sollte messbar sein. „Ich arbeite jeden Tag maximal acht Stunden!" ist eine messbare Größe, der Sie am besten auch noch eine Frist mit Datum und, wenn nötig, mit Uhrzeit hinzufügen können. „Ich arbeite ab Montag maximal acht Stunden am Tag!"

Überlegen Sie sich: In welcher Gefühlslage befinden Sie sich, beziehungsweise welchen inneren Zustand erleben Sie, wenn Sie Ihr Ziel erreicht haben?

Um bei Bertl zu bleiben: Sein innerer Zustand bei dem Gedanken, Jus zu studieren, war innere Zufriedenheit. Ich stellte ihm die Frage: „Auf einer Zufriedenheitsskala von null bis zehn, null wäre gar nicht zufrieden, zehn stünde für das Maximum von Zufriedenheit, wo würden Sie sagen, befinden Sie sich im Moment?"

Bertl überlegte und sagte: „Auf eins."

Ich fragte ihn: „Wie ist es Ihnen gelungen, auf eins zu kommen?" Da gibt es ja bereits eine Ressource, die ihm dabei geholfen hat.

Bertl sah mich etwas verblüfft an und fand dann aber doch Ressourcen, die ihm dabei geholfen hatten, auf eins zu stehen.

Ich fragte Bertl weiter: „Gab es in Ihrem bisherigen Berufsleben eine Zeit, in der Sie einen höheren Wert auf dieser Skala ausgewiesen hätten?"

Bertl: „Ja, sieben, das ist schon eine Weile her."

Ich: „Bitte Bertl, sagen Sie mir, wie ist Ihnen das damals gelungen, was konkret war damals anders als jetzt?" Auch dahinter befinden sich Ressourcen: Bertl hat es schon einmal geschafft, „auf sieben" zu stehen. Diese Ressourcen, Stärken, Fähigkeiten und Gegebenheiten aufzuspüren ist ganz besonders wichtig, um seine Ziele mit emotionalen Facetten auszustatten und diese Gefühlzustände mit einzuarbeiten.

Liebe Leserinnen und Leser, nun frage ich Sie: Wie heißt Ihr Ziel?
Was ist es konkret, das Ihnen gelingen soll?
Was ist es, wo Sie hinkommen wollen?
Woran erkennt Ihr bester Freund, dass Sie dieses Ziel erreicht haben?
Wie fühlt es sich an, wenn Sie Ihr Ziel erreicht haben?
Wie sehen Sie aus, wenn Sie Ihr Ziel erreicht haben?
Woran kann man messen und erkennen, dass Sie Ihr Ziel erreicht haben?
Beschreiben Sie Ihr Ziel auf der Verhaltens- und auf der Handlungsebene!
Wie sieht Ihr neues Handeln aus, wenn Sie Ihr Ziel erreicht haben?
Wie sieht Ihr geändertes Verhalten aus?
Wie fühlt es sich körperlich an, wenn Sie Ihr Ziel erreicht haben?

Bertls Ziel war klar: Er wollte Jus studieren. Das ist schon gar kein schlechter Beginn. Noch nicht ganz so konkret, wie es sein soll, aber schon richtungsgebend. Bertl begann, sich ganz konkret Gedanken zu machen, wie es ihm gelingen könnte, zu studieren: „Wie viel Zeit muss ich dafür zur Verfügung stellen? Bis wann genau will ich beginnen? Wovon muss ich mich verabschieden? ..."
Ich bat ihn als Nächstes, sich als Student zu beschreiben. „Wie sehen Sie aus? Wie fühlt es sich an, wenn Sie in der

Vorlesung sitzen, die erste Prüfung bestanden haben? Welche Auswirkungen hat das auf Ihre Kinder, auf Ihre Beziehung?"

Wie aus der Pistole sagte Bertl: „Wenn ich an die vielen Prüfungen denke, geht es mir nicht so gut." Nun kommt der nächste Schritt.

3. Mobilisieren Sie Ihre Stärken!

Fähigkeiten sind im Gegensatz zu Fertigkeiten etwas Angeborenes oder durch äußere Umstände determiniert. Fähigkeiten müssen wir nicht erwerben, weil sie vorhanden sind. Fähigkeiten sind: Herzlichkeit, Sensibilität, Einfühlsamkeit, Intuition, Humor, Ernsthaftigkeit, Beharrlichkeit, Geduld, Toleranz, Loyalität, Leistungsfähigkeit, Zuverlässigkeit, Pflichtbewusstsein, Ausdauer, Ehrlichkeit, Geradlinigkeit ...

Fertigkeiten sind erlernte oder erworbene Anteile unseres Verhaltens wie zum Beispiel lesen, schreiben, Klavier spielen ...

Können umfasst beides, Fähigkeiten wie Fertigkeiten.

Setzen Sie sich mit Ihren Fähigkeiten und Fertigkeiten auseinander, denn auf Ihre Stärken kommt es jetzt an. Schwächen auszugleichen kostet viel Energie, investieren Sie alle Kraft in Ihre Stärken und nutzen Sie diese Schritt für Schritt auf dem Weg zu Ihrem Ziel. Viele von uns haben nicht immer sofort eine Antwort auf die Frage parat, wo denn ihre Stärken lägen.

Wie schaut das bei Ihnen aus – haben Sie besondere Fähigkeiten, was das Denkvermögen anbelangt?

Können Sie abstrakt, analytisch, konkret, kreativ, vernetzt, logisch, scharfsinnig denken?

Sind Sie zielorientiert, effizient, effektiv, konzentriert, motiviert, neugierig?

Sind Sie gut darin, Prioritäten zu setzen?

Können Sie frei vor Gruppen sprechen?

Können Sie gut das Wichtigste zusammenfassen, Aussagen auf den Punkt bringen?
Sind Sie gut darin, Sitzungen strukturiert zu leiten?
Haben Sie die Fertigkeit, Arbeiten sinnvoll zu delegieren, Aufgaben zeitlich und inhaltlich zu planen?
Können Sie gut selbstständig arbeiten?
Sind Sie eigeninitiativ, sorgfältig, präzise, qualitätsbewusst, kostenbewusst?
Haben Sie besondere Fähigkeiten, was Ihre Einstellung und Haltung anbelangt? – Sind Sie verantwortungsbewusst, pflichtbewusst, zuverlässig, diszipliniert?
Können Sie gut die Übersicht und Ruhe bewahren?
Sind Sie ausdauernd, realitätsbewusst?
Können Sie sich gut konzentrieren?
Sind Sie beharrlich, entscheidungsfreudig, spontan?
Sind Sie gut im Entwickeln und Einbringen von Ideen?
Können Sie gut improvisieren?
Können Sie Ihre eigenen Fähigkeiten richtig einschätzen?
Können Sie gut die Initiative ergreifen und Verantwortung übernehmen?
Können Sie sich gut selbst behaupten, aber auch teamfähig sein?
Haben Sie die Fertigkeit, Konsens zu entwickeln?
Können Sie sich kurzhalten?
Können Sie Distanz halten?
Können Sie sich durchsetzen?
Sind Sie mitreißend, ermutigend?
Können Sie „Nein" sagen?
Sind Sie gut darin, Konflikte zu lösen?
Können Sie Meinungsverschiedenheiten ansprechen und aushalten?
Können Sie gut zuhören?

So, liebe Leser und Leserinnen, könnten die Fragen aussehen, die uns helfen, genauer auf unsere Stärken zu kommen.

Bertl hatte sich sicherlich keine leichte Aufgabe vorgenommen, und am Anfang kam er auch immer wieder ins Zweifeln. Seine Selbstwirksamkeit ließ zu wünschen übrig, und er redete viel mehr von seinen Schwächen als seinen Stärken: „Ich habe schon ewig nichts mehr gelernt, ich glaube, ich kann das gar nicht mehr", „Ich hab mir in der Schule eigentlich immer sehr schwer getan", „Die Prüfungen in der Krankenpflegeschule waren ein Horror für mich".

Ein wichtiger Schritt war, immer wieder seine Stärken zu reflektieren, denn die waren es, auf die es ankam, wenn es darum ging, sich dieses Unterfangen wirklich zuzutrauen und zuzumuten.

Ich bat ihn, eine Tabelle mit seinen Fähigkeiten und Fertigkeiten anzufertigen und verwendete obige Aufstellung. Ich bat ihn, zu markieren, was er gut konnte, was er sich zutraute, und zu streichen, was er nicht konnte bzw. was er sich nicht zutraute oder womit er nichts zu tun haben wollte. Er sollte stehen lassen, wo er sich mittelmäßig fühlte oder was ihm gleichgültig war. „Ringeln Sie ein, was Sie gerne verbessern möchten, worauf Sie mehr Wert legen und was Sie demnach versuchen wollen, zu optimieren."

Weiter versuchte ich, sein Ziel einzustellen, indem ich ihm folgende Aufgabe gab: „Bertl, bitte beschreiben Sie auf einem Blatt Papier Ihre Ausgangssituation: Wo würden Sie sagen, stehen Sie jetzt, was tun Sie jetzt genau? Was ist Ihr Anliegen in der Gegenwart, im Hier und Jetzt? Was konkret möchten Sie gerne ändern? Bitte beschreiben Sie Ihr Ziel so genau wie möglich, vielleicht mit einer kleinen Visualisierungshilfe dazu, einem Symbol zum Beispiel."

Auf das eine Blatt zeichnete er mit Kugelschreiber ein Krankenbett mit einem Patienten, der beatmet wird. Auf den anderen Zettel, malte er sich in einem Selbstportrait, wie er in der Vorlesung saß. Ein Lächeln schmückte sein Gesicht auf seinem „Zielbild". Es war kraftvoll und bunt mit Farbstiften gemalt.

Ich bat ihn weiter: „Bitte legen Sie Ihr Zielblatt und Ihr Blatt für die Ausgangssituation im Raum auf, und stellen Sie sich auf Ihre Ausgangssituation. Wie weit ist Ihr Ziel von Ihnen entfernt? "

Er legte den Zettel mit der Ist-Situation am Ende des Raumes zu Boden – den anderen Zettel mit seinem Ziel legte er zur Tür, die er zuvor geöffnet hatte.

„Welche Schritte, Bertl, sind nötig, um dieses Ziel zu erreichen? "

Wir schrieben nun gemeinsam jeden einzelnen Schritt auf ein Blatt Papier: „Mit meinen Eltern sprechen, mit Martina (seiner Frau) reden, kündigen, inskribieren ..."

„Was ist auf der Handlungs- oder Verhaltensebene konkret notwendig, um Schritt für Schritt zu Ihrem Ziel zu gelangen? Also Bertl, was müssen Sie konkret tun, wie müssen Sie sich konkret verhalten, um zu Ihrem Ziel zu kommen? "

Bertl: „Ich werde mit meinen Eltern sprechen und sie um Unterstützung in der Betreuung unserer Kinder bitten. Mit Martina werde ich einen Rahmen abstecken müssen, wo sie und ich vereinbaren, wer wird was und wie konkret machen müssen, damit alles gut laufen kann ..."

„Was Bertl, könnten mögliche Hürden auf Ihrem Weg sein? " Bertl schrieb diese nieder, denn eine detaillierte Externalisierung weckt die damit verbundenen Gefühle und er wird nicht „kalt erwischt", wenn diese Rückschläge tatsächlich eintreffen sollten. Er ist somit gut vorbereitet, denn er hat die Handlungsabläufe genau durchgespielt.

Man könnte sich noch die Arbeit machen und jeden einzelnen Schritt zum Ziel illustrieren, indem man die Schritte niederschreibt und ihnen einen Namen gibt bzw. sie mit Symbolen oder Zeichnungen visualisiert.

Bertl stellte sich auf seine Blätter (Ist-Situation und Zielbild), und wir reflektierten weiter:

„Wie fühlt es sich an, wenn ein Rückschlag kommt? "

„Welche Gefühle kommen in Ihnen hoch? "

So haben wir auch diese Situation durchgespielt und emotional, also gefühlsmäßig, geankert.

Liebe Leser und Leserinnen, haben Sie Vertrauen in sich selbst, konzentrieren Sie sich auf Ihr Ziel und lassen Sie sich nicht davon abbringen. Vielleicht ist dieses Vorgehen eines, das Ihnen ebenfalls helfen kann, Ihr Ziel zu konkretisieren, zu verinnerlichen und es gefühlsmäßig zu ankern. Lassen Sie sich dabei von Ihrem Partner, Freunden oder eben jemand Professionellem begleiten.

Der Psychologe Frank Pajares hat gesagt: „Wie Menschen sich in einer bestimmten Situation verhalten werden, lässt sich meist besser vorhersagen auf der Basis dessen, was sie sich zutrauen, als durch das, was sie tatsächlich können."

Ich möchte Ihnen gerne noch eine andere Übung vorstellen, die ich regelmäßig mit meinen Klienten anwende: den Kompetenzbaum.

Ich bitte dazu meine Klienten, einen Baum mit Wurzeln, Ästen, Blättern, Früchten zu malen.

Die Wurzeln stellen das dar, was uns im Leben Halt und einen Standpunkt gibt. Welche Werte haben wir? Welche Wurzeln aus unserer Herkunftsfamilie wollen wir behalten, weil sie uns Standfestigkeit geben und uns helfen, in der Erde zu bleiben, auch wenn ein Sturm kommt?

Der Stamm dieses Baums ist das Kraftzentrum.

Was haben wir in unserem bisherigen Leben gelernt, welche Erfahrungen haben wir in unserer Kinder- oder Jugendzeit gemacht?

Waren wir bei einem Verein, haben wir uns sportlich betätigt, sind wir musikalisch?

Welche Schule haben wir besucht?

Was haben wir da gelernt?

Was haben wir in unserer bisherigen beruflichen Erfahrung gelernt?

Welche Reisen haben wir gemacht?

Was haben wir da gelernt und gesehen?

Was hat uns auf Reisen besonders gefallen, was haben wir gesehen, das wir so nicht haben möchten?

Welche Menschen haben wir in unserem Leben getroffen, die uns weitergebracht haben?

Welche waren die einflussreichen Gegebenheiten in unserem Leben?

Die Äste und Blätter in unserem Kompetenzbaum symbolisieren schließlich unsere Stärken, unsere Kompetenzen, unsere Fähigkeiten und Fertigkeiten.

Die Früchte stehen für das, was es zu entwickeln gilt, für das Neue, unsere Ziele, unsere Absichten. Was ist es, das wir ernten möchten? Geben Sie, liebe Leser und Leserinnen, Ihren Früchten Namen und damit eine Bedeutung! Betrachten Sie dann Ihren Baum:

Wie fest steht er?

Hält er einem Sturm stand?

Sind die Wurzeln fest genug?

Wie dick oder dünn ist der Stamm?

Wie viele Äste hat er?

Vielleicht gibt es ja mittlerweile neue Glaubenssätze, die Sie gestaltet haben. Nehmen Sie diese Glaubenssätze zur Hand und ordnen Sie ihnen Früchten zu. Sie werden Ihren Früchten beim Wachsen helfen.

Ihr Baum ist einzigartig, machen Sie sich bewusst, dass es niemanden auf dieser Welt geben wird, dessen Baum exakt gleich ausschaut wie Ihrer. Das zeigt uns einmal mehr, wie besonders, einzigartig und individuell wir sind und dass wir damit auch die Möglichkeit haben, einzigartige und besondere neue Wege zu gehen. Sie haben am Ende dieser Übung ein sehr überschaubares Bild Ihrer Gesamtsituation, was Ihre Stärken und Kompetenzen, Ihre Erfahrungen und Wünsche, aber auch Ihre

Überzeugungen ausmacht. Nun können Sie dieses Bild wirken lassen auf sich, vielleicht zeigen Sie es auch jemand Vertrautem. Schauen Sie sich diese Fülle an, Sie können überprüfen, ob es Widersprüchlichkeiten gibt, und wenn Sie nicht zufrieden sein sollten, wäre das eine gute Grundlage, mit der Sie weiterarbeiten könnten.

4. Befreien Sie sich von allem Überflüssigen!

(Alt-)Lasten erschweren unseren Weg zur Veränderung und behindern uns dabei, ein Ziel zu erreichen. Überprüfen Sie genau, was Sie hinter sich lassen möchten, welchen überflüssigen Ballast Sie abwerfen wollen. Wovon möchten Sie sich verabschieden, um Kraft für das Neue freizumachen?

Die Zukunft kommt von allein, aber unsere Ziele nicht, für sie müssen wir aktiv etwas tun. Wir alle sind ausgestattet mit einem „Rucksack" voller Proviant, aber eben auch voller Lasten, und es gilt nun, die Lasten aus diesem Rucksack zu räumen, sodass er uns nicht beschwert und Kraft raubt auf dem Weg zum Ziel.

Lassen Sie uns wieder zurück zu Bertl kommen:

Ich bat ihn: „Bitte Bertl, lassen Sie uns einmal etwas genauer in Ihren ‚Rucksack' hineinschauen. Was befindet sich da drin? Überlegen Sie sich in Ruhe, was Sie getrost herausnehmen können. Worauf bzw. auch auf wen können Sie verzichten? Was brauchen Sie nicht mehr? Was ist eher Ballast für Sie?"

Bertl: „Meine Loyalität zu meinen Eltern im Hinblick auf die Überzeugung, nur ein Sozialberuf wäre ein ehrenwerter Beruf. Meine eigene Überzeugung, die ich von meinem Vater übernommen habe, dass der Mann alleine für die Erhaltung seiner Familie zuständig ist. Mein Perfektionismus. Mein Versuch, es allen um mich herum recht zu machen. Die Idee, dass Lernen weniger wert ist als manuelle Arbeit – auch ein Glaubenssatz in meiner Ursprungsfamilie …"

Wie schaut Ihr Rucksack aus, liebe Leser und Leserinnen? Schreiben Sie alles auf, was sich in Ihrem Rucksack befindet, was Sie entbehren können. Auch diese Handlung gibt bereits eine neue Richtung vor.

Auch ich musste mich von diversen Altlasten befreien – Überzeugungen, Eigenschaften und Verhaltensweisen. Das hätte ich allein wahrscheinlich nicht geschafft, da mir vieles erst im Zuge der therapeutischen Auseinandersetzung bewusst wurde. Es war eine unglaubliche Erleichterung, diese alten Dinge loszuwerden. Auch festzustellen, dass ich viel Nährendes in meinem Rucksack habe, war eine schöne Erfahrung, die mir half, meine Vergangenheit in einem anderen Licht zu sehen. Ich konnte bei dieser Arbeit plötzlich meine Eltern unter einer anderen Perspektive betrachten. Mir wurde klar, dass ich viel Nährendes in meinem Rucksack direkt oder indirekt meinen Eltern verdankte.

5. Stellen Sie sich Ihren Ängsten!

Der nächste Schritt ist, dass wir uns unseren Ängsten stellen. Manche sind in den vorangegangenen Schritten schon bewusst bzw. vielleicht auch schon bearbeitet geworden. Wenn bei Ihren Überlegungen Ängste auftauchen oder Sie Ihre Ängste bereits kennen und diese vielleicht sogar mit Ihrem Ziel zu tun haben, ist spätestens jetzt die Zeit gekommen, sich mit ihnen auseinanderzusetzen.

Beobachten Sie sich genau:

Welche Gefühle erschweren es Ihnen, Ihr Ziel anzugehen?

Wo machen Sie Umwege, um Ihren Ängsten zu entgehen?

Was macht Ihnen Stress?

Wie fühlt sich das an? Wo spüren Sie körperlich möglicherweise Ihren Stress?

Auch bei Bertl kamen im Laufe unserer gemeinsamen Arbeit

Ängste ans Tageslicht, die ihm so bisher nicht bewusst gewesen waren. Zum Beispiel die Angst, seine Eltern zu enttäuschen, Versagensängste, Ängste, seiner Familie nicht ausreichend gerecht zu werden, Existenzängste etc. etc.

Beschreiben Sie Ihre Ängste so genau wie möglich und nehmen Sie professionelle Unterstützung in Anspruch, wenn es Ihnen nicht gelingt, Ihre Ängste genau zu spezifizieren und festzumachen. Ängste erzeugen Unmengen an Stresshormonen, und das, wie Sie mittlerweile wissen, beeinträchtigt in hohem Maße Ihre Leistungsfähigkeit.

Ich ermunterte Bertl, ein Stressprotokoll/Angstprotokoll zu führen, in dem er die typischen körperlichen Reaktionen genau beobachten, beschreiben und niederschreiben sollte. Er sollte aufschreiben, was bei ihm in welcher Weise welche Symptome auslöst. Welche körperlichen Auswirkungen hatten die Angst oder der Stress?

Bei Bertl schlugen sich die Ängste auf den Magen, er hatte das Gefühl, sein Bauch verkrampfte sich. Er klagte auch über Schlafstörungen.

Für Bertl war es sehr wichtig, sich mit seinen Existenz- und Versagensängsten auseinanderzusetzen.

Ich fragte ihn: „Was wäre die schlimmste Folge, wenn Sie versagen würden?

Welche Auswirkung hätte ein Versagen?

Was würde konkret passieren?

Könnten Sie sich damit abfinden?

Wie würde sich das auf Ihr Studium auswirken?

Welche Auswirkungen hätte das auf Ihre Beziehung mit Martina, Ihren Kindern, Ihren Eltern?

Wer würde wie darunter leiden?

Gäbe es Auswirkungen auf Sie und Ihren Körper?"

Dieses Worst-Case-Szenario immer wieder in die Überlegungen einzubinden und sich damit genau auseinanderzusetzen ist ein sehr hilfreiches Mittel, Ängsten ihre Dominanz zu nehmen, und es hilft auch, sie besser spezifizieren zu können. Nicht selten kommen Klienten bei der gemeinsamen Analyse des Stressprotokolls darauf, dass Ihre Ängste gar nicht wirklich einen realistischen „Boden" haben, weil die Auswirkungen eines Versagens eigentlich gar nicht so schlimme Konsequenzen haben, zumindest keine, die für sie unerträglich oder todbringend wären. In dem Moment lösen sich häufig Stress und Ängste ein Stück weit auf, und die Lähmung, die sie verursachen, lässt nach. Sollten wir Konsequenzen feststellen, die schlimme Auswirkungen haben, ist wichtig zu bearbeiten, wie man diesen Auswirkungen effektiv begegnen könnte.

Lin Yutang, ein chinesischer Philosoph, hat geschrieben: „Wahrer innerer Frieden entsteht dann, wenn wir das Schlimmste hinnehmen können."

Bertl wurde klar, dass weder seine Eltern noch seine jetzige Familie ihm Vorwürfe machen würden. Er sah deutlich, dass er – auch wenn sein Unterfangen komplett scheitern würde – viele andere Möglichkeiten hatte, eine glücklichere berufliche Situation zu gestalten als die gegenwärtige. Es wurde klar, dass er im Falle einer misslungenen Prüfung mindestens noch eine zweite, ja sogar eine dritte Chance hatte. Außerdem wurde ihm klar, dass er in der Krankenpflegeschule letztlich alles geschafft hatte, obwohl es ihn nicht aus vollem Herzen interessiert hatte. Auch seine Existenzängste relativierten sich bei genauerer Analyse.

Sich mit den schlimmsten Folgen konkret auseinanderzusetzen und sie zu akzeptieren reduziert Ängste und damit auch Stress.

Was wir in der Therapie ebenfalls genauer betrachteten, war Bertls Umgang mit Stresssituationen. Er lernte, seinen Körper und seine Gedanken kontrolliert zu entspannen.

Es ist bei jedem individuell verschieden, was Entspannung auslöst: bestimmte Musik zu hören, etwas zu tun, was Freude bereitet, etwas für die Schönheit zu tun, kochen, Sport, einen Saunagang einzulegen, ein Schaumbad zu nehmen, mit jemandem zu reden, also sich auszutauschen.

Bei Bertl war es besonders wichtig, Schlafhygiene zu betreiben, denn Stress, Angst und seine Sorgen raubten ihm den Schlaf.

Ich schlug ihm vor, alle Ablenkung aus seinem Schlafzimmer (Notizen, Computer, Fernseher und so weiter) zu verbannen. Er sollte dort eine Atmosphäre schaffen, in der er sich wohl und geborgen fühlen konnte. Er musste sein eigenes Schlafritual schaffen: Er las jeden Tag ein paar Seiten seines aktuellen Lieblingsbuchs, bevor er einschlief (wenn er das jeden Tag wiederholt, wird sich mit dem Ritual des Lesens irgendwann die Müdigkeit einstellen). Er trank zwei Stunden vor dem Zubettgehen eine Tasse Tee, hörte entspannende Musik, aß nicht zu spät und nicht zu viel … und bereits nach zwei Monaten hatte er seine Schlafstörungen beseitigt.

Verwirrung und Unklarheiten („Wird sich das finanziell ausgehen, wie wird es sein, wenn ich nicht mehr täglich ins Krankenhaus, einer geregelten Arbeit nachgehe, werde wir den Alltag gut bewältigen können, wenn Martina arbeiten geht usw.") sind meiner Erfahrung nach ganz wesentliche und häufige Ursachen dafür, dass Menschen Angst empfinden.

Klarheit in diese Ängste zu bringen, sie zu benennen und ihnen mit einem detaillierten Plan entgegenzutreten – das sind drei zentrale Erfolgsfaktoren beim Kampf gegen diese.

Liebe Leser und Leserinnen, reflektieren Sie folgende Fragen in Ihrer Lebenssituation:

Kreisen Ihre Ängste wieder und wieder um dasselbe Thema?

Worum geht es bei Ihrer negativen Gedankenspirale?

Welche sind die immer wiederkehrenden Gedanken?

Holen Sie sich Situationen vergangener Erfolge ins Gedächtnis und machen Sie sich Ihre Stärken und Fähigkeiten bewusst.

Was war in der Vergangenheit hilfreich, wenn es um schwierige Situationen ging? Was haben Sie in der Vergangenheit dazu beigetragen? Es ist nötig, diese Gedanken umzupolen und daraus positive Strategien zu entwickeln. Machen Sie sich die Rituale oder Handlungen, die sich damals bewährt haben, bewusst, denn positive Gedanken bringen Ihren Körper in einen guten Zustand. Diese Art der Gedankenkontrolle ist deshalb so wertvoll, weil wir damit lernen, uns zu konzentrieren und zu erkennen, was uns ablenkt. Was führt dazu, dass Ihre Gedanken kreisen und Sie es nicht bremsen und stoppen können?

Sollten Sie Ihre negativen Gedanken und Ängste nicht unter Kontrolle bringen, gibt es Konzentrationstrainings, in denen Sie lernen können, ihre Gedanken zu kontrollieren und negative Gedankenspiralen zu stoppen.

Auch Atemübungen haben sich bewährt: Fokussieren Sie sich nur mehr auf Ihren Atem, das sollte in wenigen Augenblicken Ihre Gedanken verlangsamen und Sie sollten ruhiger werden.

Manche meiner Patienten schwören auf Visualisierungsübungen: Sie stellen sich vor, in einem Lichtkegel zu stehen, oder dass der Raum von Energie durchflutet wird. Diese einfache Technik hilft vielen, sich geistig, gedanklich und körperlich zu entspannen. Hierzu gibt es massenhaft Literatur oder Seminarangebote, die Ihnen dabei helfen können. Auch der iPod hat sich dabei schon häufig bewährt – hören Sie sich Geschichten an, Hörbücher mit Geschichten, die sie interessieren und die sie ablenken. Probieren Sie einfach verschiedene Dinge aus. Wenn es alleine nicht gelingt, organisieren Sie sich Hilfe.

6. Suchen Sie nach den besten Lehrern!

Neben der Tatsache, dass ein guter Lehrer im Idealfall einer der Besten in seinem Fach ist, ist es auch wichtig, dass er sein Wissen gut vermitteln kann. Dazu gehört ebenso die Fähigkeit, seine Schüler auf wertschätzende und anerkennende Weise immer wieder zu motivieren, neue Anstrengungen anzustellen, wenn etwas nicht gelingt. Ein guter Lehrer ist nicht nur jemand, der gute Fähigkeiten oder gutes fachliches Wissen hat. Ein guter Lehrer mobilisiert die Fähigkeiten der Schüler, ermutigt, auf Stärken und Ressourcen zu achten und sie zu nutzen, und er hilft in konstruktiv-kritischer Weise, Fehler aufzulösen und zu reflektieren.

Ich selbst habe alle meine Ausbildungen bei den Erfahrensten ihres Faches gemacht. Ich suchte mir die Pioniere bzw. jene Lehrer, die mir am authentischsten schienen. Von jenen, bei denen ich kein so gutes Gefühl hatte, schaute ich mir ab, wie ich es *nicht* machen möchte. Immer kann man sich nämlich seine Lehrer nicht aussuchen, gerade beim Studium oder in einer Ausbildung. Aber man kann immer etwas lernen und wenn es eben das ist, wie man es selber *nicht* machen möchte. Liebe Leserinnen und Leser, in einer Therapie oder einem Coaching muss auf jeden Fall der persönliche „Draht" stimmen! Da müssen Sie sehr genau hinfühlen, und das können Sie sich immer aussuchen.

7. Haben Sie Freude am und beim Training!

Es gibt eigentlich nur einen Preis für Fortschritt und Weiterkommen auf dem Weg der Veränderung: die Übung. Wer der Routine des Wiederholens etwas abgewinnen kann, ist auf einem sehr guten Weg. Die meisten von uns kennen das: Wir lernen ganz schwer, und es ist nicht einfach, uns auf eine Sache zu konzentrieren, wenn wir keine Lust dazu haben. Unsere

Emotionen lassen sich nicht austricksen. Für jedes Lernen gibt es besonders geeignete Phasen, und Sie werden selbst spüren, wenn Sie einmal einen Tag erwischt haben, an dem Sie keine rechte Freude an der Sache haben. Das darf schon einmal sein, aber nicht zu oft. Überwinden Sie sich, Sie werden sehen, beim ersten kleinen Erfolg – und der wird sich mit der Häufigkeit der Wiederholung einstellen! – geht alles schon wieder ein wenig leichtfüßiger.

In meiner beruflichen Vortragstätigkeit musste ich mühevoll lernen, vor Menschen zu reden. Bei uns zu Hause gab es Aussagen, die da lauteten: „Rede nur, wenn du gefragt wirst" bzw. „Stell dich nicht in den Vordergrund". Beide Aussagen waren für diese Tätigkeit nicht besonders hilfreich. Außerdem war mein Selbstwertgefühl denkbar schlecht, und so hatte ich große Mühe, vor anderen Menschen zu reden. Zuerst habe ich mit diesen beiden Glaubenssätzen gearbeitet und sie verändert bzw. verworfen. Dann habe ich stundenlang vor einer Videokamera meine ersten Vorträge geübt. Immer und immer wieder habe ich mir die Aufnahmen angesehen, mich immer wieder neu versucht und kritisch betrachtet. Bis ich mir sicherer war und durch die Übung auch mit Versprechern oder sonstigen Pannen gut umgehen lernte.

Mein erster Auftritt war eine echte Katastrophe. Ich war so nervös, dass mir alle Unterlagen vom Rednerpult über die Bühne und in die erste Reihe ins Publikum hinunterfielen. Seit diesem Erlebnis habe ich nie wieder Unterlagen verwendet.

Heute habe ich keine Angst mehr, wenn ich vor Menschen öffentlich spreche, auch wenn ich immer noch ein wenig Lampenfieber habe – das ist wichtig und gehört dazu. Übung macht den Meister.

Lassen Sie mich Ihnen dazu eine kleine Geschichte erzählen: Ein junger Mann mit einem Geigenkasten unter dem Arm hastete in Manhattan über eine Straße. Er fragte einen vorübergehenden Passanten nach dem Weg: „Wie komme ich in die Carnegie Hall?" (Das ist ein berühmtes Konzerthaus.)

Der Passant blickte ihn kurz an und sagte: „Practice, practice, practice!" (Also: Üben, üben, üben!)

8. Feiern

Feiern Sie sich! Immer dann, wenn Sie einen weiteren Schritt auf dem Weg zu Ihrem Ziel gemeistert haben. Seien Sie stolz auf sich, freuen Sie sich über Ihre Leistung. Reden Sie Ihre Erfolge nicht klein, sondern würdigen Sie sie!

Bertl musste lernen zu feiern, Geschafftes war geschafft und weiter ging es. Ich empfahl ihm, jeden noch so kleinen Erfolg zu feiern. Mit sich allein, mit seiner Frau oder seiner Familie, seinen Freunden – wie auch immer. Der erste Erfolg, der gefeiert wurde, war ein gelungenes Gespräch mit seinen Eltern. Gelungen, weil es ihm gelungen war, seine Bedürfnisse klar und deutlich mitzuteilen und auch dazu zu stehen. Er kam weder als Bittsteller noch als der kleine brave Sohn zu seinen Eltern. Er ging – wenngleich mit einem mulmigen Gefühl – als erwachsener Mann zu seinen Eltern und berichtete ihnen von seinem Vorhaben. Bertl argumentierte zwar, aber er rechtfertigte es eben nicht. Das war ein großer Erfolg. Es war etwas Neues und es war gut. Das feierte er mit seiner Frau Martina, indem er mit ihr, was für die beiden etwas Besonderes war, Essen ging.

Meine lieben Leser und Leserinnen, manchmal könnte der Gedanke unseren Weg kreuzen, dass wir uns doch nach diesem Erfolg vorerst einmal ausruhen können oder vielleicht erst einmal mit dem Erreichten zufriedengeben könnten. Das ist in Ordnung! Bleiben Sie stehen, so lange Sie stehen bleiben möchten. Sie bestimmen, ob vielleicht schon das Ende erreicht ist oder ob es nach einer Pause wieder mit neuer Energie weitergeht.

Freuen Sie sich über jeden Schritt auf dem Weg zu Ihrem Ziel und feiern Sie ihn.

Bleiben Sie bescheiden, aber feiern Sie mit Menschen, die

Ihnen am Herzen liegen – Sie müssen Ihnen nicht einmal sagen, worum es geht, Sie können das durchaus auch für sich behalten. Oft sind unsere Ziele sehr persönlicher Natur, und Sie werden selbst wissen, wann es an der Zeit ist, sie mit anderen zu teilen.

9. *Risiken eingehen*

Am Weg zur Veränderung müssen wir in der Lage sein, Risiken einzugehen und Grenzen zu überschreiten. Wenn wir über uns hinauswachsen wollen, müssen wir den Mut aufbringen, uns auf unbekanntes Terrain zu begeben, auch wenn wir nicht genau wissen, was uns dort erwartet. Wir müssen die Angst vor Fehlern verlieren und sie als Chance und Gelegenheit zum Lernen wahrnehmen lernen. Gehen Sie freundlich um mit Ihren Fehlern, es verläuft nicht immer alles reibungslos, und nicht immer funktioniert alles so, wie wir uns das vorstellen. Es gibt kein fehlerfreies Lernen, denn aus unseren Fehlern lernen wir. Jeder Fehler ist ein wichtiger Entwicklungsschritt, erst wenn die Fehler weniger werden, haben wir eine Lernphase abgeschlossen.

Wenn ich bei Bertls Geschichte bleibe, dann gab es hier viele Risiken, die er einging. Das Risiko, seinen Job aufzugeben, mit 35 Jahren noch einmal von vorne anzufangen, die Gunst seiner Eltern zu verlieren, finanzielle Entbehrungen und so weiter.

Ich bat Bertl, wie ich das schon einmal an einer anderen Stelle meines Buches erwähnt habe, ein Tagebuch über seinen Weg zum Ziel zu schreiben. Das half, zu reflektieren und zu analysieren:

Was ist gut gelaufen bzw. läuft gut?

Was läuft nicht so gut?

Was konnte ich oder kann ich nicht beeinflussen?

Was kann ich daraus lernen?

Wo ist ein Fehler passiert?

Was war mein Anteil bei dem Fehler?

10. Umgeben Sie sich mit den richtigen Menschen!

Haben Sie Vorbilder? Vorbilder sind Figuren, die Werte darstellen. Die Suche nach Vorbildern ist ein gesellschaftlicher Orientierungspunkt, der uns dabei hilft, uns über uns selbst klarzuwerden, indem wir uns fragen, ob es jemanden gibt, der das, was wir erreichen möchten, in einer Art und Weise vorlebt, dass er uns als Vorbild dient.

Gibt es bereits jemanden, der uns im positiven Sinne ein Vorbild ist?

Was ist es, das wir an dieser Person bewundern?

Wie hat diese Person erreicht, was sie erreicht hat?

Ein Freund von Bertl hatte ebenfalls im zweiten Bildungsweg studiert. Dieser Freund war ihm ein gutes Vorbild bei seinem Vorhaben. Außerdem war er modellgebend, denn auch er hatte zwei Kinder und war verheiratet. Er zeigte Bertl, dass es möglich war, das zu schaffen. Immer wieder sprachen wir über diesen Freund und wie er konkret was machte. Alles, was ihm davon nützlich war, integrierte er in sein Leben, und was weniger Nutzen für Bertls Situation hatte, verwarf er.

Das heißt nicht, dass wir jemanden kopieren sollen, aber wir können uns abschauen, was andere gut machen, um es auf unsere individuelle Weise in unser Leben zu integrieren.

Im Umfeld der meisten von uns gibt es aber auch Menschen, die nicht so gut für uns sind, die geradezu giftig sind für unseren Körper und unsere Seele. Menschen, die permanent und zu allem eine negative Einstellung haben. Die notorisch pessimistisch sind. Jedem Vorhaben, das wir mit ihnen teilen, ein *aber* ... entgegensetzen. Meist ist diesen Menschen die Tatsache gar nicht bewusst, dass sie uns nicht guttun. Sie handeln nicht in böser Absicht.

Es gibt aber auch welche, die gar nicht *wollen*, dass es uns besser geht oder dass wir uns verändern. Menschen, die neidisch sind auf unseren Erfolg. Im Übrigen: Für mich ist Neid immer eine Bestätigung, denn niemand wird uns um etwas beneiden, das nicht gut ist. Neid sagt etwas über den aus, der ihn hat – nämlich, dass er gerne etwas hätte, was wir haben.

Für Menschen mit einem gesunden Selbstwert ist es normal, ihren Mitmenschen positive Veränderung zu gönnen, sie nach allen Kräften und Möglichkeiten darin zu bestärken. Unterminierer bemerken wir meistens spät, häufig gar nicht: Menschen, die uns aus welchen Gründen auch immer Steine in den Weg legen und uns zum Straucheln bringen. Nicht selten sind sogar sie es, die uns dann auffangen.

Halten Sie die Augen offen! Widerstand gegen Lebensumstände und auch Menschen, die uns nicht guttun, sind legitim und nützlich. Werfen Sie einen Blick auf Ihre Beziehungen und auf Ihre Familie. Lebensbegleiter, die destruktiv-kritisch oder negativ sind, sollten Sie meiden. Auch wenn es Familienmitglieder sind, ist eine gesunde Distanz in dem Fall sinnvoll!

Umgeben Sie sich mit Menschen, die Ihnen guttun, die an Sie glauben, die Ihnen ein Vorbild sind, Menschen, die Sie fördern und Ihnen Mut machen. Suchen Sie die Nähe von Menschen, die Ihnen helfen, Kraft zu tanken, und die Sie darin bestärken, auf Ihrem Weg zu bleiben.

Suchen Sie die Nähe von Menschen, bei denen Sie so sein können, wie Sie sind, denen Sie nichts vormachen können und müssen. Sie sind – und sie waren es schon immer – die besten Lebensbegleiter, und sie stärken unsere Hoffnung und unsere Triebfeder.

11. Humor

„Humor ist, wenn man trotzdem lacht." Bei allem, was Sie jetzt gelesen haben, bei aller Ernsthaftigkeit, die diese Themen mit sich bringen, um Ihr Leben in eine positive Richtung zu verändern, ist Humor eine der wichtigsten Ressourcen. Wenn wir über unser Verhalten, ja sogar über unsere Fehler lachen können, sind wir auf dem besten Weg. Selbst wenn es sich gelegentlich dabei um Galgenhumor handelt, kann es helfen, uns anzunehmen, und es kann ein Beitrag zur Verarbeitung einer schwierigen Situation sein.

Es ist ein tief verwurzeltes Vorurteil zu meinen, dass dort, wo gelacht wird, keine ernsthafte Arbeit geleistet wird. Ich behaupte das Gegenteil. Nicht umsonst gibt es ein Sprichwort, das auch das Motto der CliniClowns darstellt: „Lachen ist die beste Medizin." Lachen stellt eine Katalysatorfunktion dar. Es mildert Hoffnungslosigkeit, schafft oft erst die nötige Distanz und Leichtigkeit gegenüber der Schwere des Problems. Man schafft dadurch eine übergeordnete Sichtweise (Metaebene), aus der heraus man aus eingefahrenen Denkschienen aussteigen kann, und das hilft, sich sozusagen eine andere Brille aufzusetzen.

Immer dann, wenn Bertl über seine „Ehrenrunden" lachen konnte, gewann er seine Eigenverantwortung wieder zurück. Bertl steht heute im Übrigen ganz kurz vor seinem Ziel. In ein paar Wochen legt er seine letzte Prüfung ab und hat damit sein Jurastudium abgeschlossen. Er kann sehr stolz auf diesen Erfolg sein. Martina und er haben alle Hürden erfolgreich bezwungen und viele Feste gefeiert. Auch eine seiner ehemaligen Kolleginnen hat durch ihn als Vorbild den Ausstieg aus ihrem Beruf geschafft und begonnen zu studieren. Irgendwann, wenn man seine Ziele erreicht hat, dient man selber als Vorbild und kann für jemand anderen ein positives Modell für einen neuen Weg und eine neue Richtung sein.

So, meine werten Leserinnen und Leser, lassen Sie uns noch einmal zusammenfassen, was bisher alles schon passiert ist:

Wir haben uns mit unseren Eltern, mit Fragen unserer Herkunft auseinandergesetzt, und wir haben uns die Auswirkungen bewusst gemacht, die unsere Geschichte in unserem heutigen Leben hat. Wir haben uns vor Augen gehalten, wie wir über uns denken und wo es herkommt, dass wir so über uns denken. Uns ist klar geworden, dass vieles von dem, was uns passiert ist, sowohl Proviant als auch Ballast in unserem Rucksack darstellen kann. Wir haben uns mit Regeln und Glaubenssätzen auseinandergesetzt und uns Gedanken gemacht, welche davon in unserem heutigen Leben nützlich sind und welche wir verändern wollen. Wir haben (hoffentlich) neue Glaubenssätze erarbeitet.

Wir haben uns mit unserem Selbstwertgefühl befasst und uns angesehen, welcher der drei beschriebenen Typen am besten auf uns zutrifft. Wir haben uns überlegt, ob es lohnenswert ist, etwas daran zu verändern, und wir wissen, dass wir selber dafür alles Potenzial haben, das zu tun. Wir können wählen, es zu belassen oder es zu verändern, und wir können auch die Richtung vorgeben, in welche die Veränderung abzielen soll. Wir wissen um unsere Selbstwirksamkeit und haben uns mit unseren Stärken beschäftigt und damit, welche Kontrollüberzeugungen bei uns am häufigsten wirksam werden.

Wir haben ein wenig über unsere Neurobiologie erfahren und auch da die Erkenntnis gewonnen, dass unser Hirn und die synaptischen Verknüpfungen veränderbar sind. Wir haben Mittel und Wege kennengelernt, wie das möglich ist.

Wir haben uns mit unserem Ziel befasst und ein Bild entworfen, in welche Richtung unser Leben sich verändern und was konkret anders werden soll.

Und nun ein letztes Mal zum Nachdenken: Haben Sie das Ziel dieser Ihrer Kursänderung in Ihrem Leben klar und realistisch definiert?

Wollen Sie dieses Ziel erreichen und den Weg beschreiten, der dorthin führt?

Ihr Ziel soll attraktiv klingen, es soll gut erinnerbar sein und wenn Sie es lesen, soll ein gutes Gefühl in Ihnen hochkommen.

Überlegen Sie sich noch einmal ganz genau die möglichen und zu erwartenden Auswirkungen.

Wie wirkt es sich auf Sie selbst aus und wie wirkt es sich auf die Umwelt aus, auf die Menschen, mit denen Sie zu tun haben, mit denen Sie leben?

Sind diese Auswirkungen für Sie annehmbar?

Gestalten sich diese Auswirkungen letztendlich positiv?

Bringen Sie diese Auswirkungen in eine bessere Lage, in einen besseren Zustand?

Gibt es negative Folgen, mit denen Sie rechnen müssen?

Bitte wägen Sie noch einmal ab:

Was wird sich für Sie ändern?

Wo auf der Skala von minus zehn bis plus zehn befinden Sie sich, sobald Sie Ihr Ziel erreicht haben?

Hat sich dadurch Ihr Leben verbessert?

Ist es gleich geblieben?

Ist es möglicherweise sogar auf der Minusseite angesiedelt – gibt es Nachteile, die Sie erwarten?

Benennen Sie die Nachteile!

Benennen Sie den Nutzen!

Was werden die ersten Zeichen dieser Veränderung sein? Wer wird es als Allererstes merken und woran?

Woran werden Sie selber merken, dass es bereits eine Veränderung in Ihnen oder Ihrem Leben gibt?

Wer könnte Sie am besten unterstützen bei diesem Vorhaben?

Wer sind die Menschen, die Ihnen dabei als Vorbild gelten?

Wessen Begleitung wünschen Sie sich auf Ihrer Reise, und welche Menschen wollen Sie verabschieden?

Wer kann Sie unterstützen, wenn es Rückschläge gibt und wenn Sie merken, dass Ihnen alte Verhaltensmuster in die Quere kommen?

Mit wem können Sie das reflektieren, und wer kann Ihnen wieder helfen, auf den Weg zu kommen?

Wo sind Ihre Kraftquellen, die Sie brauchen, um Ihr Ziel zu erreichen?

Mit wem werden Sie feiern und wann?

Wie wird diese Feier aussehen?

Entwickeln Sie ein ganz konkretes Szenario Ihrer Feier!
Bei wem wollen Sie sich bedanken?

Diese Veränderung ist eine selbstbestimmte Veränderung – sie kommt aus eigenem Antrieb, weil Sie es möchten!

Sie entscheiden sich für den Wandel des aktuellen Zustands, damit Ihr Leben verbessert wird, oder Sie entscheiden sich, dass alles bleiben kann, wie es ist, weil Ihr Leben gut ist, so wie es ist.

Vielleicht wird es auf Ihrem Weg Irritation und Unsicherheit geben, und mit ziemlicher Wahrscheinlichkeit werden Fehler und Wiederholungen des Alten passieren. Langsam aber wird es Ihnen gelingen, diese Phase hinter sich zu lassen. Es wird Ihnen gelingen, das Bewahrenswerte aus Ihrem bisherigen Leben mit dem Neuen zusammenzuführen.

Erfahrungen aber auch Unsicherheiten aus gefühlsmäßiger Irritation, aus Angst, die Sie durchgestanden haben, schaffen persönliche Reife. Es werden in Ihrem Leben andere Hürden auftauchen, denn es wird immer wieder schwierige Momente bzw. Herausforderungen geben, aber es wird Ihnen viel leichter gelingen, mit diesen umzugehen. Sie wissen jetzt, dass es so viele Ressourcen und Facetten Ihrer Persönlichkeit gibt, dass es auch gut möglich ist, Krisenzeiten zu überstehen. Sie sind auf befürchtete Situationen genauso vorbereitet wie auf den Idealfall.

Sie halten mit diesem Buch einen ganzen Fundus an wertvollen Werkzeugen in Händen, die Ihnen vielleicht nun, gegen Ende des Buches, unüberschaubar und viel zu viel erscheinen, und der Eindruck trügt Sie vermutlich nicht! Nicht für jedes Werkzeug, für jede Frage der Selbstreflexion und für jeden Tagebucheintrag ist gerade heute der richtige Tag oder jetzt die passende Phase. Lernen und Veränderung finden in kleinen Schritten statt. Nach dem Motto von Rainer Maria Rilke, der sagt: „[...] und ich möchte Sie, so gut ich kann, bitten, Geduld zu haben gegen alles Ungelöste in Ihrem Herzen und zu versuchen, die Fragen selbst lieb zu haben wie verschlossene Stuben und wie Bücher, die in einer fremden Sprache geschrieben sind. Forschen Sie jetzt nicht nach den Antworten, die Ihnen nicht gegeben werden können, weil Sie sie nicht leben könnten. Und es handelt sich darum, alles zu leben. Leben Sie jetzt die Fragen. Vielleicht leben Sie dann allmählich, ohne es zu merken, eines fernen Tages in die Antwort hinein."

Wählen Sie die für Sie passenden Dinge aus, nehmen Sie das Buch doch immer wieder einmal zur Hand, dann werden Sie feststellen, dass die Beantwortung mancher Fragen plötzlich wie von selbst geht, während Sie sich vor einigen Wochen oder Monaten noch schwer damit getan haben (das ist die beste Bestätigung für die großen Fortschritte, die Sie bereits umgesetzt haben!).

Voltaire hat geschrieben: „Wir sind verantwortlich für das, was wir tun, aber auch für das, was wir nicht tun."

Einen besseren Schluss für mein Buch gibt es kaum, aber ich will mit meinen eigenen Worten schließen, denn es ist so weit, wir sind auf der letzten Seite angelangt. Ich bin überrascht. Es fühlt sich ein klein wenig an wie Abschied nehmen am Flughafen. Es gäbe noch so vieles zu sagen, aber dafür fehlt die Zeit, in wenigen Augenblicken wird jeder seiner Wege gehen, zu seinem Ausgang, zu seinem Flugzeug, und das wird jeden zu einem anderen Ziel führen.

Ich hoffe sehr, dass es uns gemeinsam gelungen ist, ein klareres Bild von Ihnen zu bekommen, und dass es gelungen ist, auch Ihre ungeliebten Seiten zu bejahen. Das Anerkennen der eigenen Fehlbarkeit und unserer Schattenseiten ist schwer, aber es lässt uns weniger nach dem „Warum" fragen, sondern macht Platz für ein kraftvolles „Wohin und Wie". Ich hoffe außerdem, dass es uns gemeinsam möglich war, die Dinge in Ihrem Leben zu identifizieren, die Ihnen im Weg stehen und die Sie nun loslassen wollen. Aber am meisten hoffe ich, dass es Ihnen gelungen ist, sich mit Ihrer Vergangenheit zu versöhnen, im Wissen, dass in all dem, was dort passiert ist, die Schätze für Ihre Zukunft liegen. Alles Gute!

Anhang

Vater- und Mutterrolle im Wandel der Zeiten

Gestatten Sie mir zuletzt einen kurzen theoretischen Ausflug, der Ihnen ein Bild geben soll, wie sehr unsere Eltern wie auch wir in unseren vielfältigen Rollen auch von der Epoche, in der wir leben, dem politischen, religiösen und ökonomischen Gegebenheiten abhängig bzw. geprägt sind. Diese Ausführungen helfen vielleicht in noch einmal einer anderen Weise, ein Verständnis für das Tun aber auch das Lassen unserer Vorfahren (damit auch unseren Eltern) zu generieren. Ich verzichte in diesem Kapitel ganz bewusst auf Fallbeispiele, um die Aneinanderreihung historischer Fakten und Gegebenheiten nicht zu verfälschen. Die Betrachtungsweise ist damit eine distanziertere und unterscheidet sich aus dem Grund im Sprachstil natürlich deutlich vom Vorangegangenen.

Dass entscheidende Weichenstellungen für das gesamte spätere Leben bereits in früher Kindheit erfolgen, wurde vielfach wissenschaftlich nachgewiesen. Die prägenden Personen sind in den häufigsten Fällen die Eltern, aber die Eltern-Kind-Beziehung, wie sie heute als „natürlich" und damit erstrebenswert gilt, war in früheren Zeiten völlig anders gestaltet.

Die Rolle des Vaters hat in der Geschichte eine außerordentliche Wandlung durchgemacht. Der Begriff des Familienvaters geht zurück auf den Begriff „pater familias" im Römischen Reich. Zu dieser Zeit war nicht die biologische Vaterschaft wichtig, sondern die Legitimation des Kindes. In der römischen Antike, deren Vaterbild weit in die Neuzeit hineinreichte, wurde die Familie zur Grundlage der Gesellschaft. Der Vater war uneingeschränkte Autorität, der die Rolle des Ernährers, Beschützers und Führers innehatte. Die Vater-Kind-Beziehung wurde in erster Linie als Sachbesitz interpretiert und war keine durch Liebe und Fürsorge geprägte Beziehung.

Väter waren nach der Erfüllung der Erzeugerfunktion entbehrlich und hatten ein weitgehendes Desinteresse an der Kinderaufzucht. Verweigerte der Vater die Annahme des Kindes aus wirtschaftlichen Gründen oder aus Zweifel an der Vaterschaft beziehungsweise aus geschlechterspezifischen Gründen, hatte dies fast ausnahmslos den Tod des Kindes zur Folge. Der Vater hatte als Inhaber der absoluten väterlichen Gewalt das Recht auf körperliche Züchtigung und konnte bis in das fortgeschrittene Alter seiner Kinder über deren Tod entscheiden. Die Erziehung der Mädchen war hauptsächlich Sache der Mütter, während die Söhne von den Vätern erzogen wurden und dabei der Macht des Vaters völlig unterstanden. Die Söhne durften zum Beispiel erst einen eigenen Haushalt gründen, nachdem der Vater verstorben war.

Die kritische Öffentlichkeit hatte ein wachsames Auge auf die Väter und erwartete von ihnen Pflichtgefühl, Milde und Fürsorge. Die Väter waren an sich dazu verpflichtet, ihre Macht unter dem Gesichtspunkt der Barmherzigkeit und nicht aus Grausamkeit auszuüben.

Im frühen Christentum kam eine Tendenz der Vergeistlichung der Vater-Kind-Beziehung in Gang. Der Vater wurde in geistlicher Hinsicht durch Gott ersetzt und galt in

Fragen der Ausbildung als (durch Lehrer) ersetzbar. Eine geistige Verbindung zwischen Vater und Sohn galt als nicht vorhanden. Der Vater war reduziert auf seine Rolle als Ernährer und Beschützer. Kaiser Konstantin stellte die Kindstötung durch den Vater unter Todesstrafe. Außerdem setzte ein Prozess der Entdifferenzierung zwischen Vater- und Mutterschaft ein: Vaterschaft wurde als Utopie betrachtet, weil Empathie und Zuneigung als ausschließlich weibliche Züge galten.

Im Mittelalter verlor die Vaterschaft unter dem Einfluss der Kirche völlig an Bedeutung. Um das Jahr 1000 n. Chr. wurde das Verbot der Priesterehe erlassen. Priester konnten keine Väter mehr werden und wurden aus dem Alltag der Menschen entlassen, in dem Familie und Vaterschaft natürlich besondere Rollen spielten. Es kam also zu einer „Höherbewertung" der geistlich motivierten Askese und damit implizit zur Abwertung der Vaterschaft als männlicher Existenzweise.

Die Macht des Vaters in der Familie blieb in Anlehnung an die göttliche Autorität uneingeschränkt. Ihm kam die Funktion des Ernährers und die Verpflichtung zur moralischen Anleitung zu, sonstige Funktionen dürften damals regional stark unterschiedlich gewesen sein, es gibt jedoch vereinzelt Hinweise auf partnerschaftlich gelebte Elternschaft und geteilte Erziehungsaufgaben.

Während der Renaissance und zu Beginn der Neuzeit begann zwar ein tiefgreifender Wandel in den Familienbeziehungen, der zu einem privaten Familiengefühl führte, aber im Vaterdasein tat sich nicht viel. Die väterliche Anwesenheit war durch die einsetzende Landflucht eher eine ideelle. Viele Männer waren weit weg von ihrer Heimat und ihrer Familie als Arbeiter oder Handwerker im Einsatz, was meist zum vaterlosen Aufwachsen der Kinder führte. Der meist entfremdete Vater hatte nur an Eckpunkten Kontakt mit der Familie und der Aufbau einer emotionalen Beziehung war dadurch kaum gegeben. Ebenso verhinderten lang andauernde Kriege die Anwesenheit der Väter. Durch die Entdeckung anderer Kulturen aber auch aufgrund neuer wissenschaftlicher Erkenntnisse kam das alte Weltbild mit seinen Traditionen deutlich ins Wanken. Luther hatte die Auffassung, die Ehe sei keine kirchliche Angelegenheit und den Schutz der Familie sollte der Staat übernehmen. Damit wurde die Basis geschaffen, das Ausbildungsmonopol des Vaters an den Staat zu delegieren, was mit der Einführung der allgemeinen Schulpflicht dann auch zur Realität wurde. Die erzieherisch-anleitende Funktion des Vaters ging nach und nach an Hauslehrer über.

Im 18. Jahrhundert finden sich die ersten Überlegungen zu einem bewussten Anlegen der Erziehung, wobei die Mütter viele der ehemals väterlichen Pflichten übernahmen. Sie wurden Hausvorsteherinnen und waren zuständig für die Kindererziehung. Die Sicht des Kindes sollte in den Mittelpunkt rücken und statt züchtigender Erziehungsmethoden sollte auf die kindlichen Bedürfnisse eingegangen werden. Dem Vater kam die Rolle des Alimentationspflichtigen zu, was mit der zunehmenden Trennung von Heim und Arbeit einherging.

Wenn man die Ausgestaltung des Sorgerechts in dieser Zeit betrachtet, kann man den Wandel in den Beziehungen der Kinder zu Mutter beziehungsweise Vater recht gut nachvollziehen: Bis in das 19. Jahrhundert wurden die Kinder als väterliches Eigentum betrachtet – bei einer Scheidung verblieb das Sorgerecht beim Vater. Im 19. Jahrhundert begann man in England damit, im Scheidungsfall juristisch auch der Frau ein Recht auf Eigentum zuzugestehen, was zur Folge hatte, dass es damit auch das Recht für Mütter auf ihre Kinder gab.

Durch die Industrialisierung kam es zur deutlichsten Verschiebung der Rollenteilung zwischen Vätern und Müttern. In dieser Epoche war der Vater zu Hause kaum mehr anwesend und sein Beitrag zur Kindererziehung ist daher maximal als marginal zu bezeichnen. Vom Mann wurde in der damaligen Gesellschaft die Unterdrückung seiner Emotionen erwartet, er durfte keine Ängste, keine Trauer beziehungsweise keine Schwäche und Bedürftigkeit zeigen. Autorität (Vernunft, Härte,

Strenge …) half den Männern dabei, ihre emotionale Abstinenz nicht zu gefährden. Der Vater hatte innerhalb der Familie für Recht und Ordnung zu sorgen und ihm wurde per Gesetz die Verantwortung zugesprochen, für den Lebensunterhalt zu sorgen.

Der nächste große Wandel im väterlichen Rollenverständnis wurde durch äußere Umstände (zwei Weltkriege) erzwungen. Die dadurch zwangsweise entstandene Abwesenheit des Vaters festigte die Position der Mutter sowohl in der Familie als auch im weiteren sozialen Kontext, auch wenn der Mann formal weiter als Familienoberhaupt gesehen wurde. Eine extreme Ausprägung der „Führervaterschaft" fand während der Zeit des Nationalsozialismus statt. Die Nachkriegsväter versuchten noch, an die Rolle des disziplinierenden und Recht und Ordnung schaffenden Familienoberhaupts anzuknüpfen, meistens mit der dazugehörigen emotionalen Abstinenz. Mit zunehmender Berufstätigkeit der Frauen verloren die Väter jedoch ihre Funktion als alleinige Familienerhalter und gerieten in eine existenzielle Krise, aus der sie sich aus meiner Sicht bis heute nicht befreit haben.

In der Gegenwart beschränkt sich die väterliche Funktion in der Tat leider vielfach auf die Unterhaltspflicht. Der Staat hat die Rolle des Ausbildens und Beschützens übernommen. Die Scheidungsraten stiegen und es kommt immer häufiger zur Erscheinungsform des „sozialen Vaters", der als neuer Partner der Mutter die Vaterrolle übernimmt. Die häufig den Kindern entfremdeten, geschiedenen Männer werden als abwesend, oft desinteressiert bewertet und bestenfalls als „Freizeitväter" gesehen.

In den 1980er-Jahren entwickelte sich die Gegenbewegung der sogenannten „neuen Männer (Väter)". Wissenschaftliche Erkenntnisse (Oxford Centre for Research into Parenting and Children) zeigen die zentrale Rolle des engagierten, gefühlvollen und kompetenten Vaters. Es wurde nachgewiesen, dass ein großes Erziehungsengagement von Vätern eine spätere

Straffälligkeit bei Söhnen deutlich vermindert und Töchter im späteren Leben eher vor psychischem Stress geschützt sind.

Wissenschaft und Gesellschaft sind sich mittlerweile einig darüber, dass Kinder ihre Väter brauchen – der „neue Vater" unterscheidet sich dabei ganz wesentlich vom „alten Vater", und ein unübersehbarer Traditionsbruch ist im Gang. Aber was bedeutet es nun, „neuer Vater" zu sein? Vor allem anders sein, als die eigenen Väter?

Es gibt eine ganze Reihe von Theorien, die zum Teil sehr unterschiedliche Perspektiven der Vaterforschung repräsentieren.

Die psychoanalytische Sichtweise weist in erster Linie auf die phallische Entwicklungsstufe in der psychosexuellen Entwicklung hin. Die Bedeutung des Vaters für die Zeit vor dem vierten Lebensjahr bleibt dabei unbehandelt, was in der Folge der Mutter-Kind-Beziehung eine Exklusivität einräumte. Freud beschreibt im Wesentlichen folgende Aspekte der Vater-Kind-Beziehung:

– Gefühle der Liebe und Bewunderung für den Vater in der vorödipalen Phase, die sich insbesondere auf die Söhne bezieht, und eine wesentliche Voraussetzung für das Gelingen einer positiven Identifikation mit ihm sind.

– Das Schutzbedürfnis des Kindes, welches den Vater als Autorität, von dem Bestrafung ausgehen kann, erlebt.

Anna Freud kam Mitte der 1940er-Jahre zum Ergebnis, dass die Vater-Kind-Beziehung erst ab dem zweiten Lebensjahr einen integralen Bestandteil des emotionalen Lebens eines Kindes darstellt.

Die *lerntheoretische Sichtweise* weist zunächst darauf hin, dass der Vater als „Auslöser" oder „Verstärker" bestimmter Verhaltensweisen des Kindes fungiert. Es wird also als „Umweltvariable" des Kindes gesehen, die durch „Erziehung", also zielgerichtete Einflussnahmen auf die Verhaltensweisen des Kindes, mitbestimmt und zielgerichtet verändern kann.

Erst die Theorie des sozialen Lernens (Bandura/Walters 1963) brachte weitere Impulse für die Vaterforschung. Ein Grundgedanke dieser Theorie ist, dass Verhalten keinen „Verstärker" braucht, sondern dass es bis zu einem gewissen Grad genügt, dass ein Kind beobachtet, ob ein Modell für das entsprechende Verhalten positive oder negative Konsequenzen erfährt, damit es selbst dieses Verhalten übernimmt oder verwirft. In dem Maß, in dem das Vaterverhalten positive Aufmerksamkeit in der Familie erfährt, wird der Vater zum attraktiven Modell für die Kinder und wird nachgeahmt.

Erst seit den 1970er-Jahren kommt es zu einer differenzierteren Betrachtungsweise, in der die Bedeutung der Vater-Kind-Beziehung für den Prozess der Identifizierung und Individuation des Kindes gesehen wird. Der Vater habe in der vorödipalen Phase insofern eine große Bedeutung, als er dem Kind eine weniger ambivalente Beziehung biete als die Mutter. Weiterhin wird die väterliche Bedeutung in der Geschlechterentwicklung bei Jungen postuliert und neuerdings, zwar bei Weitem nicht so gewichtig, wird dies auch auf die Mädchen erweitert.

Die *systemtheoretische Sichtweise* sieht den Vater als Element eines differenzierten funktionalen Systems. Sehr vereinfacht dargestellt, wird ein System (zum Beispiel ein Familiensystem) als eine Menge miteinander in Zusammenhang stehender Elemente (zum Beispiel Familienmitglieder, die Großeltern, die Geschwister, die Ehepartner, das Mutter-Kind-Subsystem, das Vater-Kind-Subsystem und so weiter) betrachtet, in dem jedes Element andere Elemente beeinflussen kann und auch von diesen beeinflussbar ist.

Die Grundannahme ist also, dass das Ganze mehr ist als die Summe seiner Teile. Jeder kann jeden beeinflussen, und alles, was ist (geschieht oder nicht geschieht), hat eine Auswirkung – welche, ist nicht vorhersagbar. Alles, was hier jemand tut oder nicht tut, was hier von wem wie mit Bedeutung ausgestattet wird, hat eine Auswirkung.

Es gibt noch viel mehr unterschiedliche Theorien in der Vaterforschung, aber das würde hier bei Weitem den Rahmen sprengen. Faktum ist: Je nachdem mit welcher theoretischen Brille wir die Rolle des Vaters – im Übrigen auch die der Mutter – betrachten, wird das unterschiedliche Ergebnisse in Hinblick auf die „Wichtigkeit" der Vater- oder Mutterrolle liefern.

Fakt ist aber auch: Die Ergebnisse der Vaterforschung zeigen ganz deutlich, dass Väter einen wichtigen Beitrag zum familiären Leben und zur Entwicklung ihrer Kinder beitragen können. Diese Forschungsergebnisse widersprechen im Übrigen den feministischen Thesen, die weitgehend von der Bedeutungslosigkeit des Vaters ausgehen.

Väter können bereits während der Schwangerschaft wichtige Aufgaben für die Entwicklung des Kindes übernehmen, indem sie die schwangere Frau emotionell unterstützen. Dass das einen positiven Effekt für das Erleben der Schwangerschaft sowie eine komplikationsreduzierende Wirkung hat, ist wissenschaftlich nachgewiesen. Es wurden auch Zusammenhänge festgestellt zwischen positiver Unterstützung durch den Vater und dem Stillverhalten der Mutter, das dann weit problemloser abläuft.

Es werden drei Typen von Vätern unterschieden:

- Väter mit romantischer Haltung, bei denen die Schwangerschaft durch die als belastend empfundene größere ökonomische Verantwortung Schuldgefühle erzeugt,
- Väter mit Karriere-Orientierung, welche die Schwangerschaft als Last empfinden,
- Väter mit familiärer Orientierung, welche die neue Verantwortung (Betreuung schon vorhandener Kinder und die Vorbereitung auf die neue Familie) schnell akzeptieren und die sich bei der Aussicht, Vater zu werden, erfüllt fühlen.

Diese Typisierung wird durch individuelle Erfahrung des werdenden Vaters in seiner Herkunftsfamilie (Erfahrung mit dem eigenen Vater) und sichtspezifische Unterschiede beeinflusst. Je höher der soziale Status, desto eher lässt sich eine positive Grundeinstellung zur Vaterschaft beobachten. Auch die Unterstützung während der Geburt (was erst in den letzten Jahren in den Kliniken erlaubt und gefördert wird) ist nachgewiesenerweise wichtig und hat eine positive Auswirkung auf das Kind und die Vater-Kind-Beziehung.

- Vater hält Kontakt zwischen Mutter und klinischem Personal und dient als Puffer. Er gibt kontinuierlich Zuwendung und Ermutigung – teilt die Angst und Aufregung mit ihr.
- Der Vater hilft der Mutter, sich zu entspannen, und erleichtert ihr auf diese Weise die Wehen.
- Der Vater kann durch seinen Beistand das emotionale Geburtserleben der Mutter steigern.

Auch nach der Geburt können bereits differenzierte Interaktionen zwischen Vater und Kind stattfinden, das bedeutet, dass beide Eltern gleichermaßen in der Lage sind, ein Kind von Geburt an mit der notwendigen Sensitivität zu betreuen und zu versorgen, sein Bedürfnis nach Kommunikation zu befriedigen und seine Entwicklung entsprechend zu fördern (pflegerisch-versorgend, Spielgefährte sein ...). Beide Eltern können eine emotionale, enge Bindung und Beziehung zum Kind entwickeln und umgekehrt.

Eine Reihe von Studien zeigte ebenfalls die Wichtigkeit der Väter auf die geistige Entwicklung Ihrer Kinder sowie auf das geschlechterspezifische Verhalten ihrer Söhne. Der väterliche Einfluss auf die Töchter im geschlechtsspezifischen Verhalten konnte dahingehend nachgewiesen werden, als dass ihnen die Aufnahme und Aufrechterhaltung heterosexueller Kontakte umso leichter fällt, je enger die Vater-Tochter-Beziehung ist. Die Übernahme einer nicht-traditionellen Geschlechterrolle (Karriereorientierung etc.) kann durch einen engagierten Vater gefördert werden.

Die Begriffe „neue Väter" und „neue Männer" stehen für veränderte Einstellungen gegenüber den Geschlechterrollen in der Moderne. Es zeigen sich veränderte Einstellungen vor allem in Hinblick auf vier Aspekte:

- Die grundsätzliche Gleichheit der Geschlechter wird akzeptiert.
- Es besteht eine zunehmende Partizipation an bisher typisch weiblichen Aufgaben und Tätigkeiten.
- Es besteht die Bereitschaft zur zumindest zeitweisen Reduktion oder zum Verzicht auf Erwerbstätigkeit bei der Familiengründung oder -erweiterung.
- Das Interesse an einer bewusst erlebten, „aktiven" Vaterschaft steigt.

Der Veränderung der Vaterrolle folgt auch eine Veränderung seines Verständnisses für die Kinder und seiner Sensibilität für kindliche Bedürfnisse. Wesentlich ist dabei nicht die Quantität, sondern die Qualität der Beziehung zum Kind. Die Bereitschaft von Vätern, sich an der Kinderbetreuung zu beteiligen, geht einher mit weniger rigiden Vorstellungen vom Mannsein an sich. Neue Väter weisen ein erhöhtes Selbstwertgefühl, größere Zufriedenheit und größeres Selbstvertrauen auf, als dies noch in der Kriegs- und Nachkriegsgeneration der Fall war. Es zeigt sich ein Zusammenhang zwischen gestiegener Selbstachtung und Zufriedenheit und Übernahme von Sorge für die Kinder. Studien zeigen Tendenzen auf, dass es die besonders selbstsicheren Männer sind, die hinsichtlich der Kinderbetreuung eine nichttraditionelle Rolle übernehmen. Ebenso wurde nachgewiesen, dass sich „neue" Väter im Hinblick auf Betreuungs- und Versorgungsmöglichkeiten verstärkt für eine Unterstützung ihrer Familien einsetzen. Zudem zeigte sich eine veränderte Auffassung von der Rolle der Frau (Wertschätzung der Frauen und deren Betreuung der Kinder).

Für die Kinder bietet ein stark beteiligter Vater ein umfassenderes Rollenmodell und ein differenzierteres Bild der Geschlechterrolle. Es zeigte sich, dass verbale Fähigkeiten bei Mädchen und Intelligenzmaße bei Jungen im Verhältnis zu Vergleichsgruppen erhöht waren.

Leider brachten Studien aber auch die Erkenntnis, dass diese „neuen" Väter in der Realität kaum existent sind. Bei der Frage nach den Hauptaufgaben des Vaters zeigte sich eine deutliche Diskrepanz zwischen der Idealvorstellung und dem realen Verhalten.

Auf Basis der heutigen Erkenntnisse wäre es für alle Beteiligten wünschenswert, wenn Väter diese Idealvorstellung in die Realität umsetzen könnten. Leider machen es die Strukturen und Normen der Arbeitswelt diesen Männern nicht gerade leicht, denn nach wie vor sind die Gegebenheiten zu sehr auf das Modell des „Brötchenverdieners" und der „Hausfrau und Mutter" ausgerichtet. Die Vereinbarkeit von Familie und Beruf für Männer hat darin noch kaum einen Platz. Das schränkt die Wahlfreiheit für Paare einer diesbezüglichen Aufteilung der Erwerbstätigkeit und Familienarbeit deutlich ein. Berufskarriere ist immer noch unvereinbar mit einer familienbedingten Berufspause, und negative Konsequenzen (Mobbing, soziale Ausgrenzung, Gehaltseinbußen, Degradierungen ...) müssen dabei befürchtet werden.

So ein Wandel braucht auf vielen unterschiedlichen Ebenen ein Umdenken. Eine Veränderung in der Einstellung der Verantwortlichen auf der entsprechenden Unternehmensebene, eine Veränderung der Familienpolitik, welche die Flexibilisierung fördert und Familien unter anderem mit der Verbesserung der Betreuungsmöglichkeiten aktiv unterstützt.

Vielfach herrscht die Ansicht, die Mutterrolle an sich und Mutterliebe seien zeitlose Phänomene und durch den naturgegebenen Mutterinstinkt bestimmt. Wie uns die Geschichte lehrt, ist das nicht so. Mutterliebe ist tatsächlich ein dynamisches Konstrukt und unterlag einem ständigen Wandel, der abhängig vom historischen und kulturellen Hintergrund der jeweiligen Zeit war.

Die Frau hatte sowohl im antiken als auch im republikanischen Rom kein Mitspracherecht in der Entscheidung über Leben und Tod ihres Kindes. Kindestötung durch die Mutter wurde besonders streng geahndet, allerdings nicht aufgrund des Tötungsdelikts an sich, sondern weil sie damit dem Mann seinen rechtmäßigen Besitz vorenthielt.

Im Christentum wurde die Unmündigkeit der Frauen in Hinblick auf ihr Recht am Kind weiter einzementiert, und jede Kindestötung, ob durch Abtreibung oder Aussetzung, wurde sanktioniert.

Im 12. und 13. Jahrhundert gab es insbesondere von philosophischer Seite Tendenzen, das Weibliche höher zu bewerten, als das bis zu dieser Zeit üblich gewesen war. Erstmals finden sich Aufzeichnungen, in denen es Hinweise und Formulierungen gibt, die auf eine Art Partnerschaft zwischen Mann und Frau hindeuten.

Im 14. Jahrhundert büßte die väterliche Kompetenz deutlich ein, was im Zusammenhang mit der Krise des Papsttums (Krieg zwischen Kaisern und Päpsten) stand. Diese Streitigkeiten lösten eine Hinwendung der Gläubigen zur Gottesmutter aus, denn zu der menschlich nahen Maria fanden die Gläubigen damals viel leichter Zugang, und so kam es zu einer verstärkten Verehrung der Mütterlichkeit.

Die Entwicklung erlebte zwischen 16. und 18. Jahrhundert einen Wandel, wahrscheinlich ausgelöst durch die großen Epidemien, der zu einem veränderten Wert der Kinder für die

Familien führte. Durch die Existenznot hatte sich die Mutter-Kind-Beziehung bisher eher in einer sachlichen Beziehung als in einer emotionalen gestaltet. Das Fehlen der emotional-affektiven Beziehung sollte auch Trauer, Leid und Frustration beim Tod des Kindes vorbeugen, da ja weit über die Hälfte der Kinder durch Seuchen, Krieg, Hunger oder an Kinderkrankheiten starb. Auch das Kindbettfieber war in allen sozialen Schichten für die Mütter selbst mit einem Gesundheits- bzw. Todesrisiko verbunden.

Zärtlichkeit und Liebe im Sinne von Spontaneität und Einfühlungsvermögen waren in der Mutter-Kind-Beziehung vor 1850 relativ selten zu finden, zumindest was die breiten Volksschichten anbelangt. Desinteresse am Leben des Kleinkinds und Apathie bei dessen Tod kennzeichneten die traditionellen Mütter. Die Kinder- und Säuglingssterblichkeit, die damals ungebrochen hoch war, war abhängig vom Geburtsort des Säuglings. In bürgerlichen und damit gut betuchten Familien hatte das Kind relativ gute Überlebenschancen, in bäuerlichen und ärmeren Familien hingegen sah es für die Kinder nicht so gut aus, und sie wurden deshalb oft den Mägden und Ammen überantwortet. Die Ammen selbst befanden sich auch meist in einer elenden Lage, sowohl sozial, finanziell und auch körperlich. Sie litten häufig an Krankheiten wie Syphilis und Skorbut, die über die Muttermilch auf das Kind übertragen wurden, und insgesamt mangelte es in dieser Zeit an Hygiene. Aus Desinteresse und Zeitmangel der Amme vegetierten die Kinder oft tagelang in ihren eigenen Exkrementen vor sich hin. Der Brauch des „Einwickelns" (Fixieren des Kindes) führte darüber hinaus zu Krankheiten, Wunden und im Extremfall zu Missbildungen. Oft kamen die Kinder krank oder verkrüppelt zurück ins Elternhaus und stießen dort auf Ablehnung, denn ein krankes Kind bedeutete hohe Ausgaben und wenig Gewinn.

Ende des 18. Jahrhunderts vollzog sich ein Wandel. Die Mütter begannen, ihre Kinder regelmäßig selbst zu stillen, die Säuglinge aus den Steckwickeln zu befreien, ihre Geschlechtsteile und Hautfalten nach dem Stuhlgang peinlich zu reinigen – und es kam zu einem grundlegenden Mentalitätswandel der Mutterschaft, wie man sie bis dahin gekannt hatte. Durch das Steckkissen, der damals üblichen Wickeltechnik, wurde es dem Kind ja unmöglich gemacht, sich zu bewegen, was natürlich auch zu einem Fehlen eines Stimulus seitens des Kindes der Mutter gegenüber führte und die Zuwendung ebenfalls nicht förderte. Der Wegfall der Steckwindeln hatte eine enorme Auswirkungen auf die Beziehung zwischen Mutter und Kind, denn von der Zwangsjacke befreit, konnten die Kinder sich bewegen, spielen und die Mutter anfassen. Das Gefühl der Mutterliebe bekam einen gesellschaftlichen und einen innerfamiliären Wert und ließ die Frau hinter die Mutter zurücktreten.

In der vorindustriellen Zeit war die Mutter nirgends alleinige Hauptbetreuungsperson ihrer Kinder, sondern es waren immer viele verschiedene Personen an der Betreuung mitbeteiligt. Es gab sogenannte „Haushaltsfamilien". Hier gab es keine Trennung zwischen Familien- und Produktionsbereich und keine Differenzierung zwischen Familienmitgliedern und familienfremden Personen. Es gab Allzweckräume und kaum ein Raum hatte einen präzisen Verwendungszweck. In den sozial unteren Schichten wurde Erziehung nebenbei erledigt und in den Oberschichten wurde für jede Alters- und Entwicklungsstufe spezielles Personal eingestellt.

Humanismus und Reformation führten unter dem Einfluss von Luther zu einer Revolution der Familie. Die Abschaffung des Zölibats und die Aufhebung des Gelübdes der Keuschheit waren die Reformationsfolgen. Martin Luther proklamierte, dass Eltern, sofern sie ihre Kinder selbst erziehen, Gott dienen würden.

Die Ehefrau und Mutter galt als gottgefälligste weibliche Existenzform, die in ihrer heiligen Ehe so viele Kinder wie möglich gebar, um ihre Seele zu Gott zu bringen. Nun war es die Familie, die ein heiliger Raum war. Der Vater war als Oberhaupt der Familie für die Erziehung der Kinder zum

Glauben zuständig, die Mutter hatte die Rolle in der leiblichen Speisung der Familie und im Führen des Haushalts. Die Frau wurde auf natürliche Mutterschaft reduziert, die geistliche Mutterschaft wurde ihr genommen. Durch die Schließung der Klöster gab es auch keine Alternative mehr zur Heirat. Ein außerfamiliäres, öffentliches und selbstständiges Wirken der Frau wurde unmöglich. Die Einschränkung der Frauen auf den Haushalt wurde durch moralische, juristische und ökonomische Sanktionen durchgesetzt.

Seit dem 18. Jahrhundert übernahmen die Mütter die väterlichen Aufgaben, indem sie zu Hausvorsteherinnen wurden und auch zuständig für die Kindererziehung waren. Sie wurden von der Pflicht entbunden, durch die eigene Arbeit zum materiellen Unterhalt beizutragen. Diese Entwicklung fällt historisch gesehen mit der Neuentstehung der bürgerlichen Familie zusammen. Nur in diesen Schichten also, bei den Beamten, den Akademikern, der bürgerlichen Intelligenz und des Adels, zeigte sich auch real die Befreiung der Frauen von produktiven außerhäuslichen Tätigkeiten.

Die Familie war kein öffentlicher Versammlungsort mehr, sondern es entstand eine intime Atmosphäre, eine geschlossene Gemeinschaft mit Exklusivcharakter – die sogenannte Privatfamilie. Dort widmete man den Kindern große Aufmerksamkeit und eröffnete ihnen auch die bestmöglichen Bildungschancen. Die Frau hatte nun die Hauptaufgabe, das Familienleben so zu gestalten, dass es eine angenehme Gegenwelt zur beruflichen bildete. Sie sollte bestimmt sein von Liebe, Harmonie und positiven Gefühlen als Kontrast zur Berufswelt, in der Konkurrenz und Überlebenskampf auf der Tagesordnung standen. Die Entstehung der Mutterschaft als Beruf war Voraussetzung für die Möglichkeit, die Familie als Privatbereich zu führen.

Die bürgerliche Frau hatte nun die Aufgabe, sich unermüdlich um das Wohlergehen von Mann und Kindern zu kümmern. Durch diese Entwicklung entstand eine Art Bündnis zwischen bürgerlichen Müttern und einer neu entstehenden Expertengruppe – den Pädagogen. Erziehung wurde ja bedeutend.

Nun wurden nicht mehr die Väter gefragt, vielmehr orientierte man sich an den Ratschlägen der Pädagogen, was zu einer Stärkung der mütterlichen Autorität in der Familie führte. Das Kind wurde als Produkt der Mutter angesehen, die es durch Erziehung und Pflege zu etwas Besonderem machte. Die Rolle der Mutter wurde immer bedeutender.

Die bürgerliche Frau unterschied sich von der adeligen Frau insbesondere in der Mutterrolle, denn die adelige Mutter kümmerte sich nicht selbst um ihre Kinder, sie hatte nur repräsentative Pflichten und das Privileg, sich ansonsten ihrem Vergnügen hingeben zu können.

In der zweiten Hälfte des 18. Jahrhunderts gab es die Mode, Töchter zwangszuverheiraten. Der Vater suchte einen aus seiner Sicht angebrachten Mann aus. Für Frauen galt damals das Leben einer verheirateten Frau trotz der Verweigerung jeglicher Rechte, dem Dasein einer „Gebärmaschine" und der Forderung nach einem gewissen frauentypischen Verhalten (Güte, Bescheidenheit, Zurückhaltung und Gehorsam) immer noch um einiges besser als das von unverheirateten Frauen, welche in der Gesellschaft vorwiegend als nutzlos galten und von der Öffentlichkeit verachtet oder zumindest kritisch beäugt wurden.

Im bäuerlichen Milieu, in Handwerkerfamilien sowie im späteren Industrieproletariat spielte das intime Familienleben keine tragende Rolle. Beide Elternteile mussten durch Arbeit den Lebensunterhalt verdienen, wobei die Männer dieser Familien die Rolle der arbeitenden Frau als für sich demütigend empfanden. Die Kinder wurden dort als Last gesehen und waren sich selbst überlassen. Sobald es möglich war, wurden sie in den Arbeitsprozess integriert.

Durch die Industrialisierung beziehungsweise Urbanisierung (die Menschen zogen in der Hoffnung auf bessere Lebensverhältnisse vom ländlich geprägten Raum in die anliegenden

Kleinstädte) kam es also vor allem aus ökonomischen Gründen zur deutlichen Verschiebung der Rollenaufteilung zwischen Vater und Mutter.

Es dauerte jedoch einige Zeit, bis das Bild der „guten" Mutter, das Ende des 18. Jahrhunderts in den Kreisen des gehobenen Bürgertums entstand, für alle sozialen Schichten verbindlich wurde.

Im 19. Jahrhundert gewann die „gute Mutter" auch im Kleinbürgertum und in der Arbeiterschicht eine besondere Bedeutung. Am Ende des 19. Jahrhunderts erreichte die Glorifizierung der Mutterschaft beziehungsweise des „mütterlichen Instinkts" einen vorläufigen Höhepunkt. Die Mutterliebe wurde in der Dichtung besungen und in politischen Reden gefeiert. Der Mutter allein wurde die Kompetenz zugeschrieben, eine emotionale Bindung zu ihrem Kind zu entwickeln, und es kam ihr die Verpflichtung zu, für Haus und Kinder zu sorgen. Das Bild der „guten Mutter" sah wie folgt aus: Das höchste Ziel im Leben einer Frau war es, Mutter zu werden, was zur Folge hatte, dass Mutterschaft den Lebensinhalt der Frau vollkommen ausfüllte, wobei Mutterliebe naturgegeben und als Instinkt verhaftet war und sich automatisch infolge biologischer Mutterschaft einstellte. Mutterliebe war selbstlos und aufopfernd und äußerte sich vor allem darin, alle anderen Lebensinhalte dem Mutterdasein unterzuordnen.

Das ging einher mit der Entwicklung psychologischer Theorien, die der Mutter eine bei Weitem größere Bedeutung für die Entwicklung des Kindes zuschrieben als dem Vater und ihre einzigartige Bedeutung für das Kind so hochstilisierten, dass es zur Verbreitung der festen Überzeugung kam, die Kinder gehörten im Falle einer Scheidung auf jeden Fall zur Mutter.

Ich selbst habe in meiner Praxis viele Beispiele dafür erlebt, wo diese automatisiert getroffene Entscheidung (ein Kind gehört auf jeden Fall zu seiner Mutter) auf gar keinen Fall dem Wohle des Kindes diente und in mehreren Fällen die Kinder bei den Vätern vergleichsweise viel besser aufgehoben gewesen wären.

Die psychologischen Theorien, die damals entstanden, gingen auch von der Unersetzlichkeit der Mutter aus und davon, dass das Kind irreparable Schäden erleide, wenn die Mutter in den ersten Lebensmonaten nicht rund um die Uhr für ihr Baby da sei. Diese Annahme legte den Grundstein für Schuldgefühle sowie das Gefühl des permanenten Ungenügens, unter dem heute so viele hoch kompetente Mütter leiden. Auch die daraus resultierenden Probleme (Depression, Schuldgefühle, Erschöpfungssyndrome, Konflikte aller Art ...) sind immer wieder Inhalt und Bestandteil meiner therapeutischen Arbeit.

Beide Ideen „Das Kind gehört auf jeden Fall zur Mutter" und „Ohne Mutter würde ein Kind irreparable Schäden davontragen" sind aus meiner Sicht völlig falsch, und es gibt viele Beispiele, die das Gegenteil beweisen. Aber das sind wieder andere Geschichten.

Im 19. Jahrhundert bildeten sich die ersten Frauenorganisationen. Sie strebten gleichwertige und umfassende Ausbildungsmöglichkeiten für Frauen an und forderten, dass die Arbeit der Frauen – ganz egal, welcher Arbeit sie nachkamen – den männlichen Tätigkeiten gleichgesetzt wurde. Außerdem forderten die sogenannten „Radikalen" eine gesellschaftliche Gleichbehandlung von verheirateten Müttern mit ihren Kindern und ledigen Müttern mit ihren nichtehelichen Kindern.

Das Thema der Prostitution wurde publik. Männer sollten nicht länger von gesellschaftlicher, politischer und sozialer Seite die Möglichkeit haben, an Frauen legitim sexuelle Übergriffe zu verüben, ohne dafür bestraft zu werden. Diese radikale Frauenbewegung gründete Vereine (Frauenwohl, Bund für Mutterschutz und Sexualreform) und forderte Gleichwertigkeit von Frau und Mann sowie eine politische, wirtschaftliche und soziale Gleichbehandlung. 1908 konnten diese Bemühungen teilweise in die Tat umgesetzt werden. Es kam zur Etablierung von Frauenberufen im Bereich der Pädagogik, im sozialen Bereich (soziale Frauenschule wurde gegründet), und 1911 gab es den ersten internationalen Weltfrauentag.

Die ersten Jahrzehnte des 20. Jahrhunderts waren vor allem durch gesellschaftliche Missstände, Kriege, Verzweiflung, Hungersnot und Revolution gekennzeichnet.

1914 begann der Erste Weltkrieg und mit ihm eine neuerliche Veränderungen im Rollenverhältnis. Den Frauen kamen nun diverse Rollen zu: Familienoberhaupt, Armeehilfskräfte, Schaffnerinnen in Bahnen, Arbeit in öffentlichen Einrichtungen, Arbeit in Munitionsfabriken und so weiter. Der Krieg war also keine reine Männersache und diese neue Rolle stärkte das Selbstvertrauen der damaligen Frauen deutlich.

Ende 1914 entstanden zwar die ersten feministischen Frauenbewegungen, aber der Krieg und die schlechten Verhältnisse zerschlugen diese erneut. Durch die neuen erwerbstätigen Aufgaben sowie der stärker ausgeglichenen Macht- und Rollenverteilung hatten sich die Errungenschaften der Frauen in einigen Bereichen aber sehr wohl etabliert.

In der Zwischenkriegszeit konnten die Frauen erstmals freie Berufswahl, einen Achtstundentag und adäquate Entlohnung erwarten. Sie schnitten sich zwar die Haare kurz und begannen, kurze Röcke zu tragen, doch die alten Traditionen und Normen wirkten noch massiv. Die regierenden Männer betonten nämlich zur gleichen Zeit die traditionellen weiblichen Stärken wie Empfindsamkeit, mütterliche Qualitäten und Hingabe für Mann und Staat. Gesellschaftlich entwickelten sich die Frauen aufgrund ihrer nicht mehr zu umgehenden Erwerbstätigkeit auch dahingehend, dass sie ihre Ehepartner großteils frei wählen konnten und nicht mehr zwangsverheiratet wurden. Es war erlaubt, aus Liebe zu heiraten.

Im Zweiten Weltkrieg kam es für den weiblichen Teil der Bevölkerung zu einem großen Rückschlag. Alle Frauenvereine wurden aufgelöst und die Gleichberechtigung von Mann und Frau wurde zugunsten des Mannes wieder eingeschränkt. Emanzipation wurde nicht geduldet.

Während der Zeit des Nationalsozialismus lag die wahre Berufung der Frau in ihrer biologischen Mütterlichkeit, die zur heiligsten aller Aufgaben aufrückte und mit dem Mutterkreuz ausgezeichnet wurde. Frauen mit mehr als vier Kindern erhielten es in Bronze, mit mehr als sechs Kindern in Silber und mit mehr als acht Kindern in Gold. Frauen, die sogar mehr als neun Kinder oder aber mindestens sieben Söhne zur Welt brachten, durften prominente Staatsmänner wie Hitler oder Hindenburg zu Paten ihrer Kinder ernennen.

Der Mutter gebührte Ehre, und die Jugendlichen in der Hitlerjugend beziehungsweise im Bund Deutscher Mädchen waren aufgefordert, Frauen mit Mutterkreuz zu grüßen. Es war allerdings nicht die Qualität der Mütterlichkeit ausschlaggebend, sondern die Anzahl der Kinder war von Bedeutung. Die Aufgabe der Mütter war es, Kinder zu gebären, sie zu ernähren, großzuziehen und ihnen Gemeinschaftssinn und gutes Benehmen beizubringen. Verweigerte eine Frau die Bereitschaft zur Mutterschaft, wurde sie durch Vergewaltigung zwangsverordnet.

Die Geburt wurde von Hitler mit einer Schlacht verglichen, da die Frau sowohl ihr Leben riskierte als auch grauenhafte Schmerzen erlitt. Die Mutter wurde von ihm als Kriegerin dargestellt, die in „soldatischer Tugend" nicht nur Härte gegen sich selbst, sondern auch gegenüber ihren Kindern zeigte, um sie auf den allgegenwärtigen Tod vorzubereiten.

Ehestandsdarlehen für Ehemänner wurden eingeführt, sofern die Ehefrau zugunsten ihrer Familie den Beruf aufgeben würde. Bis vier Geburten waren förderlich für die Rückzahlungen, denn pro Geburt verminderte sich ein größerer prozentueller Anteil der zu zahlenden Schulden. Das Darlehen führte auch dazu, dass das Heiratsalter der Männer gesenkt wurde. Ehefrauen mit Kindern wurden Freibeträge bei der Erbschafts- und Einkommenssteuer gewährt, verheirateten Partnern kam eine staatliche Kinderbeihilfe von 10 Reichsmark zu.

Frauen wurden in vier Gruppen eingeteilt:
- die, deren Fortpflanzung auf jeden Fall förderungswürdig und wichtig war,

- diejenigen, deren Kinder akzeptabel waren,
- jene, die lieber keine Kinder bekommen sollten,
- die, welche auf keinen Fall Kinder bekommen durften und deshalb sterilisiert werden mussten.

Es gab fragwürdige Gesetze mit Richtlinien zur Abtreibung und Schwangerschaft.

In den 1960er-Jahren entstand in den USA eine neue feministische Bewegung, welche auch in den westlichen Ländern Anklang fand. Nach einer Zeit des stillen Leidens gab es eine Möglichkeit für Frauen, auf ihre Wünsche aufmerksam zu machen, welche seit Jahrhunderten unterdrückt wurden. Der Widerspruch zwischen den weiblichen Wünschen und den allgemein gültigen Wertvorstellungen wurde sichtbar mit dem Resultat, dass ein ganz neues Verhalten entstand: Mütter wandten sich nicht völlig von ihren Aufgaben ab, sondern zeigten, dass sie die Liebe zu ihrem Kind sowie die Aufgaben der Kindererziehung mit ihrem Gefährten teilen, dabei aber ihre (berufliche) Unabhängigkeit nicht aufgeben wollten. Die Einstellung der Mutterschaft hatte sich bei vielen Frauen deutlich gewandelt. Die Liebe zu ihren Kindern stand immer noch im Interesse der Mutter. Es gab eine hohe Rate von Stillenden, obwohl es mittlerweile Ersatzmilch zu kaufen gab.

Nun kam es durch die Frauenerwerbstätigkeit zum Problem der Doppelbelastung: Mutterschaft und Berufstätigkeit. Die Unzufriedenheit der Frauen richtete sich auf die Hausarbeit, die zwischen Männern und Frauen ungleich verteilt war. Die Freizeit der Frau war wieder beschnitten, und aus diesem Grund entschieden sich viele Frauen, keine Kinder mehr zu bekommen beziehungsweise kein weiteres mehr auf die Welt zu bringen.

Ende des 20. Jahrhunderts kam es bei Frauen zur bewussten Entscheidung für oder gegen eine Familie und es entstanden vielfältige Lebensformen (eheliche, nichteheliche, kinderlose, junge Mütter, ältere Mütter ...).

Die „neuen" Mütter folgen in mehr oder weniger bewusster Abgrenzung zum Feminismus einem Leitbild, nach dem Individualisierung und Selbstverwirklichung in der Ausübung der Hausfrauen- und Mutterrolle umsetzbar sind – und zwar eher als in der fremdbestimmten, rational geprägten, wettbewerbs- und konkurrenzorientierten Arbeitswelt.

Seit einigen Jahren ist zu beobachten, dass vor allem Frauen aus der Mittelschicht nach der Geburt eines Kindes bewusst auf die Berufsausübung verzichten, ohne jedoch das traditionelle Mutterbild zu übernehmen: „Wenn sich sogar erfolgreiche Berufsfrauen aus dem Erwerbsleben partiell wieder zurückziehen und zugleich in Familienbeziehungen leben, so muss das nicht gemäß der traditionellen Frauenrolle aus Rücksicht für Mann und Kinder geschehen, sondern kann auch erfolgen, um sich selbst einerseits den Belastungen der Konkurrenz, Vereinzelung und Austauschbarkeit im Beruf zu entziehen […], und andererseits, um die vorrangig in primären Beziehungen mögliche Befriedigung emotionaler Bedürfnisse und Sicherung der eigenen Identität zu gewinnen" (Herlyn et al. 1993, S. 55).

In der Frauenforschung wird die Mutterschaft wieder positiver gesehen: Sie wird nun als wichtiger Bereich im Leben einer Frau und als Teil ihrer Identität gesehen, die sich auf ihre psychische Entwicklung positiv auswirken kann, aber nicht muss.

Die Kindererziehung gilt aber nur zum Teil als ihre Verantwortung. Auch der Vater, Kindertageseinrichtungen, Tagesmütter und andere Personen spielen dabei wichtige Rollen. Es wird betont, dass Mütter Familie und Beruf erfolgreich miteinander vereinbaren könnten. Moderne Frauen sehen sich nun als stark genug, sich der „patriarchalischen Ideologie" zu widersetzen, soziale Veränderungen zu initiieren und eine „weibliche" Kultur zu schaffen.

Frauen werden heute mit so vielen Mutterbildern konfrontiert. Einerseits führt das zur Freiheit, sich für das eine oder das andere Ideal zu entscheiden, ohne mit irgendwelchen größeren gesellschaftlichen Sanktionen rechnen zu müssen. Andererseits führt diese Freiheit häufig zu Desorientierung, Verunsicherung und Ambivalenzen, denn es geht darum – und das ist nicht wirklich leicht –, eine eigene Mutteridentität zu entwickeln. Wenn sich eine Mutter bewusst oder unbewusst für ein bestimmtes Rollen(leit)bild entscheidet, muss sie mit Problemen rechnen: Isolation, ein niedriger sozialer Status (als Hausfrau), Überforderung (als Erziehende), Mehrfachbelastung und Stress (als Erwerbstätige).

Darüber hinaus müssen sich Mütter mit einer Reihe von Widersprüchen auseinandersetzen, von denen ich beispielhaft einige anführen möchte:

– Auf der einen Seite erfährt Mutterschaft als soziale Rolle nur wenig gesellschaftliche Wertschätzung. Auf der anderen Seite hat sie aber für die Mutter selbst eine sehr große persönliche Bedeutung und einen moralischen Wert.

– Kindererziehung wird einerseits als etwas „Instinktives" und „Intuitives" bezeichnet; Mütter wüssten von Natur aus, wie sie sich Kindern gegenüber zu verhalten hätten. Andererseits geben viele wissenschaftlich fundierte Erziehungsratgeber unglaublich unterschiedliche, ja sogar widersprüchliche Orientierung, an die sich Mütter halten sollten, um nicht Gefahr zu laufen, allzu viele Fehler im Umgang mit ihren Kindern zu machen.

– Müttern wird einerseits (aus meiner Sicht fälschlicherweise) der bedeutungsvollste erzieherische Einfluss zugesprochen; andererseits gelten Kinder als durch ihr Erbgut beziehungsweise als durch die Gesellschaft (Kindergarten, Schule, Freunde, Medien usw.) geprägt.

Besonders problematisch sehe ich aber, dass durch das in unserer Gesellschaft vorherrschende Mutterbild der Blick dafür verstellt ist, dass es neben der Mutter viele potenziell wichtige Bezugs- und Erziehungspersonen für Kinder gibt. Im familiären

Bereich sind das neben den wichtigen Vätern auch Großeltern oder ältere Geschwister. Im außerfamiliären Bereich sind dies Erzieher und Erzieherinnen, Lehrer und Lehrerinnen, Nachbarn und Nachbarinnen und so viele andere mehr.

Würden diese in ein umfassendes Erziehungs- und Sozialisationskonzept eingebunden, wären Mütter von der Überbewertung ihrer Rolle sowie von der damit verbundenen Überlastung und anderen negativen Folgen entlastet.

Festzuhalten ist, dass sich die Mutterrolle in verschiedenen Ländern Europas sehr unterschiedlich entwickelt. Je nach geschichtlicher Historie, historischen beziehungsweise gegenwärtigen Glaubenstraditionen, politischer Aufarbeitung u.v.m. gibt es sehr unterschiedliche Ausprägungen. Etwas jedoch ist in allen Ländern gleich: Die Anforderung an die Mutterrolle und das Bild der „guten" Mutter hängen davon ab, ob und wie die Gesellschaft die Mutterschaft auf- oder abwertet. Außerdem wird der subtile oder offensichtliche Kampf der Geschlechter immer die Zukunft mütterlichen Verhaltens bestimmen.

Bei allen historischen Recherchen wird sichtbar, dass auf ein allgemeingültiges und naturnotwendiges Verhalten der Mutter (Mutterinstinkt) nicht geschlossen werden kann. Ihre Gefühle sind in Abhängigkeit von ihren Ambitionen oder ihren Frustrationen äußerst wandlungsfähig. Dies gilt im Übrigen auch für die Väter, nur denen wird dieses nicht „von der Natur aus gegeben" attestiert. Mutterliebe und Vaterliebe ist demnach lediglich ein Gefühl und als solches sehr wesentlich von den Umständen abhängig. Es kann vorhanden sein oder auch nicht, es kann auftreten oder verschwinden, es kann stark oder schwach sein. Es kann ein Kind bevorzugen oder sich auf alle erstrecken. Es ist abhängig von der Mutter (dem Vater) und der historischen Epoche.

Alle diese Betrachtungen spiegeln wider, wie sehr die Rolle von Müttern und Vätern über die Jahrhunderte hinweg von äußeren Einflüssen geformt wurde: Politik, Religion, dem in der jeweiligen Epoche vorherrschenden Sittenbild und so weiter.

Weshalb ich diese „große" Betrachtungsweise gewählt habe, hat einen Grund. „Werden wir wie unsere Eltern?" lautet der Titel meines Buches. Manche denken sich: „Bitte, gerne!", bei anderen wiederum löst der Gedanke, so zu werden wie Mutter oder Vater, eher negative Gedanken aus. Dieser Blick auf unterschiedliche Epochen und die mit dem Wandel der Zeit einhergehende Entwicklung der Mutter- und der Vaterrolle ist dazu gedacht, unseren Fokus nicht nur auf die eigene Generation zu schärfen, sondern uns bewusst zu machen, dass nicht nur wir Eltern hatten, die uns geprägt haben, sondern dass auch diese wiederum Eltern hatten, die sie geprägt haben. Wenn wir also auf unsere Geschichte blicken und auf eine Kindheit, die wir nicht so gut in Erinnerung haben, ist es wichtig, auf „das Ganze" zu schauen und sich zu fragen, welche Kräfte möglicherweise außerhalb des Einflussbereiches unserer Eltern gewirkt haben.

Es gibt sie leider nicht und es gab sie auch nie, „diese eine Wahl": Mache ich es richtig oder falsch. Jede Wahl hat ihren Preis und ist immer nur eine Momentaufnahme: Wir wissen immer erst hinterher, ob sie gut war oder schlecht.

Danksagung

An erster Stelle möchte ich meinen Eltern danken. Da es durch viele Umstände alles andere als leicht miteinander war, verdanke ich ihnen unendlich viele Möglichkeiten, zu wachsen und zu reifen. Mir meiner eigenen Stärke bewusst zu werden und meinen eigenen Weg zu gehen. Meiner Tante Frieda, die schon als Kind und vor allem während meiner schwierigen Schulzeit an meine Fähigkeiten glaubte und mir half, nie den Mut zu verlieren.

Besonders danke ich meiner liebsten Freundin Renate, die mir in den schwierigsten Zeiten meines Lebens immer bedingungslos zur Seite stand, immer für mich da war und nie aufgehört hat, mit mir zu lachen und zu weinen. Und da sind auch noch all meine Freunde, die mich spüren lassen, dass sie mich und meine Arbeit schätzen, und mich immer wieder darauf aufmerksam machen, dass es auch ein Leben außerhalb meiner geliebten Arbeit gibt.

Auch die Arbeit meiner kompetenten Therapeuten kann nicht genug gewürdigt werden. Allen voran Alois Saurugg, der mir in meinen Krankheitstagen ein Mut machender Begleiter war und die Gedanken, selber Therapeutin zu werden in mir säte. Margarete Mernyi, Brigitte Lassnig und Helga Obermair, die mir in vielen therapeutischen und später kollegialen Gesprächen halfen, mich immer wieder zu reflektieren und selbst dabei ständig neu zu entdecken. Meinen Ausbildnern und Ausbildnerinnen in der Psychotherapieausbildung, die mich in ihrer Unterschiedlichkeit inspiriert und neugierig gemacht haben im Hinblick auf die vielfältigen Möglichkeiten therapeutischen Handelns.

Besonders danke ich an dieser Stelle Martina Paischer, denn ohne ihr liebevolles Engagement und ihre Kunst, meine Gedanken und fachlichen Ausführungen in eine alltagstaugliche Sprache zu bringen, hätte ich wahrscheinlich die Realisierung dieses Buches auf unbestimmte Zeit verschoben.

Sie hat mit ihren Fragen wertvolle Inputs geliefert und wesentlich zur Aussagekraft dieses Werkes beigetragen, und auch der Titel dieses Buches wäre wohl ohne ihr Zutun nicht geboren worden.

Unter all den wertschätzenden Mitarbeitern des Goldegg Verlags, die ich kennenlernen durfte, möchte ich vor allem meiner Lektorin Verena Minoggio-Weixlbaumer danken, die sehr wertschätzend kritisch war und sich immer mit mir über das Gelungene freute. Sie hatte von Anfang an das Vertrauen, dass das, was ich zu sagen habe, gut für ein Buch sein würde.

Mein herzlicher Dank geht auch an Mag. Bettina Baumgartner, meine langjährigen Freundin und von mir sehr geschätzte Kollegin, deren Anregungen und Korrekturen mir nicht nur hilfreich waren, sondern mich gleichermaßen bestätigten und zum Nachdenken brachten. Sie ist es auch, die mir ganz oft schon mit kollegialem Rat zur Seite gestanden hat, wenn es um besonders schreckliche Kriseneinsätze oder -begleitungen gegangen ist, und mir immer wieder dabei geholfen hat, eine professionelle Distanz zu schaffen.

Besonderer Dank gilt auch meinen Klientinnen und Klienten, Patientinnen und Patienten und Seminarteilnehmerinnen und Seminarteilnehmern für das Vertrauen, mir einen Einblick in ihr Innerstes zu gewähren. Diese Arbeit ist so lebendig und berührend, aber vor allem auch bereichernd. Durch sie lernte ich Wesentliches über Kränkungen und Verletzungen und deren Überwindung. Durch die gemeinsamen Kreationen von Lösungs- und Gestaltungsmöglichkeiten bei Problemsituationen und schwierigen Lebensabschnitten wurde mein Horizont, was Lösungen anbelangt, enorm erweitert. Außerdem waren sie es, die mich angeregt haben, dieses Buch zu schreiben.

Und wie bei so vielem und wichtigem in meinem Leben wäre auch dieses Buch nicht möglich gewesen ohne die Liebe und den Zuspruch meines Mannes und meines Sohnes sowie die liebevolle Zuneigung meiner Schwiegereltern.

Literaturverzeichnis

Bandura A (1977): *Social Learning Theory*. New York. (General Learning Press).

Bandura A (1989): *Human agency in social cognitive theory*. (American Psychologist, 44, S. 1175–1148).

Bandura A (1991): *Self-efficacy mechanism in psychological activation and health promoting behavior*. In: Madden J (IV Ed.) Neurobiology of learning, emotion and affect (S. 229–269). New York. (Raven Press).

Barth S (1998): *Vaterschaft im Wandel* (Dissertation)

Brisch K H (2008): *Bindungsstörungen: Von der Bindungstheorie zur Therapie*. Stuttgart. (Klett-Cotta 1. Aufl.)

Dirnberger-Puchner S (2009): *Selbstwirksamkeit und Kontrollüberzeugungen bei Patienten mit Multipler Sklerose und deren Auswirkungen auf die gesundheitsbezogenen Lebensqualität unter Einbeziehung der Psychotherapiemotivation und der Inanspruchnahme von Psychotherapie*. Wien. (Dissertation).

Fonagy P, Gergerly G, Jurist E L, Target M (2. Aufl. 2006): *Affektregulierung, Mentalisierung und die Entwicklung des Selbst*. Stuttgart. (Klett-Cotta).

Greenwald A G (1980): *The totalitarian ego: Fabrication and revision of personal history*. American Psychologist, 35, 603–618.

Hüther G, Nitsch C (2008): *Wie aus Kindern glückliche Erwachsene werden*. München. (Gräfe & Unzer).

Hüther G (2011): *Bedienungsanleitung für ein menschliches Gehirn*. Göttingen. (Vandenhoeck & Ruprecht).

Hüther G (2012): *Was wir sind und was wir sein könnten. Ein neurobiologischer Muntermacher*. Berlin (Fischer Verlag).

Harter S (1993): *Causes, and consequences of low self-esteem in children and adolescents*. In R. F. Baumeister (Ed.), Self-esteem. The puzzle of low self-regard, (pp. 87–116). New York. (Plenum Press).

Hays S (1998): *Die Identität der Mütter. Zwischen Selbstlosigkeit und Eigennutz*. Stuttgart. (Klett-Cotta).

Heckhausen H (1989): *Motivation und Handeln*. Berlin. (Springer Verlag 2. Aufl.).

Herlyn I, Vogel U, Kistner A, Langer H, Mangels-Voegt B, Wolde A (1993): *Begrenzte Freiheit – Familienfrauen nach ihrer aktiven Mutterschaft. Eine Untersuchung von Individualisierungschancen in biographischer Perspektive.* Bielefeld. (Kleine).

Horney K H (1950): *Neurosisand human growth. The struggle towards self-realization.* New York. (Norton).

Jerusalem M & Schwarzer R (1986): *Selbstwirksamkeit.* In: Schwarzer R (Hrsg.): Skalen zur Befindlichkeit und Persönlichkeit (S. 15–28). Berlin. (Freie Universität, Institut für Psychologie).

Kastner H (2009): *Täter Väter – Väter als Täter am eigenen Kind.* Wien. (Carl Ueberreuter).

Kernis M H, Grannemann B D & Barclay L C (1989): *Stability and level of self-esteem as predictors of anger arousal and hostility.* (Journal of Personality and Social Psychology, 56, 1013–1022).

Kernis M H, Grannemann B D & Mathis L C (1991): *Stability of self-esteem as a moderator of the relation between level of self-esteem and depression.* (Journal of Personality and Social Psychology, 61, 80–84).

Lohaus A (1992): *Kontrollüberzeugungen zu Gesundheit und Krankheit.* (Zeitschrift für Klinische Psychologie, 21, S. 76–87).

Lohaus A, Schmitt G M (1989 b): *Fragebogen zur Erhebung der Kontrollüberzeugungen zu Krankheit und Gesundheit (KKG).* Göttingen. (Verlag für Psychologie Hogrefe).

Mielke R (Hrsg.) (1982): *Interne und externe Kontrollüberzeugung: Theoretische und empirische Arbeiten zum Locus of Control-Konstrukt.* Bern, Stuttgart, Wien. (Hans Huber).

Oberndorfer R, Rost H (2002): *Auf der Suche nach den neuen Vätern.* (Zeitschrift für Familienforschung, Jahrg. 17, 50–56).

Retzer A (2002): *Passagen: Systemische Erkundungen.* Stuttgart. (Klett-Cotta).

Rotter J B (1966): *Generalized expectancies for internal and external control of reinforcement.* (Psychological Monographs: General and Applied, 80, 1–28).

Rotter J B, Chance J E & Phares E J (1972): *Applications of social learning theory of personality.* New York. (Holt, Rinehart and Winston).

Satir V (1994): *Kommunikation Selbstwert Kongruenz. Konzepte und Perspektiven familientherapeutischer Praxis.* Paderborn. (Junfermann).

Schirp H (2006): *Neurowissenschaft und Lernen. Was können neurobiologische Forschungsergebnisse zur Weiterentwicklung von Lehr- und Lernprozessen beitragen?* In: Caspary, R. (Hrsg.): Lernen und Gehirn. Der Weg zu einer neuen Pädagogik, Freiburg, Basel. (Herder spektrum).

Schneider D J & Turkat D (1975): *Self-presentation following success or failure. Defensive self-esteem models.* (Journal of Personality, 43, 12–135).

Schopenhauer A (1819): *Die Welt als Wille und Vorstellung.* Leipzig. (Brockhaus 1. Aufl.).

Schenk H (1996): *Wieviel Mutter braucht der Mensch? Der Mythos von der guten Mutter.* Köln. (Kiepenheuer & Witsch).

Schütz A (2000): *Psychologie des Selbstwertgefühls: von Selbstakzeptanz bis Arroganz.* Stuttgart, Berlin, Köln. (Kohlhammer 118–195).

Schütze Y (1986): *Die gute Mutter: Zur Geschichte des normativen Musters „Mutterliebe".* Bielefeld. (Kleine).

Seligman M E P (1979): *Erlernte Hilflosigkeit.* München, Wien, Baltimore. (Urban & Schwarzenberg).

Slawik N, Waesche A (2007): *Mutterliebe und Mutterrolle in Westeuropa.* Berlin. (Elternschaft Heft 7).

Spitzer M (2008): *Geist im Netz. Modelle für Lernen, Denken und Handeln.* Heidelberg, Berlin. (Spektrum Akademischer Verlag).

Stierlin H, Grossarth-Maticek R (2006): Krebsrisiken. Überlebenschancen. (Carl-Auer System Verlag 6. Aufl.).

Textor M R (2010): (Hrsg. Webmaster) *Mutterschaft gestern – heute – morgen.* (Zeitschrift Kindergartenpädagogik).